金持ち父さんの

# 「これが フェイクだ!!」

格差社会を生き抜くために知っておきたいお金の真実

ロバート・キヨサキ

岩下慶一・訳

筑摩書房

# 金持ち父さんの「これがフェイクだ!」

FAKE FAKE MONEY·FAKE TEACHERS·FAKE ASSETS
HOW LIES ARE MAKING THE POOR AND MIDDLE CLASS POORER

CONTENTS

## 第二部　フェイク教師……115

# 第三部　フェイク資産……251

金持ち父さんはよく言ったものだ。

**“きれいな水では魚は釣れない”**

——— *中国のことわざより*

Transparency 名詞

複数形 transparencies

意味：**1** 透明、透明性

**2** 透明なもの

**3** 企業に関する価格水準、市場の深さ、監査済み財務報告書などの、投資家が必要とする情報の開示度

真実を求める人々に本書を捧げる

FAKE
Fake Money, Fake Teachers, Fake Assets
How Lies Are Making The Poor
And Middle Class Poorer
By Robert T. Kiyosaki

This edition published by arrangement with Rich Dad Operating Company, LLC.
First edition, October 2019

# 謝辞

## ●Cスチューデントの私からの、あるAスチューデントへの感謝

私は作文が苦手で高校を二回落第した。十年生（高校一年）の時は英語で不可をとった。作文ができなかった訳ではない。文章を書くことはできた。スペルや句読点の間違いが多く、〝文法的な誤り〟ばかりだったが。

不可をくらった真の理由は、英語の教師が私の書いたものに同意しなかったせいだと私は信じている。私は彼に対する自分の意見を書いた。彼がなぜ、生徒がまったく興味の持てない本を無理やり読ませようとするのか知りたかった。さらに付け加えておくと、彼は自分の職責を果たしていなかったと思う。クラスの七五％が落第したのだから。

高校一年を落第してから、私はほとんど中退したようなものだった。私は打ちのめされていた。愚か者呼ばわりされてうれしい人間はいない。私は学校を憎むようになった。学びたいという意欲はあったが、学校で押し付けられる科目には興味を持てなかった。幸いなことに、私の実の父である貧乏父さんに説得されて、高校中退は思いとどまった。だが心には大きな傷を負っていた。金持ち父さんの息子も同じ教師から英語で不可をくらっていた。

その後の私は、クラスで最も賢いＡスチューデントの女の子の隣の席にすわり、何とか学校生活を乗り切った。学校システムでは誰かに助けてもらうとカンニングと見なされる。だがビジネスの世界ではそれを「協力」と呼ぶ。もしＡスチューデントの協力がなかったら、私は高校を卒業できなかっただろう。

今日私は、個人向けファイナンスのカテゴリーで歴代一位となった本を著した「ベストセラー作家」として世に知られている。これも他の人たちの協力があればこそだ。

実はこの謝辞は、出版界の起業家、モナ・ガンベッタへの感謝の言葉である。モナは私にとってＡスチューデントであり、編集者であり、出版者、コーチ、チアリーダーであり、そして良き友人である。

私たちの協力関係は長く、多くの本を出版してきた。もしモナがチームの一員として私の新たなＡスチューデントになってくれなかったら、本書『金持ち父さんの「これがフェイクだ！」』は世に出なかったかもしれない。

実を言うと、本書は一年以上前に出版されているはずだった。本書は何度も書き直された。世界はものすごい勢いで変わり続けているし、私たちはフェイクマネーという複雑な問題についてわかりやすく書かねばならなかったからだ。モナは不平も言わず、非難や批判めいたことも口にせず、本書の執筆が始まった後も辛抱強く私を励まし、決して見捨てなかった。

私は感謝をこめて、本書をモナに捧げたい。彼女は最も困難な局面でさえ辛抱強さを発揮し、励ましと、心からのフィードバックを与えてくれた。彼女なしには私が今日のような本当の作家になることはなかっただろう。

# はじめに――未来はフェイクだ

本書『金持ち父さんの「これがフェイクだ！」』は二〇一八年四月に執筆が終わり、同年秋の出版に向けて編集が行われていた。二〇一八年五月二八日、新聞・雑誌の売店を通りかかった私は、整然と並べられた雑誌に素早く目を走らせた。それらは声無き声を上げていた。「見て見て！」「私を手に取って！」「僕を買ってくれ！」「私を読んで！」

一番声が大きかったのは、きれいな女性や速い車を表紙にあしらった本だった。だが、私の首根っこを摑んで「読まなきゃだめだ」と囁いたのは、味気ない表紙の「タイム」誌だった。表紙のヘッドラインはこう叫んでいた。**「私たちの世代がいかに米国を破壊したか」**

「タイム」誌の記事と、それが私に与えたインパクトは本書の出版を大きく遅らせた。

## ●ジグソーパズルの最後のピース

一〇〇〇ピースのジグソーパズルに挑戦したことがあるだろうか？　何時間も、時には数日間、数週間も費やし、パズルを完成させる最後のピースを見つけ出すまで一〇〇〇のかけらをゆっくり吟味する。

「タイム」誌の特集記事は、私の一〇〇〇ピースパズルの最後のピースだった。過去、現在、未来の像を構成するひとかけらだ。本書にはそのかけらが必要だったのだ。そしてそれは、この本をもう一度書き直すことを意味していた。

スティーブン・ブリルは二〇一八年五月二八日発売の「タイム」誌に、エリートについての記事を書いている。ブリル自身もいわゆるエリートで、マサチューセッツ州の私立の名門プレップスクール、ディアフィールド・アカデミーで学び、エール大学と同大学法科大学院を卒業した。記事中のブリルの発言を引用しよう。

私の世代（団塊世代）で一流大学を卒業し社会人として成功した人間は、往々にして社会に悪影響を与えている。

［キヨサキの解釈］エリートたちは他人の金を使って自分がいい目を見ようと一所懸命だ。

彼らは新しい経済を創造する代わりに、資産を取引して廻していくだけの経済を作り上げた。

［キヨサキの解釈］エリートたちは新しいビジネス、新しい商品、多くの雇用を生んで米国の経済を立て直すことをせず、自分が儲けることだけに集中した。

彼らはデリバティブ（金融派生商品）やＣＤＳ（クレジット・デフォルト・スワップ）などの、魅惑的だが危険が大きい金融商品を生み出した。これらはすぐに大きな利益を生み、人を興奮状態に陥れる。そしてなんと、リスクを冒す人間と、結果的にその尻拭いをする人々は別なのだ。

［キヨサキの解釈］エリートたちはフェイクの金融商品を作り、人々から搾取し、自分とその仲間だけが利益を上げた。エリートは失敗した時でもボーナスが貰え、彼らの失敗のつけは、一般のお父さん、お母さん、そしてその子供たちが、増税やインフレという形で支払わされる。

## ●パズルの最初のピース

ブリルの記事はパズルの最後のピースだ。では最初のピースはというと、それは一九八三年に出版された

『グランチ・オブ・ジャイアンツ』という本だ。

「グランチ」(GRUNCH)とは、未来学者でありジオデシックドームの設計者でもあるリチャード・バックミンスター・フラー博士による造語で、「不快極まる現金強奪の横行」(GRoss UNiversal Cash Heist)の頭文字をとったものだ。

一九六七年、私は万国博覧会を見るために、ニューヨークからモントリオールまでヒッチハイクした。博覧会終了後に「人間とその世界」と改題された「未来の世界フェア」である。世界博覧会の米国パビリオンはフラーの設計によるジオデシックドームだった(写真①)。

モントリオールではフラー博士に会えなかったが、幸運なことに一九八一年と八二年、そして八三年に博士と共に学ぶ機会を得た。写真②は一九八一年、カリフォルニア州、レイクタホにほど近いカークウッドで一週間にわたって開催された「ビジネスの未来」というイベントで撮影したものだ。フラー博士のイベントはすべて革命的で人生を変えてしまうような内容だった。歌手のジョン・デンバーはフラー博士に捧げた曲「一人の男ができること」の中で博士のことを「未来の祖父」と呼んでいる。

フラー博士は一九八三年七月一日、世を去った。私が最後に彼のもとで学んだ三週間後のことだった。私

①フラー博士のジオデシックドーム

②フラー博士とロバート

はすぐに『グランチ・オブ・ジャイアンツ』を手に入れ、読んだのを憶えている。フラー博士の発言の多くが、金持ち父さんが自分の息子と私に教えたことと一致していた。この本は、超富裕層がいかに世界から搾取しているかという内容だ。そしてそれが、この一〇〇〇ピースのジグソーパズルの最初のかけらだ。

一九八三年から二〇一八年まで、私は勉強し、本を読み、セミナーに出席し、「グランチ・パズル」のピースを持っていそうな人々に片っ端から話を聞いた。本書の第二部「フェイク教師」では、私が出会い、著作を読み、学んだ本当の教師たちをリストにしている。彼らはグランチ・パズルのピースを持っている真の教師たちだ。

『グランチ・オブ・ジャイアンツ』を読んでから三五年後の二〇一八年五月二八日、私はブリルによる「タイム」誌の記事を読んだ。それはまさに、一〇〇〇ピースのパズルの最後のピースだった。ブリルはこの本の中でフラー博士が示した懸念や予想のほとんどが真実であることを裏付けていた。

フラー博士はまさに未来学者だった。『グランチ・オブ・ジャイアンツ』に記された彼の予想・懸念のほとんどが今日実現しつつある。ブリルの記事はまさにちょうどよいタイミングで発表されたのだ。

ブリルの記事によって本書の出版は遅れたが、彼が自分の洞察を発表してくれたことに深く感謝している。これはほんの一握りの人々しかその内情を知らない世界についての洞察、米国最高の知性を持つ、最も賢いアカデミック・エリートの世界からの洞察である。

読者のために、ここで著名な「エリート」を挙げておこう。

1　ビル・クリントン元大統領

2　ヒラリー・クリントン元国務長官

3　バラク・オバマ元大統領

4　ジョージ・H・W・ブッシュ元大統領（父ブッシュ）

5　ジョージ・W・ブッシュ元大統領
6　ベン・バーナンキ連邦準備制度理事会元議長
7　ジャネット・イエレン連邦準備制度理事会元議長
8　ミット・ロムニー元マサッチューセッツ州知事

この他にも、世界を動かしているエリートは世界中に存在する。

私はこれらのエリートが悪人で、何らかの陰謀に加担していると言っているわけではない（何人かはそうかもしれないが）。善意に解釈すれば、彼らのほとんどは良き人々で、正しいと思うことを行っているに過ぎないと私は信じている。問題は、彼らはあまりに優秀なため自己反省の意識がなく、数十億の罪のない人々の生命を犠牲にしている時でさえ、信じる道を突き進んでしまうことだ。

グランチとは必ずしもアカデミック・エリートのことではない。フラー博士もエリート＝グランチだとは言っていない。博士の本や講演によれば、エリートは単なる操り人形に過ぎず、グランチを主導しているのは彼らを操る黒幕だという。ご存じのように、黒幕はめったに姿を現さない。彼らは舞台裏の暗闇に身を潜めている。私は本書で、彼らをできる限り白日の下にさらしてみる。

では、『金持ち父さんの「これがフェイクだ！」』を進めよう。

## ●真実とは、そしてフェイクとは何か？

あなたが世捨て人でもないかぎり、常に耳に入るのは、「これはフェイクだ」「あれもフェイクだ」という言葉だろう。私たちがかつて信じていたもののほとんどが、今や偽物であることがはっきりした。

ドナルド・トランプ大統領は、問題のある、あるいは問題があるように見えるニュースを生み出すメディアに言及して「フェイクニュース」という言葉を広めた。ソーシャルメディアでは多くの人々が偽のフォロワーを持っている。数百万人が偽のロレックス、偽のルイ・ヴィトン、偽のヴェルサーチに莫大なお金を費やしている。中には偽の医薬品まである。

二〇一九年一月一七日、「タイム」誌はロジャー・マクナミーの本、『ザックト』の一節を引用して「情報」と「偽情報（あるいはフェイクニュース）」の違いを指摘した。「フェイスブックでは、情報と偽情報は見分けがつかない。唯一異なる点は、偽情報はより多くの収益を生み出すため、フェイスブック側の扱いも良いことだ」。だがこの種の偽情報は人々をイラつかせ、挑発し、扇動し、激怒させる。

「ディープフェイク」と呼ばれる新たなテクノロジーも現れた。この技術は、アマチュアのコンピュータオタクが有名人の姿や声をコンピュータに取り込み、本物と見分けのつかない偽ビデオを作るのを可能にする。最も多く見られるディープフェイクは、予想されたとおり、映画スターをポルノ俳優に仕立て上げるものだ。もっと危険な利用法は、政治のリーダーが他国に宣戦布告する映像を作ることだ。

つまり、私たちはもはや自分の目や耳を信じられない。だが今日の世界では、本物とフェイクを見分けることが、富裕と貧困、戦争と平和、生と死の分かれ目になる可能性さえある。

## ●フェイクマネー・フェイク教師・フェイク資産

この本は以下の三つのフェイクに焦点を当てる。

1　フェイクマネー：フェイクマネーは金持ちをより富裕にし、貧困層と中流層をより貧困にする（図③）。

2　フェイク教師：お金について、学校は私たちに何を教えてくれただろうか？　答えは「何も教えてくれなかった」だ。教師の多くは素晴らしい人々だ。だが、私たちの教育システムは壊れており、時代遅れで、学生たちが実社会に出る準備をさせてくれない。教育システムは学生を導く代わりに、数百万の若者をお金の闇、そして最悪の借金である学資ローンの闇に引き込む。

③貧富の格差：1979年を起点にした収入の増減

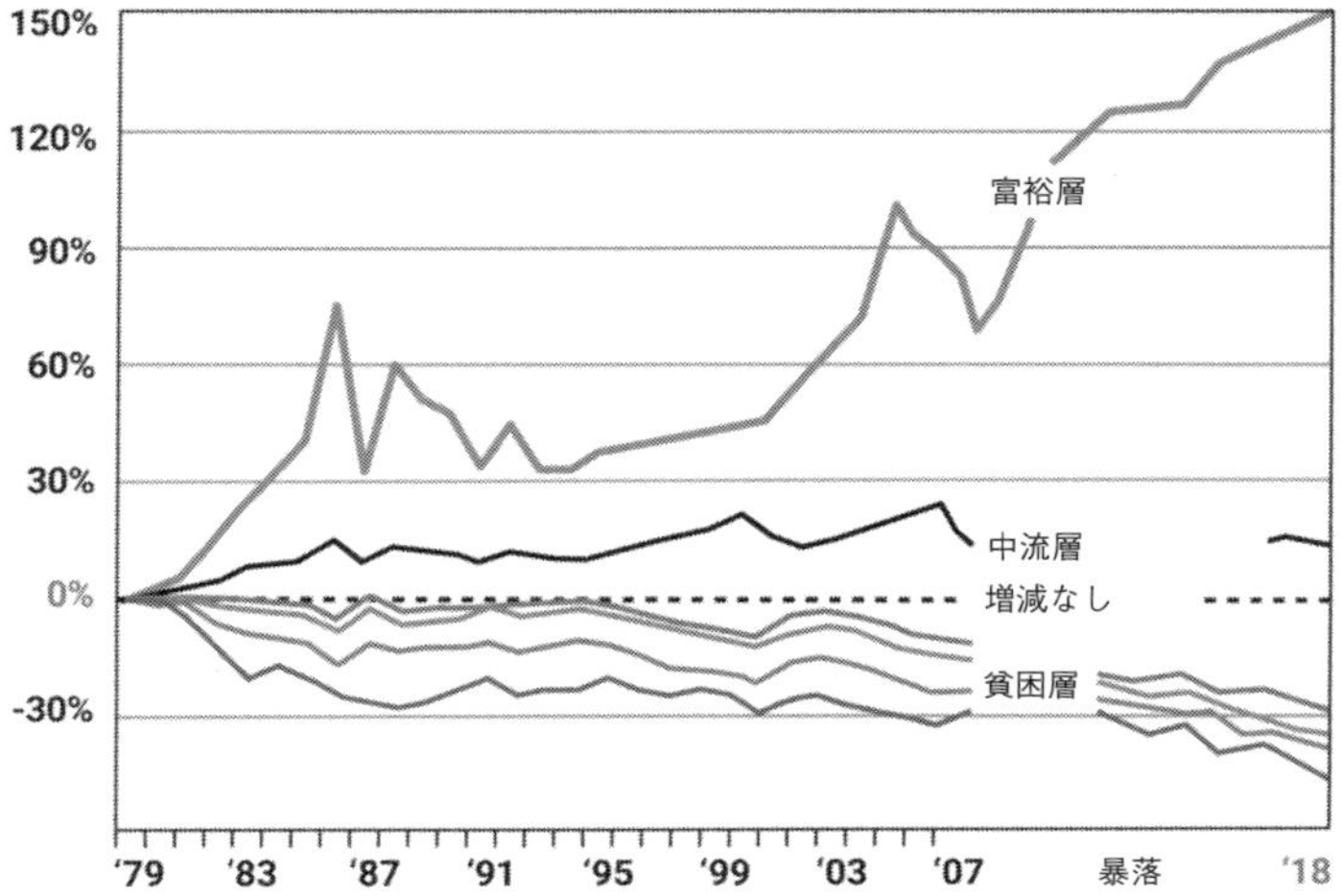


④学資ローンの闇

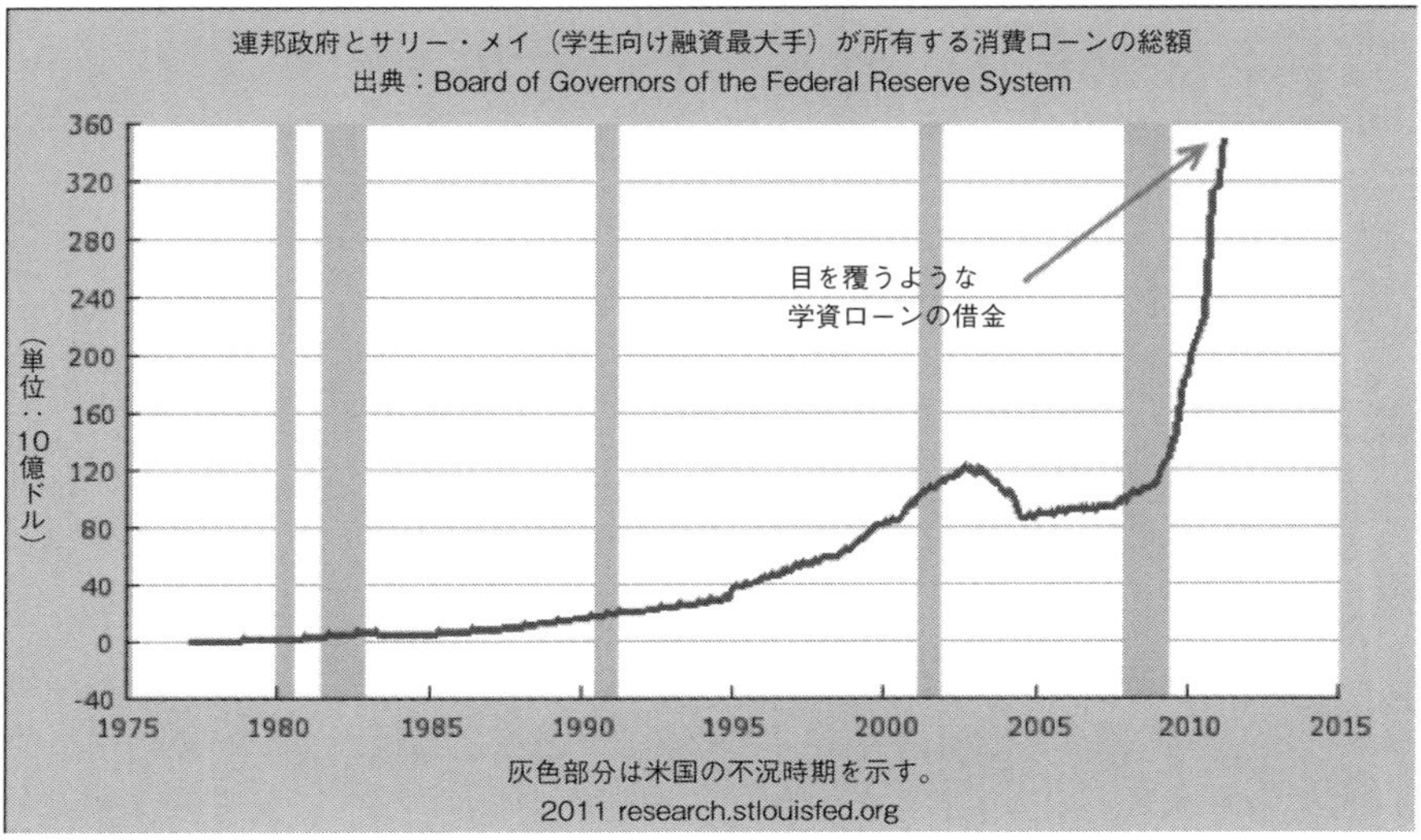

学資ローンの負債の総額は一兆二〇〇〇億ドルを超え、米国政府の最大の資産となっている（図④）。犯罪の世界では、これを「強奪」という。この言葉には二つの定義がある。一つは、「（力を使った）お金や資産の略奪。特に当局が関与したもの」。もう一つは、「法外な請求」のことである。

3　フェイク資産：まず、資産と負債の違いを定義することから始める必要がある。その二つは以下のように定義される。

資産とは、ポケットにお金を入れてくれるもの。

負債とは、ポケットからお金を取っていくもの。

私の父、貧乏父さんは言った。「我が家は私たちの最大の資産だ」

金持ち父さんは言った。「持ち家は資産ではない、負債だ」

しかし、多くの人々が持ち家を資産だと信じている。

二〇〇八年、住宅市場は暴落した。サンフランシスコ、ニューヨーク、ホノルルなど、住宅価格が上昇しているいくつかの都市を除き、世界の住宅価格はまだ回復していない。ＩＭＦのデータに基づいた図⑤がそれを示している。

## ●大量金融破壊兵器

不動産の暴落には、不動産価格の下落以上の原因がある。それは「フェイク資産（偽資産）」だ。ブリルが記事の中で説明した偽の資産のことだ。彼の言葉は再掲する価値がある。

（エリートたちは）新しい経済を創造する代わりに、資産を取引して廻していくだけの経済を作り上げた。彼らはデリバティブやＣＤＳ（クレジット・デフォルト・スワップ）などの、魅惑的だが危険が大

⑤持ち家は資産ではない：世界の住宅価格指数は経済危機以前の水準に戻った。

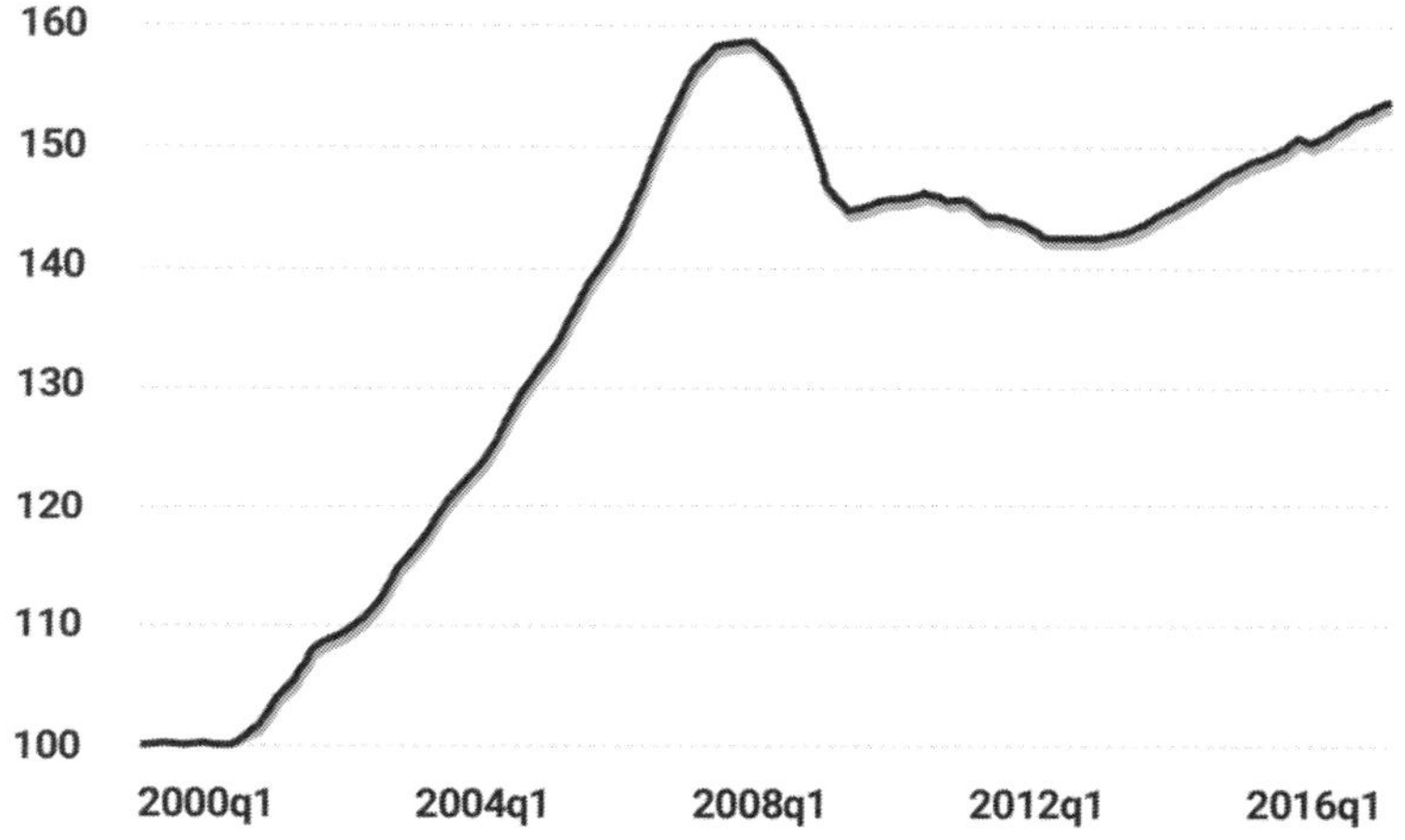


きい金融商品を生み出した。これらはすぐに大きな利益を生み、人を興奮状態に陥れる。そしてなんと、リスクを冒す人間と、結果的にその尻拭いをする人々は別なのだ。

ウォーレン・バフェットはデリバティブのことを「大量金融破壊兵器」と呼んだ。だが彼は知っているはずだ。彼の会社のひとつがデリバティブを格付けし保険を提供していることを。二〇〇八年、七〇〇兆ドル近いデリバティブがはじけ、世界経済はもう少しで破壊されるところだった。多くの人が「サブプライム不動産」の買い手を暴落の原因だとして非難した。だが真の原因は、ブリルも言うようにエリートが作り出したデリバティブというフェイク資産だった。それが本当の問題だったのだ。

## ●いかに未来を見通すか

図⑥は、一二〇年間のダウ・ジョーンズ工業株三〇種平均の動きだ。

フラー博士はまず物事の全体像を見て、次に細かい部分を見るように教えた。だが残念なことに、ほとんどの投資家はまず細かい部分に注目し、次にさらに小さい部分を見る。例えば、多くの投資家は朝起きるとまずお気に入りの銘柄の株価をチェックしてから仕事に行く。彼らはアマゾンの株価には詳しいかもしれないが、市場の全体像を見ることはしない。だが数千ある株式の中の一つの銘柄は、未来の情報をほとんど伝えない。

フラー博士は彼の生徒たちに言った。「未来を知りたければ、最も大きな全体像を見ることから始めるべきだ」。⑥のダウ・ジョーンズの一二〇年間のグラフは、一歩下がってその大局を、長年培ってきたより大きな視点で見ることの重要さを示している。本書の大部分は、この一二〇年分のチャートと同様、少し下がって全体像を見ながら物事を考察していく。あなたは大きな視点で未来を垣間見ることができるはずだ。

## ●お金は目に見えない

もう一つ、本書を読んでわかるのは、お金は目に見えないということだ。なので、図やグラフを使って、あなたが様々な市場に出入りする「見えないお金」を見る能力を育てる。私は『金持ち父さん　貧乏父さん』の中で、キャッシュフローの大切さを書いた。さらに一九九六年には、妻のキムと二人で「キャッシュフロー」というボードゲームを制作した。金持ち父さんは常日頃から「金持ちは入ってくるお金の方が多く、貧困層や中流層は出ていくお金の方が多い」と言っていた。

またフラー博士は「自分に向かってくるのが見えなければ、物事を避ける術はない」と教えてくれた。だから未来を見通すことはとても重要なのだ。

この本を執筆するにあたり、私は「超シンプルに説明する」という考え方を徹底した。本書に図やグラフが多いのもそのためだ。読者にとって退屈な細かい事実よりもその方が重要だからだ。

## ●大暴落が迫っている

ダウ・ジョーンズのチャートを見ると、一九二九年の大暴落には一つの大きな原因が見てとれる。数歩下

⑥ダウ・ジョーンズ工業株30種平均1895〜2015年の動き

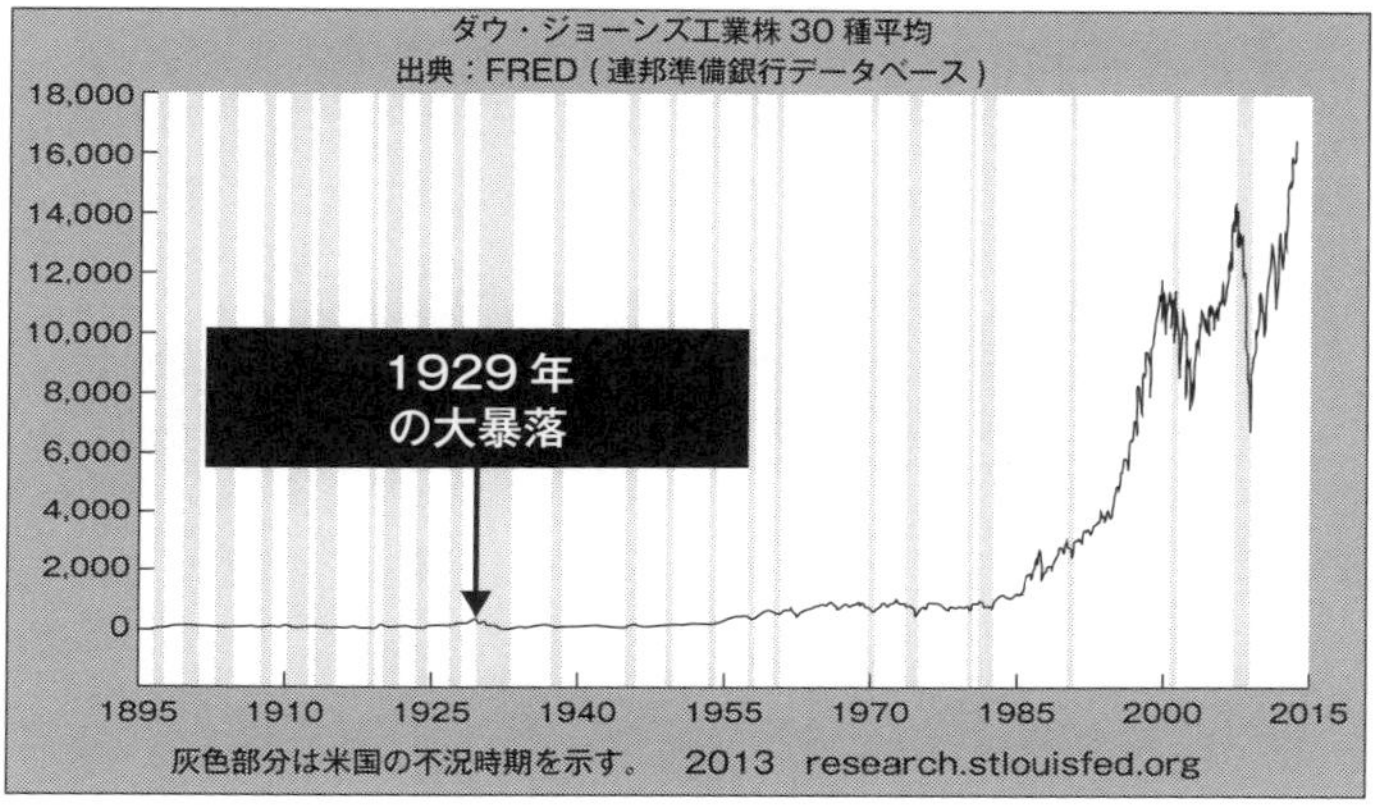


がって一九二九年の暴落を観察し、二〇〇〇年のドットコム暴落や二〇〇八年のサブプライム暴落と比較すると、フラー博士が『グランチ・オブ・ジャイアンツ』を、私が『金持ち父さん 貧乏父さん』を、そしてスティーブン・ブリルが「私たちの世代がいかに米国を破壊したか」を書いた理由が見えてくるはずだ。

ブリルの言葉を再び引用しよう。なぜならそれはとても重要だからだ。

（エリートたちは）新しい経済を創造する代わりに、資産を取引して廻していくだけの経済を作り上げた。彼らはデリバティブやCDS（クレジット・デフォルト・スワップ）などの、魅惑的だが危険が大きい金融商品を生み出した。これらはすぐに大きな利益を生み、人を興奮状態に陥れる。そしてなんと、リスクを冒す人間と、結果的にその尻拭いをする人々は別なのだ。

金融バブルと世界が経験したその崩壊は、エリートたちによってシステムに注入された数兆ドルのフェイクマネーによって引き起こされた。エリートたちは問題を解決したか？もちろんしていない。その問題のおかげで金持ちになったのに、なぜ解決する必要があるのか？　自分がうまくいっているのになぜ変える必要がある？　エリートにとって人生はバラ色なのだ。

二〇〇八年当時、デリバティブの総額は七〇〇兆ドル近かった。そして二〇一八年、デリバティブについての最も高い総額予想は一二〇〇兆ドルだった。そう、エリートたちは問題を二倍近くに拡大したのだ。二〇一九年現在、一〇〇〇兆ドル規模の大災害が目前に迫っている。

私がこの本を執筆し、キャッシュフローゲームを制作した理由は、私やあなたのような学問エリートではない一般の人々に、来るべき大暴落を乗り切り、うまくすれば繁栄し、富裕になってもらうためだ。暴落は一〇〇〇兆ドル規模の巨大なものだ。

## ●数字を見てみよう

たくさんゼロのついた数字について説明しよう。

### 一〇〇万ドルとはどのくらいか？

多くの人がミリオネアになることを夢見ている。

一〇〇万は一〇〇〇の一〇〇〇倍である。

$1,000 × 1000 = $1,000,000

### 一〇億ドルとはどのくらいか？

一〇億は一〇〇〇の一〇〇万倍である。

$1,000,000 × 1000 = $1,000,000,000

## 一兆ドルとはどのくらいか?

一兆は一〇億の一〇〇〇倍である。

$1,000,000,000×1000＝$1,000,000,000,000

## 一〇〇〇兆ドルとはどのくらいか?

一〇〇〇兆は一兆の一〇〇〇倍である。

$1,000,000,000,000×1000＝$1,000,000,000,000,000

ここで大きな疑問が湧いてくる。一二〇〇兆ドルのデリバティブが破裂すると一体何が起こるのだろうか?　これが、私が本書を書いた理由だ。現在の脆弱な経済は、お金や教師、そして私たちの資産を学問エリートに任せた結果起こったことだ。

## ●正しい感覚を養おう

今から一〇億秒前は一九八七年である。

今から一〇億分前、イエス・キリストは生きていた。

今から一〇億時間前、人間は洞窟に住んでいた。

今から一〇億日前、まだ人間は存在していなかった。

米国政府は二時間ごとに一〇億ドル支出している。

一九八三年、バックミンスター・フラーは現在の状況を予想していた。

一九九六年、キャッシュフローゲームが生まれた。

一九九七年、『金持ち父さん　貧乏父さん』が出版された。

二〇一八年、スティーブン・ブリルは、フラー博士が予想した未来が現実になったことを裏付けた。

以上が、私が本書『金持ち父さんの「これがフェイクだ！」』の出版を遅らせた理由である。

私はあなたにパズルの全体像を見てほしかったのだ。

# 第一部 フェイクマネー

一九七一年、リチャード・ニクソン大統領は米ドルと金の交換を停止した。
その年、米ドルは不換紙幣、政府のお金になった。
金持ち父さんは政府のお金のことを「フェイクマネー」と呼んだ。
彼はこうも言った。「フェイクマネーは金持ちをより富裕にした。
そして残念なことに、貧困層と中流層をより貧困にした」
だからこそ『金持ち父さん　貧乏父さん』の第一の教えは
「金持ちは（フェイクの）お金のために働かない」なのだ。
――ロバート・T・キヨサキ

## 第一のウソ：お金を貯めれば金持ちになれる ――ロバート・T・キヨサキ

第一章

# フェイクマネー――世界は変わろうとしている

一九七二年、私は海兵隊のパイロットだった。大尉として武装ヘリコプターを操縦し、ベトナム沖の空母に駐在していた。それは私にとって二回目のベトナムだった。最初に訪れたのは一九六六年、キングスポイントにある合衆国商船アカデミーの士官候補生だった時だ。

その年、私は一九歳で、第二次世界大戦中ドイツやイタリア、日本との戦いで武器や資材を運ぶために大量生産された、古びた「ビクトリー船」の乗組員だった。老朽化した第二次世界大戦当時の貨物船は、貨物の代わりに五〇〇ポンド、七五〇ポンド、一〇〇〇ポンドの爆弾を積んでいた。

そして一九七二年、二五歳の私は空母に乗船していた。

## ●金持ち父さんからの手紙

空母に乗っていた頃、私は金持ち父さんから一通の手紙を受け取った。そこには「ニクソン大統領が金とドルの交換を停止した。気をつけろ、これから世界が変わるぞ」と書いてあった。一九七一年八月一五日、リチャード・ニクソン大統領は金・ドル交換停止を実行し、人気テレビ番組「ボナンザ」の放送中に声明を発表した。当然私はその回の放送を見ることができず、したがって大統領の重要な声明も聞けなかった。

私がこれを書いている二〇一八年現在においてさえ、大半の人々が一九七一年のニクソンのメッセージの重要性を理解していない。金持ち父さんが「これから世界は変わる」と言った通り、世界は変わった。金本位制を廃止することで、ニクソン大統領は歴史上最大の変化のひとつを引き起こした。だが残念なことに今日でさえ、それが世界と私たちの人生にどんな影響を与えたか、理解している人々は多くない。

## ●黄金を求めて

一九七二年当時の私は、世界がなぜ、そしてどのように変化するかまったくわからなかった。ニクソン大統領のメッセージがまったく理解できなかったのだ。だが金持ち父さんの警告には興味をひかれた。

空母の中のパイロット待機室で「ウォールストリート・ジャーナル」を見つけた私は、その中に答えを見つけようとした。「ウォールストリート・ジャーナル」でさえ、金の価格が一オンス三五ドルから上昇し、四〇ドルから六〇ドルの間を行き来していることについてわずかにコメントしているばかりで、金についての言及は少なかった。私は他の雑誌に、「常軌を逸した」誰かが書いた、金は一オンス一〇〇ドルまで上昇するという予想記事を発見した。

金価格の変動は私の興味をそそった。「なぜ金の価格が上がってるんだ?」私は自問した。「この動きの意味はなんだ?」

私がこの本を書いている現在、ビットコインやその他の仮想通貨の価格は暴騰・急落を繰り返している。だが、ビットコインやブロックチェーンが私たちの生活や未来、そして経済の安定に与える影響について理解している人々はやはりほとんどいない。

一九七一年の金価格上昇と二〇一八年のビットコインの暴騰は、世界の大きな変化の地鳴り、世界経済の構造プレートの変動だ。そしてその変動は経済的な大地震、経済の津波を世界中に引き起こすだろう。

テッドは私の同僚のパイロットで、彼も金に興味を持っていた。私たちは余暇を利用して、金と将来の世界の変化についての理解を深めるべく勉強を始めた。

米国はあまりに多くのフォルクスワーゲン、トヨタ、フランスの高級ワインを輸入したために、ニクソン大統領は金本位制を終わらせたということだった。米国は貿易不均衡の問題を抱えていたのだ。

### ●お金の言葉のレッスン

**貿易赤字**：貿易赤字とは、米国への輸入が輸出を上回ることをいう。

**問題点**：問題は、フランスやイタリア、そしてスイスが米ドルによる支払いに難色を示したことだった。彼らは金による支払いを望んだ。米ドルを信頼していなかったのだ。

**解決法**：ニクソンは「金の窓」を閉じることにした。それは金がこれ以上米国外に流出しなくなることを意味した。

**真実か嘘か**：これが金の窓を閉じた本当の理由だろうか？　それともフェイクの理由だろうか？　恐らくフェイクだろう。世界がニクソンのことを「策略家ディック」と呼んだのにはそれなりの理由があるのだ。

本書の後半で、あなたはニクソンの説明が嘘だったことを理解するだろう。さらに私が真実だと考えている、金本位制を廃止した理由も教えよう。ニクソンはまた、米国が貿易赤字の問題を解決したら再び金本位制に戻すと約束した。だが約束は守られなかった。後に弾劾の危機に直面した彼は、辞任した。

### ●金鉱を見つける

テッドと私はベトナムの地図を調べ、金鉱を見つけた。問題は、それが一九七二年だったことだ。米国の敗色は濃くなり、金鉱は敵の手に落ちていた。私たちはパートナーシップを結び、翌日にある作戦を実行することにした。空母から飛び立ち、敵地に侵入し、金鉱を見つけて安い値段で金を買うという計画だった。

翌日の早朝、私たちは空母を飛び立ちベトナムの海上を約二五マイル飛行した。南ベトナム軍が撤退する際放棄した、燃えつきてくすぶり続ける戦車や自動車を目の当たりにすると不安は募った。北ベトナム軍は南ベトナム軍を追って南下していた。テッドと私は敵地に侵入した。もし撃墜され、捕まりでもしたら大変なことになる。当然ながら、船の誰にも行き先を告げていなかった。

私たちは地図に従って進み、目的の村を囲んでいる巨大な竹林を発見した。村は敵地の奥三〇マイルにあった。私たちは慌てず、低空で村の上空を、最初は左回り、次は右回りで旋回した。もし攻撃されたら即座に計画を中止し空母に逃げ帰るつもりだった。

幸い撃たれることもなく、安全だと判断した私たちは、水田の横の草むらに着陸した。エンジンを切り、クルーチーフを機内に残して村へ向かう。野菜やアヒル、ニワトリなどを売る村人たちに手を振りながら、テッドと二人で敵地の堅い土を踏みしめて歩いたのを昨日のことのように思い出す。手を振り返してくるものはなかった。二人の米国人パイロットが、戦争のさなかの敵地の村市場を、白昼堂々と歩いているのを誰もが信じられないといった目つきで眺めていた。

私たちは武器を持っていないことを示すために笑顔で手を挙げた。銃はヘリコプターの中に残してきた。武装した海兵隊員ではなく、ドルを持ったビジネスマンとして村人たちに受け入れられたかったのだ。

村の奥で出会った少年が私たちを「金の売人」のところに案内してくれた。売人は小柄な女性で、ビンロウの実を噛む習慣のせいで歯が真っ赤に染まっていた。彼女は笑顔で挨拶してくれた。彼女の事務所は竹でできた小さな小屋だった。竹製のブラインドが開かれており、彼女が「営業中」であることを示していた。ニクソン大統領は米国の「金の窓」を閉じてしまったが、ここのは開いていた。

## ●ホンモノか偽物か？

テッドと私は大学卒の海兵隊パイロットだったが、金の知識などまるで無いことをすぐに思い知らされた。私たちは本物の金がどんなものかさえ知らなかったのだ。

ベトナム人女性が見せてくれた金は小さな塊で、直径約三インチ、厚さ約二分の一インチの丸い透明なプラスチックのピルケースに入っていた。ケースを光にかざし、私たちは初めて金に対面した。それは金色に塗った小さな干しブドウのようだった。

「これが金かい?」私はテッドに聞いた。

「知るわけないだろ」テッドがぶっきらぼうに言った。「金がどんなものかなんて知らないよ。君は本物の金はどんなものか知らないのか?」

「君が知ってるのかと思ったよ」私は信じられない思いで首を振った。「だから君をパートナーにしたのに」

敵地でビジネスをすることのプレッシャーが私たちの肩にのしかかってきた。テッドは私のことを救いようのない間抜けだと思ったようだが、私も彼に対して同じ思いだった。

多くの起業家が様々な正念場を経験している。テッドと私にとってこの時がそうだった。私たちはパイロットとして素晴らしいパートナーだったが、金についてはまったくの間抜けだった。自分たちの馬鹿さ加減に気づいた私たちは気を取り直して価格交渉に入った。

テッドと私は、まず四〇ドルから交渉を開始した。その日の金のスポット(単発取引)国際価格が約五五ドルであることは知っていたが、米ドルを持っている上、敵地まで乗り込んできたのだから値引きをしてもらえると思っていた。赤い歯の小柄な女性はニヤリと笑った。恐らくこう思ったのだろう。「あんたたちはほんとに馬鹿だね。金のスポット価格は世界中どこでも同じってことを知らないのかい?」

いくら交渉しても彼女は決して値段を下げなかった。スポット価格は絶対だということを知っていたのだ。私たちが馬鹿だということはすっかりお見通しだった。もし彼女が不正直な人間だったら金色に塗った干しブドウを売りつけることもできただろう。ウサギの糞を金色に塗ったものでさえ、私たちには見分けがつかなかったのだから。

## ●パニックに陥る

交渉は、クルーチーフの恐怖に取り乱した叫び声で中断された。「大尉、今すぐヘリに戻ってください」テッドと私は交渉をやめ、村市場を突っ切って飛行機に駆け戻った。激しい鳥の鳴き声が聞こえた。戻る途中でニワトリを蹴飛ばし、アヒルを踏みつけたらしい。

　私の想像力がフル稼働した。黒装束に身を包んだベトコンとカーキ色の軍服の北ベトナム兵士が水田を横切ってヘリコプターに近づいてくるのが目に浮かんだ。その時になって初めて、自分たちが丸腰で防御もままならないことを思い出した。赤い歯の女は正しかった。私たちは正真正銘の馬鹿だった。

　幸いなことに、ベトコンも北ベトナム軍もいなかった。クルーチーフはヘリコプターが地面に沈み込んだためにパニック状態になっただけだった。私たちが着陸した草むらはかつて水田だったのだ。

　エンジンやロケット、機銃、弾薬などの重みでヘリは後ろに傾きゆっくりと沈み込んでいた。尾部のローターはほとんど地面に接触していた。すぐにエンジンをかけなければチャンスはなかった。

　クルーチーフは私たち三人の中で一番小柄で体重も軽かった。そこで彼が操縦席に座り、エンジンをかけた。テッドと私は尾部を肩で持ち上げ、後ろのローターが地面に当たるのを防いだ。

　首尾よくエンジンがかかり、メインローターがゆっくり回り始めた。回転翼が最高回転に達すると、クルーチーフはヘリを前後に揺すり始めた。それが功を奏してヘリのスキッド（脚の部分）が泥から離れた。回転する尾部ローターが地面にぶつからないように、テッドと私は大声で叫んで知らせた。

　ヘリが突然自由を取り戻し空中に浮かぶまではすべては計画通りだった。だが突如、ねばねばして悪臭を放つ泥がそこら中にまき散らされ、テッドと私は汚物に覆われた。緑色の飛行服も顔も、髪の毛も茶色に染まった。私は操縦席によじ登り、操縦桿を握った。テッドも操縦席につき、彼と入れ替わったクルーチーフは後部の機銃座についた。

　空母に戻る道のりは長く、沈黙に満ちていた。テッドと私は言葉を交わさず、クルーチーフも金がどうなったか聞かなかった。

　空母に着陸すると海兵隊員と水兵が泥まみれのヘリを取り囲んだ。エンジンを切り、機体が飛行甲板に固定されると、テッドと私は機外に出た。泥まみれの私とテッドに水兵と海兵隊員の視線が集まった。飛行甲板を歩いてシャワーに向かいながら、私は彼らに言った。「何も聞かないでくれ」

## ●失敗から学ぶ

『金持ち父さん　貧乏父さん』が出版されたのは一九九七年だった。金持ち父さんはあまり教育を受けていない人物だった。一方貧乏父さん――私の実の父――は学問では傑出していた。学部を二年で卒業し、スタンフォード大学、シカゴ大学、ノースウエスタン大学の大学院で学び、教育学の博士号を取得した。私が学生の頃、彼はハワイ州の教育委員会の事務局長だった。

今回私は二人の父さんについて言及する。二人の学びの哲学が正反対のものだからだ。

貧乏父さんは、失敗するのはその人物が愚かだからで、「正しい」答えを暗記するのが知性の尺度になると考えていた。

一方、金持ち父さんの哲学では、失敗は学びのプロセスだった。彼はよく言っていた。「本を読んでもゴルフのチャンピオンにはなれない。真のゴルファーになるには、まず山ほどミスをしなければならない。真の金持ちになるのも同じことだ」

私は学校でいい成績をとったことは一度もない。なので金持ち父さんの学びの哲学には全面的に賛成する。

## ●フェイクvsリアル

本書はフェイクマネー、フェイク教師、フェイク資産についての本だ。同時に本当のお金、本当の教師、本物の資産についての本でもある。

### 1　フェイクマネー

ニクソン大統領が金とドルの交換を停止した時、米ドルはフェイクマネーになった。

フェイクマネーは金持ちをより金持ちにするが、貧困層と中流層をさらに貧しくする。

## 2 フェイク教師

学生時代、私は多くの教師がフェイクであることに気づいた。一言で言えば、彼らは自分が教えていることを実践していなかった。学校には多くのフェイク教師がいた。だが米国海軍の飛行学校ではすべての教師が真の教師だった。教官たちは皆飛行機を操縦できた。

## 3 フェイク資産

多くの人々がフェイク資産に投資している。『金持ち父さん　貧乏父さん』にも書いたように、資産の定義は「あなたのポケットにお金を入れてくれるもの」だ。だが多くの人の「資産」はポケットからお金をとっていく。すべての給料からお金が抜き取られ、401（k)、IRA（個人退職年金）、あるいは政府年金のような退職貯蓄制度を介してウォールストリートに送られる。

多くの人が、お金が何倍にもなって戻ることを期待して、長年「引退後のための貯蓄」をしてきた。だが私の年齢の人々、ベビーブーマーの多くが、引退後自分たちを支える十分なお金がないことを知るだろう。彼らの給与小切手から差し引かれたお金が、金持ちをより富ませる偽の資産に組み入れられたからだ。彼らはその責任を押し付けられるのだ。

ラッキーなことに私は真の教師にもたくさん出会った。金持ち父さんのような教師だ。何かを学ぼうとする時、私はまず真の教師を探す。自分が教えていることを自分で実践している教師、それを日々行う教師、そして自分のしていることで成功している教師だ。

小柄なベトナム人女性は、別の意味で真の教師だった。たった数分の間に自分の馬鹿さ加減をわからせてくれたばかりか、もっと学ばなくてはという気にさせてくれた。それは金のことだけでなく、お金というミステリアスで不思議で重要な科目についてもだった。それは学校では教えてくれない科目だ。

## ●金の個人所有は違法だった

シャワーで泥を落としたテッドと私は、当然受けるべき嘲笑を頂戴するためにパイロットの待機室に戻った。部隊長は私たちを告発すると言って脅した。作戦将校は皆の前でヘリを洗わせると息巻いた。だが一番気になったのは兵器将校の一言だった。彼は言った。「金を持ち帰っていたら逮捕されるところだったぞ」

「え、どうしてです？ なぜ逮捕されるんですか？」

「米国人が金を所有するのは違法だからだ」

「なんで違法なんですか？」テッドが聞いた。

兵器将校は理由を知らなかった。そして事件は不問にされた。今は戦時下であり、朝にはもっと重要な作戦のための飛行が控えていたからだ。ミーティングは終わり、私たちは夕食をとった。

だが私の心には疑問が残った。「なぜ米国人が金を所有するのは違法なんだ？」その疑問は私をお金の勉強に駆り立て、私は自分なりの答えを探した。

金持ち父さんと同様、私も失敗から学んでいた。

一九三三年、フランクリン・ルーズベルト大統領は米国人が金を所有することを禁止した。そのため、テッドと私は多くの米国人と同様、金の装飾品を見たことはあっても金貨や金塊などは見たこともなかった。私たちが知っていたのは米ドル紙幣と合金の硬貨だけで、金貨や銀貨には縁がなかった。

今日、ほとんどの人がフェイクマネーしか知らない。

## ●いにしえのお金と現代のお金

歴史を振り返ると、様々なものがお金として使われてきた。貝殻が使われたこともあれば、色のついたビーズ、羽毛、生きた動物、大きな石だったこともある。

現代には三種類のお金が存在する。

1　**神のお金**：金や銀
2　**政府のお金**：ドル、ユーロ、ペソ、その他
3　**人々のお金**：ビットコイン、イーサリアム、ジップコイン、その他

本書では、どのお金が本物でどのお金がフェイクか、どの教師が真の教師でどの教師がフェイクか、どの資産が真の資産でどれがフェイク資産か、その答えを探っていきたい。

### ●あなたの質問　キヨサキの答え

Q　最初に金を買うことを思いついたのはいつか？　どんな計画だったのか？（バーバラ・E、カナダ）

A　私が金を買い始めたのは一九七二年だが、未来のことはあまり考えていなかった。ただ金と米ドルの関係について興味があったのだ。

一九七二年の私は、敵地に乗り込めば金が安く買えると考えるような愚か者だった。その後、金や米ドル、そしてフェイクマネーについて学ぶほど金への興味は募っていった。

一九八三年、私はバッキー・フラーの本『グランチ・オブ・ジャイアンツ』を読み、世界にはびこるお金の強奪の規模が理解できた。二〇〇八年、中央銀行が世界経済を救済するという大義のもとに数兆ドル分のお金を印刷したために、お金の強奪は制御できない規模になった。中央銀行が救おうとしていたのは自分たちで、つけを払ったのは「我ら人民」だった。本書の第三部を読めば、今日のお金の強奪がいかに邪悪で、いかに世界に蔓延しているかがわかる。そして、なぜ私がこれほど未来を憂いているか理解できるだろう。

Q　人々はなぜこんなにもスタートアップ企業を信頼しないのだろう？（モモ・S、ナイジェリア）

A　アイディアはどこにでも転がっている。多くの人々が、数百万ドルの価値がある製品やビジネスのアイディアを持っている。だが本当のファイナンシャル教育がないため、ほとんどの人が数百万ドルのアイディアを実際のお金に変えるための知識を持っていない。人々がスタートアップ企業を信用しないのはこのためだ。

Q　財産をすべて不換紙幣（金銀との兌換が保証されていない紙幣）で持っていると、いつかすべてをなくしてしまうのでしょうか？（ノア・W、米国）

A　その通り、あなたはいつかすべてをなくしてしまう。歴史を振り返っても、生き残った兌換紙幣は一つもない。フェイクマネーはその価値を保てない。米ドルはいつまでも使われる最初のフェイクマネーになるだろうか？　可能性はある。だが私は信じない。

Q　ニクソン大統領が金・ドル本位制を廃止してから、金のスポット価格はどのように決定されているのだろうか？（テッサ・H、ペルー）

A　理論的には国際市場で決められる。しかしそれはあくまで理論上の話だ。今日、金の価格は他の金融資産と同様、操作されている。本書の第三部で、金価格の操作がどのように行われているか、なぜ操作されているのか、そしてそれがなぜ今後は続きそうもないのかを詳しく説明する。

Q　かつて米国民の金の所有が違法だった理由はなにか？　米国民にどんな説明がされていたのか？（ゴードン・P、米国）

A　連邦準備銀行（FRB）、グランチ、そして米国政府が、通貨供給と、巨大銀行やFRBと競合する数千の小規模銀行をコントロールしておきたかったからだ。比較的最近まで、二〇の大手銀行が存在した。

だが現在、「大きすぎて潰せない」銀行は四つだけだ。誰もがより小さな銀行システムに囚われている。米国経済を少数の巨大銀行やFRBがコントロールしている現状には、長年の計画があったのではないかと多くの人が疑っている。

Q　あなたが会ったベトナムの女性はどうやって金の価格を知ったのだろう？　当時インターネットはなかったのに。（アンソニー・O、オーストラリア）

A　彼女はプロの金のブローカーだった。プロは自分が扱う商品の値段を知っていなければならない。恐らく彼女は電話か短波ラジオを持っていたか、新聞や他のディーラー、金鉱の所有者から国際市場の情報を得ていたのだろう。金について、もっと重要な質問がある。今日の金のスポット価格を知っているあなたの友人は何人いるだろうか？　彼らの何人が金に興味を持っているだろうか？

第二章

# 我らは神を信ずる——あなたは誰を信頼するか

一九七一年八月一五日、リチャード・M・ニクソン大統領は金と米ドルの「一時的な」交換停止を行った。

一九七二年六月一七日、ワシントンD.C.のウォーターゲートビルの中にある民主党全国委員会の本部に何者かが侵入した。悪名高いウォーターゲート事件の始まりである。

一九七三年一〇月一〇日、副大統領スピロ・アグニューは汚職についての起訴を取り下げてもらうのと引き換えに、連邦所得税の脱税については上告しないとした。そしてジェラルド・フォード下院議長がニクソンの新しい副大統領となった。

一九七四年二月六日、米国下院は下院決議案八〇三を成立させ、ウォーターゲート事件関与に関して、ニクソン大統領を弾劾する十分な根拠があるかどうかを調査する権限を下院司法委員会に付与した。

一九七四年七月二七日、司法委員会はニクソンが三つの弾劾条項のうち最初の一つに該当するとした。三つとは、**司法妨害**、次に**職権乱用**、そして**議会侮辱**である。

一九七四年八月九日、ニクソンは大統領を辞任した。

一九七四年九月八日、ジェラルド・フォード大統領は**ニクソンに無条件、無制限の特赦を与え、ニクソンが大統領として関与した、あるいは関与した可能性のあるすべての連邦犯罪について免責した。**

そして私たちはこうしたリーダーたちを信頼している。彼らがリーダーだって？

どのリーダーも、米ドルを金本位制に戻すことはしなかった。単に忘れ去られただけだろうか？　一時的な措置だったはずのものが、いつ、そしてなぜ定着してしまったのか？

⑦ローマ人は硬貨の縁を削ってフェイクマネーを作った

## ●誰を信用するか?

フェイク紙幣である米ドル札に、「我らは神を信ずる」(In God We Trust)と書かれているのは非常に興味深い。なぜ私たちは神を信じるように言われるのか? 神のお金である金や銀はどうなったのか?

金の元素番号は七九だ。銀は四七だ。金も銀も地球の形成期に存在していた。最後のゴキブリが死ぬ時も、金と銀は存在しているだろう。ではなぜエリートたちはフェイクマネーに「我らは神を信ずる」と書いたのだろうか?

歴史的に見て、民の信頼を得たリーダーたちが自ら富と権力を握るためにフェイクマネーを作ったのはこれが最初ではない。紙幣は中国の唐(六一八~九〇七)の時代にも使用された。一七世紀、ヨーロッパに紙幣が広まる以前、数世紀にわたって使われていたのだ。エリートたちがフェイクマネーを印刷することで簡単に戦費を調達したり、自分たちの記念碑を作れることに気づいた時、中華帝国は崩壊した。ローマ人は金・銀の硬貨を使用した。彼らは硬貨の縁を削ってフェイクマネーを作った(図⑦)。

今日のほとんどの米国硬貨は縁にギザギザがついている。ギザギザがついた縁だと、金貨や銀貨を削るのが難しくなる。ローマ人たちは、金貨や銀貨の質を落とすことでより多くのフェイクマネーを作った。質を落とすというのは、金や銀に銅やスズ、ニッケルなどの卑金属を混ぜることだ。一九六五年、米国政府は銀貨の質を落とし始めた。銀貨の縁に銅の色が見えているのはこのためだ。

## ●グレシャムの法則

グレシャムの法則はこう述べている。

「悪貨（フェイクマネー）は良貨（リアルマネー）を駆逐する」

一九六五年、私はハワイ州ヒロの地元の銀行に行き、ドル紙幣を一巻きの一〇セント硬貨、二五セント硬貨、五〇セント硬貨に替えてもらった。家に帰って包装をほどき、本物の銀貨をより分け、縁に銅が使ってある銀貨は銀行に返した。本物の銀貨で大きな布袋が一杯になるまでそれほどかからなかった。

なぜドル紙幣をコインに替えて本物の銀貨を集め始めたのかは覚えていない。しかし私はなぜかそうした。グレシャムの法則を実践したのだろうか？　この年、私はニューヨークの学校に行くことになり、それ以降本物の銀貨の入った袋を見ることはなかった。銀貨は母が使ってしまったのではないかと思う。

## ●金を探して旅をする

私は一九九六年から二〇一二年の間、本物の教師であるフランク・クレリーをパートナーにしていた。フランクは金持ち父さん、貧乏父さんとほぼ同じ歳だった。彼はＩＰＯ（新規株式公開）によってカナダや米国の株式市場に多くの金や銀の鉱山を上場していた。

旅行をするには歳を取り過ぎていたので、フランクは代わりに私を金・銀の鉱山の視察に行かせた。それはまったく素晴らしい、本当の教育だった。私はペルーでアンデスの山腹を見た時のことを憶えている。列をなした小さな金鉱の穴を見て、丘にある金の鉱脈を追った。採鉱技術者は、これらの小さな穴がインカ帝国に金をもたらしていたことを教えてくれた。その後スペインからフランシスコ・ピサロがやってきて彼らのリーダーを殺し、金を奪うまでは。

モンゴルに旅して、「チェッカーボード」（市松模様）という名の金鉱を訪ねたことも憶えている。金鉱が平坦な土地にあり、穴がちょうど市松模様に見えることからこう呼ばれていた。

最高の鉱山のひとつは、アルゼンチン南部の僻地にある古い銀鉱だった。私たちのグループは銀がオンス三ドルに満たない頃にこの銀鉱をトロントの株式市場に上場した。銀が一オンス七ドルを超えると、私たちは大きな利益を得た。今日、銀は一オンス一五ドル付近まで跳ね上がっている。残念なことに私たちは七ドルの時に売却してしまった。

最大の買収は中国の古い鉱山だった。私たちはこれを頭金なしで手に入れた。中国政府との合意の条件は、鉱山を所有する企業をトロントの株式市場に上場して資金を調達した時、鉱山を私たちに譲渡するというものだった。

上場を果たすと、ラッキーにも私たちは金を発見した（写真⑧）。巨大な鉱脈だった。数百万オンスの金が確認された。一年後には私たちは億万長者になっているはずだった。この中国の金山の名前は「ムンドロ金鉱」、スペイン語の混成語で、「金の世界」という意味だった。ところが後になって中国の役人が、中国政

⑧鉱山ビジネスで上場を果たす

府は私たちのビジネスライセンスを更新しないと通知してきた。現在、その金鉱は中国人のエリートが所有している。もちろん彼は億万長者だ。

私たちはムンドロ鉱山から完全に閉め出された。これも私にとっては本当の学びだった。

## ●私が学んだこと

こうした体験から学んだのは、「孤立した人間、僻地に住む、外の世界との連絡のない人間は、本能的に金・銀の価値を知っている」ということだった。では、私たちはなぜそれを忘れてしまったのか？　私たちの「神のお金」に対する本能はどうなってしまったのだろう？　私たちはあまりに多くを学んでしまったのだろうか？

なぜ私たちは、まったく知らない人を信頼したりするのだろう？　エリートたちがフェイクマネーに「我らは神を信ずる」と書いたからといって、なぜそれを信じるのだろうか？（図⑨）リーダーたちがたくさんのフェイクマネーを印刷した時、何が起こったかを示す図⑩を見てほしい。

この歴史は再び繰り返されるのだろうか？

写真⑪は一九二三年に撮られたもので、ドイツの子供が路上でお金で遊んでいる様子だ。数十億のフェイクマネー。第一次世界大戦後のワイマール共和国のインフレは、四二〇万ドイツマルクが米ドル一ドルの価値しかないという途方もないものだった。

図⑫は、お金がいかにして子どものおもちゃになり果てたかを示している。

ＦＲＥＤ（セントルイス連邦準備銀行経済データ）によるグラフ⑬が示すのは、二〇〇八年の暴落以降、米国が数兆ドルのフェイクマネーを印刷しているという事実だ。一九二〇年代のドイツのフェイクマネー、ライヒスマルクの大量印刷と多くの類似点があることに気づいたろうか？

残念なことに、歴史上フェイクマネーが生き残ったことはない。今日の紙幣はいつか本当の価値、ゼロに

⑨金対フェイクマネー：1900年の金価格を100％とした、それぞれの通貨の価値の推移

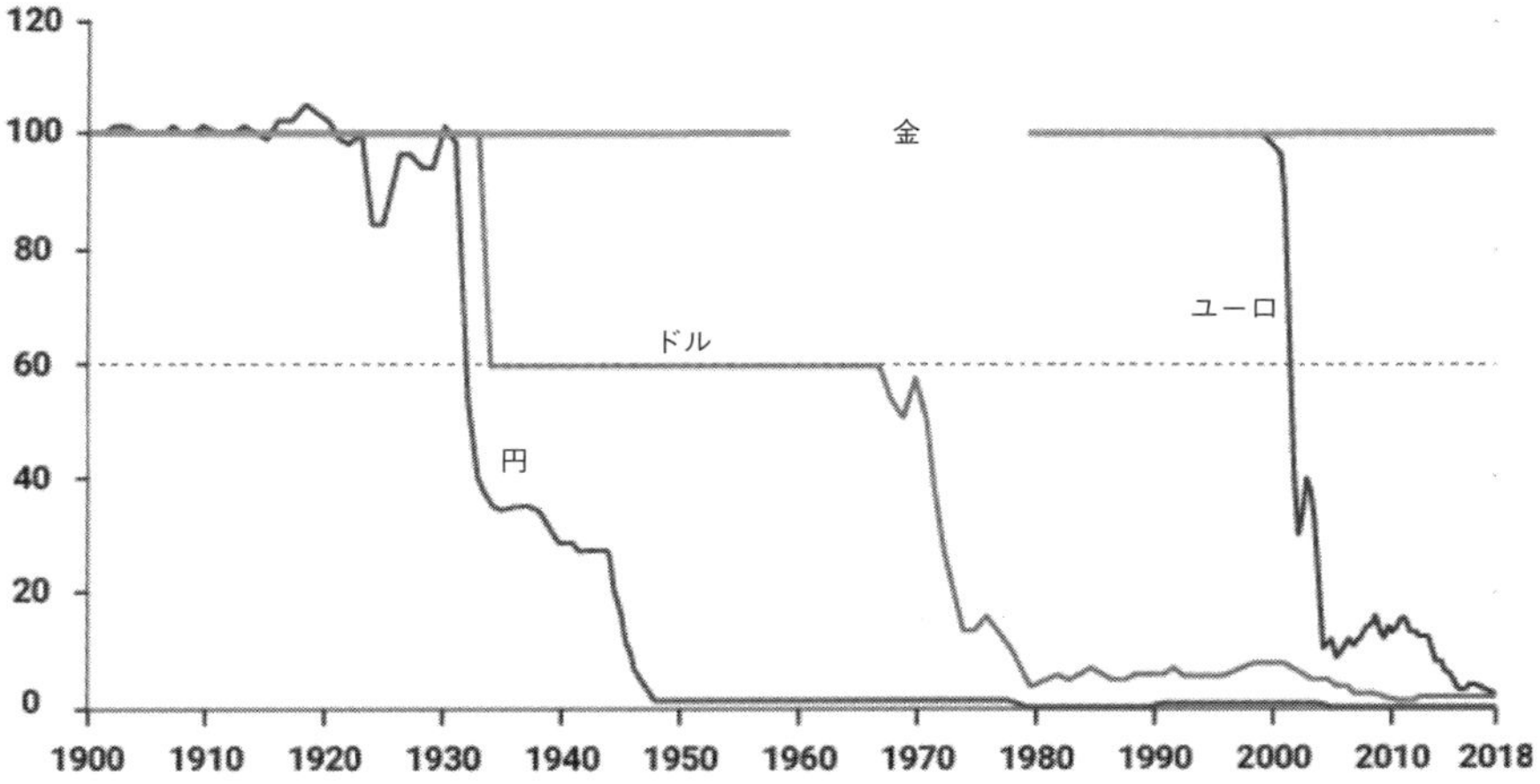


⑩なぜ預金者は負け犬なのか：1913年からの米ドルの購買力の推移

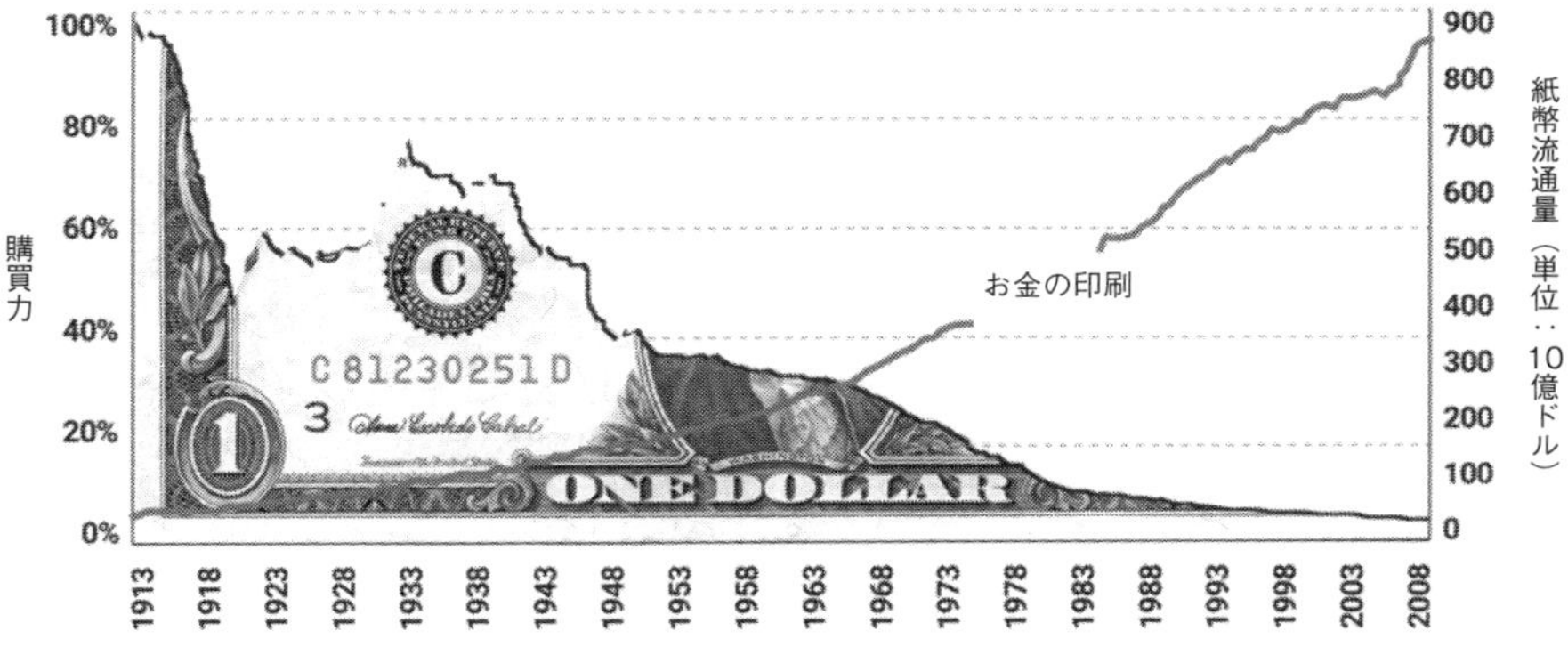

戻るだろう。それでもあなたは自分のお金を神に委ねるだろうか？

## ●学生に本来学ぶべきことを学ばせろ

リチャード・バックミンスター・フラーは「学者を解放し、彼の研究に戻せ」と書いた。別の言い方をすれば、学生を学校から解放し、本来の勉強をさせろということだ。

私は人生の大半を、さえない学生として過ごしてきた。私はいつも「フェイク学生」だった。飛行学校を除いて、学校が楽しいと思ったことはない。学校は退屈だった。フラー博士が「学者を解放し、彼の研究に戻せ」というのを聞いた時、自分が学ぶべきことは一体なんなのだろうと考えたものだ。

フラー博士の『グランチ・オブ・ジャイアンツ』を読んで、私はとうとう自分の学問を見つけたと思った。私はついに本当の学生になったのだ。学習を始めた私は、「お金についてはいつ勉強するんですか？」と教師に質問した小学四年生の時が、学びの原点であることを実感した。この質問をしたおかげで、私はクラスメートの父親だった金持ち父さんに出会い、彼の息子と私は九歳から三〇代までずっと彼の弟子だったのだ。

『グランチ・オブ・ジャイアンツ』は私の学習、研究を新たなレベルに押し上げた。私は本当の教師によって書かれた本やセミナーを探し回った。グランチについての知識がある教師を。世界中の金・銀の鉱山の視察をさせてくれたフランク・クレリーも、そうした本物の教師の一人だった。本書の第二部「フェイク教師」で、こうした本物の教師のリストを示すつもりだ。

二〇一八年五月二八日、雑誌の売店を通りかかった私は、「タイム」誌の表紙に引きつけられた。それには「私たちの世代がいかに米国を破壊したか」とあった。スティーブン・ブリルのエリートについての記事は、グランチ・パズルのもう一つのピースだった。フラー博士が三五年前に口にしたのと同じグランチへの懸念を、ブリルも語っていた。

フラー博士は講演の中で、世界経済をコントロールしている見えない人間たちは、学校で最も優秀な人間

⑪ワイマール共和国のインフレ

⑫マルク金貨１枚に対するマルク紙幣の価値

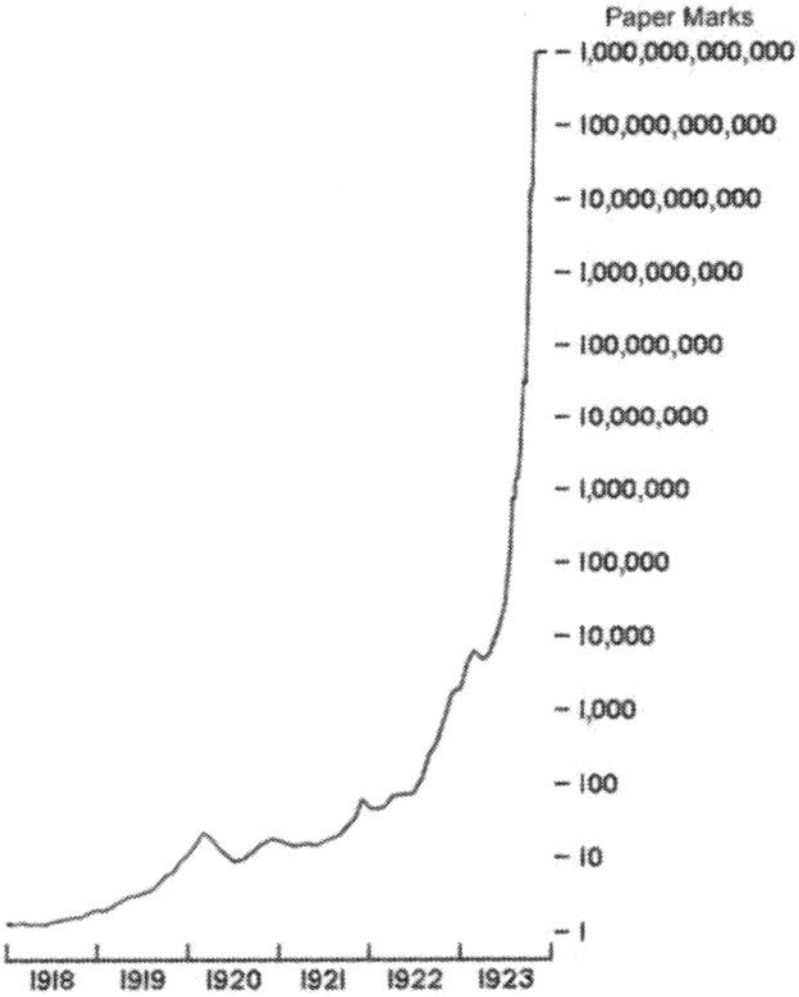


⑬マネーの大量印刷：2008 年以降、数兆ドルが印刷されている

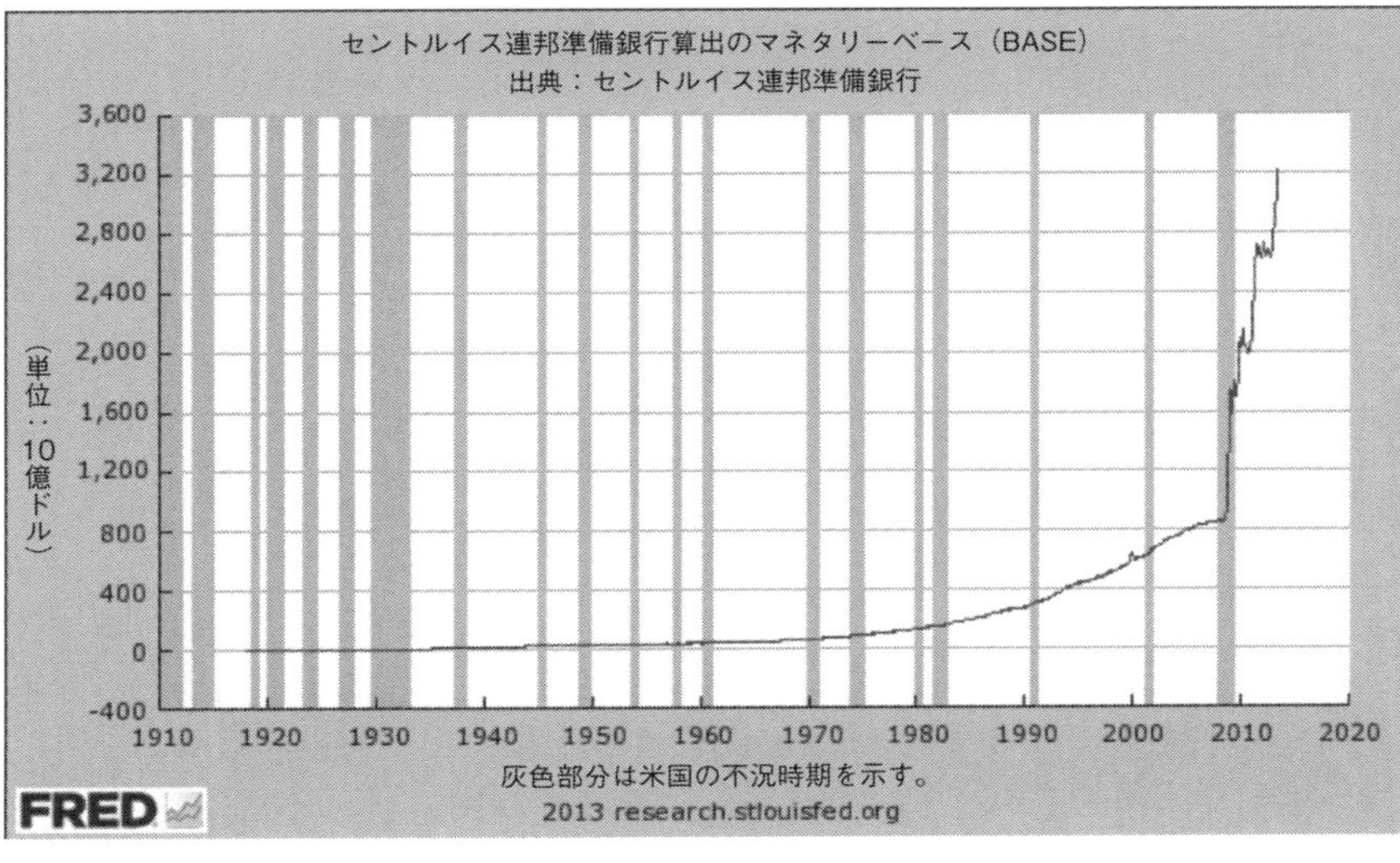

を集め、彼らをトレーニングして自分たちの望む方向に世界を運営させている、と語った。スティーブン・ブリルはまったく同じことを言ったわけではないが、こう語っている。

私はそうした勝ち組エリートの一人だった。一九六四年、私はクィーンズ区の労働者階級地区であるファー・ロッカウェイで育った「本の虫」だった。ある日、ジョン・F・ケネディーの伝記を読んでいた私は、彼がプレップスクール（大学進学の準備をする私立の高校）に通っていたことを知った。私の通っていた第一九八中学の教師は誰一人、それが何だか知らなかった。やがてプレップスクールとは大学のようなものだということがわかった。大学に行くより四年間早く、キャンパスで生活しクラスに出席する。それはとても素晴らしいことに思えた。また、いくつかのプレップスクールが奨学金を出していることを知り、私の気持ちはさらに高まった。私はマサチューセッツ州西部にあるディアフィールド・アカデミーに入学した。

校長のフランク・ボイデン氏は、不安を隠せないでいる私の両親——万年自転車操業の酒屋を経営していた——に言った。奨学金の条件によれば、両親は毎年、送れるだけのお金を私に送ればよいのだと。それから三年後の一九六七年、最終学年になっていた私は、R・インスリー・クラーク・ジュニアという人物と一緒に校長室に座っていた。彼はエール大学の入試部長だった。その時は知る由もなかったが、私は「インキー」と呼ばれるこの人物が主導する改革に組み入れられていたのだ。私は、後に「インキーの少年たち（のちに少女たちも）」として知られることになるグループの一人になるのだった。彼らは六〇年代中盤から七〇年代にかけて、エール大学やその他のエリート教育機関、法律事務所、投資銀行で盛んだった実力主義推進運動の一端を担うことになる。

フラー博士なら恐らくこう言っただろう。「グランチを動かす連中は、こうした非常に優秀な若者を選び、訓練したのだ」スティーブン・ブリルは続ける。「私たちの世代の、エリート大学を卒業し社会に出た成績優秀者たちの個人的な成功は、しばしば社会に深刻な影響をもたらした」

## ●プレップスクール

金持ち父さんの物語の中で話していなかったことがある。リバーサイドスクールを卒業した私のクラスメートの中で裕福な連中は、金持ち父さんの息子や私が通った公立高校ではなく、私立のプレップスクールに進学した。彼らのほとんどは、約一三〇キロ離れたハワイ島のハワイ・プレパラトリー・アカデミーに入学した。何人かはバラク・オバマが学んだことで知られるオアフ島のプナホウ高校に行った。

未来の大統領は、スティーブン・ブリルと同様の「インキーの少年・少女」の一人だった。「バリー」と呼ばれていた若き日のオバマは、プナホウ高校からハーバード大学法科大学院まで進み、合衆国大統領になった。ビル・クリントンやジョージ・W・ブッシュが歩んだ道のりだ。

私が貧乏父さんに「プレップスクールに行きたい」と言うと彼は言った。「うちは金持ちじゃない。それに教育長の息子が私立のプレップスクールに行くのは道義的によろしくない」

裕福なクラスメートがプレップスクールに進学するのを横目で見ながら、金持ち父さんの息子と私は近所の学生と一緒にヒロ中学校、そしてヒロ高校に進んだ。よかったのは、毎日サーフィンができたことだ。また、ヒロ高校には州で一番強いフットボールチームがあり、私はフットボールをするのが大好きだった。ハワイのプレップスクールと対戦する時は、かつてのクラスメートをコテンパンにしてやったものだ。

そして一番の幸運は、マイクと私が放課後と週末に金持ち父さんの弟子になれたことだ。私たちは中学・高校時代に本物のビジネス、本物のファイナンシャル教育を受けることができたのだ。

小学校時代の同級生でプレップスクールに進学した者の多くが、スタンフォード大学やダートマス大学、エール大学などの有名エリート校に進学した。未来のエリートを養成する学校だ。

『金持ち父さん　貧乏父さん』の物語は私が九歳の時、リバーサイドスクールの生徒だったところから始まる。金持ちの子どもが行く小学校だ。貧困層や中流層の子供は通りを挟んだヒロ・ユニオンスクールに通っていた。

金持ちの子どもの学校に行ったおかげで、なぜ皆は金持ちで自分は貧しいのかという疑問が湧いた。金持ちの子供に囲まれていた私は、四年生の時、手を挙げて担任の教師に質問した。「お金についてはいつ勉強するんですか？」教師が「学校ではお金については教えません」と答えた時、お金に関する私の生涯学習が始まった。そして、その後のことはご存知のとおりだ。

学校で教えていいのは政府が許可したことだけ、ということを教えてくれたのは、ハワイ州教育委員会の事務局長だった貧乏父さんだった。彼は、お金について学びたければお前の親友の父親、後の金持ち父さんに話を聞けばいい、とアドバイスしてくれた。本物の教師による本物のファイナンシャル教育、『金持ち父さん　貧乏父さん』の物語はこうして始まった。

**●深刻な社会的影響**

スティーブン・ブリルは彼の世代の成功者について述べている。

彼らは新しい経済を創造する代わりに、資産を取引して廻していくだけの経済を作り上げた。

〔キヨサキの解釈〕エリートたちはフェイクの資産を作り上げて金を儲け、経済の成長には寄与しなかった。つまり、彼らが給与の良い仕事を創り出すことはなかった。

**●あなたの質問　キヨサキの答え**

Q　米国の財政問題をどのように解決したらよいか？　どこから手をつけるべきか？　米ドルを金本位制に

戻すことから始めるのか？　デリバティブやフェイク資産をなくすのか？　どうしたら「どこにでもはびこっているゾッとするようなお金の強奪」を止めることができるのか？（ジェイムズ・M、米国）

A　とても素晴らしい質問だ。私も若い頃、同じような疑問を抱いていた。バッキー・フラーの思想やお金の強奪について学べば学ぶほど、答えは一つしかないという確信が深まった。フラー博士の一般法則のひとつに、「危機を通して現れる」というものがある。これは、変化が現れる前には必ず非常事態が起こる、というものだ。「非常事態（Emergency）」という言葉をよく見ると、emerge（出現する、浮かび上がる）が語根となっていることがわかる。フラー博士は私たちへの授業で、人類の次の進化は来るべき非常事態のさなかに起こると教えた。

幸いなことに私たちの多くが非常事態が近づいていることを知っており、それに備えている。私は新しい、より頭がよく賢明な人類が、やがて来る非常事態の中で現れるのを目撃できる（あるいはすでに目撃している）と信じている。

二〇〇四年、巨大津波がインドネシアを襲い数百人の命を奪う少し前、ビーチに向かう旅行者たちをよそに象などの野生動物が海岸エリアから離れていった。同様のことが今日起こっている。数百万の人間が進化し、犠牲者になることを拒否し、来るべき金融危機に備えて変化を起こそうとしている。

私のすべての本は、今が変化の時代であることを理解している人々のために書かれたものだ。

Q　今から金本位制に戻るには遅すぎるだろうか？（アンドリュー・C、カナダ）

A　この質問は、尋ねる相手によって答えが異なるだろう。本書の第三部「フェイク資産」を読めば、連邦準備制度理事会のバーナンキ元議長を始めとする多くの「アカデミック・エリート」たちが金を野蛮な過去の遺物だと見なしている理由がわかる。一方で、『いますぐ金を買いなさい』（朝日新聞出版）の著者、ジェームズ・リカーズのように、金本位制に回帰するのがいかに簡単かを主張する人々もいる。

Q　ニクソンが金本位制を廃止しなければ世界は今日どうなっていたと思う？（ジョーイ・S、ベトナム）

A　非常に良い質問だ。私にはわからない。私は近未来に何が起こるか、そしてそれにどう備えるかの方に興味がある。

Q　我々はフェイク情報に騙されているのか？（マイケル・A、ポーランド）

A　その通りだ。学校ではフェイク情報を「歴史」と呼ぶ。Historyという言葉をよく見ると、それはhis（彼の）story（物語）という二つの言葉からできている。軍隊の学校では、「歴史は勝者に属するものだ」と教えられる。敗者のものではないのだ。

ヨーゼフ・ゲッベルスは言った。「嘘も十分に大きければ、そしてそれを繰り返せば、やがて人々は信じる」

フラー博士は人々に、誰かの物語や嘘ではなく「実際の物」を信じるように教えた。見える、触れる、感じられる物だ。

例をいくつか挙げると、コロンブスはアメリカ大陸に足を踏み入れていない。彼が上陸したのは西インド諸島の島だ。つまり彼は実際にアメリカ大陸を発見したわけではないのだ。だが、コロンブスよりずっと以前にバイキングがアメリカ大陸に上陸し、住んだことを示す物はたくさんある。

さて、アメリカ大陸を発見したのは誰だろう？　ひとりのイタリア人か、それともバイキングか？

Q　過去数年間で貨幣が大きく変化したのはなぜか？（ケヴィン・I、日本）

A　歴史を学べば、貨幣の変化は数千年前から起こっていることがわかるはずだ。最初に紙幣を印刷したのは中国人だ。ローマ人は貨幣の質を下げ、ローマ帝国は滅亡した。

一九三三年にヒトラーが台頭したのはワイマール共和国政府が第一次世界大戦のためにお金を刷りま

くったからだ。印刷された紙幣は世界を第二次世界大戦に導き、数百万の人々が犠牲になった。

今日多くの人が、一九七一年はアメリカ帝国の終焉の始まりだったと信じている。

Q　最近ビットコインが暴落した。あなたはビットコインを本当のお金だと思うか?（フランコ・S、イタリア）

A　答えはイエスだ。だがビットコインだけではない。私はブロックチェーンのテクノロジーが世界を変えると信じている。なぜならブロックチェーンは政府のお金より信頼できるからだ。同じ理由で私は金や銀を好んでいる。金・銀は政府関係者や銀行、年金基金などよりもはるかに信頼度が高い。

Q　あまりに多くのフェイク（そして本当の）ニュースが世界に満ちている。経済についての信頼できるニュースを得るために何に注意を払えばよいだろうか?（サミュエル・H、ベルギー）

A　本書では、組織の内部で働いている人々の情報だけを使っている。彼らはお金の強奪を直接目撃している。第十二章に、金持ち父さんのラジオショーがインタビューした、グランチの活動を内部から目撃した人々のリストも載っている。彼らの話をよく聞き、ほとんどの人が知らないお金のレッスンを本当の教師から学んでほしい。

Q　フェイクがそこら中にはびこる中で生き延びるために、そして次の経済不況、あるいは暴落に備えるために、この本はどのように役に立つのか?（ジョン・H、南アフリカ）

A　一九七一年、お金は実体をなくした。この本の目的はあなたの注意を喚起し、変化の兆しに注意を向けさせることだ。ほとんどの人が手遅れになるまで気づかないであろう兆しに。

## フェイクマネーを印刷する――歴史は繰り返す

フェイクマネーの印刷は今に始まったことではない。

古代の、そして現代の銀行システムはフェイクマネーを印刷することで成り立っている。それは銀行がお金を作る方法なのだ。

銀行があれほど多くのお金を生み出せるのは、過去数千年以上、お金を印刷する許可を得ていたからだ。お金を印刷することを許されている組織は銀行だけではない。株式市場、債券市場、不動産市場、デリバティブ市場、その他多くの市場が印刷を許可されている。偽札づくりたちは「本物の」フェイクマネーを作るが、あなたも許可を得ないで合法的にお金を印刷できる。

お金のために働いている人々は、お金を印刷している人間のために働いていることになる。

### ●教育が抱える問題

より大きな問題は、現在の教育システムが学生にお金の印刷について教えていないことだ。教えているのはお金を印刷している人々のために働くことだけだ。今日私たちが抱える金融危機の真の原因はこれである。

一九七一年八月一五日は、歴史上最大のお金の印刷の始まりだった。この日リチャード・ニクソン大統領は、今後米ドルが固定レートで金と交換されることはないと発表した。

一九七二年、金を求めて敵地まで飛行した年、私は自分が何をしているか、なぜそうするのかもわかっていなかった。私は単に、金持ち父さんの言った「気をつけろ、世界はこれから変わるぞ」という言葉に興味をそそられていただけだった。今ふり返ると、私は自分でも気づかずに、世界史上最大のお金の強奪を目撃していたのだ。

## ●何世紀にもわたるお金の印刷

思い出してほしい。お金の印刷は目新しいことではない。お金の印刷の試みの多くは小規模で、単独的で地域的なもので、小さな国に限られていた。そしてわずかに世界のゲーム・チェンジャー、怪物たちによる大がかりなお金の強奪があった。その怪物とは以下の国だ。

1　**中国**は西暦六一八年に初めてお金の印刷を行った。マルコ・ポーロが最初の探検で中国の紙幣とその印刷の実情を目にし、それは次第にヨーロッパに広まった。

2　**ローマ帝国**は遠方での戦争のため、借金の膨張に悩まされており、金貨や銀貨に卑金属のニッケルやスズを混ぜ始めた。

3　**米国の開拓者**たちは独立戦争を戦うためにフェイクマネーを印刷した。南軍も、南北戦争のために南部連合通貨を発行した。

4　**ドイツ**は一九二〇年代、数兆のフェイクマネーを印刷した。フェイクマネーの印刷は第二次世界大戦、ヒトラーの台頭、数百万人のユダヤ人やその他の罪のない人々の虐殺につながった。

5　**ジンバブエ**はかつて「アフリカの穀倉地帯」と呼ばれていたが、二〇〇〇年代にリーダーたちがお金を刷り始め、今ではアフリカのお荷物になってしまった。

6　**ベネズエラ**は世界で最も富裕な産油国だった。二〇一八年、破産と革命の危機に瀕しているがいまだにフェイクマネーを刷り続けている。

ほとんどの例で、金持ちはさらに金持ちになり、他はすべて負け組になった。そして、フェイクマネーの印刷が穏やかな終わり方をしたことはまずない。

## ●破られた約束

一九四四年、四四カ国がニュー・ハンプシャーのブレトンウッズに集まった会議において、米ドルは世界の準備通貨に制定された。その年米国はブレトンウッズ合意に基づき、米ドルを金で兌換することを約束した。これにより、米ドルはグローバルな通貨となった。とてつもないお金の印刷、地球規模のお金の強奪の準備が整ったのだ。

一九五〇年代、かつての敵国、ドイツと日本はフォルクスワーゲンやトヨタを米国で売り始めた。米国がこれらを輸入すればするほど、金が国外に出て行った。

一九七一年、米国は一九四四年の約束を反故にした。ニクソンが約束を破った理由は金の国外への流出を防ぐためだった。歴史はニクソンが嘘つきだったことを証明した。ニクソンが「策略家ディック」と呼ばれるのはこのためだ。ニクソンは、自分が約束を破った理由まで嘘で塗り固めた。

もしニクソンが金・ドル本位制を続けていたら、本位制は金の海外流出という問題を解決していただろう。米国は輸出よりも多くの輸入を許したことで罰を受け、もっと品質の良い製品を安い価格で提供せざるを得なくなっていただろう（それが資本主義というものだ）。そして流出した金は米国に戻ってきたはずだ。

だが学問エリートたちはそうせず、資本主義を殺してしまった。工場は閉鎖を余儀なくされ、雇用は米国よりも賃金の安い国に流れていった。金本位制が破綻したために、エリートたちはお金を印刷できるようになった。彼らは世界から強奪することで金持ちになった。これがフラー博士のいう「グランチ」＝「不快極まる現金強奪の横行」だ。

一九七一年、米ドルは納税者からの借用証書になった。米国はこれ以降、フォルクスワーゲンやトヨタを借用証書で買うことになったのだ。ニクソンはウォーターゲート事件で弾劾される前に辞任した。米ドルを金本位制に戻すという彼の約束は守られなかった。

こうして歴史上最大のお金の印刷が始まった。それは現在も続いている。金持ちたちは度を越した富を得て、中流層や貧困層は困難に直面している。

スティーブン・ブリルは書いている。

最近多くの米国人が、その政治的指向にかかわらず、様々な形で同じ問いを自問している。なぜこうなってしまったのだ？　世界最高の民主主義と経済が、なぜ崩れかけた道路と急激な収入格差の拡大、厳しい二極化、機能不全の政府に変わってしまったのだ？

私は過去二年間答えを探し求め、何度も繰り返されている皮肉を発見した。五〇年前に米国を偉大な国家にした価値観こそが、今、米国を凋落させているのだ。

フラー博士は授業でこのことについて警告していた。彼に学んだ三回の内容を要約すると、富裕層は、一九六〇年代と七〇年代、中流層や貧困層の極端に賢い学生に門戸を開いた。これらのベビーブーマー世代のエリート学生はグランチの操り人形になったという。

ブリルも一九六〇年代に選ばれた、極端に賢い中流層の一人だった。その他には、バラク・オバマ元大統領、ウィリアム・クリントン元大統領、ヒラリー・クリントン元国務長官、連邦準備制度理事会元議長ベン・バーナンキ、女性議長のジャネット・イエレンなどがいた。

バッキー・フラー博士は財産家の家柄で、莫大な財産を受け継いだ米国の上流階級の出身だった。彼と彼の一族は四代続いてミルトンアカデミーとハーバード大学に学んだが、博士自身はハーバードを卒業することはなかった。

ジョン・F・ケネディー大統領、ジョージ・H・W・ブッシュ大統領、ジョージ・W・ブッシュ大統領、そしてミット・ロムニー上院議員はすべてハーバードやエールの出身、米国の上流階級で、莫大な富を受け継いでいた。

●もっと働け

中流層出身のアカデミック・エリートであるスティーブン・ブリルは、中流・貧困層出身の学友たちが受け継ぐべき財産を持っていないことに気づく。彼らが金持ちになるためには、学問エリートになる時に見せた気概と粘り強さを発揮しなければならなかった。彼らはその粘り強さを再び使ってウォールストリートや米国企業、法律事務所に進出したのである。

ブリルが看破したのは、これらの中流・貧困層出身のエリートが、自分と同じ階層の米国人の経済を破壊したということだった。ブリルは言う。

中流・貧困層出身のエリートたちは米国の実業界に入り、低賃金の国々と競争することなしに、雇用を海外に移動させてしまった。法律事務所に入った弁護士たちは、弱者である中流層、貧困層を守ることはせず、金持ちのためだけに働いた。ウォールストリートは新しい本当の資産を生み出す代わりに金融を操作し、偽の資産を作り上げた。教育分野に入った学問エリートは、「アメリカ例外主義」を顧みず、社会を操作し、誰もが平等で誰も傷つかない世の中を推し進めた。

だが彼らは、子供の平等を進める一方で自分の子供を守り、彼らがトップを目指して昇っていける環境をつくる。自分と同じようにプレップスクールに行かせ、トップクラスのエリート大学に入学する道を開いてやるのだ。

一言で言えば、エリートの子供たちは、中流層・貧困層が望むべくもない教育を受けるのだ。スティーブン・ブリルは自分の払った努力、野心に燃える同僚たちをこう見ている。

彼らは、世間に対する説明責任や自分たちの栄達が社会に与えた悪影響から自らを守るために、防御を巡らせた国を作り上げた。次に彼らはある意味歴史上初めて、自分たちの成功を盤石にした。彼らを邪魔する可能性のある勢力を出し抜き、あるいは取り込んで、自分が登ってきたはしごを引き上げ、成功を分かち合う人間、自分たちの優位を脅かす相手を少なくしようと努めているのだ。

フラー博士も講義や著書の中で似たような懸念を示していた。その中で博士はレーガン大統領を、米国を内側から蝕んだ強欲な学問エリートに囲まれ、アドバイスを受け入れるだけの「操り人形」だったと語っている。

## ●地球規模のお金の印刷

一九七一年は地球規模のお金の強奪、人々からの財産の略奪の始まりだった。

一九八三年、未来学者バックミンスター・フラーは、著書『グランチ・オブ・ジャイアンツ』の中で、その後に起こることを予知的に警告し、今日も続いている地球規模の強奪について説明した。一九七一年にドルが金による裏付けを失ったことで、お金は目に見えないものになった。お金の強奪は人々の目に触れなかった。フラー博士がかつて言ったように、「自分に向かってくるのが見えなければ、物事を避ける術はない」のだ。

だが、お金の印刷は悪いことばかりではなかった。フェイクマネーを印刷して良かったこともたくさんあった。数十億の人々がフェイクマネーのために働き、経済は機能した。新たな発明、よりよい住居、医薬品の発達、旅行が盛んになり、消費財やテクノロジーが進化した。これらの勤勉な人々は、彼らの財産と健康を蝕む寄生的なエリートを尻目に世界をより良い場所にしていった。

問題は、お金の印刷が決してうまくいかなかったことだ。一九七一年からのお金の強奪は、最終的には破綻する。フェイクマネーの印刷によって支えられてきたパーティーは終わろうとしている。そして、これからひどい二日酔いの日々が始まるのだ。

一%の人々が金持ちになり、数十億の人々が貧しくなった。あるいはこれからますます貧しくなるだろう。今日、数百万の米国のベビーブーマー世代――おそらく歴史上最も金持ちで最も幸運な世代――は輝かしい引退生活を期待できない。彼らは不安に駆られている。彼らの多くが、自分は引退できないことを知っている。働きづめの人生の後に彼らを待っているのは、年を取るにつれて貧しくなっていく日々だ。これがフェイクマネーのために働き、貯金している人に起こることだ。図⑭がそれを説明している。

二〇一八年六月二三日の「ウォールストリート・ジャーナル」は**「老いていく米国に迫る時限爆弾」**という記事の中で次のように書いている。「米国人は、前の世代よりもひどい財政状態での引退を迎えようとしている」

「前の世代」つまり第二次世界大戦の世代はDB年金（確定給付型年金）、生涯小切手を貰える年金プランに加入していた。第二次世界大戦世代にとってファイナンシャル教育は必ずしも必須ではなかった。DB年金プランはプロフェッショナルによって管理されていたからだ。

だがDB年金プランは終わった。かつてプランを提供していた企業はこれを打ち切った。維持するにはあまりにも高額になったからだ。今日、生涯にわたって小切手をくれるDB年金プランを持っているのはごくわずかなベビーブーマーだけだ。

そして今や、DB年金プランを持っているベビーブーマーの間にさえ不安が広がっている。「ウォールストリート・ジャーナル」はこう書いた。「一部の公的機関の従業員は、資金繰りの苦しい政府が年金カット

⑭年をとるにつれて貧しくなる日々：1913年以来の米ドルの購買力の推移

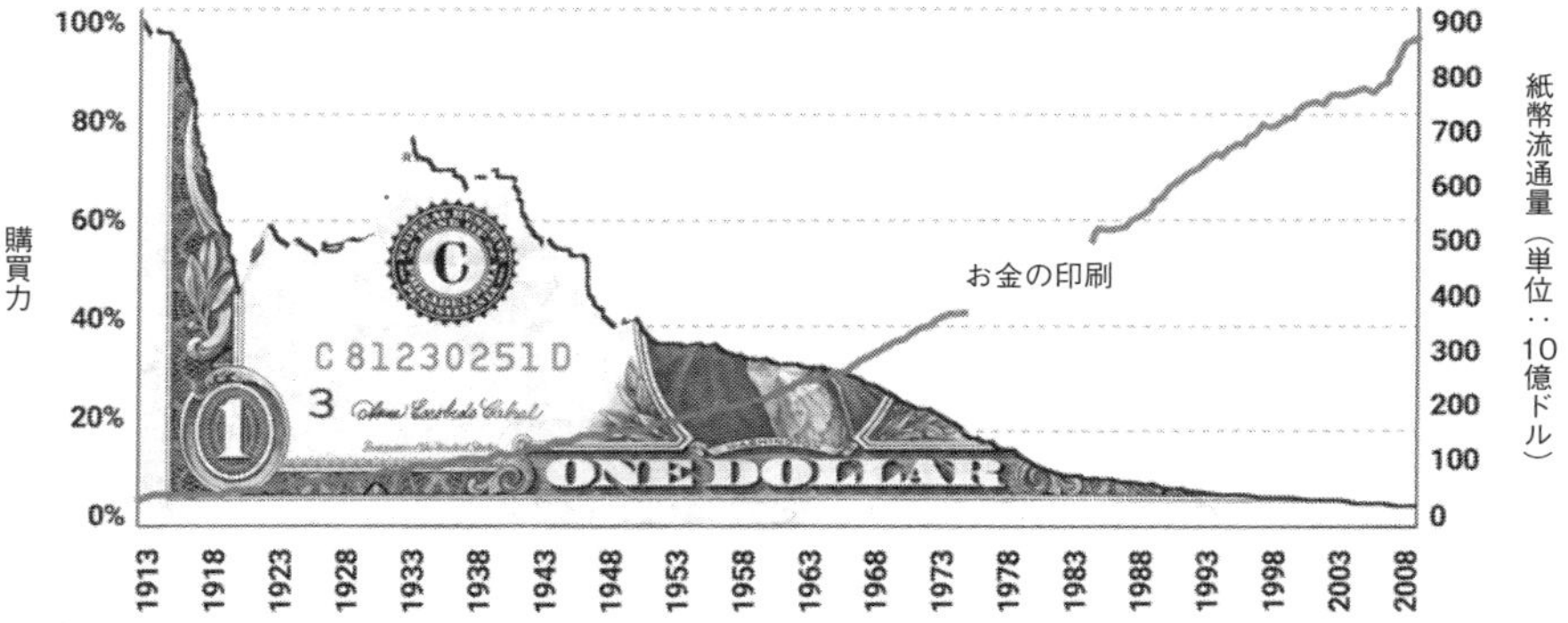


を検討している中、不安にかられている」

多くのＤＢ年金がトラブルに陥っているのは、彼らの試算が七・五％の投資リターンと、ほとんどのベビーブーマーが七〇歳を越えては生きないという前提に基づいていたからだ。幸いなことに彼らはそれより長生きするようになった。だがまずいことに、市場は常に予想した通りの利益を上げるとは限らない。

この不安定な事実と数字に加えて、毎日一万人のベビーブーマーが引退している。二〇二六年、最初のベビーブーマー世代が八〇歳になり、更に長期間の健康保険を必要とする時、そして社会保障とメディケアが破綻する時、危機は財政的災害になるだろう。

## ●ベビーブーマーたちが持っているDC年金

一九七四年、数百万のベビーブーマーが労働力として参入し、雇用コストを削減するためにエリサ法（従業員退職所得保障法）が導入された。数年後、最初の４０１（ｋ）プランが登場した。いわゆるＤＣ年金、確定拠出年金制度である。

ベビーブーマーたちはファイナンシャル教育なしに、プロのお金のマネージャーになることを迫られた。まさにベビーブーマーの危機である。ＤＣ年金プランは拠出した積立金に応じた金額に限られ、給付金の総額は引退した時に口座に入っている金額がすべてだ。ＤＣ年金口座にお金がなければ、彼らはすがるものがなくなる。運にもお金にも見放されてしまうのだ。「ウォールストリート・ジャーナル」のレポートは続ける。

寿命の延長と教育費の爆発的な上昇により、五〇代、六〇代の人々は成人した子供や年老いた親族を養う羽目になった。

ベビーブーマーは「サンドイッチ世代」とも呼ばれる。自分の親と子供を養わなければならないからだ。二〇一七年、六〇歳から六九歳までの米国人の借金は二兆ドルだった。ベビーブーマーはたった七五〇〇万人しかいない。一人あたり大変な額の借金だ。

莫大な借金を背負っているベビーブーマーの多くは、子供の教育ローンを支払い、年老いた両親の世話をするために貯金を切り崩している。雀の涙ほどの401（k）給付金の中央値は、二人家族で年八〇〇〇ドルに満たない。

五五歳から七〇歳までの人が率いる家庭の四〇％以上は、引退後の生活水準を維持する十分な資金がない。そうした家は米国に一五〇〇万家庭存在する。

二〇一六年、401（k）に加入している五五歳から六四歳の働き手が少なくとも一人いる家庭が、税制優遇のある年金口座に持っている金額の中央値は一三万五〇〇〇ドルだった。この場合、六二歳から六五歳までのカップルが今日引退すると、生涯を通じて月六〇〇ドルの年金収入となる。

二〇〇〇年と二〇〇八年の市場暴落は、自分で運用するタイプの年金の危うさを露呈した。401（k）の加入者の多くが積立金を減額し、株式市場から撤退して二度と戻ることはなかった。資金を下ろして支払いに充てた人もいた。

アーサー・スミス・ジュニア（六一）はいまだにその衝撃から抜け出せない。彼は様々な雇用主のも

⑮フェイクマネーの投資が今の高値をつくり出している

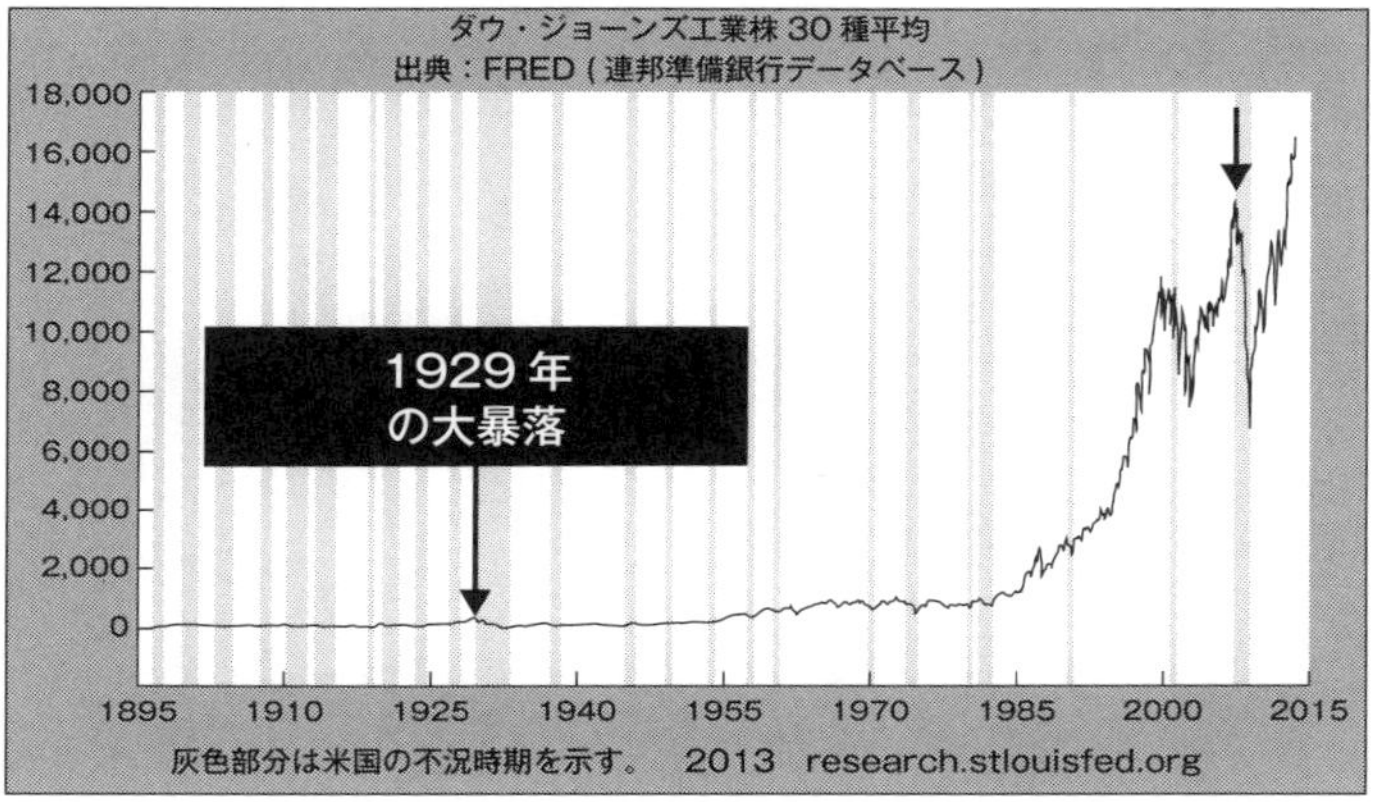


とで、三五年間４０１（ｋ）年金プランに積み立ててきた。個別のテクノロジー株に投資していたため、彼の４０１（ｋ）は市場暴落の影響をもろに受けた。

「好きな株を選ぶことができたので、ハイリスクのものを選んでしまったんだ」彼の４０１（ｋ）は二〇〇〇年代の初めに半分になり、二〇〇八年には再びその半分を失ったという。

一九六〇年代、私が子供だった頃、株式市場に投資するのはギャンブラーだけで、六〇年代に人々が投資していたのは債券市場だった。今日、ほとんどのベビーブーマーたちが株式市場でギャンブルをしている。

ベビーブーマーたちが株でギャンブルをしている理由の一つは、銀行預金と債券の利率が歴史的に低いからだ。多くの人々が「より高いリターン」を求めてギャンブラーになり、株式市場に手を出した。

ダウ・ジョーンズのチャート（図⑮）をもう一度見てほしい。今日のチャートはどうなっているだろうか。それはダウ・ジョーンズ史上最高値を記録している。だがこの高値は利益を求めてフェイクマネーが投資されているだけなのだ。

## ●一五億ドルのボーナス

「ウォールストリート・ジャーナル」のベビーブーマーに関する記事の隣にこんなものがある。

### シャオミ、CEOに一五億ドルのボーナス

企業価値評価が七〇〇億ドルに届こうという中国のスマートフォンメーカー「シャオミ」は、その創立者と最高経営責任者に、感謝のしるしとして無条件で一五億ドル分の株式を譲渡した。企業からの報酬としては史上最高額となる。

## ●歴史は繰り返す

お金の印刷が決して繁栄につながらないことは歴史が証明している。それは逆に、いつもフェイクマネーのために働く人々に貧困をもたらしてきた。米国のベビーブーマーたちは、言ってみれば経済的な意味での炭鉱のカナリヤだ。かつて富裕だったベビーブーマーたちは貧困に陥ることを恐れている。カナリヤである彼らは、フェイクマネーの失敗が近づいていることを予感しているのだ。

歴史を振り返ると、中国からローマ、ドイツ、ワイマール共和国、そして今日のベネズエラまで、フェイクマネーを印刷して継続的に繁栄した国は存在しない。それは常に不況か革命、戦争、あるいはそのすべてを引き起こしている。

一九七一年は世界最大のお金の印刷が始まった年だ。問題は、それがいつ、どのように終わるかだ。

**本当のファイナンシャル教育**は、なぜ、どのようにしてお金が印刷されるかを教えなければならない。お金がどのように印刷されるかを知れば、あなたがお金でサバイバルする可能性はぐっと高まるのだ。

## ●あなたの質問　キヨサキの答え

Q　なぜあなたは「金は神のお金」という言い方をするのか？　神は私たちの創造物で、現実には存在しないかもしれないのに（私は反宗教、反スピリチュアルという訳ではない）。なぜそれが「本物のお金」を所有すべき理由になるのか？（ジェイソン・C、米国）

A　あなたは神の実在を問うているのか？　それとも金の実在か？　神が存在する証拠はない。だが金が実在する証拠はある。私が金や銀は神のお金だといったのは、私が金・銀の鉱山ビジネスから出発したからだ。金の鉱山は中国に、銀の鉱山はアルゼンチンにあった。両方とも株式を公開した。トロントの証券取引所にIPO、つまり新規株式公開したのだ。

株式を公開する前に、私たちは本当の金・銀を発見したことを証明しなければならなかった。大地に金・銀が埋まっていることを物理的に実証するのだ。さらに会社が鉱山を所有し、採掘し、販売する法的な権利を持っていること、IPOによって株式を販売する権利があることも証明する必要があった。

私は地球が誕生した時から金・銀が存在していたことを知っている。大地に眠っている金・銀もこの目で見た。だから私は、それらは神のお金だと表現するのだ。金・銀はフェイクマネー、政府発行のお金、人々のお金よりもずっと長く存在し続ける。人類が去った後も。

世間には偽の金・銀があることも知っている。それは金・銀のETF、つまり上場投資信託だ。ETFは、金・銀を所有していなくても売買することが許されている。ETFが所有している金一オンスにつき、一〇〇オンスのフェイクゴールドを売ることができるのだ。私は会社を上場したので、こうしたことを知った。株式を公開して株式市場に上場すると、そこで売られているほとんどの紙の資産がフェイクであることに気づく。

Q　どのくらいの金を持っていればいいのか？　ポートフォリオ中の理想のパーセンテージを教えてほしい。（ブルーノ・T、フランス）

A　お金の専門家の多くが、資産の一〇%を貴金属にしておけとアドバイスしている。だが私は同意しない。

私は本書の第一部で、金は神のお金であり、富を引き付けると書いた。金が本当の富を引き付けると信じているからこそ、私は金を所有している。

簡単に言うと、もし私が月一万ドルの収入が欲しければ、一万ドルの金を持つ。この方法があなたにも効くと証明することはできない。言えるのは、私たちには有効だった、ということだけだ。これについては第五章でくわしく話すつもりだ。

第四章

# あなたはお金をどのくらい印刷しているか――そのコントロールの仕方

思い出してほしい。お金の印刷は目新しいことではない。

もう一つ思い出してほしい。フェイクマネーの印刷は銀行システムの基礎だ。

お金がどのように印刷されているかを理解していれば、フェイクマネーの世界であなたがうまくやれる可能性は高まる。お金がどのように印刷されているかを知れば、なぜ貧困層は貧困なままか、どうしたら貧しくならずにすむかがさらに理解できる。

**●お金を印刷する　その1：印刷された「牛」**

数千年にわたり、お金は様々な形をとってきた。ビーズ、羽毛、石、生きた動物、陶器など。最も初期の、そして最も大事なお金の形態は畜牛だった。畜牛は数千年間、近代のお金の基礎となってきた。それは今日においてさえ本当のお金だ。「畜牛（CATTLE）」という言葉には、お金、土地、収入など、様々な種類の財産という意味もある。

畜牛を持っている人が借金しなければならなくなった時、彼は牛を金貸しの所に連れて行き、担保として渡し、必要なお金を借りる。お金を返済した時、畜牛は彼に返される。担保の仕組みはいまだに使われている。担保の同義語は「保証」だ。二〇〇八年の暴落は債務担保証券（ＣＤＯ）や不動産担保証券（ＭＢＳ）が破綻したことで起こった。

「担保」や「保証」という言葉に注目してほしい。両方とも、数千年前の畜牛と同じ目的のものだ。一〇〇〇年前、畜牛は本当の担保であり保証だったのだ。

CDOやMBSがフェイクだということが露呈した時、世界経済は危うく破綻するところだった。なぜこれほど多くの高学歴で才能があり、給与の高い人々が偽の担保を本物だと信じてしまったのか？　これは非常に恐ろしいことだ。もっと怖いのは、偽の担保に騙された人々がまだ実権を握っていることだ。

一〇〇〇年前の銀行家が本当の牛について知らないなどということがあり得ただろうか？　だがそれが今日の現実なのだ。

## ●帽子だけで知識はない

今日、金持ちとそうでない人々の違いについて語るのは、担保のあるなしについて語ることだ。貧困層、中流層の多くが貧しいのは、彼らが担保を持たないからだ。それはちょうど担保となる牛を持たない牧場主が銀行に行き、金を借りるようなものだ。

テキサスに住む私の友人はこんな言い回しを使う。「帽子（カウボーイハット）を被っているが牛のことは何も知らない（偉そうだが中身がない、の意）」

世界は「帽子だけで牛について知らない連中」ばかりだ。彼らは大きな家に住み、高級車に乗り、子供を私立の学校に入れる。だが担保は持っていない。銀行は家や車のためのお金は貸してくれるし、クレジットカードも発行してくれる。だがそれはいわゆる消費者信用枠であり、投資のための信用枠ではないため、彼らは「銀行は私に金を貸してくれない」と嘆くことになる。

銀行に、そしてあなたに必要なのは担保だ。現代のCDOやMBSはある意味で担保であり保証だ。問題は、それらを裏打ちしているのが偽の担保、偽の保証だったことだ。将来についてもっとしっかりした保証が欲しいなら、本当の担保を持つことは必須だ。本当の担保、本当の保証はこの本のテーマだ。

ある人が牛を担保として預けた場合、貸し手への利子は現物、つまりその牛から生まれた子どもがあてられる。子牛、ドイツ語でいうkinderは、初期の利子の形態だ。今日銀行からお金を借りた場合、あなたが支払う利子は現代のkinderである（「現物」〔in kind〕という言葉は、ドイツ語のkinder、「子供」から取られた金融用語。幼稚園（kindergarten）は、シンプルに「子供の庭」という意味）。「現物」とは同種交換を意味する。子牛には子牛、お金にはお金、そして目には目を、というわけだ。利子は「現物」である。別の見方をすれば、利子は子供を産むお金、あるいはお金を印刷するお金だ。現代の銀行はフェイクマネーからの利子がなければ生き残れない。

●預金・クレジットカード・ローン

銀行に預金をすると、そのお金はお金を印刷する。

お金を預金すると、銀行は利子を現物でくれる。お金にはお金を、である。繰り返すが、預金に利子がつくのは、お金がお金を印刷したということなのだ。

あなたがクレジットカードを使う時もお金を印刷していることになる。クレジットカードはお金ではない。クレジットカードを裏付けているのはあなたの信用だ。あなたの信用が銀行の担保になるわけだ。米国では信用はＦＩＣＯ（Fair, Isaac and Company、データ分析会社）スコアによって計測される。ＦＩＣＯはあなたの信用力を測る尺度だ。

両者が異なるのは、あなたがクレジットカードを使用すると、銀行のためにお金を印刷していることになる点だ。それは銀行に返すお金、そしてその利子（現物）だ。

車や家、ビジネスのために借金をするのも、銀行のためにお金を印刷することだ。あなたは銀行のためにお金を印刷し、そして銀行は新たに印刷されたお金の利子をあなたに請求する。

あなたがお金を印刷する二つのケースを考えてみよう。

・定期預金に一〇〇〇ドルを預金する。銀行はあなたに二%の利子を払う。
・あなたがクレジットカードで一〇〇〇ドル使う。銀行はあなたに一八%の利子を課す。

どちらの場合もあなたが得るのは印刷されたお金だ。問題は、誰のお金が一番価値があるかということだ。あなたのお金か？　それともあなたが銀行のために印刷したお金か？

思い出してほしい。一九七一年以降、世界の金融システムはフェイクマネーを印刷し続けている。もう一つ思い出してほしい。お金のために働く人々は、お金を印刷している人々のために働いているのだ。本書であなたは、人々が働いて得ているお金を印刷する方法を学ぶ。だがその前に、お金を印刷する他の方法についても知っておこう。

## ●お金を印刷する　その2：部分準備制度

世界の銀行システムは部分準備制度によって成り立っている。部分準備制度は過去千数百年間存在してきた。以下はその簡単な説明だ。

あなたは一〇〇〇年前の商店主だ。一〇枚の金貨が手元にある。商品を仕入れるために、悪党がうようよしている地方を何マイルも旅しなければならない。あなたはまず地元の「銀行家」の所に行く。その多くは金細工職人《ゴールドスミス》だ。彼はあなたの金貨一〇枚を保管すると約束し、代わりにあなたから金貨を預かったことを証明する書類を発行する。いわゆる譲渡性預金証書（CD）である。この言葉は今日も使われている。

あなたはCDを持って治安のよくない国を数百マイル旅する。あなたの金貨は銀行家がしっかり保管している。さて、あなたは店に置くための商品を買う。一枚の証書を売主に渡し、故郷を目指す。あなたに商品を売った相手は自分の「銀行」に行き、CDを渡して本物の金を手にするという仕組みだ。

やがてあなたは、一枚の紙きれであるCDが、本物の金貨を持ち歩くよりもはるかに便利であることに気づき、自分の金貨を銀行家に預け、CDをお金として利用する。

一方、お金が必要な人々は銀行家の所に行き「融資」を申し込む。銀行家はあなたのコイン一〇枚のうち九枚を貸し付け、残った一枚を金庫に残す。これが部分準備である。つまり銀行家は、「準備」として一〇%、あるいは一〇枚の金貨のうち一枚を持っているだけでよい。九枚の金貨を借りた人には金貨九枚分のCDが発行される。

こうしてお金が印刷された。一〇枚の金貨は部分準備制度によって一九枚になった。本物のお金はあなたの一〇枚だけだ。借り手にわたった九枚はフェイクマネーである。フェイクマネーが印刷されたのだ。

面白いのはここからだ。一〇枚の金貨のうち九枚を借り受けた人は、自分の銀行に行き、九枚全部を預ける。その人物には金貨九枚分のCDが発行される。彼が借りた九枚の金貨を保管する銀行家は九枚のうち八・一枚を他の借り手に貸し付ける。この借り手は八・一枚の金貨を自分の銀行に預ける。銀行は八・一枚の金貨の九〇%を次の借り手に貸し付け、これが何回も繰り返される。

## ●マンドレイク・メカニズム

だいたいの仕組みがわかっただろうか？　これは「マンドレイク・メカニズム」と呼ばれるものだ。漫画の主人公、手品師のマンドレイクから取られたものだ。マンドレイクは帽子からなんでも取り出すことができる。同様に、銀行家も空気中からお金を取り出すことができるのだ。

先ほどのシンプルな例では、元々あった一〇枚の金貨は部分準備の魔法のおかげで二七・一枚の金貨になった。二七・一枚の金貨はさらに、部分準備制度、マンドレイク・メカニズムによって、二七一〇枚かそれ以上の金貨に化ける。

部分準備制度とマンドレイク・メカニズムこそが、莫大なフェイクマネーを印刷する方法なのだ。

こう考えてみてほしい。一九七一年、ニクソンが金本位制を廃止してから、世界はもはや最初の一〇枚の金貨さえ必要としなくなった。マンドレイク・システムが生み出す魔法のお金が世界を乗っ取ったのだ。マンドレイクが次から次へと帽子からフェイクマネーを取り出すように、世界中の数十億という人間が数十億ドルのフェイクマネーを借りて銀行に預けたらどうなるか？

二〇〇八年以降、手品師マンドレイクは彼のマジックワールドを破綻から救うために帽子から一兆ドルのフェイクマネーを取り出さねばならなかった。問題は、マンドレイクの手品が、あとどのくらい帽子からお金を引き出し続けられるかである。

## ●取り付け騒ぎ

もしマンドレイクの手品が効力をうしなったら銀行の取り付け騒ぎが起こる。そうなったらマンドレイクのマジックショーはおしまいだ。取り付け騒ぎはまさにパニックとなり、列をなした預金者は自分の金を要求するだろう。問題は、その時マンドレイクに金がないことだ。

こうした時のために米国の銀行は代替案を用意している。連邦預金保険公社（ＦＤＩＣ）が二五万ドルまでの預金を保証することになっている。だが、ＦＤＩＣは巨大な取り付け騒ぎに対応できるだけの資金を持っていない。もしパニックが起きれば銀行システム全体が停止してしまうだろう。銀行の機能停止は現代の歴史においても何度も起こっている。

マンドレイクのマジックショーが止まってしまえば、預金者一人が下ろせる金額はＡＴＭによって決められてしまうだろう。ＡＴＭでお金を下ろそうとした時、「本日のあなたの限度額は一〇〇ドルです」という表示が出るのを想像してみよう。

金持ち父さんが、彼の息子と私に部分準備制度とマンドレイクのマジックについて説明してくれたおかげで、紙幣に「我らは神を信ずる」という一文がある理由が理解できた。今の私は神のお金、本物の金・銀の方を信じる。マンドレイクのマジックショー、あるいはバッキー・フラーがグランチと呼んだ、「不快極まる現金強奪の横行」は信じない。

マンドレイクがマジックショーのために雇ったエリートたち、お金を印刷し、中央銀行や政府、銀行、債券市場、株式市場を運営するために雇った連中よりも、金・銀の方がよほど信頼できる。金・銀はあなたや私、エリートやゴキブリが死んだ後も地上に残り続けることを肝に銘じてほしい。

## ●フェイクの金・銀

マンドレイクはフェイクの金・銀も作り出している。私は偽の金・銀、またの名をＥＴＦ（上場投資信託）、つまり紙の金・銀には投資しない。

ＧＬＤは金のＥＴＦ、ＳＬＶは銀のＥＴＦ、つまりフェイクの金・銀だ。私は決してＥＴＦには投資しない。それらはすべて部分準備制度、つまりマンドレイクのマジックショーの一部だからだ。マンドレイクはＥＴＦを使って本物の金一オンスを五〇～一〇〇オンスの偽の紙の金《ペーパーゴールド》に変えてしまう。ＥＴＦの印刷と投資信託の印刷はマンドレイクマジックショーの出し物のひとつだ。マンドレイクはお金でも株式でも債券でも、不動産でさえ印刷できるのだ。

不動産のＥＴＦは不動産投資信託（ＲＥＩＴ）と呼ばれる。だが私が愛するのは金・銀、そして不動産だ。私は決してＧＬＤ、ＳＬＶ、ＲＥＩＴには投資しない。

ＥＴＦや投資信託には手を出さない方がいい、と言っている訳ではない。こうした紙の資産は一部の人には一定の強みがある。

本書の第三部「フェイク資産」では、どんな人がＧＬＤ、ＳＬＶそしてＲＥＩＴに投資すべきか、そしてなぜ私は投資しないかについて説明する。私がＥＴＦに投資しないのは、それが本質的にはデリバティブであり、マンドレイクマジックショーの一部だからだ。

## ●お金の印刷　その3：デリバティブ

世界中の銀行システムはデリバティブによってできている。デリバティブとはなにか？　超シンプルに説明しよう。

オレンジを例に取ろう。オレンジを絞るとオレンジジュースができる。オレンジジュースはオレンジのデリバティブ（派生物）だ。オレンジジュースから水を取り除くと濃縮オレンジジュースが出来上がる。オレンジとオレンジジュースから生まれたデリバティブだ。

原油で考えてみよう。ガソリンは原油のデリバティブだ。ガソリンは原油よりもはるかに燃焼力が高く危険な物質だ。ガソリンのデリバティブは航空機用燃料、ジェット機用燃料、そしてその他の石油蒸留物だ。

ウラニウムの原子番号は九二で、その元素記号はUだ。ウラニウムは銀よりはるかにたくさん存在する。ウランからデリバティブの抽出を繰り返していくと、非常に不安定で毒性の強い、危険な物質が出来上がる。ウラニウムのデリバティブは原子炉の核燃料や大量破壊兵器に使用される。

株式は会社のデリバティブ、住宅ローンは不動産のデリバティブだ。そして債券はお金のデリバティブだ。

約五〇年前、すべてが変わった。バッキー・フラー博士は、「奴らがお金でゲームを始めた」と言った。スティーブン・ブリルはマーティン・リプトンの言葉を引用している。「私たちは紙切れを売買するという、今までとまったく異なる経済活動を生み出した。それは実質的には何一つ達成しない」

一九五〇年代、製造業が企業利益の六〇％を生み出していた。今日では二五％だ。一九五〇年代、金融業界が生み出す企業利益は全体の九％に過ぎなかった。今日それは三〇％だ。ラナ・フォルーハーは著書『メイカーズ・アンド・テイカーズ――金融の隆盛と米国ビジネスの衰退』の中で次のように書いている。

金融市場での富の創造は、繁栄を共有するのではなく、富を生むことだけが目的となってしまった。〔キヨサキの解釈〕俺の分は確保した。他の奴など知ったことか。

彼女が挙げた、米国金融業界の「俺の分は確保した」的態度の一例は、「米国のヘッジファンドマネージャーのトップ二五人の給料の合計は、全世界の幼稚園の先生の給料の総和よりも高い」という事実だ。

**金持ち父さんのラジオショー　ラナ・フォルーハー・インタビュー　http://youtu.be/VgZZnG7US14**
強欲な連中がいかに米国の金融業界を動かしているかについてラナのインタビューを聞くことができる。

### ●金融工学がビジネスを乗っ取った

金融工学はお金のビジネスを乗っ取り、新しい資産、持続する繁栄を生み出す資産を創造せず、危険なフェイク資産を作り出してきた。二〇〇五年頃、エリート金融エンジニアたちはより高い運用益を求め、住宅ローンなどの通常の金融派生商品へのサブプライム（信用度の低い）の借り手を発見した。そして、彼らが返済できないローンを供給し、不動産担保証券（ＭＢＳ）や、債務担保証券（ＣＤＯ）という金融のモンスター、フランケンシュタインを生み出し、さらにそれらを「証券化」し、金融デリバティブの更なる派生商品として世界中に販売したのだ。

ウォーレン・バフェットはこれらの「金融デリバティブの金融デリバティブ」を「金融大量殺戮兵器」と呼んだ。スティーブン・ブリルはデリバティブについて「タイム」誌の記事でこう語っている。

（エリートたちは）新しい経済を創造する代わりに、資産を取引して廻していくだけの経済を作り上げた。法律や金融を発明し、米国の実業界とウォールストリートをひっくり返した。彼らはデリバティブや債務担保保証券（ＣＤＳ）などの、魅惑的だが危険が大きい金融商品を生み出した。これらはすぐに大きな利益を生み、人を興奮状態に陥れる。そしてなんと、リスクを冒す人間と、結果的にその尻拭いをする人々は別なのだ。

二〇〇八年、これらの大量殺戮兵器が爆発し、世界経済は崩壊の危機に瀕した。

二〇〇七年、デリバティブの総額は七〇〇兆円だった。二〇〇八年、「金融大量殺戮兵器」が爆発し、世界経済は破滅すれすれまで行った。二〇一八年、デリバティブは一二〇〇兆円に膨れ上がっている。

だが現状を変える必要などない。マンドレイクのマジックマネーショーは続けなければならないのだ。

## ●お金の印刷　その4：インフレーション

マンドレイクのマジックマネーショーはインフレのおかげで廻っている。もしインフレがストップしたらマンドレイクのテントは崩壊し、ショーはおしまいである。ダウ・ジョーンズの一二〇年間のチャート（図⑯）をもう一度見てほしい。二〇〇〇年と二〇〇八年、いつ、どこでマンドレイクのテントが崩壊したかが見て取れる。ピーク部分が巨大なサーカスのテントの先っぽのように見えないだろうか？　そしてグランチがマンドレイクのテントに再び空気を吹き込み始めた時期もわかるだろう。

連邦準備制度理事会元議長のベン・バーナンキと、財務長官で前ゴールドマン・サックスCEOのハンク・ポールソンという二人の超エリートは、お金の印刷に別の名前を考え出した。不良資産救済プログラム（TARP）、そして量的緩和（QE）である。彼らにとっては〝お金の印刷〟と呼ぶより知的な響きがあったのだろう。私ならBS（blowing smoke＝煙に巻く）と呼ぶ。

マンドレイクのマジックマネーの手品や部分準備制度があまりに多くのお金を印刷したために、世界を覆うテントがしぼみ始め、大恐慌の寸前だった。TARPもQEもマンドレイクのテントの崩壊を防ぐために必要だったのだ。以下がそこで得られた教訓である。

⑯いつマンドレイクのテントが崩壊したか

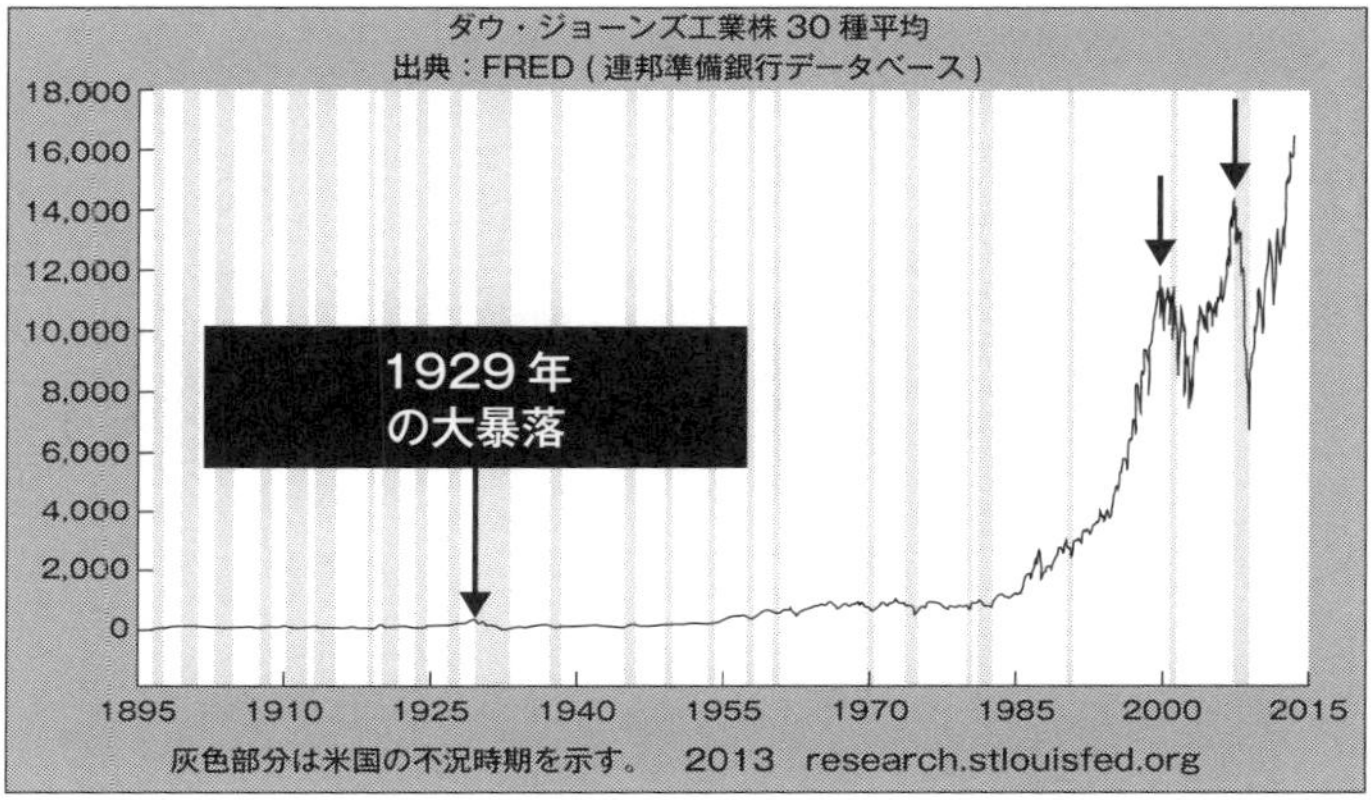


・マンドレイクのマジックはインフレの時だけ有効だ（おわかりだろうか？　テントは膨らませ《インフレート》ておかなければいけないのだ）。

・インフレなしには、マンドレイクはお金の印刷によって膨れ上がった莫大な負債を返済できない。

・インフレ状態にあれば負債は目減りしていく。なぜならお金が価値を失っていくからだ。そして負債は安くなったドルで返済される（図⑰）。

もしデフレが起これば、負債はより高額になり、返済はもっと価値があり、もっと高額なドルで支払われなければならない。デフレーションはしばしば不況を呼ぶ。

インフレの時、人々はすぐにお金を使う。物価が上がることを恐れるからだ。一方、デフレの時、人々は財布のひもを締める。物の値段が下がるのを待つからだ。これは不況を招きやすい。インフレが続くことが、マンドレイクがマジックマネーのショーを続ける条件だ。インフレがなければマンドレイクは前回のショーの支払いができなくなってしまう。連邦準備銀行や米国財務省がＴＡＲＰやＱＥを実施した理由もそれだ。彼らは数千兆のフェイクマネーでマンドレイクのテントを膨らませておかなければならないのだ。

## ●一般市民が巻き添えにされる

担保（コラテラル）という言葉に再び注目しよう。毒性の強いデリバティブ、フェイク資産、偽の担保などの巻き添えを被るのは罪のない一般人だ。そして預金者は敗者となる。ホームオーナーだけでなく預金者のアメリカンドリームも消え失せる。

二〇〇八年に市場が崩壊した時、銀行は利子を下げ、人々にお金を借りてくれるよう頭を下げた。預金への利子を引き下げられ、場合によってはゼロ以下にされた預金者たち——多くは固定収入で生活していた引退者たち——は、最大の敗者となった。銀行預金の利子がなくなった預金者たちは、元金を取り崩して生活した。彼らの預金は減っていった。

私が大学を卒業した一年後の一九七〇年、預金者は最大一五％の利子が得られた。わかりやすくするために一〇〇万ドルを例にとろう。

一〇〇万ドル×一五％＝一五万ドル

一九七〇年当時、年に一五万ドルあれば生きていけた。

二〇〇八年以降、利子は下がり続けており、国によってはゼロ以下の所もある。

預金者は最大の敗者となり億万長者は貧しくなった。

再び一〇〇万ドルの預金の例を見てみよう。

一〇〇万ドル×二％＝二万ドル

今日の米国で、年二万ドルで生活するのは難しい。利子で生活する億万長者は新たな貧困者だ。この状況はより多くの運用益を期待した人々を株式市場に駆り立てた。だがその結果は、株式バブルの崩壊だった。ダウ・ジョーンズの一二〇年のチャートを見れば、二〇〇〇年と二〇〇八年の暴落後のバブル崩壊の様子が

⑰インフレ状態ではお金は価値を失い、負債も実質的に減っていく

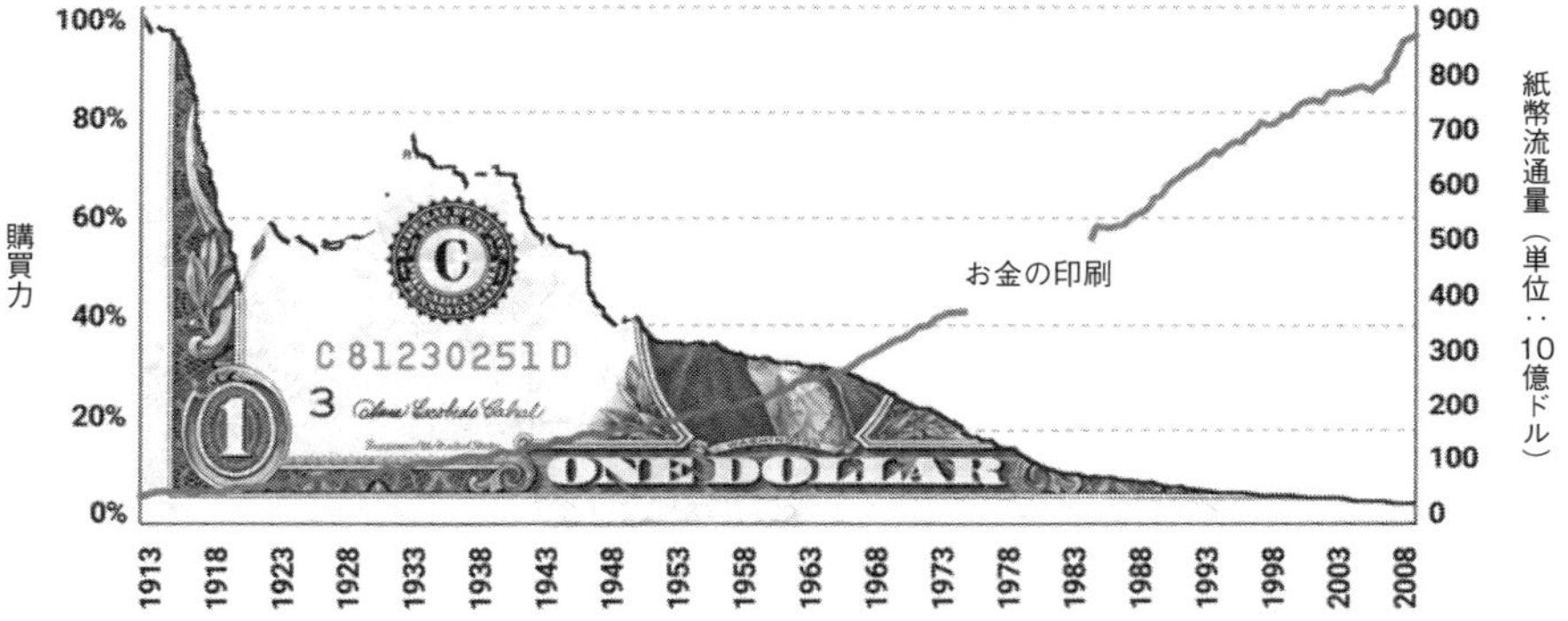


わかる。

## ●ビットコインとサイバーマネー

二〇〇九年、ビットコインが登場し、サイバーマネーがマンドレイクのマジックショーに挑戦し始めた。

マンドレイクはライバルの存在を好まない。グランチはサイバーマネーという人々の通貨に報復を仕掛けるだろう。ごく少数のエリートはサイバーマネーに鞍替えした。

インフレは貧困を生む。お金の印刷は一部の人々を富裕にした。家の価格が上がり、所有する株の総額が増えた時、人々は自分たちが金持ちになったと感じた。だが多くの人は、お金の印刷によってさらに貧しくなった。

スタンフォード、ハーバード、バークレーの専門家たちの研究によると、子供たちが将来両親の収入を上回る可能性は、ここ四〇年で九〇%から五〇%に減ってしまった。別の調査では、二〇一二年のトップ一%の収入は、二〇〇九年に比べ三一・四%上昇したという。これに比べ、下の九九%の人々の収入は〇・四%しか上がっていない。

ホームレスのテント村が全米に激増した。それは特に最も豊かとされる都市、サンフランシスコ、シアトル、そしてホノルルで顕著だった。テントに住む人々の多くは仕事を持っている。だが

住居を持つことができないのだ。二〇一八年、全米のホームレスの数は約五五万人となった。

歴史的に見て、金持ちと一般人の収入のギャップが広がると革命が起こる。私はこれを懸念している。

歴史を振り返ると、革命は富裕層と一般人のギャップがあまりにも大きくなったロシア、キューバ、ベネズエラで起こっている。私たちは新たな革命に向かっているのだろうか？　ビートルズの曲、「レボリューション」は私の考えをうまく言い表している。

フラー博士は過去を研究して未来を予見しろと教えた。YouTubeにあるので見てほしい。ここに、それに役立ちそうなチャート（図⑱⑲）と写真がある。

## ●国家がお金を印刷しすぎると何が起こるか？

インフレが行くところまで行った場合、多くの国ではハイパーインフレーションが起こっている。大抵の場合お金の印刷がこれに拍車をかける。写真（⑳〜㉓）は一九二〇年代のドイツのハイパーインフレーションの様子だ。これらを見れば、私がフェイクマネーを預金しない理由がわかってもらえると思う。

このハイパーインフレーションはアドルフ・ヒトラーの台頭、第二次世界大戦、そして罪のない人々数百万人の殺戮につながった（図㉔）。

お金の印刷は決して持続的な繁栄をもたらさない。それはお金のために働く人々を貧困に陥れる。一九七一年は地球規模では初めての「お金の印刷」が始まった年だった。今日、すべての銀行システムはお金の印刷の上に成り立っている。米国は、そして世界はあとどのくらいフェイクマネーを印刷し続けることができるだろうか？

歴史は繰り返すのだろうか？　私は繰り返すと思う。次章では、なぜ私が金・銀を所有しているかを説明しよう。

⑱フェイクマネーの印刷は止まらない

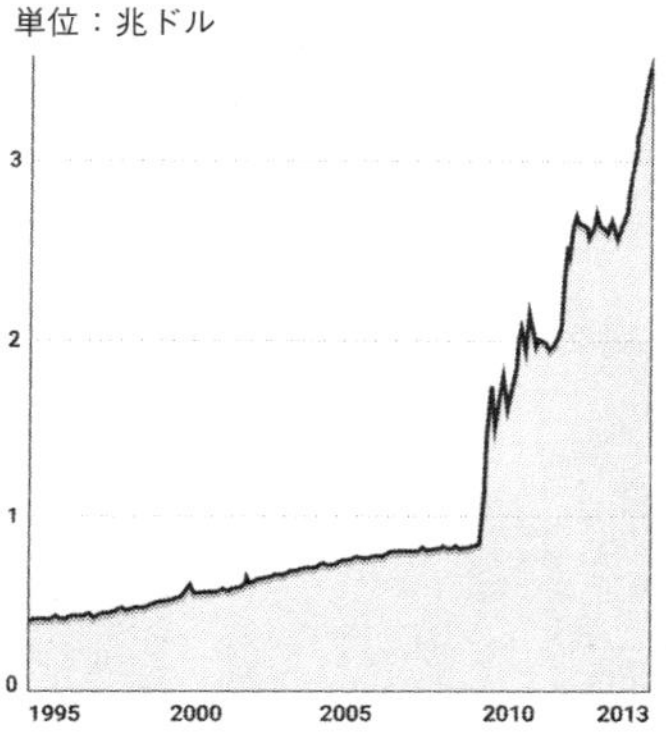


⑲ドイツ、ワイマールでのハイパーインフレ：マルク金貨とマルク紙幣の価値の変化

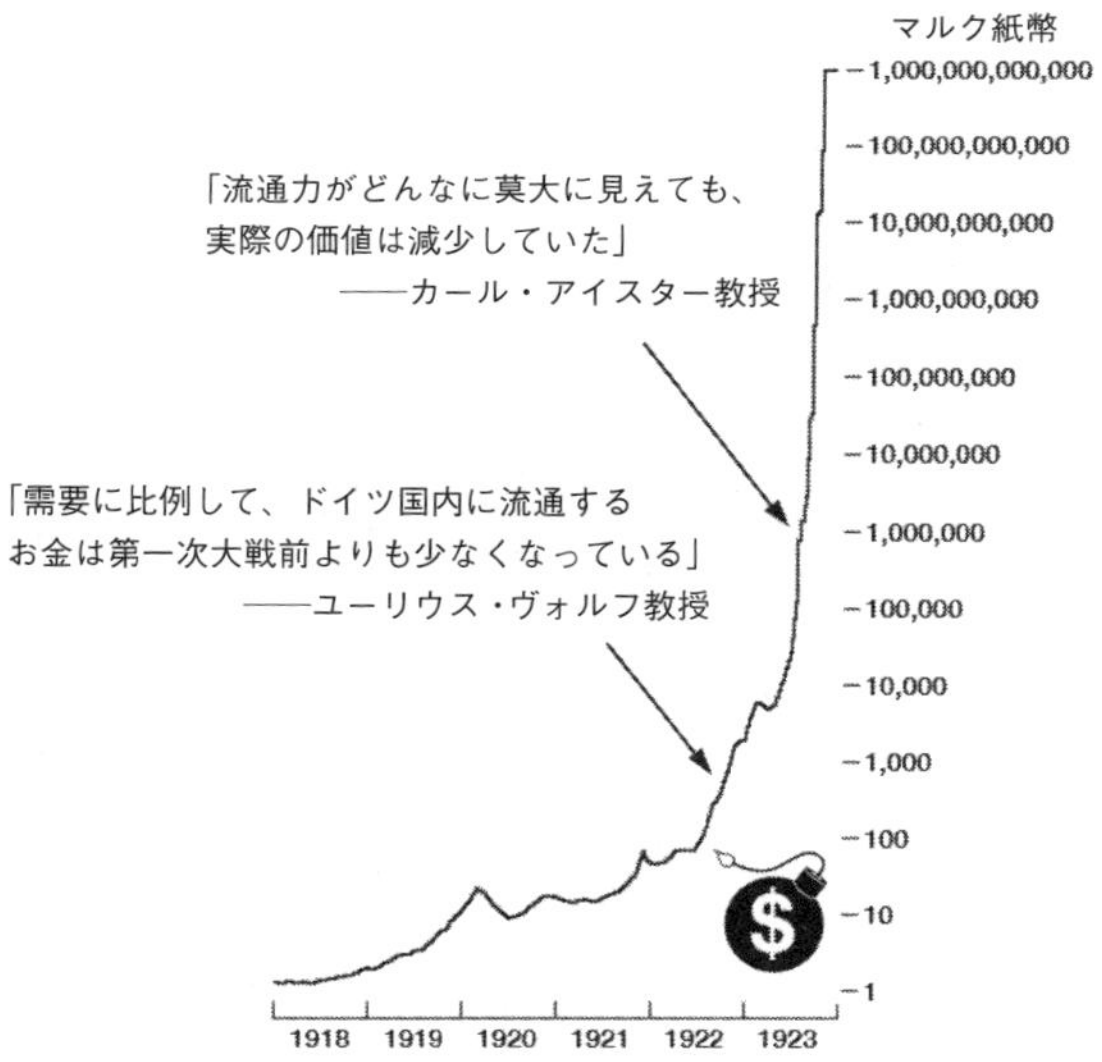


出典：dollarvigilante.com

今日の米国は、1918 年～1923 年のドイツのハイパーインフレの経過をそのままたどっているように見える。

⑳紙幣の山

出典：ゲッティイメージズ／アルバート・ハーリング／ロジャー・バイオレット

1923年、マルクが切り下げられた時の銀行地下室に保存された紙幣の山。

㉑紙幣で火をおこす

出典：ゲッティイメージズ／ユニバーサルヒストリーアーカイブ

第二次世界大戦後のドイツのハイパーインフレーション。この女性は紙幣をストーブの火をおこすのに使っている。

㉒紙幣の焼却

出典：ゲッティイメージズ／コービス

1923年ワイマール共和国では、価値がなくなった紙幣を焼却していた。

㉓お金遊び

出典：ゲッティイメージズ／コービス

1923年、ドイツの子供たちが路上でお金で遊んでいる。数十億のフェイクマネーが無価値になった。

㉔罪なき人々の殺戮

出典：ゲッティイメージズ／H・ミラー
ブーヘンヴァルト強制収容所の収容者。

**●あなたの質問　キヨサキの答え**

Q　バブルがはじけたら何が起こるのか？　お金は消えてしまうのか？（クリス・G、ギリシャ）

A　答えはイエスでありノーでもある。バブルがはじけたら、一定のお金が勝者から敗者に移動するだろう。敗者の大部分は「長期投資有効論」を鵜呑みにしてきた一般の投資家だ。長期投資は時に成功するが時に失敗する。お金が勝者から敗者に移動する時、お金はなくならない。敗者はお金を失うが、それは消滅するわけではなく所有者が変わるだけだ。専門家が「株を売却しなければ損失はない」と主張するのはこれが理由だ。彼らはあなたが株式を所持している事実を根拠にそう言う。

だが私はそうは思わない。私がある銘柄を二〇ドルで一〇〇株買ったとしよう。

100×$20＝$2,000

次の日市場が暴落した。一株の価値は今や二ドルだ。

100×$2＝$200

この例ではお金は消え去った。投資家は一八〇〇ドルを失ったのだ。彼はファイナンシャル・アドバイザーに電話して言う。「一八〇〇ドルも失くしたぞ」ファイナンシャル・アドバイザーは言う。「損失が出るのは売却した時ですよ。そのための長期投資です。株価はいずれ戻りますよ」これは大嘘だ。この時お金は失われている。お金は投資家の資産の欄から引かれているのだ。

Q 取り付け騒ぎが起きて、皆が銀行からお金を下ろそうとしたら何が起こるのだろう？ 銀行はお金を融資することができるのだろうか？（マニュアル・A、メキシコ）

A それは状況による。パニックになった時、人は予想もつかない行動をする。したがって何が起こるかを予想するのは難しい。二〇〇八年の暴落の時、数百万人が数兆ドルを失った。だが米国政府が巨大銀行を「ベイルアウト（救済）」したおかげで富裕層に損失はなかった。

銀行が数兆ドルのフェイクマネーを印刷したため、預金者のお金の価値は大きく下がり、莫大な被害を被った。

来るべき暴落で、人々が一度にお金を引き下ろそうとしたら、銀行は「ベイルアウト」とは反対のこと、「ベイルイン（金融機関の内部〔株主・債権者など〕が損失負担をさせられること）」を行う可能性がある。ベイルインは銀行が預金者のお金を銀行の株式資本（エクイティー）に変え、預金を銀行に凍結してしまうことをいう。ここでも預金者は負け、富裕層が勝者となるのだ。

ジェームズ・リカーズは著書『破滅への道』の中で、「アイスナイン」という現象を紹介している。アイスナインは、お金と銀行のシステム全体が凍結されてしまうことをいう。リカーズは、金・銀はもちろん、お金もいくらか銀行以外の場所に保管することを勧めている。

Q 正直、あなたの主張を受け入れるには抵抗がある。色々読んで聞いて考えたが、どうしても否定的な見方をしてしまう。どうしたら現実をもっと受け入れられるようになるだろうか？（ジャナ・V、米国）

A あなたはすでに心を開いている。あなたがこうしたことを気にかけているのは、心が新しい思考やアイディアに対して開かれている証しだ。おめでとう。

Q　メディアの流すニュースが本物か偽物か、どうやって見分ける？（ロイット・M、インド）

A　常にニュースソースに注目する。本書では「金持ち父さんのラジオショー」でインタビューした人々をリストにしている。ほとんどのインタビューは四〇分だ。フェイクマネーのはびこる現実社会で何かを成し遂げた人々の話を四〇分間聴くことは大いなる学びになる。株式ブローカー、不動産ブローカー、保険ブローカーなどから得た情報について、金持ち父さんはいつも警告していた。「彼らが株式ブローカーとか不動産ブローカーとか呼ばれる理由は、君よりもさらにお金がない《ブローカー》からだ」と。

Q　米国が抱える本当の問題は中央銀行システム、連邦準備銀行ではないのか？（ジョン・K、米国）

A　その質問を誰にするかで答えは変わってくるだろう。現状には多くの問題がある。連邦準備銀行や中央銀行システムは間違いなくその一つだ。

　私は、本当の問題は教育システムにファイナンシャル教育が欠けていることだと思う。本当のファイナンシャル教育を受けている人にとっては、現在の金融危機は問題ではないだろう。逆に、この危機は本当の金持ちになるチャンスとなるはずだ。私が本書や他の本を書いている理由もそこにある。

　クライシスを意味する漢字「危機」が、危（danger）と機（opportunity）でできていることを思い出させる。私は本書をあなたのような人のために書いている。危機の中にチャンスを見出そうとする人々のために。

Q　ロスＩＲＡ（拠出したお金は課税控除されないが利子には税金がかからない個人退職年金口座）は本物の資産か、それともフェイクか？（アイヴァン・K、米国）

A　状況による。ロスＩＲＡは税金面で利点がある。だが、だからといってすべてのＩＲＡが資産になるわけではない。市場が暴落するとＩＲＡも当然暴落し、負債になってしまう。

Q 米国株式市場のチャートはなぜこんなに消極的なんだ？　そうではないか？　皆が株式を買えばかなり大きなチャンスが摑めると思うが。（ルーカス・D、ドイツ）

A いい質問だ。チャートは見る人によって積極的にも消極的にも取れる。長期投資をする人には、暴落は危機かもしれない。だが空売りをする人にはチャンスだ。繰り返すが、「危機＝危険＋機会」なのだ。

Q お金というのは交換のための媒体ではないのか？　だとしたら長期間の価値というのはあまり重要ではないはずだ。お金を米ドルで持っているのは自己責任の失敗ではないのか？　なぜなら彼らは株式も買うことができたのだから。（ダニー・W、日本）

A その通りだと思う。この本を最後まで読めば、お金は必要ないということがわかる。ましてや貯金などいらない。本当のファイナンシャル教育の価値は、今お金があろうとなかろうと富裕になることだ。

Q なぜ人々は、手遅れになるまで銀行や政府がやっていることに気づかないのだろう？（ビクター・R、シンガポール）

A 「きれいな水では魚は釣れない」ということわざがある。本書、そして「金持ち父さん」シリーズの目的は、あなたに、他の人に見えないものを見えるようになってもらうことだ。

Q ビットコインは主要なグローバル通貨になるだろうか？（ベニー・S、イスラエル）

A それは疑わしい。ブロックチェーンのテクノロジーが世界を変えることは間違いないが。

第五章

# 私が金・銀を所有する九つの理由——神のお金とは何か

私が金や銀を「所有」している、と言った点に注意してほしい。金・銀の「取引」や「売買」をしているとは言っていない。「所有する」「投資する」「取引する」を区別するのには、いくつもの理由がある。

**●理由その1：金・銀・を信用しているから**

私はフェイクマネーを信用しない。また、自分自身のことも信用していない。自分がすべてを知っている訳ではないことは十分わかっている。未来を見通せる力もない。だが未来に備える必要があることは知っている。私は政府、銀行、ウォールストリートを動かしているエリートたちを信用していない。フェイクマネーを印刷している人間は誰も信用しない。

金・銀を所有しているのは、それらを信用しているからだ。私は神のお金を信じている。金・銀は地球ができた頃から存在している。金・銀はゴキブリが現れる前から存在し、それが死に絶えた後も存在するだろう。金の元素番号は七九だ。銀は四七だ。

私は神のお金を信ずる。

**●理由その2：金・銀は投資対象ではない**

私が金・銀を所有しているのはお金を儲けるためではない。それはエリートが、あるいは自分自身が馬鹿げたことをしでかした時のための保険なのだ。私は自分の車に保険を掛けている。誰かがぶつかってきたり、自分が誰かにぶつかった時のためだ。金・銀を所有するのも同じ理由だ。

私はエリートたちを信頼していない。彼らは自分が何でも知っていて、常に正しいと考えている。彼らは自分は決してミスをしないと信じている。自分が間違っているとは決して認めない。こうした態度はエリートに限ったことではない。私たち全員が「私は正しい。あなたが間違っている」の病理に冒されている。いつも正しさを主張する人は誰の周りにもいる。時には私自身も、そうした人間になる。

エリートにとっての問題は、彼らはいつも他のエリートと一緒に、自分たちだけの世界に住んでおり、外の世界とのつながりがないことだ。彼らは自分の子供たちを他のエリートの子供たちと同じ学校に行かせる。エリートは、自分たちはうまくやっている、自分たちのやることが世界のためになっていると信じて疑わない。だが彼らは本当の世界からは切り離されている。大がかりなチャリティーイベントを行い、いい気分に浸り、見栄えをよくし、催しで人を見たり自分が見られたりするのを楽しみ、世界を救うために数十億ドルを集める。だが、誰が彼らの手から世界を救うのだろう？　彼らは賢く生まれ、最高の教育を受け、必死で働くが、彼ら自身も気づかないうちに、富を得るためにシステムを不正に操作している。そのツケを払うのは私たちだ。聖書のルカ伝の二三章三四節にこれに関する洞察がある。

そのとき、イエスは言われた。「父よ、彼らをお赦しください。自分が何をしているのか知らないのです。」（新共同訳）

イエスは十字架にかけられながらこの言葉を発した。私は日曜学校ではあまり良い生徒ではなかったが、それでも許しの教えは私が憶えている中で重要なもののひとつだ。

エリートたちは自分がしていることがわかっていないのかもしれない。問題は、彼らが自分のしていることに気づかず、その結果の尻拭いをするのが私たちだということだ。

スティーブン・ブリルは「タイム」誌に書いている。

（エリートたちは）自分たちの稼いだものを確保し、彼らを抑え込もうとする勢力を出し抜くか仲間に引き込み、出世のはしごを引き上げてしまうことで、成功や優位性を分かちあう相手や、自分たちの優位性に挑むものを減らそうとする。

エリートたちは手法を常に進化させ、金儲けの邪魔になるガードレールを打ち壊し、政治情勢を変えるべく狡猾に動き、時には結果の予想さえつかない改革をして、説明責任や社会に与えた損害から自らを守るため、堀を巡らせた王国を作り上げた。

〔キヨサキの解釈〕エリートたちは法の枠外にいる。彼らにはガードレールが存在しない。そして最高のエリート弁護士を雇うだけのお金がある。名門とは呼べない法科大学院出身の、実入りもずっと少ない政府の弁護士たちと戦うために、彼らはエリートスクール時代にクラスメートだった弁護士を雇う。彼らには、責任を取ることなしに、また何人の人生を傷つけようとお咎めなしに、自分がしたいことをするだけの権力がある。その特権的な教育と成功は、エリートたちを独裁者にしてしまったのだ。

金・銀は、今や独裁者となったエリートたちがもたらす、強欲と腐敗と、無知と無能に対する保険なのだ。

## ●理由その3：本当のお金とは何か？

以下は本当のお金の定義だ。

1　交換の媒体――金融取引ですぐに受け入れられるもの
2　計算単位となるもの――価値が計れるもの

3　価値を保存するもの

**神のお金**：金・銀は三つの条件を満たしている。金・銀の価格は上下するが、それは政府の通貨の価値が上下するためだ。

**政府のお金**：価値の保存という意味では、不換紙幣は不合格だ。不換紙幣はフェイクマネーだ。それは部分準備制度とマンドレイクのマジックショーのおかげで印刷が可能なものだ。不換紙幣は長く所有するほど価値が下がる。預金者が敗者になるのはこれが理由だ（図㉕）。

**人々のお金**：サイバーマネーに関しては、まだ結果が出ていない。だが、仮想通貨やブロックチェーン・テクノロジーが未来のお金になることは間違いないと思う。

Q　私たちの政府はあとどのくらいフェイクマネーを印刷し続けられるのか？

A　人々がそれを支え続ける限り、エリートたちは好きなだけ印刷できる。

次に起こるのは、国際通貨基金（ＩＭＦ）が特別引き出し権（ＳＤＲ）を行使することかもしれない。ＳＤＲは国際通貨、実際のところさらにフェイクなお金だ。それでも人々がそれを受け入れる限り、彼らは印刷するだろう。その間にエリートたちは金をせっせと保管するだろう。彼らにはゲームが終わったことがよくわかっているのだ。

## ●理由その４：金・銀にはリスクがない

すべての投資にはリスクはつきものだ。しかし金や銀にはリスクがない。金・銀の価格が上下するのは、フェイクマネーの価値が上下するためだ。投資を行う時、それが株式であれ不動産であれ、人は投資利益率（ＲＯＩ）を考慮する。リスクを取らねばならないからだ。銀行にお金を預ける時、人は利子という形での

㉕なぜ預金者は負け犬なのか：1913年からの米ドルの購買力の推移

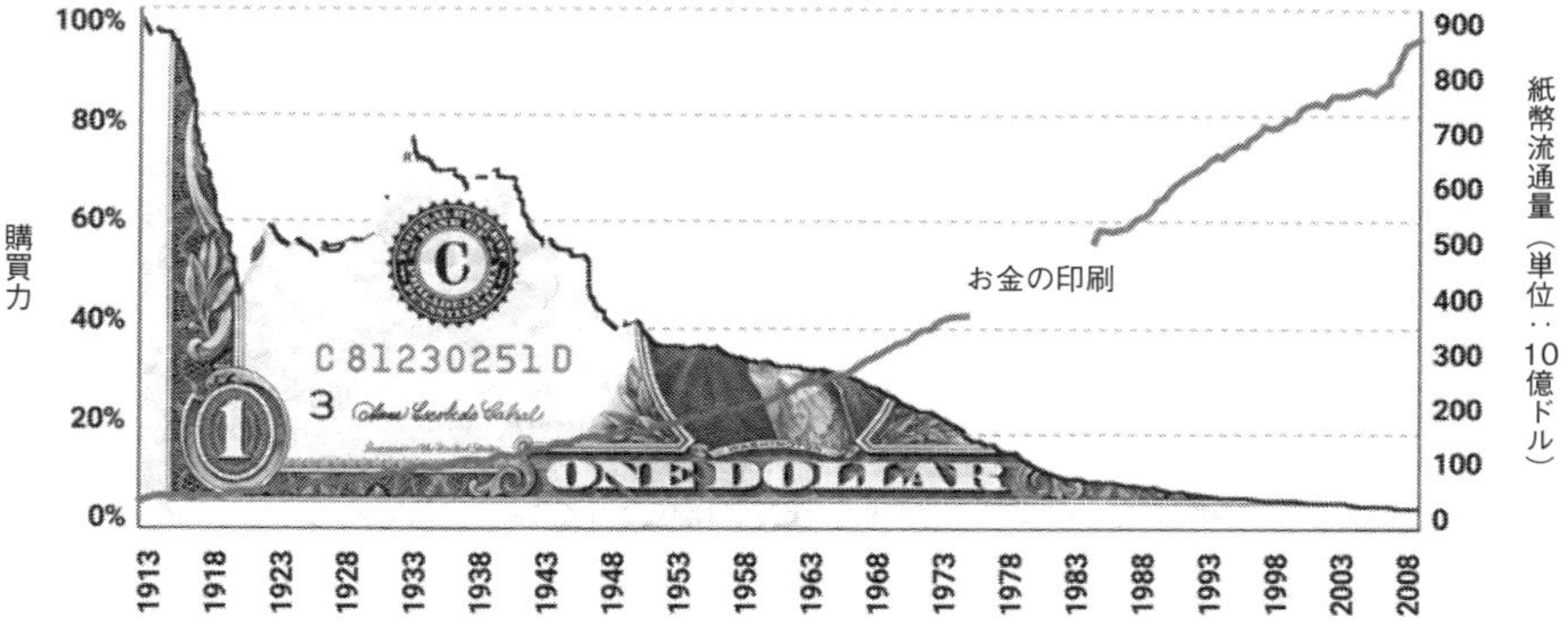


利益を期待する。お金を銀行に入れておくことは非常に危険だからだ。特にエリートたちがお金を印刷している時は。図⑭を見てほしい。

私が金貨や銀貨を買う時、ＲＯＩについては考えない。リスクを取っていないからだ。金や銀は神のお金だ。金・銀の価格が上下するのはフェイクマネーの価値が上下するからだということを、忘れないでほしい。金・銀はあくまで金・銀だ。それはあなたや私、エリートたち、そしてゴキブリが地上からいなくなってもずっと存在し続けるだろう。

私は金・銀を買う時、ずっと手元に置いておくつもりで買う。決して売るつもりはない。ちょうどウォーレン・バフェットが株式を永遠に持っているのと同じだ。私は永遠に金・銀を所有する。

読者の何人かはこう言うだろう。「だが私は物を買いたい」「私はお金が欲しいんだ」多くの人が金持ちになれないのはこれが理由だ。彼らはお金を使うのが好きだ。私も、お金を使うのは好きだ。いい車も、服も、家も、食べ物も好きだ。だがお金や仕事がない時でさえ、私はこれらの資産を守り、自分の金・銀を売らなかった。もう一度言おう。ウォーレン・バフェットが株式を持ち続けるように、私も金・銀を持ち続ける。

## ●取引先リスクについて

取引先リスクという言葉は、お金のボキャブラリーを増やし、お金についての知識を身につけたい人にとって必須の言葉だ。それは債務不履行リスクとしても知られる。すべての投資には債務不履行リスクがつきものだ。債務不履行は契約相手が契約書に定められた自分の責任を果たさなかった時に起こる。

例を挙げよう。あなたの友人が、一年後にあなたに一一〇ドルを支払う約束で一〇〇ドルを借りた。一〇ドルの利益は一〇〇ドルを貸すことのリスクを補う。つまりこの一〇ドルはあなたが友人に一〇〇ドルを貸すリスクの代償である。

もし友人が無職で、あなたからすでに一〇〇〇ドル借りている場合、利子は高くすべきだ。取引先リスクが高まるからだ。あるいは「ノー」と言う方がより賢明かもしれない。友人は銀行のローンを申請するだろう。それが銀行の望むことだ。銀行はお金を貸し出したい。彼らは私たちに、自分が発行したクレジットカードを使ってほしいのだ。銀行が利益を得るのは預金者からではなく借り手からだ。

取引先リスクの別の例を挙げよう。あなたが自宅に保険をかけたとする。この保険は契約相手、すなわち保険会社との間だけで有効なものだ。あなたの家が焼け落ち、保険会社が倒産したら、あなたの家も保険も無価値になる。

## ●サブプライムローンと二〇〇八年の暴落

以下は二〇〇八年に起こったことだ（図㉖）。

1　サブプライムローンの借り手、つまりあなたの友人のような人々が、本来買うことのできない家を買うためにお金を借りた。

2　銀行は、信用度の高くないあなたの友人に進んでサブプライムローンを貸した。

㉖2008年の暴落はサブプライムローンをひきおこした

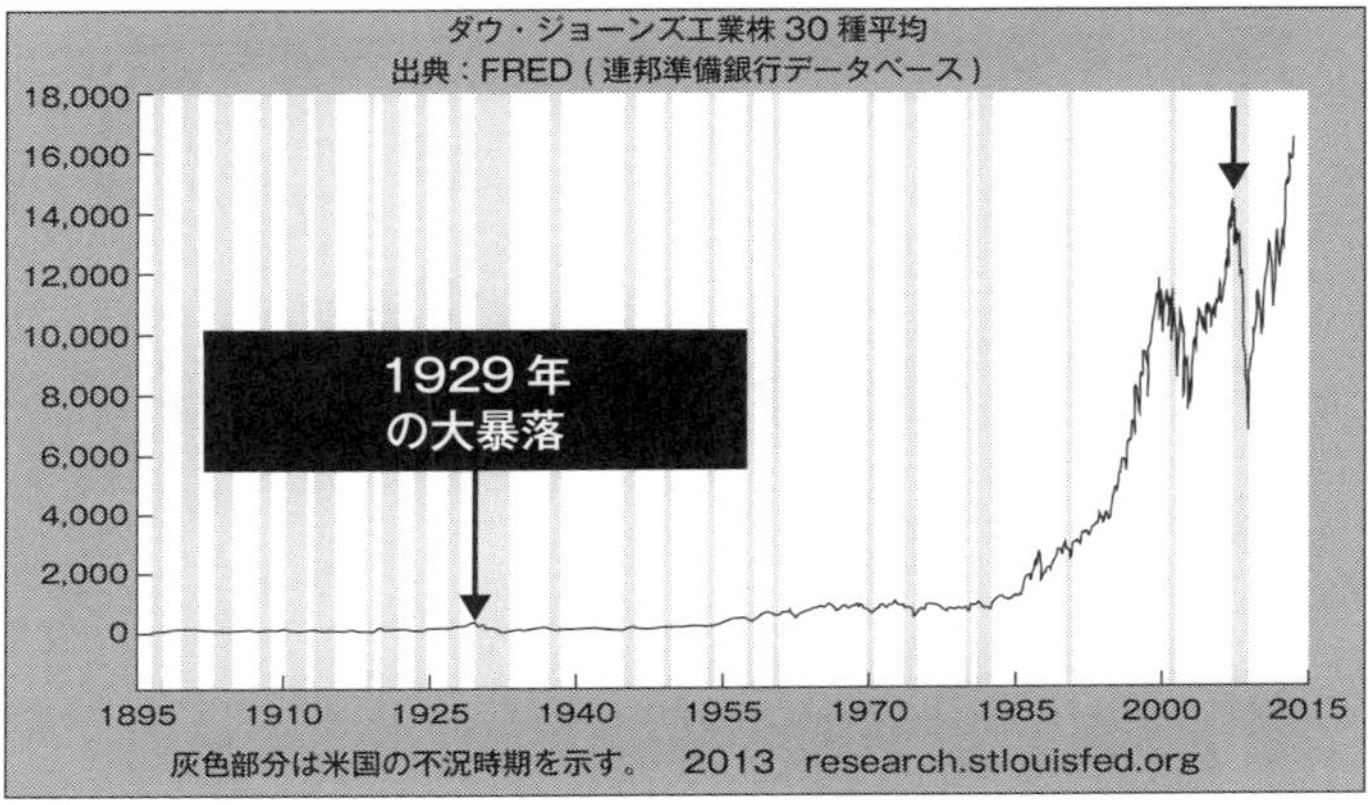


3　銀行は次に、抵当権を投資銀行に売却した。

4　投資銀行は購入したサブプライムローンを一つにまとめてパッケージ化し、モーゲージ証券、MBSというデリバティブにした。

5　投資銀行はこれらのMBSを政府や投資ファンド、年金プラン、その他の強欲な連中に売りつけた。

6　すべての取引相手に安心感を与えるために、エリートたちはクレジット・デフォルト・スワップ（CDS）として知られる保険に入った。

そして誰もが金持ちになった。誰もが「手数料」を稼いだからだ。

だがサブプライムローンの借り手が返済できなくなった時、このデリバティブは爆発した。二〇〇二年のウォーレン・バフェットの有名な「金融における大量破壊兵器」という言葉通りの結果となった。だが誰一人として刑務所に行った者はいなかった。不動産ブローカーから住宅ローンブローカー、銀行関係者、投資銀行関係者、そしてウォールストリートの連中は、稼いだ金をまんまと自分のものにしたのだ。

数百万人が仕事や家、貯金、そして未来を失った。米国政府は今日大きな借金を抱えている。それはつまり、納税者、そして彼らの子供、さらには孫の世代までが銀行関係者のボーナスを支払うということだ。

## ●クレジット・デフォルト・スワップ

見えないお金の世界では、クレジット・デフォルト・スワップはちょうどあなたの車や家の保険、そして生命保険と同じくらい重要なものだ。

クレジット・デフォルト・スワップに関わる三つの集団は次の三つだ。

1　債券販売者
2　債券購入者
3　債券保証業者

債券保証業者は借金（ＩＯＵ）をパッケージ化して販売する。これは債券と呼ばれる。売り手は期間に応じた配当や利子、つまり投資利益を支払うことを約束する。友人が一〇〇ドルの借金を申し込み、一年後に一〇％の利子を払うのと同じだ。友人はあなたに債券を売っているのだ。

債券購入者は収益、投資利益率を考えてこの債券を買う。債券購入者はあなただ。あなたは一年後に一一〇ドルにして返すという友人の言葉によって一〇〇ドルを貸した。債券購入者であるあなたは、債券販売者である友人がその約束を守ることへの保証が欲しい。二人で債券保証業者の所に行き、貸した一〇〇ドルと一〇ドルの利子を保証してもらう。クレジット・デフォルト・スワップは約束を守らない人に対する保険なのだ。

## ●デリバティブとは何か？

もう一度、オレンジを例にデリバティブについてシンプルに説明しよう。オレンジを絞るとオレンジジュースができる。オレンジジュースはオレンジの派生商品（デリバティブ）だ。オレンジジュースから水分を取り除くと濃縮オレンジジュースができあがる。これはさらなるデリバティブだ。

サブプライムローンの借り手が、自分では買うことができない家を購入すると、エリートたちは借り手と家をパッケージ化して不動産担保証券と呼ばれるデリバティブにする。保険会社はクレジット・デフォルト・スワップという新たなデリバティブをつくる。エリートたちは大儲けし、ヤワな計画が破綻した後でさえもボーナスをもらう。

現状は何も変わっていない。同じ人間がいまだにデリバティブを生み出している。彼らの誰一人として、刑務所に行った者はいない。ブリルは書いている。

エリートの持つ資金、権力、手下のロビイストたち、弁護士たち、そして野心は、彼らを監督すべき組織、政府機関、議会、裁判所のそれを上回っている。

「取引先リスク」という言葉がとても重要である理由のひとつは、世界の貨幣制度がその上に成り立っているからだ。私が神のお金である金・銀を信頼するのは、取引先リスクがないからだ。

## ●取引先リスクがあるから利子がつく

取引先リスクや不動産担保証券、クレジット・デフォルト・スワップについて、完全には理解できなくても心配ない。世界の九九％の人々は見えないお金の世界で行われているゲームを理解していない。この見えない世界をもっと理解したいならば、友人一人二人と集まってブリルや私が書いたものを読み、理解したことを話し合うとよい。二つの頭脳は一つよりもより良く働くことを思い出してほしい。二人が一緒に知恵を絞ることをカンニングと見なす学校以外では。

一番重要なことは、世界の貨幣制度は、取引先リスク次第だということだ。

銀行が利子を払うのは、取引先リスクが存在するからだ。政府が連邦預金保険公社（ＦＤＩＣ）を通して最大二五万ドルまで預金を保証するのは、預金者に安心感を与えるためだ。銀行も政府も取り付け騒ぎは望まない。預金保険、債務不履行保険を掛けるのはそのためだ。

だが一〇〇万ドルを超える預金があって銀行が倒産した場合、預金者は二五万ドルしか取り戻せない。

あなたが近くの銀行に行き、お金を預けようとすると、銀行は貯蓄口座にするかマネーマーケット口座にするかを聞いてくる。マネーマーケット口座は少し高い利子がつく。なぜか？　マネーマーケット口座には預金保険がついていないからだ。もしあなたが老後の蓄えを預けるほど自分の銀行を信用しているなら、マネーマーケット口座がいいだろう。

金・銀は本物のお金だ。取引先リスクはない。神の約束に不履行はないのだ。

## ●銀行とプライベート・ボールト（個人用金庫）

ビットコインは二〇〇九年、銀行システムが破綻寸前だった時期に登場した。暗号通貨とブロックチェーン・テクノロジーの大きな長所は、銀行システムの外に信用と安全を生み出したことだ。暗号通貨は今後も進化するため、今後の自由な金融の世界において、銀行システム、つまりマンドレイクのマジックマネーシヨーは足場を失っていくだろう。

銀行は安全な場所ではない。むしろ危険だ。私は銀行家が好きだ。私にお金を貸してくれるからだ。私は運転資金などの短期の現金を置いておくために銀行を使う。だが長期の財産は銀行には置かない。あまりに危険だからだ。

私はなんとしても自分の金・銀を守らなくてはならない。それが私の畜牛であり、担保だからだ。

リスクをさらに軽減するために、私は金・銀をいくつかの安全な国に保管している。すべて合法で、遠く離れた場所だ。こうしておけば私はすべての誘惑から逃れられるし、また誰かが私を無理やり銀行に連れて行き、金・銀を引き出させる可能性を心配する必要もない。

現在人気があるのが警備員に守られたプライベート・ボールトだ。ごく最近、私はシンガポールでそれがどんなものか調べた。ボールトは大きな空港の私設滑走路にあった。私がマネージャーと話している時、プライベートジェットが空港に着陸し、私設滑走路まで地上走行してきた。ジェットのドアが開き、二人の武装したガードマンが鍵のかかった三つの鉄の箱を運んでくるのが見えた。箱は厳重に保管され、書類にサインがなされた。その間ジェットはエンジンを止めることなく、やがて再び離陸していった。

もしあなたがまだプライベートジェットで飛び廻っていないなら、自分の金・銀は家以外の場所にある防火金庫にしまっておくのがよいだろう。もし金庫と鍵の場所を誰かに教えるなら、相手が信用できる人物であることを確認しよう。

## ●理由その5：金・銀のETFではダメなのか?

私は紙の証書を一切信用しない。紙のものはすべてデリバティブであり、フェイクだ。すべて、価値を持つために取引相手が必要なものだ。

世界中の銀行システムの多くは部分準備制度によって成り立っている。それは銀行システムの土台となり、何千年も世界を支えてきた仕組みだ。もう一度簡単に説明してみよう。

あなたは一〇〇〇年前の小売店経営者だ。今手元に一〇枚の金貨がある。そしてこれから一〇〇〇マイルの旅に出なければならない。店に置く商品を買うために治安のよくない地方を旅するので、悪党に遭遇する可能性も高い。あなたは地元の「銀行家」の所に行き、一〇枚の金貨を彼の金庫に預かってもらう。銀行家は、あなたが一〇枚の金貨を預けたことを記した一枚の紙を発行する。あなたはたった一枚の紙を持って危険な地方を越える一〇〇〇マイルの旅に出発する。金貨は安全に保管される。

さて、あなたは店に置く商品を購入するため、売主にその紙を渡し、帰途につく。あなたに商品を売った人物は自分の「銀行」に行き、金を手に入れる。

しばらくして、あなたもあなたに商品を売った相手も、金貨そのものよりも証書の方がはるかに便利であると気づく。二人とも、金を銀行家に預け、銀行家の発行する譲渡性預金証書（CD）をお金として使い始める。お金が必要な人は、あなたが金を預けた銀行家の所に行き「ローン」を申し込む。銀行家はあなたから預かった金貨一〇枚のうち九枚を貸し付ける。銀行家が自分の金庫に残した一枚が、「部分準備」である。この例では部分準備は金貨一枚、一〇%となる。

話が面白くなるのはここからだ。あなたの金貨一〇枚のうち九枚を借りた人物は、自分の銀行家の所に行き、九枚の金貨を預ける。彼の銀行家は九枚の金貨のうち八・一枚を他の借り手に貸し付ける。借り手は自分の銀行家のところに行って同じことを繰り返す。こうしてあなたの一〇枚の本物の金貨は、簡単に一〇〇〇枚のフェイク金貨に変わる。だが誰も本物の金貨を要求しない限り特に問題は起こらない。これが現代の銀行システムの実態だ。

私が本物の金貨を自分の個人金庫にしまい込み、金のＥＴＦに手を出さないのは、本物の金貨一枚につき一〇〇枚から五〇〇枚の偽の紙の金貨が流通しているからだ。それでも問題は起こらない。皆が本物の金を要求しない限り。

部分準備制度はお金や金以外の物にも適用できる。銀行制度は取引相手の信用の上に成立しているからだ。

金持ち父さんが、息子と私に部分準備制度について説明してくれて以来、紙幣に印刷されている「我らは神を信ずる」の一文を見るたびに私は苦笑した。私はお金を印刷し、政府や中央銀行、債券市場、株式市場を運営するエリートよりも、神のお金、本物の金や銀の方を信じる。忘れないでほしい。金・銀はあなたの死後も残るのだ。私やエリートたち、そしてゴキブリが死に絶えた後も。

## ●理由その6：フェイクマネーは複雑だが金・銀は単純だ

一九七二年、私が最初の金貨を約五〇ドルで購入した年、世界はとても単純だった。現在、世界はますます複雑化し、その傾向には拍車がかかっている。当時私が乗っていたコルベットにはシンプルなプッシュボタン式ラジオがついていた。コンドミニアムのドアにはシンプルな鍵がついていた。

今日、私のフェラーリのラジオを聞くには使い方を教えてもらわなければならない。泥棒除けには単純な鍵では間に合わない。泥棒は私の所有物をなんでも盗むことができる。私のアイデンティティーさえも、世界のどこからでも盗めるのだ。

一九七二年、核戦争は脅威だった。今日ではサイバー戦争が日常化している。どこか名もない国の一五歳のハッカーが、面白半分でニューヨーク、ロンドン、東京、そして北京の電力を止める方法を見つけたとしよう。それは世界にどんな影響を与えるだろうか？

お金が送金できなくなったら何が起こるだろう？　人々への支払いが滞ったら？　社会保障や生活保護の小切手が止まったら？　銀行が閉鎖されたらどうなるか？　世界中の株式市場が暴落したら何が起こる？米国のスーパーマーケットの食料は三日しかもたないと言われている。地元のスーパーに数万人の飢えた人々が押しかけたらどうなるだろう？

世界は複雑化したのだ。だが金・銀はシンプルだ。

現実的であり続けるには、悲観論者であると同時に楽観論者である必要がある。

私は未来については楽観的だ。だが同時に悲観もしている。悲観論者として、私は未来のために五つのGを準備している。

1　Gold and silver　金と銀

2　Grub　食料、私は少なくとも六カ月分の食料を準備している。
3　Gasoline　ガソリン、油田に投資し、またいざというとき街から脱出するために必要なガソリンを備蓄している。
4　Ground　土地、都市から離れた場所に食料と水を蓄えている。
5　Guns and ammo　銃と弾薬、銃と弾薬は防衛手段であると同時に通貨にもなる。

フェイクマネーには取引先リスクがつきものだ。それはつまり、フェイク通貨はそれだけでは通貨たり得ないということだ。

前に出てきた例を思い出してほしい。あなたは友人に一〇〇ドルを貸し、彼はあなたに借用証書を渡す。ここで取引先リスクが発生する。この借用証書は友人、つまり取引先に対してだけ有効だ。もし友人が約束を破れば、借用証書にはまったく価値がなくなってしまう。

これは一九七一年に起こったことだ。米ドル紙幣は借用証書であり、政府が発行した約束手形だった。取引相手は米国政府だ。米ドルは政府に信頼性があって初めて価値が出る。

貨幣を発行していた国家が破綻したために多くの人が全財産を失なう事態は歴史上何度も起こっている。株券も同様だ。株式を発行する企業がなくなったら、株券はそれが印刷してある紙ほどの価値もなくなる。

これは非常に重要なことなので繰り返そう。すべてのフェイクマネーには取引先リスクがある。しかし金・銀にはそれがない。金や銀に取引相手があるとすれば、それは神だからだ。

### ●単純から複雑へ

単純なことを複雑にしてしまうのはエリートの得意技だ。

彼らは取引先を次々に積み重ね、取引先リスクを高めてしまう。彼らはシンプルな住宅ローンをモーゲージ証券（ＭＢＳ）に仕立て上げた。金融派生商品の派生商品をつくり、取引先の上に取引先を積み重ねたのだ。彼らはこうした超複雑な金融のフランケンシュタインを作るのをやめない。なぜやめる必要がある？

スティーブン・ブリルの言葉を繰り返そう。

（エリートたちは）新しい経済を創造する代わりに、資産を取引して廻していくだけの経済を作り上げた。彼らはデリバティブやＣＤＳ（クレジット・デフォルト・スワップ）などの、魅惑的だが危険が大きい金融商品を生み出した。これらはすぐに大きな利益を生み、人を興奮状態に陥れた。そしてなんと、リスクを冒す人間と、結果的にその尻拭いをする人々は別なのだ。

ウォーレン・バフェットがこれらの金融デリバティブを「金融大量殺戮兵器」と呼んだことを思い出してほしい。二〇〇八年にこれらの金融派生商品が爆発し、政治の世界のエリート（そしてエリート弁護士たち）、ジョージ・Ｈ・Ｗ・ブッシュ（父ブッシュ）、ジョージ・Ｗ・ブッシュ、連邦準備制度理事会元議長アラン・グリーンスパン、ベン・バーナンキ、ジャネット・イエレン、そしてバラク・オバマが、マンドレイクのマネーショーのお先棒を担いでいた金融エリートたちを救済したのだ。彼らは懲りずにショーを続けている。自分を神だと信じているのだ。

人々のお金と言われるサイバーマネーが脅威なのもこうした理由だ。多くの暗号通貨の採掘者や開発者が、並外れた欲望や情熱（ときには憎しみ）をもって、マンドレイクのマジックマネーショーやフラー博士がグランチの巨人と呼んだ見えないリーダーを打倒しようと奮闘している。

私はシンプルさを好む。金・銀が好きなのもそれが理由だ。何しろ取引相手は神なのだから。

## ●理由その7：金・銀を手に入れるのは鉱山を買うより簡単だ

金・銀の鉱山を買うのは簡単ではない。私はフランクとともに二つの鉱山を買い、開発したのでよくわかっている。金・銀の鉱山を買うには長い時間とお金、そして智恵が必要だ。

だが金や銀はわずかなお金、わずかなリスク、そして多少のお金の知識があれば手に入る。信頼できる業者から金貨や銀貨を買うのは簡単で、また思うほど高価ではない。

繰り返しになるが、私は一九六五年に銀貨の収集を始めた。その頃、私はまだ一八歳だった。米国政府はその年、銀貨の質を下げ始めた。銀に銅やスズなどの安い材料を混ぜたのだ。一九六五年以降、米国の銀貨は縁に銅の色が見えるようになった。

私のクラスメートで、頭脳明晰なオタクだったパトリックは、銀貨に銅の縁が付けられた理由を調べた。そして、銀の価格が上昇していることを発見した。銀貨の生産コストを下げる必要があったのだ。工業用貴金属である銀は、当時成長著しかった電子、医療業界や、有毒物質の浄化などの用途で使われていた。

今日でも銀の工業利用の需要は高まる一方だ。パトリックと私は一〇セントや二五セント硬貨の本物の銀貨を収集し始めた。今日、世界中のほとんどの人が銀貨を購入できる。本物の銀貨は今日でも一ドル五〇セントくらいで買える。一ドル五〇セントが支払えないという人は、別の問題を抱えていると言わざるを得ない。現在、銀のシルバーイーグル硬貨は二〇ドルほどだ。私なら現在の一〇セント硬貨やドル硬貨ではなく、銀の一〇セントか二〇ドルのイーグル硬貨を集める。

また、初心者なら希少硬貨を買うのは避けるべきだ。多くのコイン商はたくさんの古銭を抱えており、貴重な収集用硬貨をあなたに売りつけようとする。理由は彼らが値段を指定できるからだ。あなたが希少硬貨に精通している場合を除いて、普通の金・銀硬貨、USイーグル金貨やカナダのメイプルリーフ金貨、中国のパンダ金貨、オーストラリアのカンガルー金貨、そして南アフリカのクルーガーランド金貨などを買おう。

政府の通貨と金の関係をもう一度見てほしい（図㉗）。このグラフでは、金は購買力の基準となる「10

㉗金対フェイクマネー：1900年の金価格を100とした、それぞれの通貨の価値の推移

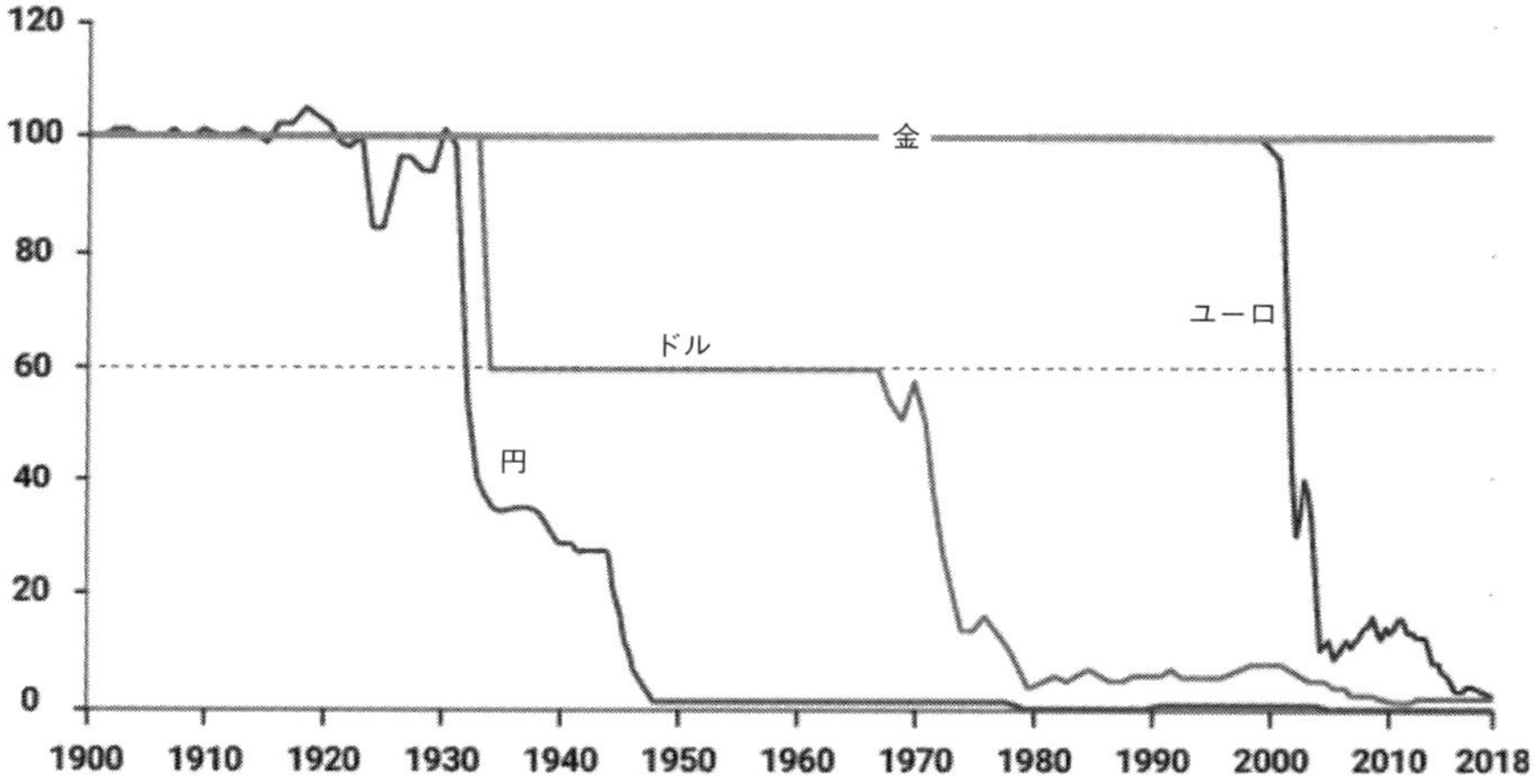


0」の線で表されている。グラフの右下を見ると、過去一〇〇年ですべての通貨が金に対し九七～九九％下落しているのがわかる。

政府の通貨を所有するのと、金・銀を所有するのではどちらが危険だろうか？　すぐにフェイクマネーを必要とする場合でも、金・銀の流動性は高い。世界のどこでもフェイクマネーに換えられるのだ。

ジェームズ・リカーズは、著書『通貨戦争――崩壊への最悪シナリオが動き出した！』（朝日新聞出版）の中で、金一オンスと政府通貨を比較している。彼の試算によれば、もしUSドルが金本位制に戻れば、金一オンスの価格は一万ドルにまで跳ね上がるという。一方、金の価格は四〇〇〇ドルまで下がると予想する専門家もいる。

私としてはどちらでもよい。先に言った通り、私は金と銀を買い、今後も売らずに持ち続ける。もちろんあなたは他の人々がしているように、米国紙幣に書いてある言葉通りに、神を信じることもできる。

第二部「フェイク教師」、第三部「フェイク資産」では、なぜ私がお金を必要としないか、どうやってお金無しで生きているのか、また私がどのようにして欲しいものを買い、そしてどのようにして金・銀を買い続けるの

かを説明する。

今までのところは、私が金・銀を所有している理由、そしてエリートたちの「神を信じよ」という言葉を私が信用しない理由を理解していることが重要だ。

## ●理由その8：システムは破産し、破綻している

二極化はますます広がり、私たちは階級闘争を目前にしている。スティーブン・ブリルはレポートする。

1　一九二九年から一九七〇年まで、中流層の収入は上流層のそれよりも速いペースで上昇し、収入格差は縮まっていた。
2　一九二八年、下から九〇％の人々が全体の富の五二％を分かち合っていた。
3　一九七〇年、下から九〇％の人々の富が全体に占める割合は六八％に上昇していた。
4　一九七〇年、上位一％の富は、全体の九％に下がっていた。
5　一九七一年、この傾向が逆転し始め、それが加速した。
6　二〇〇七年、上位一％の富は全体の二四％になった。
7　二〇一二年、下位九〇％の富は全体の四九％まで下落した。世の中のすべての富の半分以下である（図㉘）。

## ●誰が貧困層など気にする？

「タイム」誌の記事によれば、ブリルは著書『テイルスピン』で、こう語っている。

政治家たちは、中流層の窮状について口先では味方をしている。だが彼らが貧困層のことを話題にす

㉘貧富の格差：1979年を起点にした収入の増減

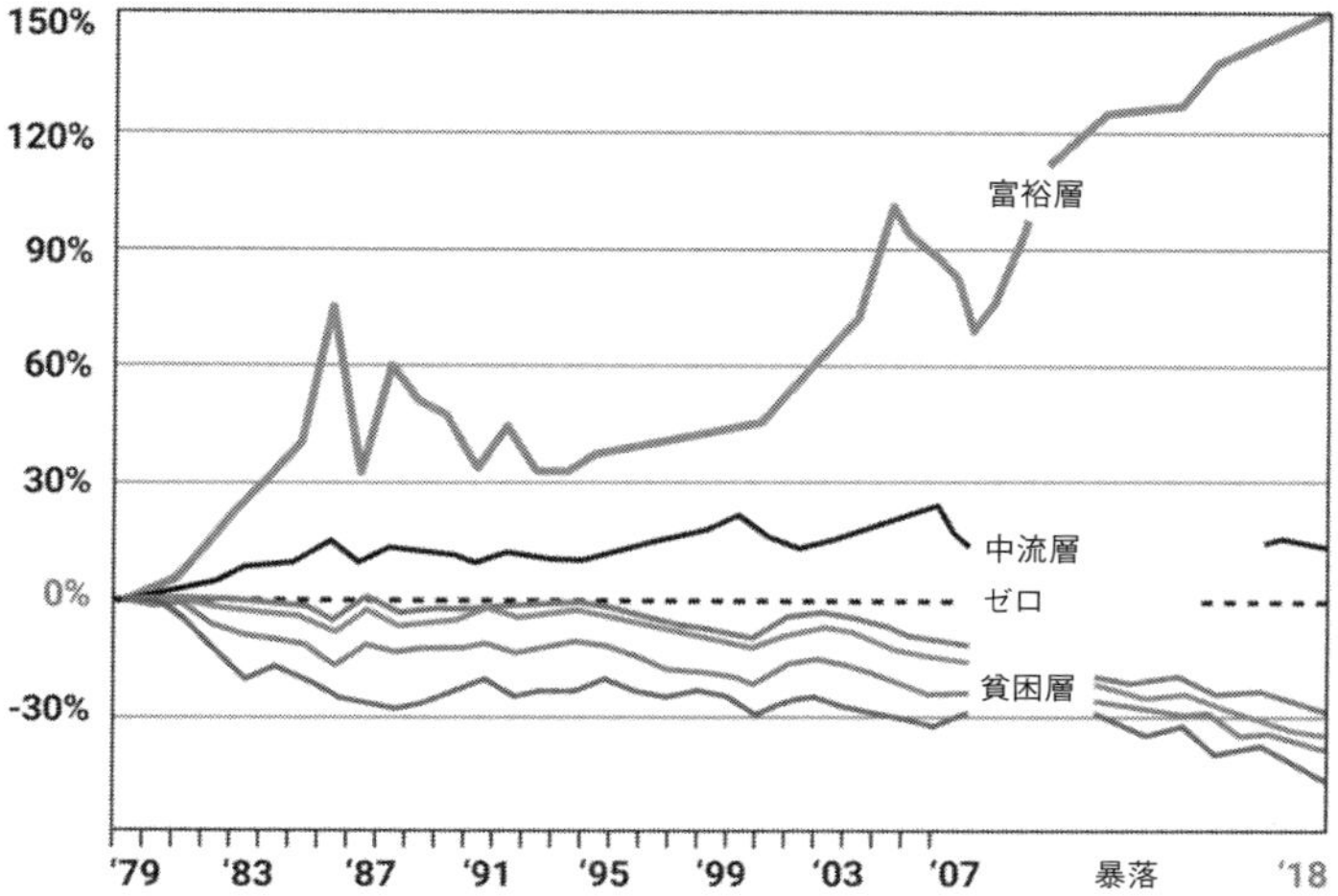


ることは滅多になく、まして彼らに手を差し伸べることはない。これについての説明は一つしかない。政治家たちは、中流より下の層を気にかけることが、中流層に、自らが選出した政治家が自分たちを見捨てたととられることを恐れているのだ。

ブリルはダニエル・マーコヴィッツとレイ・フィスマンの研究を引用している。

政策を決めるエリートたちは属する政党に関係なく、（経済的な）平等性にはほとんど注意を払わない。

〔キヨサキの解釈〕どこの誰が貧困層と中流層のことなど気にするんだ？

ブリルによれば、これらのエリートたちは民主主義のリベラルな大義、平等の権利、女性の権利、ＬＧＢＴの権利などを支持することで大きな足跡を残したが、自分たちと中流層、貧困層の間にある経済力のアンバランスや拡大する収入格差にはほとんど注意を払わなかった。

彼が記した七つの事実をまとめておこう。

1　世に知られた米国の経済的流動性のエンジンは今や止まりかけている。子供たちがその親よりも多くを稼ぐ可能性は、過去五〇年で九〇％から五〇％に下がった。

2　二〇一七年、家計の借金は、市場が暴落する前のピークである二〇〇七年を上回った。

3　「世界で最も富裕な国家」である米国は、メキシコを除き、経済協力開発機構（ＯＥＣＤ）加盟国家三五カ国の中で依然として最高の貧困率となっている。（米国はイスラエル、チリ、トルコと並んでビリから二番目の位置を占めている）

4　米国の子供の数学の学力はＯＥＣＤ加盟国三五カ国の中で三〇位、科学の学力は一九位となっている。

5　米国の子供の五人のうち一人は、政府から「食料を満足に買えない」と認定された家庭に育っている。これはつまり、健康で活動的な生活をするのに充分な食料が得られないことを意味する。

6　米国の空港は恥ずべき状態にある。現在の航空管制システムは計画より二五年遅れた代物だ。送電システム、道路、鉄道なども崩壊し始めており、インフラの質の世界ランキングで米国の順位を押し下げている。一日で六五七件の給水管破裂が起こっている。

7　国会議員たちは一日五時間に及ぶ陳情にうんざりしている。ワシントンでは一人の上院、下院議員に対し、二〇人のロビイストがいる。

それでも誰も貧困層や中流層を気にかけない。

**●それはさらに悪化している**

一九八〇年代にフラー博士と共に未来予想について学んだ私には、水平線の向こうに暗雲が垂れ込めてい

㉙社会保障の黒字／赤字を示したもの

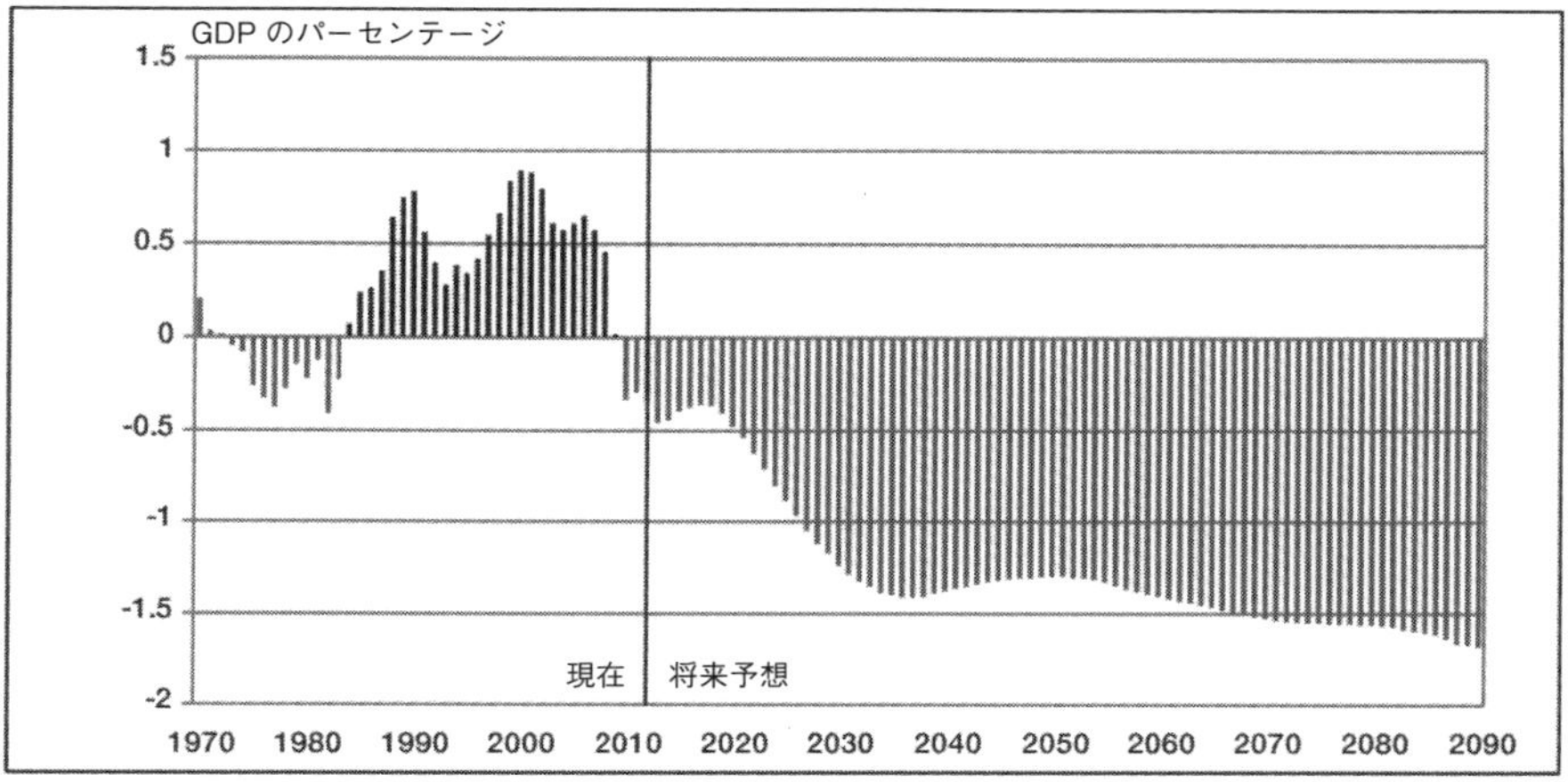


出典：ピーター・G・ピーターソン・ファウンデーション、社会保障庁

るのが見えていた。そして嵐がやってきた。

1　多くのベビーブーマー世代が退職後の蓄えを持っていない。一九七四年以前、ほとんどの労働者は企業年金に加入していた。一九七四年以降、従業員は個人の退職年金制度、４０１（ｋ）などが退職後の生活を支えてくれることを期待して、自分で貯蓄するようになった。

2　主要な従業員年金基金は破綻している。米国最大の政府職員年金基金、カルパース（カリフォルニア州職員退職年金基金）では一兆ドルの資金が不足している。

3　図㉙は社会保障の資金のグラフである。

メディケア（高齢者向け医療保険制度）が抱える問題はさらに大きい。米国政府はこの勝ち目のない数兆ドルの戦いに何年も取り組んでいる。

ブリルは書いている。「一九九四年以来、米国議会は包括予算を通過させていない」。

二〇一八年一月二五日号の「エコノミスト」誌は、なぜ米国のリーダーが予算の収支を合わせられないか、なぜ米国が破産してしまうのかを説明している。

米国憲法は議会に財源を扱う力を与えた。だがそのやり方は四つの点でおかしい。まず、年間予算は連邦予算支出の約三分の一、議会が毎年承認が必要だとした部分しかカバーしない。老齢者の健康保険であるメディケアを含むほとんどの給付金制度は自動的に予算を受ける。したがってこのプロセスは、予算編成の間、議員たちが長期にわたる財政難について派手に騒ぎ立てることはできても、給付金の膨張という元凶を改善するチャンスを減らしてしまう。

〔キヨサキの解釈〕私たちが無視してきた貧困層は、最終的に米国を破産に追い込むだろう。米国憲法がそれを保証している。

問題は、エリートたちが莫大な給付金制度をまかなうためにお金を印刷し続けるのか、それとも金本位制に回帰するのかということだ。あるいは、私たちは次の巨大な恐慌に落ち込んでいくのだろうか？（図㉚）

### ●理由その9：神の涙は金でできている

何年か前、アップルコンピュータが何人ものヒンズー教の聖者を並べた雑誌広告を出したことがあった。広告コピーは「聖なるアイコン」だった。最高位のグルは、アジア系ではなく白人だった。広告は、アップルの新しいマッキントッシュコンピュータと、グルのハワイのカウアイ島での蜂蜜ビジネスを特集していた。非常に賢明で意味のある、記憶に残る広告だった。

何年かして、私はそのグル、グルデヴが参加するセミナーに招かれた。質疑応答の時間になった。ほとんどの質問は、悟り、スピリチュアリティー、平和、幸福などについてだった。グルはたくさんの金を身に着けていた。金のメガネ、大きな金のイヤリング、金のブレスレット、そして金のネックレス。私はメソジス

㉚金対フェイクマネー：1900年の金価格を100とした、それぞれの通貨の価値の下落

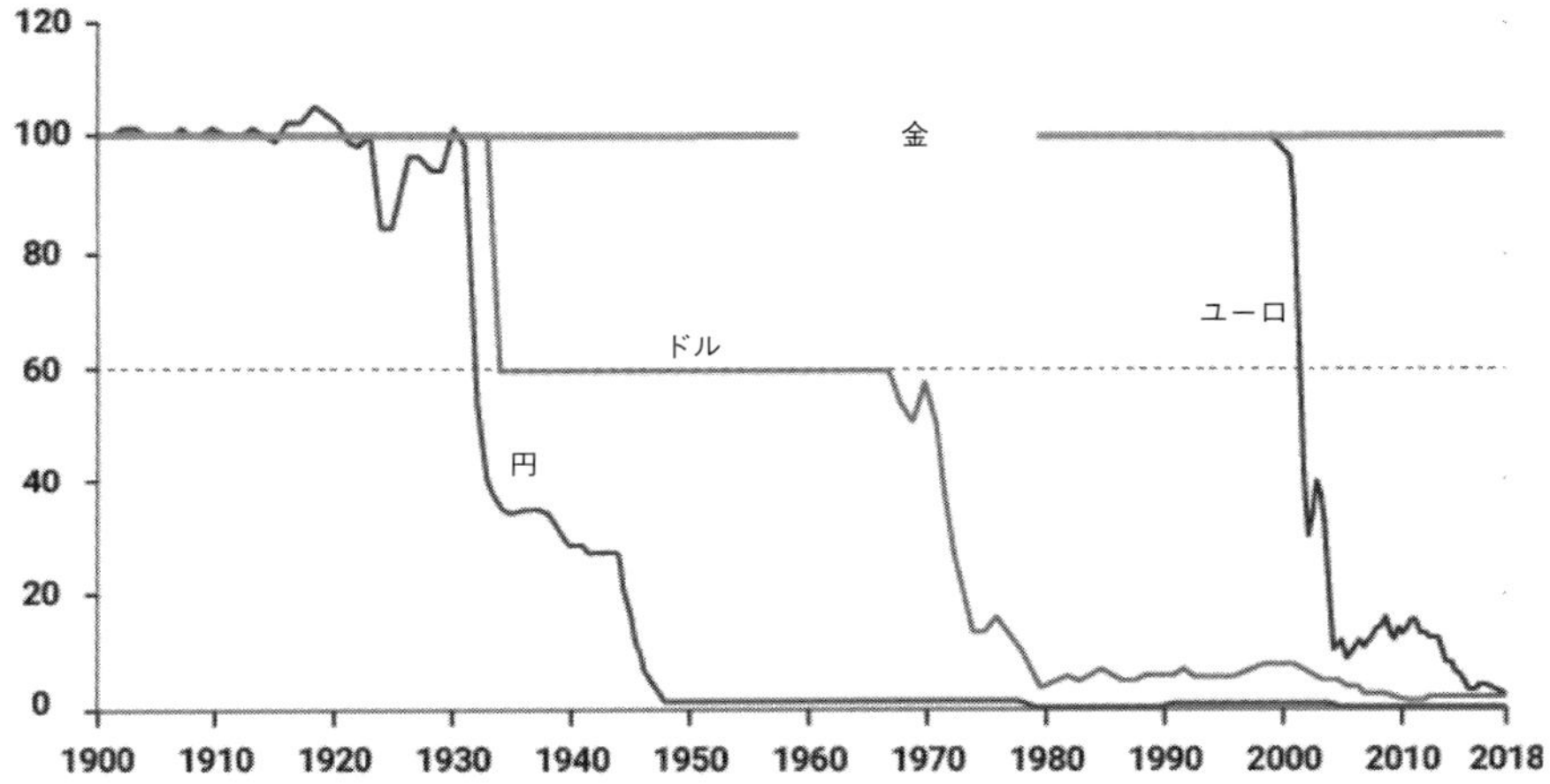


トとして育った。メソジストの牧師はあまり金を身に着けなかったので、手を挙げて質問した。「なぜあなたはそんなにたくさんの金を身に着けているのですか？」

グルは優しく微笑んで言った。「神の涙は金でできているからだよ」

「何ですって？」私は息をのんだ。メソジスト派の教会ではそれは異端の発言、悪魔の言葉だった。

私は黙って座っていたが、内心はグルの言葉で動揺していた。

私の動揺を感じとった彼は言った。「神の涙、金は富を引き付けるのだ」

「金が富を引き付ける」とはどういうことかと私が訊くと、グルは答えた。「あなたが月に一〇〇〇ドルを引き付けたいなら、一〇〇〇ドルの金を所有すればいい」

「ということは、月に一〇〇万ドル欲しければ一〇〇万ドル分の金を持てばよいと？」

私が強欲に魂を乗っ取られたことを見抜いた彼は微笑みながら言った。「まず一〇〇〇ドルから始めてみてはどうかね？　そして私の言うことが自分に起こるかどうか試してみなさい。金は誰にでも効果がある訳

ではない。神の寛容には条件があるのだ」

それは一九八六年のことで、キムと私はそれほど大した金額を稼いでいなかった。金を買うための一〇〇〇ドルを捻出するのは難しかった。だが、何とか金を買った。以来毎月、金・銀を買うようになり、それを止めることはなかった。

## ●金は資産を引き付けるか？

私には証明することはできない。ただ、自分がしたことと、その結果どうなったかは伝えられる。

自分の収入を月五〇〇〇ドルから一万ドルに引き上げたい場合、金を一万ドル購入し、そのことを忘れてしまう。数カ月後、自分でも気がつかないうちにより多くの収入が入ってきた。金の価格が下がったら私たちは買い増しし、それを続けてきた。今日、私たちは遠方の安全な国にプライベートの金庫を持たなければならなくなった。金を運ぶためのプライベートジェットや個人用滑走路はまだ必要ないが。

「金は私に富を引き付けてくれるだろうか？」という質問に、キムと私はグルと同じ答えを返す。「まず自分で試してみてはどうか？　金、神の涙が効果があるかどうか。神は寛容だが、それが働くには条件がある」

以下は、神についてのスピリチュアルなレッスンだ。神の涙が金でできているとして、私たち一人ひとりが考えなければならないことがある。神の涙は喜びの涙か、それとも悲しみの涙か？

世界中に保管されている金の多くは悲しみの涙だ。大勢のスイスの銀行家が、ナチスが虐殺したユダヤ人から奪った金を保管するのを助けた。私はアンデスの山腹に立ち、いにしえのインカの金鉱を見た時、歴史の時間に学んだこと、フランシスコ・ピサロ率いるスペイン人が金のためにいかに原住民を虐殺したかを思い出した。そうして奪われた金のほとんどは現在もスペインにある。

人間の歴史の多くの局面で、資産は盗まれてきた。イギリス人は巨大な木造船や刀、大砲、ライフル、そして黒色火薬などの技術を使って防御力の弱い先住民の財産を略奪してきた。スペインやオランダ、ポルトガル、そしてフランスも同じことをした。初期の米国人は、馬やライフルを使ってネイティブ・アメリカンの土地を奪った。米国人は奴隷制を廃止した最後の大国のひとつだった。米国はアフリカからの奴隷の血と汗、そして涙の上に富を築いてきたのだ。日本はイタリアやドイツと連合し、石油や内燃機関、飛行機、船、タンク、大砲、機関銃、そしてロケットなどのテクノロジーを使って世界を征服しようとした。

冷戦は核の技術を使って世界の終わりを匂わせ、脅迫する戦争だった。今日、エリートたちは洗練された教育や法律、そしてデリバティブ金融を使って世界の魂を奪っている。

## ●見えないテクノロジー

今までの歴史を振り返ると、すべての強奪は目に見えるものだった。

原住民には、彼らがレイプされ、殺され、奴隷にされ、富を奪われる前から、ヨーロッパ人の船や侵略者が見えていた。ネイティブ・アメリカンは殺され、土地を奪われる前に、馬やライフルを見ることができた。彼らの多くは馬やライフルを使って反撃した。第二次世界大戦でも、新しい世界資源である石油を求めて攻撃してくる航空機や戦車、船は目に見えた。冷戦のさなかでも、わき上がるキノコ雲が世界の無意識に浸透した。

一九七一年八月一五日、リチャード・ニクソン大統領は金・ドル本位制を撤廃した。彼はお金を見えなくしたのだ。この日、テレビ番組「ボナンザ」を見ていた多くの米国人が、ニクソンが放送の途中に割り込んで発表するのを聞いた。ほとんどの人にはニクソンの発表の意味がわからず、そのメッセージが理解できなかった。それ以来、私たちの教育システムは、盲人が盲人の手を引くような状態に陥った。その日、私は「ボナンザ」を見ていなかった。見ていたら記憶しているはずだ。

一九五〇年代、私の実の父である貧乏父さんは、ドワイト・アイゼンハワー大統領のキャンペーンのためにハワイを訪れた、当時副大統領のニクソンに会っている。

一九七一年八月一五日、自分がどこにいたかは記憶している。当時私はベトナムに行く準備のために、カリフォルニアのペンドルトン基地で高性能兵器のクラスを受講していた。

一九七二年一月三日、私はベトナムに向かっていた。運命の定めで、私は敵地で、金を売っていた真の教師、小柄なベトナム人の女性と出会うことになる。真のお金である金、神のお金についてのファイナンシャル教育はこうして始まった。

今日、真のファイナンシャル教育のない人々は盲目に等しい。彼らはお金の強奪に気づかない。自分の労働や人生が、自分がそのために働いているお金によって盗まれているのがわからないのだ。

ミレニアル世代は自分が抱えている学資ローンや、自分たちを搾取するベビーブーマー世代に対して文句を言っている。だがミレニアル世代もベビーブーマー世代も気づいていないが、実際彼らは同じ境遇にいるのだ。だが真のファイナンシャル教育のない彼らがどうしてそれに気づけるだろう？　自分が誇っている教育――そのために借金まで背負ったのだ――こそが彼らを搾取していることに？

## ●神の涙は悲しみの涙？

問題は、今日の神の涙が「悲しみの涙」、つまり私たちから「盗んでいく教育」への悲哀の涙ではないかということだ。盗み、つまり窃盗とは他者の所有物を、自分が使用する目的で奪うことを言う。世界で最も高価な教育システムである米国の教育は堕落している。だから巨額の予算を投下しても、西側諸国で最悪の結果しか出せない現状を変えられないのだろう。スティーブン・ブリルは著書『テイルスピン』にこう記している。

世界で最も富裕な経済（米国）は、依然として経済協力開発機構（ＯＥＣＤ）加盟国三五カ国中、メキシコを除いて最も高い貧困率を示している（米国はイスラエル、チリ、トルコと並んでビリから二番目の位置を占めている）。同様に、ＯＥＣＤ加盟国の中で、米国の子供の数学の学力は三〇位、科学の学力は一九位となっている。

米国の子供の五人に一人は、政府から「食料を満足に買えない」と認定された家庭に育っている。これはつまり、健康で活動的な生活をするのに充分な食料が得られないことを意味する。

グルの言葉は今日でも私の中に鳴り響いている。「神の涙は金でできている」私は金を集めながら、自分の魂に自問した。「私の金は神の悲しみの涙か、それとも喜びの涙か？」もっと重要なのは、私がしていることは神の御心に沿っているか、ということだった。不正な手段で富を手に入れた人々の話はそこら中に溢れている。それらの話の教訓は何にでも当てはまる。あなたにお金、富、権力があるかどうかは問題ではない。あなたがそれをどうやって得たかが問題なのだ。

フェイクマネーがあとどのくらい人々の資産を奪い続けるかは予想できない。私自身は、「グランチ・オブ・ジャイアンツ」、つまりマンドレイクのマジックショーはそれほど長く続かないと思っている。

そしてそれが、サイバーマネーやブロックチェーンのテクノロジーが台頭してきた理由だと思う。ブロックチェーンはマンドレイクやグランチ・オブ・ジャイアンツ、そして私たちの教育システムよりもはるかに信頼できる。また、未来に何が起ころうと、金・銀は常に神のお金なのだ。

第二部「フェイク教師」では、私たちの教育システムがいかに世界中の数十億人を欺いてきたかを見ていく。真のファイナンシャル教育なしには、見えないお金の真の世界を見通せる人はほとんどいない。また、見えないお金の世界で暗躍する金持ちを、教育システムがどのようにあなたの目から遠ざけているかも見る。さらに、フェイク教師には見えない真のお金の世界について教えてくれる「真の教師」をどうやって見つけるかを学ぶ。

## ●あなたの質問　キヨサキの答え

Q　一〇〇〇ピースのパズルは「グランチ・パズル」と呼べないだろうか？（スコット・J、米国）

A　パズルは何と呼んでもよい。私がお金を一〇〇〇ピースのパズルと呼ぶのは、あなたにお金の生徒になって欲しいからだ。「お金と自分の人生」という名の一〇〇〇ピースのパズルの、あなた独自の答えを探してほしいからだ。現実の人生は学校とは違う。現実の人生では答えを憶え、試験を受け、合格・不合格が決められる訳ではない。人生は一生をかけた学びのプロセスだ。そこには正解などない。

あなたが真に学んでいるなら、学びは一生を通じて続く。教えを授けてくれる特別な教師がいるわけではない。人生において、どんなことでもあなたの教師になり得る。そして唯一の正解というものはない。ある状況で正しい答えは、別の状況では間違いかもしれない。人生では何からでも学べる。勝利からでも学べるし、失敗からは特に多くを学べる。人生において、たった一人の教師に教えを乞うたり、たった一つの哲学を信じたり、「私は正しい。間違っているのはあなただ」と言い張る世界に住むのは馬鹿げている。

相手が博士号を持っていたり、CEOか金持ちだからといって、誰かを信じ込むのは狂気の沙汰だ。本当の学生は誰からでも、何からでも学ぶ。人生があなたの教師であり、あなたは常に学んでいるのだ。

私の望みは、読者が本書を読み終わった後、自分のお金の一〇〇〇ピースパズルのピースを見つけようとすることだ。それを「グランチのパズル」と呼んでもよいし、「私の人生のパズル」と呼んでもよい。

Q　なぜ学問エリートたちはデリバティブを操ることで合法的に世界から略奪することを教えられたのか？もしエリートが操り人形ならば、彼らをコントロールしているのは誰なんだ？（ジャクソン・G、米国）

A　とても良い質問だ。そして、決して真実がわからない質問でもある。本当の答えは、人々はお金について嘘をついているということだ。ほとんどの人は自分自身や他者に対して正直ではなく、「私はお金には興味がない」と言ってしまう。だが心の奥底ではお金の欲望が渦を巻き、お金を渇望し、しばしばお金のために自暴自棄になる。ほとんどの人にとってお金は人生から心や体、そして魂を搾り取ってしまうものだ。

真実を言えば、今日のお金は生き延びるための道具なのだ。一〇〇〇年前、人々が生き延びるためにはお金は必要なかった。一〇〇〇〇年前、狩人は食料を手に入れることができ、狩猟採集民は生き延びるために必要な物を用意できた。彼らは洞窟やテントに住み、住宅ローンもなかった。移動のためには徒歩か動物に乗り、車のローンからもガソリンの支払いからも自由だった。

今日人々は食料や住居、移動手段、教育、そして生き残りのためにお金を必要とする。人々はお金についての真実――お金は生き残りのための必須のものだという事実――を認めるよりも、お金についての嘘を口にする。なぜか？　彼らにとって真実は手に余るからだ。

だからこそ、彼らは好きでもない仕事をし、「お金に興味はない」とうそぶく。

人々は言う。「私はお金に興味はない」と。だが金持ちの富のことは苦々しく思っている。一〇〇万ドルを得ることを夢見て宝くじを買う。あなたを訴えて数百万ドルを取ろうとする。お金のために結婚する。

人々は言う。「私はお金に興味はない」と。だが子どもに良い成績を取るように発破をかける。子どもに勉強してほしいのではなく、給与の高い仕事に就かせるために。では、学問エリートが世界から略奪するのはなぜだろうか？　理由は、学者たちが自分自身に正直でなく、お金が必要だと認めないからだ。多くの人がお金についての本音を隠しているために、学者たちは罪を逃れているのだ。

Q　米ドルの購買力は下がり続けているが、人々はあとどのくらい米ドルを受容し続けるだろうか。人々に米ドルの本当の価値を気づかせるためには何が必要だろうか？（レティシア・J、クロアチア）

A　それは誰にもわからない。私は備えをしておくのが最善だと思っている。そのために私は本物の金・銀を買って銀行システムの外にそれを保管している。

Q　どうやってエリートたちから身を守ればいい？　何か希望が、身を守る方法があるだろうか？（TJB、イギリス）

A　最善の方法は本物の金・銀を買うことだ。エリートは人間が作り出したものならすべて操作できる。だが、さすがの彼らも神のお金をコントロールしたり破壊するのは難しい。金や銀はエリートや私やあなたがこの世を去った後もずっと残り続けるのだ。

Q　人々がフェイクマネーをうまく利用する方法はないものか？（リンカーン・T、米国）

A　私はフェイクマネーを借りて不動産を買う。フェイクマネーでフェイクマネーを生み出す資産を買うのだ。そしてフェイクマネーで本物のお金、神のお金である金・銀を買う。だがこれをするには本当のファイナンシャル教育が必要であることを肝に銘じてほしい。

Q　あなたは、ビットコインがフェイクマネーを印刷している連中にとって脅威だという。フェイクマネーがいまだにビットコインの存在を容認している理由を教えてほしい。（ヨープ・P、オランダ）

A　連邦準備銀行とビットコイン採掘者には共通点がたくさんある。どちらもお金を作っている。だからこそ暗号通貨は中央銀行のフェイクマネー独占状態にとって脅威なのだ。

Q　従業員がファイナンシャル教育についてほとんど、あるいはまったく知らないことで、富裕層は利益を得ているのか？（サミュエル・S、オーストラリア）

A　教育のない人々から恩恵を受けている人間がいるのかどうかは知らない。だが金融に無知で無能であることについて、私たち全員が何らかの形で代償を払っている。残念なことに貧困層は最も高額な代償を支払うことになる。

Q　もし政府が一九三〇年代のように個人による金の所有を禁止し、所有分を没収し、それを銀にまで広げたらどうなる？　安価なモーガン・ダラー硬貨やピース・ダラー硬貨を所有していても意味がなくなるのか？（リチャード・K、米国）

A　私はファイナンシャル・アドバイザーではない。人々を教育すること、自分が学んだ知識、自分がすること、しないことについての情報をシェアすることにベストを尽くしている。自分にとって何が一番良いかは、あなた自身で決めなくてはいけない。

Q　私たちがフェイクマネー、フェイク教師、そしてフェイク資産に囲まれるようになった理由を説明するために、フェイク政治家を付け加えるべきではないか？（アン・T、スペイン）

A　すべての政治家はフェイクではないだろうか？　彼らの真意がわかっていたことがあっただろうか？なぜ人が政治家になりたがるのか、私にはわからない。

Q　詳しく語ってくれなくてもよいが、あなたが貴金属の保管場所を探す際の基準を教えて欲しい。（クリストファー・R、ロシア）

A　私はプライベートの金庫にお金を保管している友人に訊いてみた。また、資産を米国の国外に保管しようと決めた時、自分の弁護士に頼んで合法的な資金の海外移転を専門にしている弁護士を紹介してもらった。私は彼らと面談し、また現地にも行って金庫の管理人にも会った。銀行システム以外の場所に資産を保管するビジネスをしている人は大勢いる。時間をかけて、注意深く慎重に、信頼のおける人々や組織を見つけることをお勧めする。

# 第二部

# フェイク教師

九歳の時、ハワイ州教育委員会の事務局長だった貧乏父さんに
質問した。いつになったらお金について勉強できるのか、と。

彼の答えはこうだった。

「学校ではお金については教えないんだ」

真の教師を探す私の旅はその時始まった。

*——ロバート・T・キヨサキ*

# イントロダクション

三人の賢者を賢者たらしめていたものは何か？
真の教師に必要なものは何か？
学校でお金について教えない時、教師と両親はお金について何を教えればよいか？

——ロバート・キヨサキ

『金持ち父さん　貧乏父さん』は二人の偉大な教師の物語だ。

私の父である貧乏父さんは、ハーバードで学んだフラー博士や、エール大学を卒業したスティーブン・ブリルのような学問エリートだった。貧乏父さんは高校時代オールAの成績で、卒業生総代だった。彼は学部の四年間を二年間で終わらせてハワイ大学を卒業した。その後、上の学位を求めてスタンフォード大学、シカゴ大学、ノースウェスタン大学で学び、教育学の博士号を取得した。

一方、金持ち父さんは高校さえ卒業しなかった。彼が一三歳のときに父親がこの世を去り、彼は家業を継ぐことになった。正規の教育は受けていないが、ビジネスを全米規模のホテルとレストランにまで育て上げた。

一九六〇年代、金持ち父さんは大胆にもワイキキビーチの小さなホテルを買収し、そのホテルを活動拠点として、近隣の海辺の小物件を買い集めた。今日、ワイキキビーチのハイアットリージェンシーを見るたびに、現在ハイアットがそびえる地域で海辺の小さな区画を買い集め、大きくしていった金持ち父さんのことを思い出す。二〇一六年、それらの地所は七億五六〇〇万ドルで売却された。

## ●金持ち父さん貧乏父さんの物語

『金持ち父さん　貧乏父さん』の物語は、一九五六年、私が九歳、小学校四年生の時に始まった。私はサトウキビ栽培の町、ハワイのヒロで育った。輝かしいワイキキビーチからははるかに離れた場所だ。家族は私が七歳の時にホノルルからヒロに引っ越した。九歳の私は、ヒロの端の地域から反対の端に移り、新しい学校で新しいクラスメートを持つことになった。

まず気がついたのは、新しいクラスメートが皆金持ちだということだ。その多くはハワイ語で言う「ハオレ」、白人で、残りは私のようなアジア系米国人だった。白人のクラスメートの大半は砂糖園のオーナーや、自動車ディーラー、食肉加工業、地域で一番と二番の食料品店、そして銀行などの経営者の子どもだった。一方アジア系は、医者や弁護士の家庭の子で、私は学校教師の子どもだった。

クラスメートは皆素晴らしかった。フレンドリーで温かく私を迎えてくれた。彼らの家庭は私の家よりはるかに富裕だった。皆新しい自転車を持ち、個人で所有している島の大邸宅に住み、両親はヨットクラブやカントリークラブの会員だった。また、浜辺か山間の農園に別荘を持っていた。

私の自転車は、父が五ドルで買ったものだった。私はヨットクラブやカントリークラブがどんなものかさえ知らなかった。白人のクラスメートが住む個人所有の島に行くために橋を渡るのは、まるで別世界に行くような体験だった。彼らの家は信じられない大きさだった。別荘に招かれた時は、浜辺や農園の家の美しさに息をのんだ。

私の家族は学校から二ブロック離れた古い借家に住んでいた。隣はヒロの図書館だった。その土地は現在駐車場になっている。金持ちの学校に入るまでは、自分を貧しいと思ったことはなかった。だからこそ、九歳の私は、手を挙げて教師にこう質問したのだ。「お金についてはいつ勉強するんですか？」

引退間近の年老いた女性教師は不意打ちの質問に動揺し、しばらく沈黙した後に答えた。「学校ではお金についてはは教えないのよ」

彼女のシンプルな返事には、それ以上の意味があった。声の調子、勢いに彼女のメッセージが込められていた。私は日曜学校にいるような気がした。教師の本音は、「お金への愛は諸悪の根源で、お金はみんな汚いのよ！」なのだと感じた。日曜学校では、不正な利益は悪魔からのお金の誘惑だと教わっていた。

答えに満足できなかった私は再び質問した。「お金についてはいつ教えてくれるんですか？」

動揺しながらも彼女は言った。「なぜ学校でお金について教えないかお父さんに聞いてみなさい。彼は教育長なんだから」

## ●貧乏父さんの答え

父に教室での出来事について話すと、彼は吹き出し、微笑みながら言った。「教師が答えられない質問をするもんじゃない。教師はすべての答えを知っているべきで、「知りません」と言う訓練はされていない。お前は彼女を困らせたんだよ」

「でもなぜ先生はお金について知らないの？」私は聞いた。

「教師はお金について知っている必要がないからさ」

「どうして？」

「教師は職を保障されている。たとえダメな教師でもクビにならないんだ。教師には政府が用意した年金や健康保険がある。だからお金についての知識なんか必要ないのさ。それに加えて教師にはたくさんの休日と、夏季休暇がある。しかも有給のね」

私は納得がいかず、さらに聞いた。「でもどうしてなのお父さん？　僕らは皆お金を使うでしょう？」そして、次の言葉を父に投げかけた。「僕はどうしてクラスの皆が金持ちで、僕の家だけそうじゃないかを知りたいんだ」

「いいかい」父は少し真剣な口調で言った。「お前は野球が好きだね？」

「うん、大好きだよ」

「野球の試合について先生に聞くかい？」

「ううん、だって先生は野球について何も知らないもの」

「それと同じだ。彼女はお金のゲームについても何も知らないんだよ」

「でもどうして？」私は食い下がった。「どうしてクラスのみんなはうちよりたくさんお金があるの？　先生がお金について教えてくれれば僕もみんなみたいな金持ちになれるのに」

父は頭を振りながら言った。「お前は釣りも好きだよな？」

「うん」

「どこで魚が釣れるか先生に聞くかい？」

「ううん」私は答えた。

「彼女はお金について何も知らないんだ」父は続けた。

「学校でうまくやっていきたければ、先生が知らないことについては質問しないことだ。算数のクラスでは算数のことだけ先生に聞きなさい。理科だったら理科のことだけ聞くんだ。そうすれば学校ではうまくやれる。先生を愚かに見せるようなことをすれば、先生もお前を愚か者にしようとするだろう」

## ●お金について学校で教えない本当の理由

父は続けて言った。「学校でお金について教えないもう一つの理由は、教師というものは政府が許したことしか教えることができないからだ」

「政府が教えろと言ったことだけ教えるの？」私は自分の耳を疑った。

父は頷いて言った。「教育長である私でさえ、学校で何を教えるか決める権限はほとんどない」

「ではお金についてはどうやって学べばいいの？」私は聞いた。

父は再び含み笑いをし、しばらく考えてから言った。「マイクのお父さんに聞いたらどうだ？」

マイクは私の友人だった。「何でマイクのお父さんなの？」

「彼は起業家だからさ」

「起業家って何？」

「自分のビジネスを持っている人さ。起業家は職には就いていない。起業家の仕事は仕事を作ることだ」

「ならお父さん、お父さんは起業家じゃないの？　お父さんの下で働いている先生が何百人といるのに」

「その通りだ。だが学校の仕組みを作ったのは私じゃない。私は政府の従業員だ。その点では他の教師たちと同じだ。従業員と起業家はまったく違うんだ」

「どう違うの？」私は聞いた。私はまだ九歳で、二つの言葉の区別がつかなかった。従業員という言葉は聞いたことがあったが、起業家は知らなかった。

貧乏父さんは喜んで説明してくれた。「私たちの学校システムは、人々に従業員になるトレーニングをする。従業員はお金について知る必要はない。学校でファイナンシャル教育をしないのはそれが理由だ」と彼は言った。「起業家はお金について知っていなければならない。でなければ、従業員は仕事を失い、起業家はビジネスを失う」

それは私が求めていた答えだった。私は自分が従業員になれると思っていたが、起業家になれるかどうかはわからなかった。そしてもし私が起業家として成功したいなら、お金について知らなければならないのだ。

数日後、私は自転車をこいでマイクの家に出かけた。彼の父は自宅にオフィスを構えていた。私は彼に、自分の教師になって欲しいと頼んだ。

『金持ち父さん　貧乏父さん』の物語はこうして始まった。

## ●教育は大事か?

私がハワイのヒロで少年時代を過ごした一九六〇年代、教育は今ほど重要ではなかった。ヒロはプランテーションの町だった。高校を卒業していなくても、給料のよい仕事はたくさんあった。砂糖園はサトウキビを運ぶ大型トラックの運転手や巨大クレーンのオペレーター、砂糖精製所の重機の担当者に高賃金を支払っていた。

それに加え、砂糖園は従業員に生涯給与を払い続けていた。つまり彼らには年金プランは必要なかったのだ。一生給与が貰えるのに、どうしてファイナンシャル教育や大学卒の資格が必要だろう? 砂糖園の労働者の給与は教師たちより高かった。

砂糖園は社宅や病院、医療施設、医者や看護婦まで用意していた。従業員に高い給与を支払い、彼らとその家族を手厚く扱った。こういう環境ではよい教育はそれほど必要なかった。

すべてが変わったのは一九九四年だ。ハワイの最後の砂糖園が閉鎖に追い込まれたのだ。経営者は賃金がより低い南米やアジアに砂糖園を移転した。砂糖園の所有者、私のクラスメートの両親たちはより金持ちになったが従業員はさらに貧しくなった。

二〇一八年二月、私は小学五年のクラスの六〇年後の同窓会のためにヒロに帰った。信じられるだろうか、一〇歳の時に出会った仲間がいまだに同窓会を開いているのだ。同窓会の目的はクラスのためでも同級生に会うためでもなかった。五年生の時の担任、私たちの生涯で最高の教師、ハロルド・エリー先生の栄誉を称えるためだった。

私は文章が書けず、高校で英語を二回落第したが、それでも自分の夢を追い続けられたのはエリー先生の教えのおかげだ。彼の教えがなければ私は高校を中退していたかもしれない。合衆国商船アカデミーに合格して世界の海を航行することもなかっただろう。五年生の時の先生の授業で知った、歴史上の偉大な探検家、コロンブス、マゼラン、コルテス、クックに刺激され、私は商船アカデミーという非常に難しい道を目指したのだ。私の夢は船でタヒチに行くことだった。それは一九六八年、商船アカデミーの学生の時に叶えられた。

今日、私は作家として知られ、世界中を旅し、偉大な探検家の足跡を追い続けている。五年生の時の偉大な教師の教えがなかったら、どれ一つ実現しなかっただろう。エリー先生の教えの中で最も重要なのは、失敗し、転んだ後にはすぐ立ち上がれということだった。そうすれば失敗からの立ち直りは私たちを強くする。彼はまた「自分の夢を誰にも邪魔させるな」と言った。

## ●電子化された福祉

二〇一八年、同窓会に出席した私は時間があったので、何年もしていなかったことをした。ヒロの町をぶらつくことだ。砂糖園がハワイから移転して以来、ヒロには戻っていなかったのだ。

どの店の窓にも「ＥＢＴ利用可」の表示があった。ＥＢＴとはElectronic Benefits Transferの頭文字で、政府が紙のフードスタンプ（生活保護者のための食料クーポン）の代わりに始めたシステムだった。ＥＢＴとは、生活保護受給者が連邦政府の口座から小売店に商品の代金を送金できるシステムだ。二〇〇四年以来五〇の州に加え、ワシントンD.C.、プエルトリコ、バージン諸島、そしてグアムで使われている。

ふと入った食料品店で、私は店主にＥＢＴについて聞いてみた。彼は言った。「ＥＢＴなしでは皆やっていけないよ」。しかも、多くの場合ＥＢＴだけでは「家族が一カ月持ちこたえるのは無理」ということだった。店主によれば、ＥＢＴカードは月初めの午前〇時に補充される。その日は宵のうちから受給者の列ができ始め、午前〇時一分には店になだれ込んで食料や生活必需品を買う。ＥＢＴは様々な意味で米国と世界の現状を映す鏡と言える。

この現状を教育の点から見ると、どうしても次の疑問が浮かんでくる。学校に戻れば人々はＥＢＴを受給せずにすむようになるのか？　彼らは再び高給の仕事につけるのか？

次の記事は「ウォールストリート・ジャーナル」の二〇一八年五月二五日号に掲載されたものだ。

ユタ州ドレイパー――「三七歳の歯科矯正医マイク・メルーは自分の教育に大きな投資をした一人だ。今週木曜日の時点で彼の抱える学資ローンは一〇六万九四五ドル四二セントになる。

メルーは月々一五八九ドル九七セントしか支払っておらず、これでは利子分にも満たない。彼が南カリフォルニア大学で学んだ七年間のための借金は毎日一三〇ドル増えている。あと二〇年で彼の借金残高は二〇〇万ドル（約二億二〇〇〇万円）に達するだろう。

彼と妻のメリッサは、この重荷にもはや無感覚になってしまい、今は二人の娘を育てることに情熱を注いでいる。「日々借金のことを考えていたら精神的にまいってしまうわよ」とメリッサは言う。

さて、もしマイク・メルー氏が学校に戻ってさらに教育を受けたら、彼の数百万ドルの借金は解消されるだろうか？　以下は教育省が発表した統計だ。

・米国には連邦政府の学資ローンを一〇〇万ドル以上抱える人々が一〇一人いる。
・一〇万ドル以上の学資ローンを抱える人々は約二五〇万人に上昇した。
・二〇一八年、米国政府の最大の資産は学資ローンの融資金で、現在一兆五〇〇〇億ドルを超えている。

つまり、数百万人の若者にとって学資ローンは最大の負債だということだ。

ここでもう一つの疑問がわく。大学はファイナンシャル教育をしているのだろうか？

## ●教育はあなたを金持ちにしてくれるか？

「ニューヨークタイムズ」の二〇一八年五月二五日号の記事から引用する。

ウォールマートの従業員の年収の中央値は一万九一七七ドルで、同社のチーフエグゼクティブ、ダグ・マクミロン氏が二〇一七年に得た年収、二二二〇万ドルを得るには一〇〇〇年間働く必要がある。大手イベントプロモーター会社、ライブ・ネイション・エンタテインメントの従業員の年収中央値は二万四四〇六ドルで、チーフエグゼクティブのマイケル・ラピノ氏の昨年の年収七〇六〇万ドルを稼ぐには二八九三年働かなければならない計算だ。

タイム・ワーナーの給与の中央値は比較的気前の良い七万五二一七ドルだ。それでもチーフエグゼクティブのジェフリー・ビュークスの一二カ月分、四九〇〇万ドルを稼ぐためには六五一年間働かなければならない。

スティーブン・ブリルは著書の中で述べている。「トップ一％の収入は二〇〇九年から二〇一二年にかけて三一・四％上昇している。一方残り九九％の収入の上昇は〇・四％というほとんど問題にもならない数字だ」。以下の図㉛㉜で詳しく見てみよう。

さらに高い教育を受ければ、この問題は解決されるだろうか？

## ●サブプライム教育

二〇〇八年、サブプライム住宅ローンの破綻により、世界経済は崩壊しかけた。この年、連邦家族教育ローン（FFEL）は、サブプライム危機の影響で学生に学資を貸し出せなかった。二〇一〇年、バラク・オバマ大統領はFFELを廃止し、新規の学資ローンはすべて貸し手と学生間の直接融資とした。私企業が政府のプログラムから独立し、学資ローンを提供し始めたのだ。

二〇一二年、学資ローンの借金はクレジットカードの借金総額と同様、一兆ドルを超えた。二〇一八年、連邦家族教育ローンの貸金は米国政府最大の資産となっている。要するに、米国政府はサブプライム住宅ロ

㉛給与の格差の変動：税引き前の家計所得

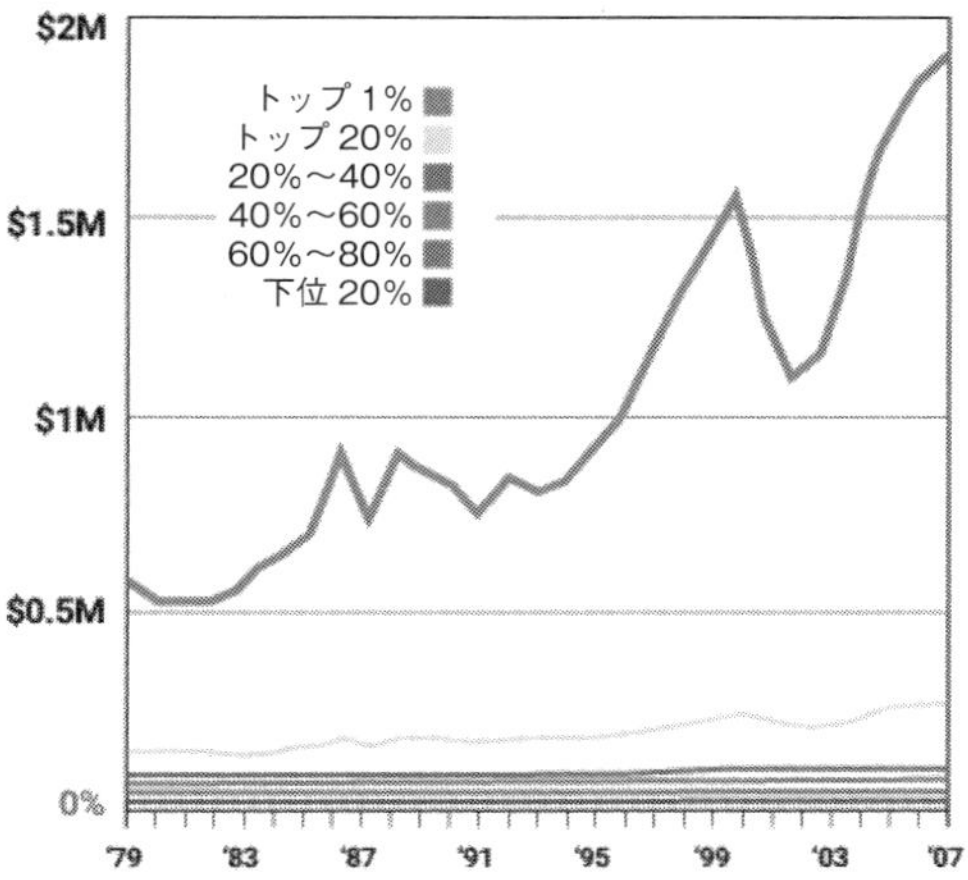


㉜貧富の格差：1979 年を起点にした収入の増減

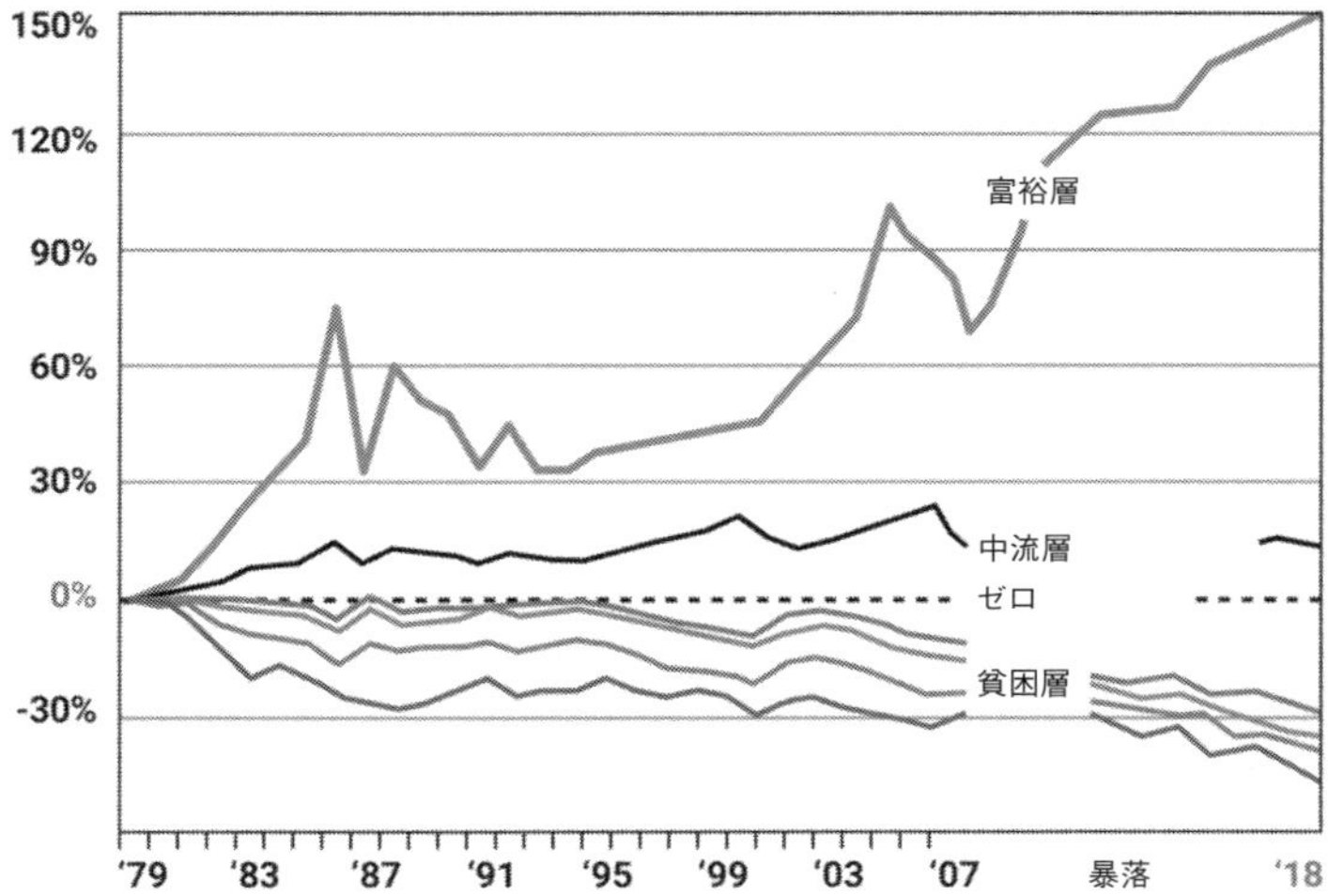

ーンから貧しい学生向けのサブプライム学資ローンにシフトしたのだと思う。サブプライム学資ローンは最悪中の最悪の借金だ。サブプライム住宅ローンは少なくとも自己破産すれば逃れられる。だがほとんどの学資ローンは決して逃れることができない。

学校はファイナンシャル教育を行うだろうか？　本当のファイナンシャル教育のない教育はすべてサブプライム（信用度が低い）教育だ。

## ●インフレーション

本書の前半でインフレーションについて書いた。銀行システム、マンドレイクのお金のマジックショー、そしてグランチによる強奪、それらはインフレなしには成り立たない。記憶すべきことは以下の点だ。

・インフレなしにはマンドレイクは印刷したお金を返済できない。
・インフレの時、人々は価格が上がることを警戒してすぐに消費する。
・デフレの時、人々は価格が下がることを期待して消費を控える。
・銀行システムはインフレを作り出す。さもなければ経済は破綻する。
・インフレは貧困層、中流層からお金を奪う。
・最もインフレに耐えられない人々が、最も高い代償、自分の命で支払いをする。

二〇一八年六月三〇日、「ニューヨークタイムズ」は次のような記事を発表した。

**サンフランシスコはあまりにコストのかかる都市だ。六桁の収入でも「低所得」となってしまう。**
天文学的な生活コストとなっているカリフォルニアのいくつかのエリアの最新状況を見ると、ベイエリア近辺の三つの郡では、四人家族で年収一一万七四〇〇ドル以下の家庭は、連邦政府によって低所得と認定されてしまう。

「低所得」の認定を受けると、手頃な価格の住宅への入居や、政府の様々なプログラムの受給資格ができる。(住居の)補助を受けている(サンフランシスコエリアの)平均的な家庭は一万八〇〇〇ドルの収入しかない。

住宅価格の中央値は一〇〇万ドル以上になっている。全米で二番目に「低所得」の境界値が高いエリアはホノルルだ。ニューヨーク市では、四人家族で八万三四五〇ドル以下の収入の家庭は低所得とされ、これは全米で第九位の数字だ。

くどい質問だが、教育はこうした問題を解決してくれるのだろうか?

**●「ニューヨークタイムズ」からもう一つ**

**予備選挙における民主党大勝利のツケ? 誰もが困難な状況にある、**というのがその見出しだ。

記事は、民主党予備選挙で長く現職だったジョセフ・クロウリーを破った、二八歳のバーテンダーにして民主社会主義者、アレクサンドリア・オカシオ・コルテスの物語から始まっている。この記事は、なぜ社会主義が人々の支持を増やしたかを論じ、社会主義の議題が再び盛り上がった理由を説明した『スクイーズト――なぜ私たちの家庭は米国を支えられないのか』という著作を紹介している。

『スクイーズト』は、中流階級の資産が崩壊していく様子を検証する。ウーバーのドライバーをして生活を支える教師、フードスタンプを利用する非常勤大学教授、将来の見通しのない失業中の五〇歳の男性、ウォールストリートの弁護士事務所のパートナーになる望みもなく、巨額の学資ローンを抱えた上、その業務が機械にとって代わられた若手の弁護士などが登場する。

修士号が単なる事務職とは異なる人生をもたらしてくれない時、自分が蔑んでいたキュービクル(パーティションで区切られたオフィス）でアルバイトをし、家から持ってきたタッパーに入れた豆をディナーにしなければならない時、今まで教えられてきたような、自分が特権的なエリートだという考えは萎んでいくだろう。そして増え続ける抑圧された層に親近感を抱き、彼らと同じように投票する。

オカシオ・コルテスは無料のメディケア（高齢者向け医療保険制度）や公立大学や専門学校の無償化という政治要綱を掲げて出馬し、当選を果たした。

再び同じ質問をしたい。大学の無償化は問題を解決するか？　そして政府がすべての対象者に一〇〇万ドルを配布したら、人々は金持ちになるだろうか？　数百万ドルの金で人々が富裕になるなら、なぜ引退した元NBA選手は五年も経たないうちに破産してしまうのか？　なぜ宝くじに当たった人々は、突然得た大金で将来の財政を安定させることができずに失敗してしまうのか？　一生安泰な金額を得たはずの宝くじ当選者が破産した話は誰もが聞いたことがあるはずだ。

もう少し高い視点から見てみよう。世界の歴史上最も富裕な国家である米国が、なぜこれほどの負債を背負ってしまったのか？　そして、私が常々発する質問、なぜ学校ではファイナンシャル教育をしないのか？

理由はたくさんある。答えもたくさんある。弁明も、解決策もたくさんある。しかしどれ一つ簡単なものではない。この問題は避けられ、無視され、先送りされている。そして皆、なぜ収入格差が広がり続けるのか首をかしげるばかりだ。

第二部「フェイク教師」では、本物の教師と偽物の教師の見分け方を学ぶ。貧乏父さんが説明してくれたように、ほとんどの教師はお金について何も知らない。そんな彼らがどうしてお金について教えられるのか？

だが、お金について知らないのは学校教師だけではない。多くのお金の専門家がお金についてあまり知らない。お金について学んだことがないのだ。彼ら自身が金持ちではないのに、お金について教えて稼いでいる。お金の専門家は人々が理解しない言葉、自分を賢く、人々を愚かに見せるための専門用語を使い、お金の問題を複雑にしているだけだ。彼らは真の教師ではない。金融詐欺師だ。

## ●見えないものを可視化する

一九七一年以来、お金は目に見えない存在になった。私にできる大事なことは、目に見えるファイナンシャル教育を提供することだ。見えないお金を見ることができれば、どのファイナンシャル教育が本物でどれが偽物かも見分けられる。ここでも「超シンプル」を心がけるつもりだが、それでも本当のファイナンシャル教育は簡単ではない。もし簡単なら今頃だれもが金持ちになっているはずだ。

金持ち父さんが言ったように「釣りを教えるよりも、魚を与える方が簡単」なのだ。世界史上最も富裕な国、米国で社会主義が台頭しているのはこれが理由だ。多くの人が魚をもらう方を選ぶ。その方が釣りを習い、お金の未来に責任を持つよりもずっと簡単だからだ。本当の学び、本当の教育は、正しい答えを暗記するだけではまったく不十分だ。それは本当の人生ではない。第二部「フェイク教師」では、学校に行くことがいかに人を貧しくするかを見ていく。学問エリートだった私の父、貧乏父さんでさえそうだったのだ。

もしあなたが魚をもらいたいなら、この本は必要ない。だが釣りの方法を知りたければ読み進めてほしい。

第六章

# 三人の賢者はなぜ賢いのか——生涯にわたる勉強の意味

日曜学校に通っていた頃、私は人生に関するとても重要な教訓を得た。それは三人の賢者（キリストの降誕を祝うためにやってきた三人の賢者）についてだった。日曜学校の教師は素晴らしい人だった。その理由は、彼女が教えることを愛していたからだと私は信じている。ある講義で彼女は私たちに聞いた。

「三人の賢者はなぜ賢者だったのだと思う？」

私は疑いもなく答えた。「お金があって、高い贈り物を持ってきたから、金持ちで賢かったからです」

だがそれは彼女が期待した答えではなかった。他に何人かが答えたのち、彼女は笑みを浮かべていった。

「彼らが賢かったのは、生涯を通じて偉大な先生を探し求めたからです」

一二歳かそこらの子供たちが言葉の意味を飲み込むために、しばらく間を置いて彼女は言った。「彼らが賢く裕福だったのは学ぶことをやめなかったからなの。常に偉大な先生からの新しい知識を求めていたから」

「彼らは一生生徒だったんですか？」クラスで一番頭の良い女の子が質問した。

「冗談じゃない！」一人の男の子が言った。「僕は学校なんか嫌いだ。勉強も嫌いだ」

頷きながら日曜学校の生徒たちの様々な意見を聞いていた彼女は、再び微笑みながら言った。

「これから先ずっと、三人の賢者のこと、なぜ彼らが賢かったのかを忘れないようにしなさい」

その時私はこれまた賢者であった私の父親、貧乏父さんの知恵を理解した。彼は私にもう一人の賢者、金持ち父さんに学ぶように勧めた。賢い父は、私が求める教師は学校にはいないことを知っていたのだ。

## ●プレップスクール教育——不公平な優位性

すでに紹介したように、スティーブン・ブリルは「私たちの世代がいかに米国を破壊したか」の中でこう書いている。

一九六四年、私はクィーンズ区の労働者階級地区であるファー・ロッカウェイで育った「本の虫」だった。ある日、ジョン・F・ケネディーの伝記を読んでいた私は、彼がプレップスクールに通っていたことを知った。私の通っていた第一九八中学の教師は誰一人、それが何だか知らなかった。やがてプレップスクールとは大学のようなものだということがわかった。大学に行くより四年間早く、クラスに出席してキャンパスで暮らす生活をする。それはとても素晴らしく思えた。また、いくつかのプレップスクールが奨学金を出していることを知って私の気持ちはさらに高まった。

ブリルは三つのプレップスクールを訪れ、マサチューセッツ州西部のディアフィールド・アカデミーを選んだ。彼は著書『テイルスピン』に次のように書いている。

現在は違うが、当時のディアフィールドは富裕な家庭の子供がほとんどを占めていた。（校長は）その頃初めて、私のようなユダヤ人や黒人を含む、奨学金組の学生を入れて多様化を図ろうとしていた。入学して一週間目、私は違いを思い知らされた。寮の友人の一人で、パークアベニューに住んでいた学生に、どこに住んでいるのか尋ねられた。クィーンズだと答えても彼にはピンとこなかった。私は、ケネディー空港かラガーディア空港を使ったことがあるなら、そこがクィーンズだと説明した。（同じクラスの彼の親戚はクィーンズがどこにあるか知っていた。彼の一族はニューヨーク・メッツのオーナーだったからだ。メッツの球場はクィーンズにある。）

ドナルド・トランプがクィーンズ出身であることを思い出す人もいるかもしれない。彼はしばしば、自分がパークアベニューではなくクィーンズの出身だったために、マンハッタンでのビジネスが難しかったと公言している。

私が学んだキングスポイントの合衆国商船アカデミーは、ロングアイランドのクィーンズを少し過ぎた所にあった。私とルームメイトのエド・ピーターソンは、メッツの試合を見に行く時、チケットが一ドル割引きになる牛乳パックのクーポンを切り抜いたものだった。

## ●同級生はプレップスクールに行った

私のハワイ時代の同級生のうち四人がプレップスクールに進学した。彼らの両親には、子供をプレップスクールに行かせるだけの資力があった。一二歳になると、同級生のほとんどはハワイ・プレパラトリーアカデミー（大学進学の準備をする私立学校）に進んだ。ヒロから一時間ほどの農場にある、美しい全寮制の学校だった。私は父に、自分もハワイのプレップスクールに行きたいと言ったが、父の答えはこうだった。

「うちは金持ちじゃないんだ。お前をプレップスクールに入れてやるお金はない。それに、教育長の子供がプレップスクールに行くのは世間的にも正しくない」

バラク・オバマ大統領は、金持ちの賢い子供が通う私立のプレップスクール、プナホウ高校の、貧しいが賢い子供だった。ご存じの通りオバマはコロンビア大学とハーバード・ロースクールで学んだ。ちょうどスティーブン・ブリルが、他の貧しい家庭出身の子供たちと一緒に学問エリートやリーダーになるべくエール大学とエール・ロースクールで学んだように。

バッキー・フラー博士はしばしば教育と、教育における不公平について語った。彼は一族の中で、プレップスクール、ミルトンアカデミーで学んだ四世代目であり、またハーバード大学に入学した四世代目でもあった。彼はハーバードを卒業することはなかったが（入学は二回している）、合衆国商船アカデミーの姉妹校である海軍兵学校でも学んでいる。

フラー博士は、米国の名門大学の多くは起業家、ジョン・D・ロックフェラー、J・P・モルガン、コーネリアス・バンダービルト、ジェームズ・デューク、リーランド・スタンフォードのような泥棒男爵によって創設されたことに気づいた。私はフラー博士がハーバード大学のことを「J・P・モルガン会計学校」、シカゴ大学のことを「ジョン・D・ロックフェラー経済大学」と呼んでいるのを聞いたことがある。デューク大学、スタンフォード大学、バンダービルト大学は偉大な起業家の名をとったものだ。

フラーが心配していたのは、起業家たちの慈善活動や高等教育への興味の裏にある目的だった。起業家たちは、自分の帝国を運営する従業員を訓練する場を求めているだけで、最高の人材を作ることには興味がないのだと彼は言った。フラー博士はハーバードで学びはしたが、決して卒業はしなかった。家族が彼に学費として与えたお金はパーティーや女性に費やされた。試験を受けに来なかったので、ハーバードは彼を退学にした。彼は同じことを二度繰り返し、二度退学になっている。

## ●ブリルも同じ意見

ケネディー、ブッシュ、トランプ、そしてロムニーなどは何世代も続く裕福な家系の出身だ。彼らはプレップスクール、家庭教師、標準試験の準備過程、そして個人教授など、最高の大学に入学するための教育を与えることのできる家庭の出身だ。

ブリルはプレップスクール時代にエール大学の入試部長、インスリー・クラーク・ジュニアと会った時のことを詳述している。短い面接の後、クラークはブリルの合格を保証したので、ブリルは他の大学を受験する必要がなくなった。彼は書いている。「その時は知る由もなかったが、私はインキーと呼ばれるこの人物が主導する改革に組み入れられていたのだ。私は、後に「インキーの少年たち（のちに少女たちも）」として知られることになるグループの一人になるのだった」

入学を希望する学生を面接する卒業生は、学問優秀でも個性のない学生よりも、学問的なポテンシャルは高くなくても個人的な資質が秀でている学生を合格させるよう奨励されていた。だが一人のエール大学OBが反対した。彼は非白人の貧しい子供を入学させることに難色を示し、次のような発言をした。

「基本的な部分に戻ろう。君たちは、かつてはいなかった階層の学生を入学させる、ユダヤ人や公立学校の学生をリーダーとして育成するという。だがこの席にいるメンバーを見てほしい。皆、米国のリーダーたちだ。ユダヤ人はいない。公立学校の卒業生もいない」

この卒業生の主張は受け入れられず、公立学校を卒業した非白人の学生がエールやその他の有名大学に合格し始めた。

貧困層、中流層出身の極めて優秀な子供たちが今日の世界を動かしている。バラク・オバマ、ビル・クリントン、ヒラリー・クリントン、ベン・バーナンキなどだ。彼らは富裕な家庭の出身ではないニューエリートだ。懸命に勉強して最高の学校に入り、富を築いた人々だ。ブリルは懸念する。


この最も才能豊かで野心に満ちた米国人たちは、米国を偉大にした力、憲法修正第一条、法的手続き、金融や法律における創意工夫、自由市場と自由貿易、能力主義、そして民主主義などを利用してアメリカンドリームを追求し、ついにそれを手に入れた。次にエリートたちはある意味歴史上初めて、自分たちの稼いだものを確保し、彼らを抑え込もうとする勢力を出し抜くか仲間に引き込み、出世のはしごを引き上げてしまうことで、成功を分かちあう相手や、自分たちの優位性への挑戦を少なくしようとする。

〔キヨサキの解釈〕彼らはとても賢く勤勉で、意志の固い貧困・中流層の子供たちだ。彼らはアメリカンドリームを実現し、後を追う人間が彼らの足跡を辿れないよう法律や金融システムを変えた。一般人が自分の地位を向上させるためには、プレップスクールから始めて彼らの仲間入りをする以外にない。

ブリルは民主主義の終焉について次のように語っている。

彼らの知識、野心、そしてネットワーク（そしてある程度の特権、これらの努力家たちはつましい環境の出身かもしれないが、ほとんどは白人男性だ）によって、米国は最も野心的で誇るべき理想を放り出してしまった。決して満足せず、常に議論し、競争的経済における成果の不平等を加速させる一方で、決して立ち止まらずに民主主義が約束する社会の結束のバランスを探し続けるという理想を。半世紀前に始まった闘争は、チャンスをものにした者が勝者となったのだ。

〔キヨサキの解釈〕「民主主義などクソくらえ。自分の分は確保した」これが米国で社会主義が台頭している理由だ。ヒロの街角に「ＥＢＴ使えます」のサインが溢れているのもそのせいだ。知性ある歯科医が一〇〇万ドルの借金を抱え、返済の目途も立たず夫婦揃って途方に暮れているのも同じ理由だ。学資ローンの総額が一兆五〇〇〇億ドルを超えて現在も増え続け、米国政府の最大の資産になっているのも、米国がお金を印刷した結果できた借金を返すために、さらに多くのお金を印刷する債務国になったのもこれが理由だ。それはちょうど、クレジットカードを使って別のクレジットカードの借金を返しているようなものだ。学校でファイナンシャル教育を教えない理由もこれだ。

お金の面で愚かな人間たちは、フェイクマネーを印刷している連中にとってカモなのだ。

私の父である貧乏父さんに、私を私立のプレップスクールに入れるお金がなかったことは幸いだった。おかげで私は自分の家が貧乏（少なくとも小学校のクラスメートと比較して）であることに気づき、お金について学ぶ気になったのだから。三人の賢者の足跡をたどって自分の教師を見つけよというアドバイスは貧乏父さんの知恵だった。

## ●弟子――真の教師

九歳の時、私は金持ち父さんの弟子になった。徒弟制度は本当の教育の最も古い方法のひとつだ。徒弟制度がうまくいくのは、弟子たちが本当の教師から学ぶからだ。例えば中世において鍛冶屋になりたければ、本物の鍛冶屋から学んでいた。

週に二、三日、私は学校が終わると金持ち父さんのオフィスに行ってタダで働いた。彼の息子マイクとゴミを片づけたり、オフィスを整頓したり、九歳の子供にできることは何でもやった。一時間もすると、金持ち父さんがモノポリーのゲームを取り出して皆でプレイした。単にサイコロを転がして駒を動かすのではなく、金持ち父さんは私たちに色々なことを教えた。駒を進める前にまず考えるように言い、九歳の子供にわかるような様々なファイナンシャル戦略を説明してくれた。

私たちが成長すると、弟子としての課題はビジネスや投資の色合いが濃くなった。だが締めくくりはいつもモノポリーだった。それが無償の労働の対価だった。

金持ち父さんはまた、息子と私を彼の所有する、モノポリーで言う「緑の家」の見学に連れて行ってくれた。私たちはまず弟子から始め、モノポリーで学び、現実に行動し、金持ち父さんの本物の「緑の家」から学んだのだ。一九六六年、私が一九歳の時、ニューヨークの学校からヒロに戻った私は、金持ち父さんの大きな「赤いホテル」を見せられた。それは実際のホテルで、ワイキキビーチのど真ん中に立っていた。

今日、人々にどんな仕事をしているのか尋ねられると私は言う。「私は実人生でモノポリーをしているんだよ」私と妻のキムは現在、六五〇〇を超える緑の家を所有している。それらは貸家だったり、いくつかは「赤いホテル」だったり、そしてゴルフコースや油井だったりする。

運命の巡りあわせか、私は金持ちの同級生と一緒にプレップスクールには行かず、貧乏父さんのアドバイスに従って本当の教師を探し求めた。もし貧乏父さんが貧乏でなかったら、私は私立のプレップスクールに行っただろうし、そうなったら金持ちになる方法も知らずじまいだっただろう。

●あなたの質問　キヨサキの答え

Q　あなたは金融システムが操作されているという。私も同じ意見だ。これを普通の、一般の人々がうまく利用する方法はないのか？　ゲームの流れを変える方法はないか？（グレン・B、ドイツ）

A　よくある質問は「普通の投資家にアドバイスはないか？」というものだ。私の答えは「普通であることから抜け出せ」だ。

Q　平常時、あるいは危機に際して銀行システムをどうやって信頼し、当てにすべきか？（ジェフリー・T、マレーシア）

A　信頼・信念（faith）と信用（trust）は違う。私は、銀行は強欲で自分の利益にしか興味がないと信じている。だから銀行システムを信用しておらず、平時だろうと危機だろうと、彼らが顧客の保護などしてくれるとは思っていない。

Q　あなたは長期的に見て米国は安泰だと思うか？　人生や投資において、あなたが勧める他の地域はあるか？（ウェンデル・M、米国）

A　現代において、米国は最も偉大で富裕な国家だ。米国人に生まれたことは幸運だと思っている。だからこそ私はベトナムで戦い、自分の国に尽くしたのだ。問題は、世界がどんどん変化していることだ。だが私たちのリーダー、教育システム、そして人々の多くがその変化に追いつけない。だから私は、私の本を読んでくれる人、金持ち父さんのラジオを聞いてくれる人、セミナーに参加してくれる人々に感謝している。自分が答えを知っているとは思わない。常に正しいとも思わない。私が言いたいのは、もっと色々なことに気づき、用心深くなり、変化への準備をせよということだ。

Q　私たちが現在使っているフェイクマネーよりも暗号通貨の方が信頼度が高いと思うのはなぜか？　現在世界に出回っているお金の大半はすでに印刷された紙幣ではなく、電子化されていることはご存じだろう。サイバー通貨と暗号通貨を比較しているようなものではないか？（ロベルタ・N、メキシコ）

A　私は暗号通貨の専門家ではない。だがブロックチェーン・テクノロジーは本物のテクノロジーだということは知っている。ブロックチェーンは人間よりも信頼できる。お金の価値は信用によって決まる。私は人間よりもブロックチェーン・テクノロジーを信じている。

Q　私はエチオピアに住んでいるが、フェイクは世界中のどの経済にも浸透しているのか？　エチオピアはすごい勢いで成長しているが、怪しげな金融システムも多い。（セメグン・T、エチオピア）

A　エチオピアは、アフリカ大陸と同様非常にリッチな国だ。だからこそ数世紀前にヨーロッパ人が入植したのだ。問題は、ヨーロッパ人が貧弱な教育システムしか作らなかったこと、そしてその結果、富裕な大陸の富裕な国の富裕な人々が、お金で苦労するようになってしまったことだ。

Q　私たちの紙幣に「我らは神を信ずる」（In God We Trust）と書いてあるのはなぜなのか？　金こそ神のお金だが、紙幣にそう書くことによって私たちを欺こうとしているのか？（ベニー・J、インド）

A　他の人々も私と同じ疑問を持ってくれたのはうれしい。あなたはどう思う？　なぜ政府は“In God We Trust”と宣言するのか？　なぜ「私たちは政府を信ずる」ではないのか？

もっと大事な問いは、あなたは誰を、何を信用するのか、ということだ。

第七章

# 学校に戻る――フェイクとの戦い

一九七三年一月三日、私たちの乗った飛行機はカリフォルニアのノートン空軍基地に着陸した。搭乗者はベトナムから帰還する約二〇〇人の兵士だった。私は空母で勤務していた一六人の海兵隊員の上官だった。着陸してまず気がついたのは、大勢の反戦運動家たちの出迎えだった。一六人の部下たちが荷物をまとめると、私は彼らと握手し、無事の帰郷を祈った。ベトナムでともに一年間戦った仲間だった。

兵士たちがゲートに近づくと反戦運動家たちのシュプレヒコールはますます高まった。ゲートに近づくにつれ恐怖が募り、部下たちの顔にも緊張が走った。米国の反戦運動家たちと対面するのは、ある意味でベトコンと遭遇するより怖かった。

反戦運動家の前を通り過ぎる時、私は何かを言わなければならないと思った。ゲートの手前で最後に立ち止まり、私は若い部下たちに言った。「覚えておけ、これが俺たちが戦った結果だ。俺たちは言論の自由のために、奴らが俺たちを赤ん坊殺し、強姦犯、人殺しと呼ぶ権利のために戦ったんだ」若者たちはうなずき、私たちは敬礼して門を出た。罵声を浴びせ、唾を吐きかけてくる群衆をかき分けながら。あれ以来部下たちとは会っていない。

ラッキーなことに、私はハワイのカネオヘにある海兵隊飛行基地に配属された。オアフ島の父親の家から一時間もかからない距離だった。海兵隊の任期はあと一年半だった。

家で私を迎えてくれた父、貧乏父さんは、私に今後の計画について尋ねた。このまま海兵隊で二〇年間勤務のキャリアを築くか、航空会社のパイロットになるか、サンフランシスコのスタンダード石油に戻って石油タンカーの三等航海士として働くか。私は父に、考える時間はあと一年半ある、と答えた。

教育者である父は、私に修士号を、できれば自分のように博士号を取るよう勧めた。数カ月後、私はハワイ大学の夜間の社会人ＭＢＡプログラムに合格した。

## ●金持ち父さんのアドバイス

金持ち父さんは私との再会を喜んでくれた。

私は金貨を見せ、金を求めて敵地まで飛んだことを話した。彼は言った。「君はクレイジーだな」

将来についてのアドバイスを求めると彼は言った。「不動産投資を勉強しなさい」

理由を尋ねると彼は答えた。「借金をお金として使う方法を学ぶんだ」

金持ち父さんと私は、ニクソン大統領と彼の決断した金本位制の廃止について長々と話した。彼は、ベトナムにいる私に送った手紙で「気をつけろ、世界は大きく変わるぞ」と言った意味を説明してくれた。金持ち父さんはドルが永遠に、一〇〇パーセントの負債に変わるのではないかと懸念していた。ニクソンなどの権力者たちは、ドルを再び金本位制に戻すことはなかった。ドルに金による裏付けがあった頃、お金の八〇％は負債、二〇％は金だった。

「どういう意味です？」私は聞いた。

彼の答えはこうだった。「つまりお金は負債になるということだ。負債を作ることでしかお金は作れなくなる。連邦準備銀行と米国財務省は皆に借金を推奨するだろう。借金をしなければ我々の経済は成長しない」

金持ち父さんは、ドルが金で裏打ちされていた時代でも負債を使って豊かな財政を築いていた。一九七三年当時、ドルが一〇〇パーセント負債になったことでもっと金持ちになれるのではないかと彼は考えていた。

金持ち父さんには懸念材料もあった。海兵隊の軍服を着てワイキキのオフィスで彼と向かい合っていた私にこう聞いた。「君はクレジットカードを持っているか？」

「ええ、持ってますよ」。私は答えた。「基地で発行してもらいました」

金持ち父さんは静かにうなずいた。「彼らは君にクレジットカードをくれたのか？」

「ええ、将校は皆発行してもらいました。基地内の売店では買い物の時クレジットカードが歓迎されます」

「面白いね」。金持ち父さんはニヤリとして言った。

「そうやってお金が作られていくんだよ。君のカードの中にはお金はない。銀行にもお金を預金しておく必要はない。お金は無から生み出される。君がクレジットカードで何かを買った瞬間にね」

しばらく沈黙が続いた。何かがわかり始めていた。私は聞いた。「世界が変わる、と手紙に書いてあったのはこのことですか？」

金持ち父さんはうなずきながら言った。「クレジットカードによって、これから多くの人の人生が変わる。数百万の人々が借金をして家や車を買うだろう。彼らはさらに働き、そして貧しくなっていくだろう。負債の使い方を知らないからだ」

私は聞いた。「それが不動産コースに行けと勧める理由ですか？　負債をお金として使う方法を学べと？」

金持ち父さんはしばらく黙り込み、考えていた。「いつの時代も不動産（Real Estate）は財産の基盤だ。ちょうど金や銀のようなものだ。Realという言葉はスペイン語の「王室」から来ている。王族は常に土地と金・銀に価値を置いてきた。負債をお金として使うことを学んだら、そして私のように負債で「領地」を買ったら、君は賢い富裕層の仲間入りだ。だが借金をして負債を買うなら、君は銀行を所有する「王族」のために必死で働き、人生を捧げる何百万という貧困層と中流層の一人になる。フェイクマネーのために働いて負債を返済し続ける人々の一人に」

私は無言で、金を所有しているだけで犯罪者になることを思い出していた。今、私は負債を使って自分の「領土」を買うことを考えている。

私は再び質問した。「もし借金をしないようにしたらどうなります？　負債なしで生活したら？」

金持ち父さんは微笑みながら言った。「ほとんどの人にとってそれは賢い選択だろう。負債をお金として使う方法を学びたくなければ、借金はしない方がいい。負債は危険なものだからだ。それはちょうど弾の入った銃のようなものだ。君を守ることも殺すこともできる」

もっと言いたいことがあるようだったので、私は金持ち父さんに聞いた。「では、負債をお金として使うことを覚えたらどうなります？」

彼は再び微笑んだ。「今私たちがいるこのホテルだが、私が貯金をはたいてこれを買えると思うかね？」

私は無言で首を横に振るしかなかった。

「ワイキキビーチのこのホテルに私が支払ったお金は一〇〇万ドルにも満たない。政府が今後もお金を印刷し続けるとして、このホテルの価値は一〇年後いくらになっていると思う？」

「わかりません」私は答えた。

「君が懸命に働いて税金を払い、お金を貯めたとして、一〇年でこのホテルが買えるかね？」

何を言えばよいのか、どう答えればよいのか見当もつかなかった。

「君の海兵隊の同僚が航空会社のパイロットになったとして、一〇年でこのホテルを買えるかね？」

依然として言葉が見つからなかった。

金持ち父さんは続けた。「そして日本人旅行者がぞろぞろとやってくる。彼らは金持ちだ。ワイキキや、ハワイの他の地域を買い漁っている。君は日本人のために働きたいかね？　あるいは一〇年でワイキキの不動産を買えるようになるかね？　一〇年でワイキキの海辺の家を買えるかね？」

やっと金持ち父さんの教えが呑み込めてきた私は聞いた。「不動産投資について教えてくれませんか？」

金持ち父さんは首を振りながら言った。「私は、不動産投資はするが、教えることはしない。それに、私自身も常に学ぶ身だ。いつも不動産のコースを受講している」彼は続けた。「プロの投資家になりたいのなら、君も生涯生徒となる覚悟が必要だ。負債をお金として使うのは危険なゲームだ。ずっと学び続ける覚悟がないなら、負債を利用して不動産を買おうなどと思わないことだ」

私は考えた。私は学校が嫌いだった。一生学び続けるのはあまり喜ばしいことではなかった。私が躊躇しているのを見て取った金持ち父さんは言った。「君はパイロットだが、いつも飛行訓練を受けているのか？」

私はうなずいた。「いつも受けています。もう五年も飛んでいますが、常により高度な訓練をします。もっと難しい訓練です」

金持ち父さんは言った。「不動産投資も同じだ。私もいつもレッスンを受けている。私は常に生徒だ。だからこそワイキキビーチのこのホテルを所有しているのだ。それはちょうどモノポリーのようなものだ。君やマイクが小さい頃、私は小さな緑の家を持っていた。現在は赤いホテルを持っている。私がいつもコースを受講して勉強していなければ、今ワイキキビーチのこの場所には座っていなかっただろう」

長い沈黙の後、私は言った。「不動産のコースを受講することにします」

金持ち父さんはニヤリと笑い、ミーティングは終わった。

## ●MBAに入学する

今や私がアドバイスを受ける父親は二人になった。貧乏父さんは修士号と博士号を取るように言い、金持ち父さんは不動産のコースを受講するように言った。MBAに申し込むのは簡単だった。海兵隊には高等教育を担当する将校がおり、私はただ彼のオフィスに行って書類にサインをするだけだった。

海兵隊には不動産投資のコースがなかったので、自分で探さねばならなかった。株式投資のコースはあったが、不動産コースは提供していなかったのだ。私は不動産コースで負債をお金として使う方法を学びたかった。

二カ月もせずに私はハワイ大学のMBAに入学した。一週間に二回、夜のクラスがあり、土曜日は一日中授業を受けた。空を飛ぶ日々は終わり、学校生活が始まった。

私は従来の学校は大嫌いだったが、飛行学校だけは例外だった。そこには本物の教師、本物のパイロットがいた。私たちは授業を受け、そして飛行した。訓練生として技術が上がるほど、よりよい指導者が担当した。彼らが空を飛ぶことに長けているのはわかっていた。彼らは私たちと一緒に飛んでいたのだから。彼らはちょうど私が五年生の時の教師、エリー先生のように、私たちが学び、より賢くなるよう励ましてくれた。

上級兵器学校はさらにエキサイティングだった。兵器を装備した飛行機は、装備していない時とはまったく別物だった。戦闘機のパイロットにとって戦術と戦略は違うものだ。上級兵器学校の教官はベトナムから戻ったばかりだった。機関銃やロケットを飛行機から発射する訓練の際、まず教官が手本を示した。生徒に教えようとしていることをやって見せるためだ。教官は私たちが失敗しても落第させることはない。「旋回して、もう一度やってみろ」と言うだけだ。そして私たちは、教官と同じように飛び、撃てるようになるまで何度も何度も繰り返した。私が飛行学校を愛する理由はこれだ。教官たちは本当の教師で、私たちに本当の戦争のための準備をさせてくれたのだ。

一方、ＭＢＡの教室は私にとって楽しいものではなかった。まるで高校に戻ったような感じだった。ある時、私のフラストレーションは頂点に達した。

「あなたは本当に会計士だったことがあるんですか?」私は会計の教師に聞いた。

「もちろん」彼は答えた。「私は会計学の学位を持っている」

「そんなことを聞いているんじゃありません」私は毅然と質問した。「あなたが会計学の学位を持っているのは知っています。でも実社会で会計士として働いたことはあるんですか?」

長い沈黙の後、教師は認めた。「いや、ない。私は大学院助手だ。だが私は会計士の学士号を持っている。そして修士号をとる予定だ」

「そうでしょうね」私は答えた。

「君は会計士かね?」今度は教師が聞いた。

「いえ、違います」私は答えた。

「ならどうして私が会計士かどうか聞いたんだ？」

「あなたが自分で教えていることを実際には知らないのがわかったからです。あなたが教えているのは教科書の知識で、実社会から得たものじゃない」

会計についての私の経験は、金持ち父さんの弟子になることから始まった。

私は会計士ではなかったが、金持ち父さんの会計士と一緒に何年も働いていた。だからMBAの教師が実際の知識ではなく理論だけを教えているのがわかったのだ。米国はまだベトナム戦争の真っ最中で、海兵隊はキャンパスでは人気がなかった。加えてインストラクターとやり合ったことで、私の評判はさらに落ちた。

「君は会計士になるつもりか？」教師は聞いた。

「いいえ」私は答えた。「私は起業家になるつもりです。会計士は雇います。そうすれば難しい質問は会計士に聞くことができます」

「で、私に何を聞きたいのかね？」

「質問はさっきしました。あなたは本当の会計士ですか？　実社会で会計業務の経験がありますか、とね」

教師は固まって私を見つめていた。時間が来てクラスは終わった。

## ●マーケティングの授業

私はMBAの一環であるマーケティングの授業を楽しみにしていた。授業のシラバスにはマーケティングの権威とされる高名な人物の名前があったからだ。私はこの専門家から教えを受けるのが待ちきれず、すぐにクラスに申し込んだ。だがこれまた失望に終わった。私は再び同じ質問をしたのだ。「実社会でどのくらい経験を積まれたんですか？」

その教師は誇らしげに自分が所有する自転車店について話し、学生たちに実地の体験をさせてくれることになった。自転車店は一五〇〇平方フィート（四二坪）以下の小さなものだった。私のクラスはこの店で二日間「勉強」した。

教師は私たちにマーケティングを教えてはくれなかった。彼が教えたのは販売、いかに自転車を陳列し、アクセサリーや服を棚に配置するかだった。販売についてなら、金持ち父さんの弟子として、これよりはるかに多くのことを、彼のホテルのレストランやギフトショップで学んでいた。

教師がマーケティングを教えることができなかったのは、一つの店舗しか持っていなかったからだ。彼は宣伝について、地元の新聞や雑誌にいかに広告を出すかについては教えてくれた。

私は無給で金持ち父さんのホテルチェーンやレストランのマーケティングをし、はるかに多くのことを勉強していた。私は彼から自転車を買った。教師は自転車を売ることができたというわけだ……。つまり、これがマーケティングの一環だった。彼はクラスの学生たちに特別に値引きをしたので、多くの学生が自転車を買った。

金持ち父さんに、新しい自転車と知識の足りない教師のことを話すと、彼は笑いながら言った。「そのマーケティングの教師は頭がいいな。マーケティングを教えている学校では、彼は権威なんだから。学生と教員を勉強のために店に招いて、彼らに自転車を売りつけた。とても優秀なマーケターだよ」

自転車はとても良いもので、私は海兵隊基地で毎日のように乗り回した。彼は確かにマーケティングの権威だった。

ある夜、テレビを見ていた私は、頭金なしで不動産を買う方法を教えるセミナーのインフォマーシャルに出くわした。数日後、私は無料セミナーの三〇〇人の参加者の一人としてワイキキホテルのボールルームに座っていた。私は不動産のセミナーを勧められ、週末の三日間で三八五ドルのそのコースを受講することにした。二カ月ほどして教師がカリフォルニアからやってきて、コースは始まった。今まで学校で授業は受けてきたが、セミナーに出るのは初めての経験だった。

貧乏父さんは学校の信者だった。彼はセミナーなど詐欺のようなものだと考え、決して参加しなかった。確かに詐欺のようなセミナーもある。だがいくつかの学校だって似たようなものだ。

一方金持ち父さんはセミナーにしか参加しなかった。彼は「期間が短いうえ、特定のことに集中している」としてセミナーを好んだ。自分が興味のある特定の分野の知識を深めるためにセミナーに参加するのだ。彼は修了証や略語だらけの学位には興味はなかった。多くの企業や政府の職員、専門家が自分の学位、修士、博士、法学士、医学士、公認投資コンサルタントなどの修了証を誇らしげに掲げている。

ウォーレン・バフェットは大学卒だ。それを隠している訳ではないが、卒業証書をオフィスに掲げたりもしない。だが彼はデール・カーネギーのパブリックスピーキングのクラスの修了証を誇らしげに飾っている。投資家から数十億ドルを引き出す時に、膝が震え声が上ずることなしに話ができるのは、彼にとってお金には代えられないことだった。

## ●本当の不動産教師

無料セミナーに参加した三〇〇人のうち、三日間のコースを申し込んだのは三〇人だった。インストラクターは素晴らしかった。カジュアルだがきちんとした服装をしていた。ネクタイは締めていなかったが、高そうなスポーツコート、スラックス、靴で身を固めていた。私には本物の不動産投資家に見えた。

軍隊経験者に外見と身だしなみの大切さを聞いてみるとよい。ほとんどの軍人は誇りをもって軍服を着ている。彼らはきっちりとした身だしなみで靴もピカピカだ。一方、ＭＢＡの教授たちはいかにも教師といった身なりで、お世辞にも裕福とは言えない外見だった。彼らは安手でみすぼらしく、古臭く、まるで少し綺麗なヒッピーという感じだった。実際彼らはヒッピーだった。

本物の不動産教師は、まず自分の不動産投資の物件のスライドと、それぞれの財務状況を見せてくれた。自分がいくら利益を上げているか、資金繰り、遭遇した困難なども教えてくれた。さらに彼は損をした物件

について も見せ、自分の犯したミス、そこから何を学んだか、ミスのおかげでいかに賢くなり、金持ちになったかを説明した。

彼は本物だった。不動産を売るためにやって来たのではなかった。自転車を売るために教えているのでもなかった。彼はまた非常にオープンだった。自分の個人資産報告書を私たちに見せてくれた。実際彼は生活のために人に教える必要はなかった。教授料は貰っていたが、それは彼にとって必要なお金ではなかった。彼はただ教えるために来たのだった。

授業が始まった。三日間、私たちは本当の取引、実際に起こった問題、困難、そして彼が二四年間のキャリアの中で出会ったペテン師たちを例にとって学んだ。彼は、多くの素人不動産投資家が見ない部分を見るように言った。売り手や銀行、投資家たちとの交渉の仕方も教えてくれた。セミナー最終日に、彼はいかにして「頭金なし」の交渉をするかを教えた。自分のお金を一円も出さずに投資する方法だ。

三日目の終わりになると、生徒はすっかり熱狂し、やる気満々になっていた。金持ち父さんが常日頃言っていた「金持ちになるのにお金はいらない」という言葉の意味がさらに理解できた。最後の二時間は講義の総括と質問の時間だった。クラスが終わる直前、教師は言った。「さあ、これからが授業の始まりだ」

生徒は彼の言葉に戸惑い、それはどういう意味か聞いた。

教師は言った。「君たちが実際に不動産の世界に飛び込んだ時にこの授業は始まるんだ。君らへの宿題は、九〇日以内に一〇〇の有望な投資物件を見つけることだ。一件につき一ページの分析を書いてほしい。そして一〇〇件のうちのベストの物件を決める。何も買う必要はない。素晴らしい物件を見つけた時にはエネルギーと情熱がみなぎるものだ。たとえその時お金がなくてもね」

三〇人の生徒は三人から五人の小グループに分かれ、九〇日間で課題を終わらせることを約束した。

あなたの想像通り、皆、金持ちになる前に実生活に追われていた。三〇人のうち課題を終わらせたのは三人くらいだったと思う。これは人間というものの性質を垣間見せる話だ。金持ちになるには多くの仕事と自制心が必要なのだ。

九〇日が過ぎようという頃、私には一〇〇の物件のうち、どれが最高かがわかっていた。それはマウイ島のビーチにあるベッドルーム一つ・バスルーム一つのコンドミニアムだった。デベロッパーはすでに倒産し、銀行は物件を投げ売りしていた。コンドミニアムの値段は一万八〇〇〇ドルで、私に必要なのは一〇%の頭金だった。残りの資金は銀行が貸してくれる。私はすぐにクレジットカードを取り出し一八〇〇ドルを支払った。これは「頭金のない」取引だった。一〇〇%借金で資金を調達したのだ。物件は月二五ドルのキャッシュフローを生み出した。

これはいわば「無限大のリターン」だった。私は投資に自分の金を一銭も使わず、一〇〇%の借金で二五ドルのネットキャッシュフローを創り出したのだ。それから数日して、私はMBAプログラムを中退した。

「それはここではできませんよ」

今日、世界中どこに行っても人々は言う。「それはここではできませんよ」

彼らは正しい。彼らには無限大のリターンの取引をすることはできないだろう。だが他の人はできる。「それができない」一番の理由は、彼らが、あるいは彼らの両親が学校に行ったからだ。教師のレベルについて説明している図㉝を見れば、なぜ学校に行くことが人々を貧しくするのか理解できるだろう。

本当の教師とフェイク教師をどう見分けるか。フェイク教師は講義や本を使って教える。だが人生こそが本当の教室だ。本当の教師は現実に経験したこと、犯した失敗をもとに指導し、あなたにも現実の経験を推奨する（図㉞）。

## ●あなたの質問　キヨサキの答え

Q　あなたの海兵隊での経験の価値を一言で表す言葉は何だろうか？（マルコ・C、イタリア）

A　良い質問だ。高校生の頃、私は問題を抱えていた。私はサーファーで、落第すれすれだった。怠け者で道化を演じていた。成長して「学校に行き、仕事に就いて、懸命に働く」ことが嫌だった。高校時代の私は自由が欲しかったのだ。高校の友達で自由に生きることを選んだ連中は、サーフィンに明け暮れ、刑務所に入ったり、麻薬中毒になったり、若くして世を去った者もいた。一人は自殺し、一人はオートバイ事故で死んだ。二人は飲酒運転のあげく自動車事故で亡くなった。

そこで矛盾するようだが、私は自由になるために軍隊の学校に行き、海兵隊に入ることにした。日曜学校で「言葉は肉となった」という一節を教わった。商船アカデミーや海兵隊が私に実現させてくれた、あるいは「肉にしてくれた」言葉は、使命、任務、名誉、勇気、尊敬、規律、作法などだった。多くの人には、特に企業社会に生きている人には、これらは単なる言葉でしかないだろう。単なるリップサービス、企業トーク、印象的だが決して実現しない、決して肉にならない言葉だ。だがこれらの言葉が身についていなければ、職業の安定、給与、引退などの言葉の方が本当の自由よりも大切になってしまうだろう。

これが、私が商船アカデミーや海兵隊に心から感謝していることだ。これらの言葉は身につき、肉になり、自分と一体化した。魂を強くしてくれた。そして、魂の強さは真の財政的自由と、一番大切な個人の自由のために欠かせないものだ。金持ち父さんはいつも言っていた。「経済的自由を手に入れるまでは個人の自由は得られない」

Q　経済の見通しが不安定な時に、金持ち父さんに未来が見えたのはなぜか？（アドニス・K、ギリシャ）

A　金持ち父さんは自分の息子と私に言った。「起業家は常に未来に注意を払っておくべきだ。なぜならお前たちのライバルは未来なのだ」インテルの創立者であるアンディー・グローブは言う。「パラノイア（超心配性）だけが生き残る」と。（『パラノイアだけが生き残る――時代の転換点をきみはどう見極め、乗り切るのか』日経ＢＰ）

㉝教師のレベル

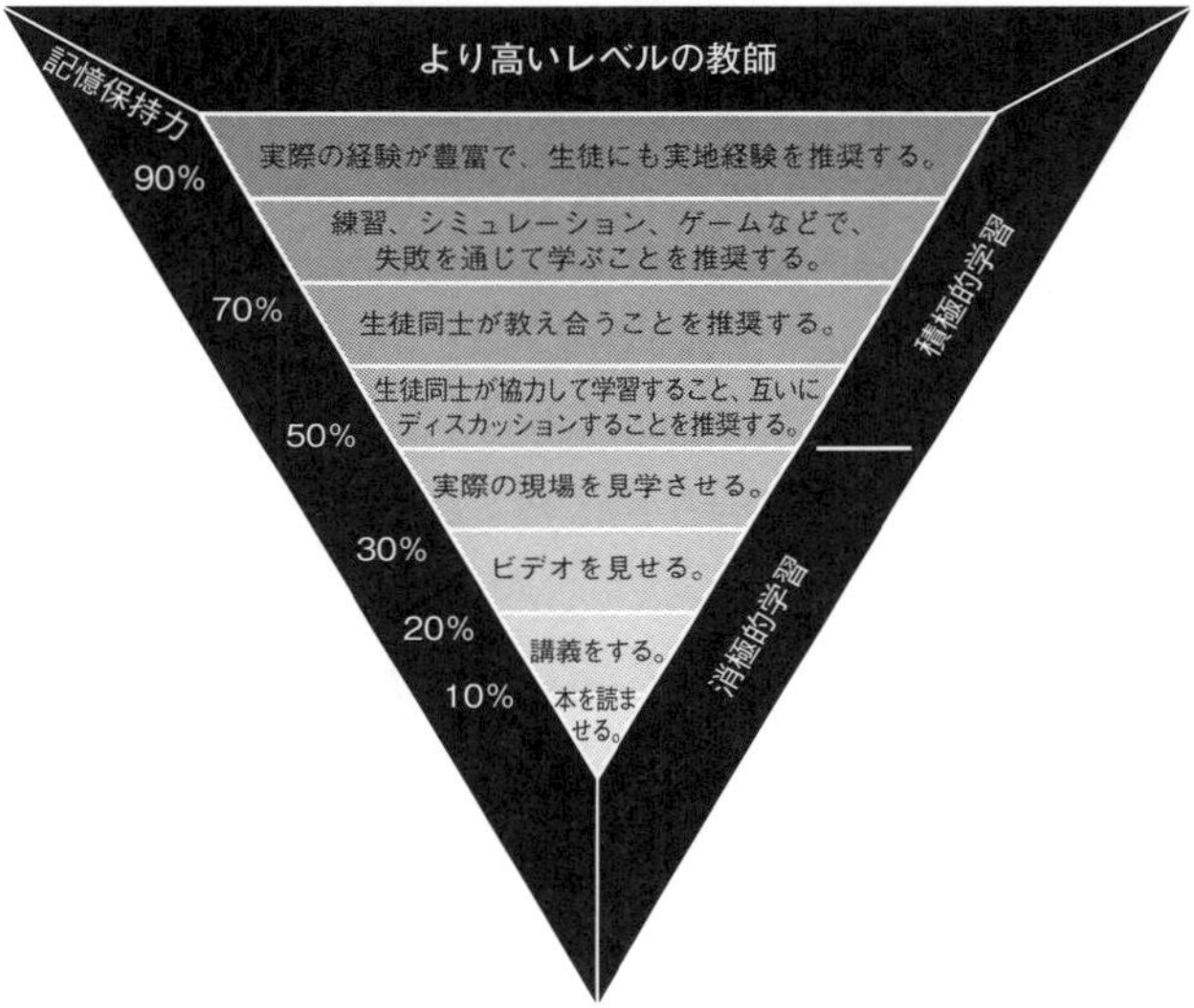

より高いレベルの教師
記憶保持力
90%
実際の経験が豊富で、生徒にも実地経験を推奨する。
練習、シミュレーション、ゲームなどで、
失敗を通じて学ぶことを推奨する。
70%
生徒同士が教え合うことを推奨する。
生徒同士が協力して学習すること、互いに
ディスカッションすることを推奨する。
50%
実際の現場を見学させる。
30%
ビデオを見せる。
20%
講義をする。
10%
本を読ませる。
積極的学習
消極的学習

㉞あなたが今まで出会ったフェイク教師を３人挙げてみよう。彼らが教えていた科目も。

| 教師の名前 | 科目 |
|---|---|
| 1. ＿＿＿＿＿＿ | ＿＿＿＿＿＿ |
| 2. ＿＿＿＿＿＿ | ＿＿＿＿＿＿ |
| 3. ＿＿＿＿＿＿ | ＿＿＿＿＿＿ |

あなたが今まで出会った本物の教師と、彼らが教えた科目を挙げてみよう。

| 教師の名前 | 科目 |
|---|---|
| 1. ＿＿＿＿＿＿ | ＿＿＿＿＿＿ |
| 2. ＿＿＿＿＿＿ | ＿＿＿＿＿＿ |
| 3. ＿＿＿＿＿＿ | ＿＿＿＿＿＿ |

本物の教師はあなたにどんなことを教えてくれたか？

1. ＿＿＿＿＿＿＿＿＿＿＿＿
2. ＿＿＿＿＿＿＿＿＿＿＿＿
3. ＿＿＿＿＿＿＿＿＿＿＿＿

第八章

# 多くの魚を捕まえるには——見えないものを見る方法

金持ち父さんはいつも言っていた。「きれいな水では魚は釣れない」「濁った水でしか魚は釣れない」

これまでの章で私は言ってきた。「人々に釣りを教えるより、魚を与える方がずっと簡単だ」なぜか？　釣りを学ぶのは簡単ではないからだ。本当の学びというのは大変なものだ。ゴルフについて考えてみよう。理屈の上ではゴルフは極めてシンプルなゲームだ。野球と違ってゴルフのボールは止まっている。だがゴルフは最も難しいスポーツのひとつだ。ましてやマスターするのは極めて大変だ。タイガー・ウッズやローリー・マキロイ、フィル・ミケルソンになるためには単に才能があるだけではダメで、超人的な献身と犠牲が必要だ。

お金のゲームも同じだ。幸運は人を軟弱で怠け者にする。これは米国だけの話ではない。世界中で見られることだ。政府、ビジネス、スポーツ、果ては宗教にまで腐敗が横行しているのがいい証拠だ。最近はすべての子供に賞状が与えられる。生徒たちは誰もが権利を持っており、自分に異を唱えたり脅したりするもの、あるいは異端な考えから身を守る安全な場所を必要としている。そして富裕層とそうでない人のギャップが広がるにつれて、誰もが金持ちになることを願い、誰もが自分も金持ちになる権利があると考える。これは理解できる。金持ち父さんは言った。

「お金は麻薬のようなものだ。ファイナンシャル教育がないと、人々はお金の中毒になってしまう。お金は彼らをハッピーにする。お金は彼らの問題を解決し、彼らの痛みを軽減する。だが今日多くの人がお金に関して「その場しのぎ」の「一時的にハイになれる」ものに夢中だ。問題は、「ハイ」はすぐに「ロー」になるということだ。そして中毒患者は禁断症状のためにさらに仕事に精を出す。中毒患者になった彼らは何でもするようになる。」

一九七一年、ニクソンが金とドルの交換を停止した時、通貨の堕落がまるで麻薬のように世界中に広まった。そして金持ち父さんが警告したように、「堕落したお金は堕落した人々を生み出した」のだ。

## ●堕落した楽園

政治とは汚いゲームだ。貧乏父さんは正直な人だった。政府の出世の階段を昇りつめたことは父にとって裏目に出た。ハワイ州知事のスタッフの一人として頂点を極めた時、父は腐敗に我慢ならなくなった。腐敗に目をつぶれなかった父は職を辞し、一九七〇年、自分のボスである民主党の知事の対立候補として知事選に出馬した。当時私はフロリダ州ペンサコラの飛行学校にいた。父は私に電話してきて共和党の副知事として出馬するつもりだと告げた。「勝ち目はなさそうだが、やらなければ信念を曲げることになる」

父は母に電話を替わり、母は心配を口にした。母の懸念は父の職とお金のことだった。

「共和党の人がお父さんにカリフォルニアで職を見つけてくれるというんだよ。スタンフォードの教授か何か」

父はその時五〇代前半、母は四〇代後半だった。先はまだ長かった。話が終わった時、私は両親が汚い政治の世界で強く上手に生きていくことを祈った。知事は元警官で、彼の友人でやはり元警官が、ハワイの組織犯罪のボスらしいというのは周知のことだった。予想通り父が落選すると、知事は、お前は二度とハワイの役所では働けないと言い放った。

父も母も打ちひしがれた。政治の世界は彼らが考えていたよりはるかに醜かった。本当の友人だと思っていた人々は背を向け、選挙運動中、父が汚職に関係しているなどと、ありもしないことを言いふらした。

選挙の二カ月後、母は傷心のうちにこの世を去った。まだ四八歳だった。驚くことでもないが、共和党が約束したカリフォルニアでの就職は実現しなかった。父は早期退職し、引退後の資金で全国展開のアイスクリームチェーンのフランチャイズ権を買ったが、一年ともたずに失敗した。父はビジネスマンではなかったのだ。選挙から二一年後の一九九一年、父は破産して亡くなった。

## ●明らかになった事実

二〇一五年、かつて地元の新聞「ホノルル・アドバタイザー」でルポライターをしていたジェームズ・ドゥーリーが、『晴れ上がった空と怪しい奴ら――警官、殺し屋、そしてアロハ州の腐敗』を出版した。彼は歌手のドン・ホーから始まり、警官、殺人者、そしてハワイでの腐敗について実名で暴露していた。政治知事や、世界で最も富裕な学校のひとつであるカメハメハスクールの理事まで実名で書いた。裁判所、政治のリーダー、労働組合のリーダーなどの関係、「ハワイ5-0」や「マグナムPI」などのテレビ番組、日本人、ハワイ人、中国人、そしてイタリア系マフィアの繋がりについてもつまびらかにした。何人かの死体が埋められていたことまで暴露した。

ジェームズ・ドゥーリーは、私の父が我慢できずに立ち上がった腐敗についても記していた。その中には私の同級生や父のかつての友人の名前もあった。私はドゥーリーに会い、本を書いてくれたことについて礼を言い、父にこの本を読ませたかったと告げた。

多くの名前を暴露したにもかかわらず、なぜ彼が生きていられるのかを質問すると、彼はニヤリとして答えた。「世の中が腐敗だらけで、もはや人生の一部になっている。人々はまるで気にしていないんですよ」

バラク・オバマ大統領は最初にして唯一のハワイ出身の大統領だ。良い機会なのではっきりさせておきたい。私はいかなる政治・宗教団体にも属さず、政治的意図も持っていない。二人の父さんと同様、私も腐敗や怠惰、給付金依存の蔓延を嫌悪している。この件について別の見方もある。「フォーブス」誌はハワイを「ハワイ人民共和国」と揶揄している。

ジョン・F・ケネディー大統領はエドモンド・バーク（一七二九〜一七九七）の次の言葉を賞賛している。もっとも、発言の本当の出所については諸説あるが。「悪魔が勝利するのは、良き人々が何もしない時だ」多くの人がこの言葉に同意してくれるだろう。今日多くの人がほとんど行動を起こさない。

私がバッキー・フラー博士と共に学んだ三回の夏の間、彼はマフィアが米国の政治の一部になっていることを何度も語った。ケネディー大統領の弟、ロバート・ケネディーは司法長官時代、勇敢にもジミー・ホッファとチームスターユニオンに挑戦し、マフィアとの共同謀議を非難した。

一九六八年、ロバート・ケネディーはカリフォルニア州の民主党大統領選挙の指名を勝ち取った後、暗殺された。ジミー・ホッファは行方不明になった。彼の遺体は発見されなかった。

## ●世界を変えようとするな――自分を変えろ

人々は言う。「皆で一緒に世界を変えよう」なかなかいいキャッチフレーズだ。だが現実的ではない。今の世の中にはあまりに多くのフェイクニュースが溢れている。今日のニュースは人々を教育するのではなく、怒らせるように作られている。その目的は人々を団結させることではなく分裂させることだ。それは学校でも同じことだ。

今、世界はすっかりバラバラになっている。あまりに多くの敵意と憎しみがはびこっている。粗野な暴力が横行し、数百万の人々が、金銭的な問題ではなく暴力や殺人、レイプから逃れるために移住する。

ハワイ同様、腐敗が社会の一部になっている。世界中の法と秩序が崩壊しているのだ。米国の都市は装甲車に乗った軍隊のような警備隊がパトロールしている。まるでイラクやアフガニスタンだ。米国の都市部は戦闘地区にでもなるのだろうか？　米国の共和主義は終わりを告げるのだろうか？

一番良い方法は、自分自身を変えることだ。世界が腐敗している一つの原因は、お金が腐敗していることだ。学校で本当のファイナンシャル教育をしなければ、フラー博士の言うお金の強奪に人々が気づくことはない。自分の人生ややっと稼いだお金が、お金を通して盗まれているとは夢にも思わないのだ。

金持ち父さんが言ったように、「きれいな水では魚は釣れない、濁った水でしか魚は釣れない」のだ。富裕層とそれ以外のギャップが広がっている理由は、本当のファイナンシャル教育がない限り、魚、つまり人々は汚れた水の中で泳ぐしかないからだ。またそれは、法律や銀行、ウォールストリートを動かしている学問エリートたちがたくさんの魚を取り放題にしている理由でもある。

一九九七年に出版された『金持ち父さん　貧乏父さん』は、金持ち父さんが息子と私に、汚れた水の中から世界を見通す方法を教えるために作ったイラストや図が使われている。この本を読んだ人はそのいくつかを覚えているだろう。そして、私の二冊目の本、『金持ち父さんのキャッシュフロー・クワドラント』を読んだ人は図㊱を覚えていると思う。

金持ち父さんは高校を卒業していなかったため、新しいアイディアを教える時は図を使った。彼は「図には数千の言葉と同じ効果がある」と信じていた。以下に紹介する図㉟は彼の息子と私が濁った水から物事を見通せるように、金持ち父さんが考案したものだ。

## ●キャッシュフローは命そのもの

金持ち父さんは教育のないシンプルな人だったが、名詞と動詞の違いは知っていた。彼は息子と私に、お金の世界では、ある名詞が資産か負債かは、動詞がなければわからない、と言っていた。

例えば、家は資産にも負債にもなり得るが、お金の流れが内向きか外向きかを知るためにはフローという動詞がなければならない。キムと私が私たちのゲームを「キャッシュフロー」と名付けたのは、現金《キャッシュ》と流れる《フロー》の二つの単語を一つの言葉にしたかったからだ。

金持ち父さんはこうも言った。「学者はお金についてわずかな知識しかない。名詞だけで動詞がないので、お金をはっきり区別できないのだ」

起業家にとってキャッシュフローは命そのものだ。それは人間の体の血流と同じだ。医者が患者の傷口から手術室の床に流れ出る血液を見て、「これは血だな」と言ったきり何もしないなどということが想像できるだろうか？　だがそれこそが、学問エリートが政府と人々にしていることなのだ。

この国と私たち市民は血を流している。学問エリートは教育システムを利用し、人々や政府を出血させてどんどん金持ちになっていくのだ。

## ●ファイナンシャルIQとは何か？

金持ち父さんは言った。「ＩＱとは人が問題を解決する能力を測る指標のことだ」学問の世界では、ＩＱは数学や作文、科学の問題を解く能力の指標を言う。自動車整備の世界では、整備のＩＱは車を修理する能力のことだ。金持ち父さんは「ファイナンシャルＩＱはお金の問題を解決する能力だ。ファイナンシャルＩＱはお金で測られる」と言った。

三日間の不動産コースを終えた時、私は一万八〇〇〇ドルの問題を一銭も使わずに解決した。金持ち父さん流に言えば、私のファイナンシャルＩＱは一万八〇〇〇ドルということになる。ファイナンシャルＩＱは

㉟お金をどこから得ているかで人を分類する

E…従業員（employee）
S…スモールビジネス (small business)
自営業者 (self-employed)
B…従業員 500 人以上のビッグビジネス
(big business)
I…投資家（investor）

本人の訓練次第で上がる。今の私のファイナンシャルIQは一億ドルくらいだろう。一億ドルの問題が私のファイナンシャルIQの限界ということだ。

二〇一六年五月、「ワシントンポスト」は以下の記事を発表した。

連邦準備銀行は五〇〇〇人を対象に、彼らの環境が経済とともに上向いているかどうかの調査を行った。その結果、一つの重要な事実が浮上した。四六％の米国人は、急な支出四〇〇ドルに対応する十分なお金がないという。

〔キヨサキの解釈〕四六％の米国人のファイナンシャルIQは四〇〇ドル以下ということだ。

## ●本当のファイナンシャル教育はシンプルだ

金持ち父さんは何事も「超シンプル」にした。彼は、本当のファイナンシャル教育には以下の六つの基本用語があると言う。

1　収入
2　支出
3　資産
4　負債
5　キャッシュ（現金）
6　フロー（流れる）

『金持ち父さん　貧乏父さん』を読むか、キャッシュフローゲームをしたことがあれば、これらの単語、収入、支出、資産、負債などが財務諸表からのものであるのがわかるだろう。収入と支出はＰＬ＝損益計算書から調べられる。資産と負債は貸借対照表に、キャッシュフローはキャッシュフロー計算書に示されている。金持ち父さんは言った。「銀行が私に学校の成績表を見せろと言ったことなど一度もない。どこの学校に行ったか聞かれたこともない。成績の平均値がいくつだったかも聞かない」彼は強調した。「私が銀行の人間と交渉する時、彼らは私の財務諸表を要求する。財務諸表こそが実社会での成績表なのだ」

## ●学問的な混乱

辞書に載っている資産と負債の定義は以下のようなものだ。

資産（名詞）：役に立つ、価値のあるもの、人、あるいは性質
負債（名詞）：特に法的に、何かに関して責任を負っている状態

そして以下が覚えておくべきことだ。

・キャッシュフローの flow（流れる）という動詞なしには、水は濁り、混乱が起こる。
・二〇〇八年、数百万の人々が家を失った。家を資産と考えていたためだ。
・数百万の人々が家を失ったのは、学問エリートが、ＭＢＳ（モーゲージ証券）とＣＤＳ（クレジット・デフォルト・スワップ）というフェイク資産を作り出したからだ。
・ちょっとしたファイナンシャル教育があれば、数百万人が、法律、銀行、金融、そして教育機関を牛耳る学問エリートの犯罪から身を守れただろう。
・家がプラスのキャッシュフローを生み、あなたのポケットにお金を入れてくれるなら、その家は資産だ。
・家があなたのポケットからお金をとっていくのなら、その家は負債だ。

・二〇〇八年、数百万の人々が自分の持ち家が負債であることを悟った。

## ●濁った水

今日、教師は生徒にこう教える。「君の教育は資産だ。給与のよい仕事に就きなさい」

不動産ブローカーは初めて家を買う人にこう言う。「あなたの家は資産ですよ」

ファイナンシャルプランナーは顧客に言う。「あなたの401（k）は資産です」

だが水をきれいにしてお金の流れが見えるようになれば真実がわかる。

中流層は政府やウォールストリート、そして銀行にとっての資産だ。中流層のお金の流れを富裕層のそれと比べてみよう（図㊱㊲）。富裕層の資産の項に現金が流れ込んでいることに注目してほしい。

・本当のファイナンシャル教育では、資産の項にお金が流入するよう金持ちに教える。

・フェイクのファイナンシャル教育のもとでは、貧困層や中流層の懐から現金が出ていってしまい、それはお金を印刷する側に流れ込む。学問エリートの懐に、だ。

・フェイクのファイナンシャル教育は水を濁らせる。

キャッシュフローの図がよく理解できない場合は、何人かの友人とキャッシュフローのパターンについて話し合ってみよう。ディスカッションは素晴らしい学びの方法だ。

図㊳は私が三日間の不動産コースで教わった方法だ。

月二五ドルのキャッシュフローはそれほど大した額ではない。だがこの二五ドルはお金についての私の考え方を変えた。一度一〇〇％の借金から二五ドルが得られると、私はお金の自由を手に入れた。さらに研鑽《けんさん》を積んでいけば、二度とお金が必要になることはない。二度と「私には買えない」と言わなくてすむのだ。

㊱中流層のお金の流れ

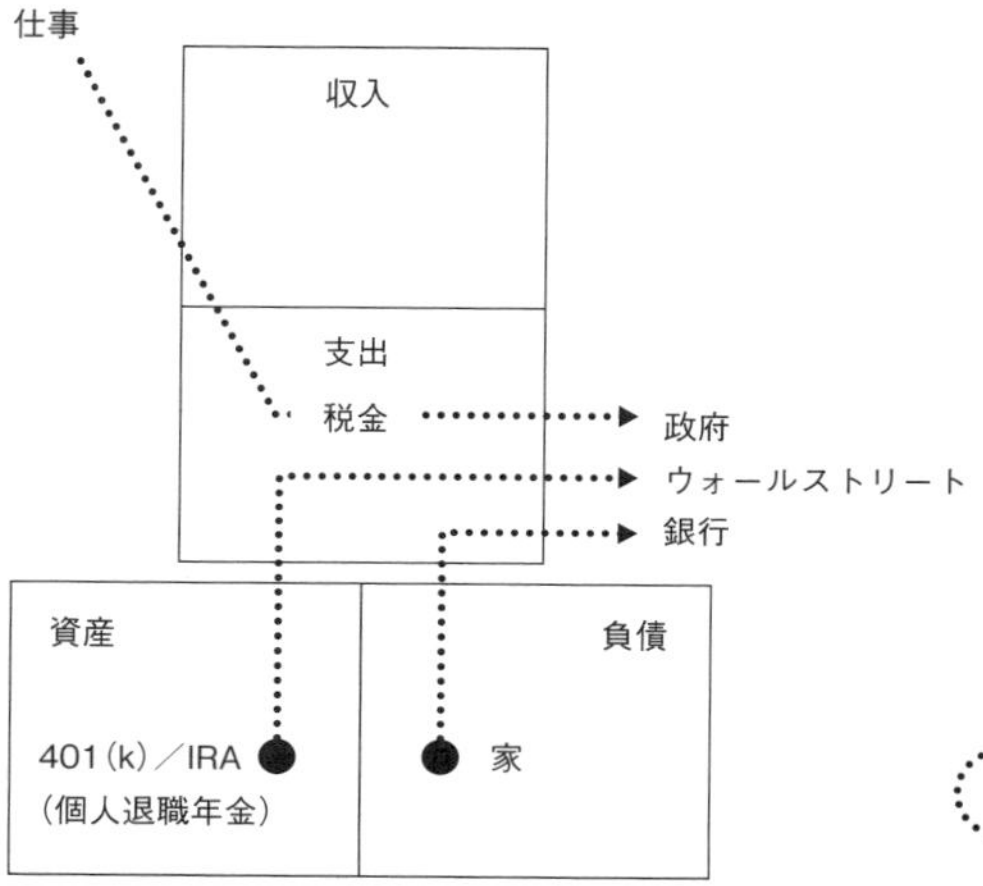


㊲富裕層のお金の流れ

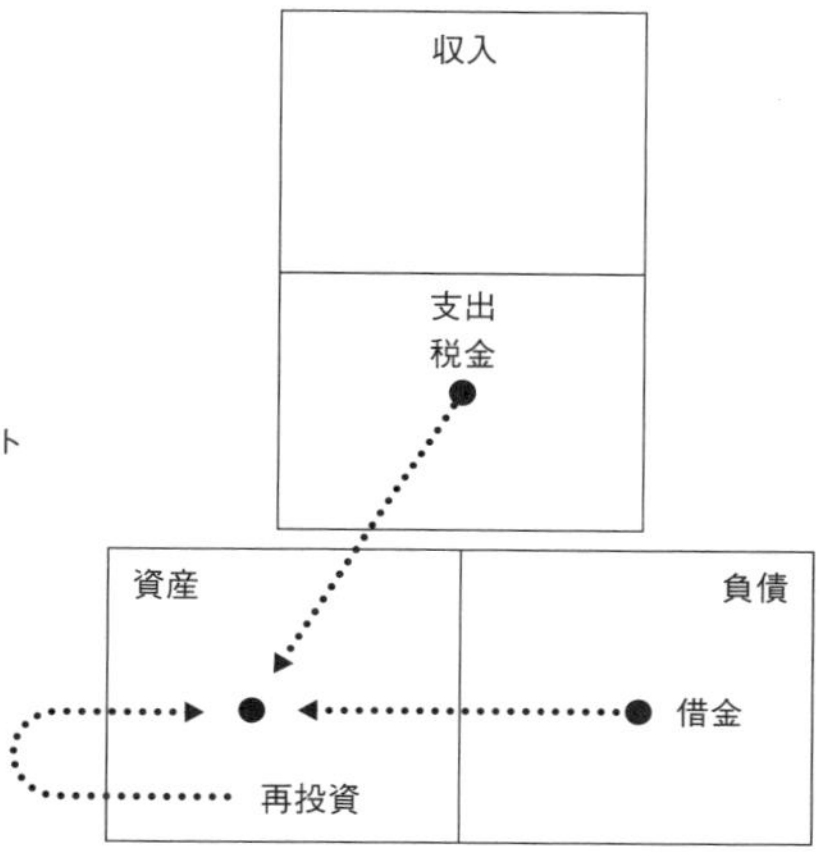


㊳月25ドルのキャッシュフロー

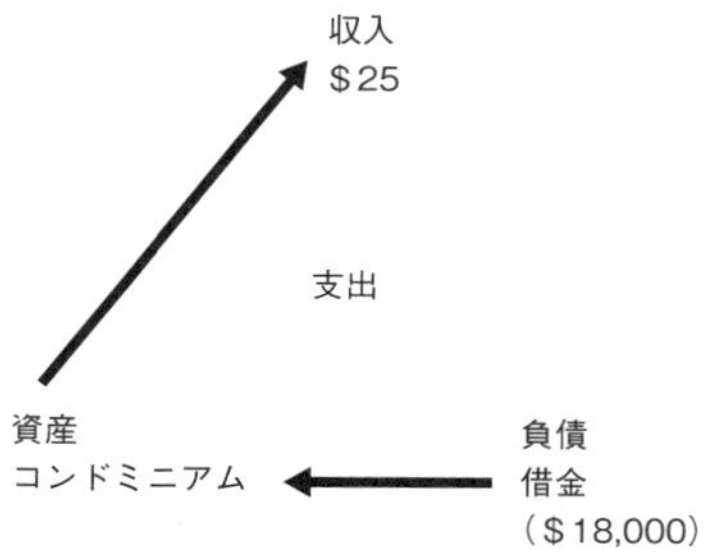

## ●無限大の利益率とは

一〇〇%の借金で二五ドルを作り出したのは無限大の利益率の一例だ。無から生み出されたお金、ファイナンシャルIQから生まれたお金だ。それはお金を印刷するのと同じだ。無限大の利益率は何からでも得ることができる。それは不動産に限ったものではないのだ。

私が一株一ドルの株式を一〇〇株買ったとしよう。私は一〇〇ドルの投資をしたことになる。一株の値段が一〇ドルになったとしよう。私の一〇〇株はいまや一〇〇〇ドルの価値を持つようになった。私はそのうち一〇株を一〇ドルで売却し、元手の一〇〇ドルを回収する。一度最初の投資額を回収してしまえば残りの九〇株はタダで手に入れたことになる。残った九〇株が生み出す配当は無限大の利益率の収入となる（図㊴）。

私は本を書くのに一年ほど費やす。編集、印刷、出版には五万ドルほどかかる。

本は世界中の出版社に出版権がライセンスされる。例えば一万ドルのライセンス料が三〇カ国から入るとしよう。海外の出版権の売り上げが三〇万ドルで、そこから五万ドルの支出が回収される。正味二五万ドルの収入が海外の出版権からもたらされる。加えて世界中で本が一冊売れるごとに印税が入る。

資産＝本は印税という形で、無限大の利益率の収入をもたらしてくれる（図㊵）。

リッチダッド・カンパニーは一九九七年、投資家から集めた二五万ドルを元手に始められた。二〇〇一年、七五万ドルが出資者に還元された。それ以降の利益はすべて無限大の利益である。

## ●無限の可能性

一度無限大の利益率の力を理解すると、ほとんどどんなものでも資産にすることができる。可能性は無限だ。水は澄みきっている。私が図を用いてファイナンシャル教育の講義をすると、必ず誰かが質問する。

「それがそんなに簡単なら、なぜ皆が金持ちにならないんですか？」

第一に、これらの図は非常にシンプルにしてある。実行するとなると事は簡単ではない。しかし、練習さ

㊴無限大の利益

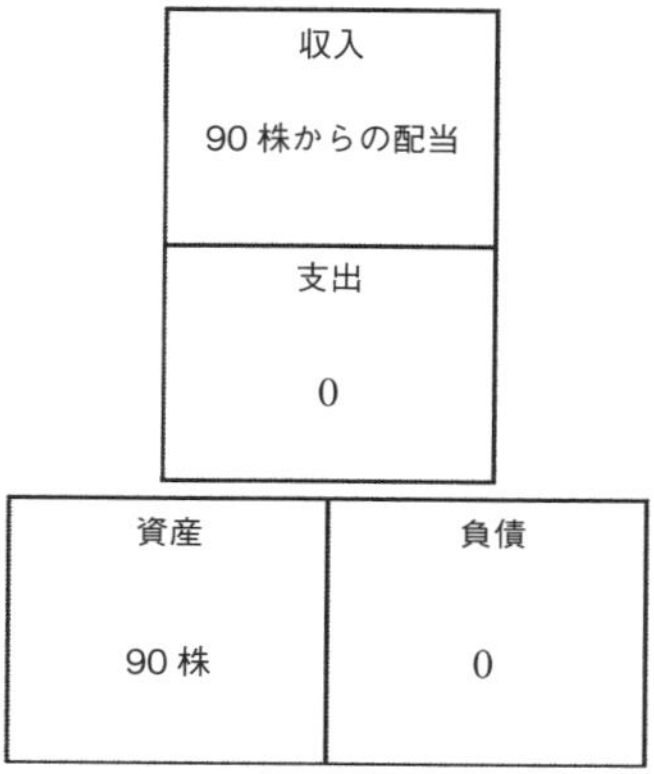


㊵出版権による収入

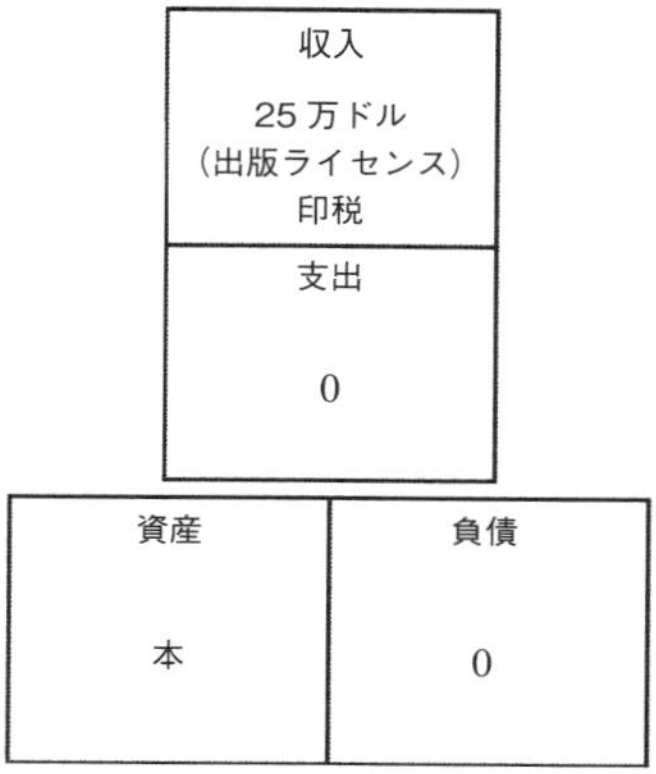


㊶ビジネスはチームスポーツだ

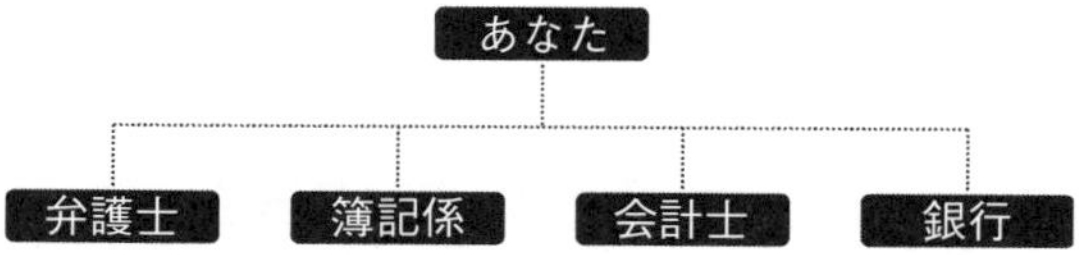

えすれば、徐々に容易になっていくだろう。だが、皆が金持ちになれない一番の理由は、学校に行ったからだ。

**●なぜ人々は金持ちではないのか**

1　学校は、ミスは自分を愚かにするものだと教える。**一方、実社会では、失敗が人を金持ちにする。**神は人間が失敗から学ぶように作られたのだ。

2　カンニングとは助力を求めることだ。学校では、学生は一人で試験を受ける。誰かに助けを求めると、それはカンニングになる。**しかし実社会では、ビジネスや投資はチームスポーツだ**（図㊶）。金持ちは皆チームを持っている。普通の人々にはチームはない。彼らが頼るのはアドバイスをしてくれるファイナンシャルアドバイザー、株式ブローカー、不動産ブローカーなどだ。そして、彼らの「アドバイス」は往々にしてファイナンシャル教育ではなくセールスだ。

3　良い成績はあなたの優秀さの証明だ。**しかし実社会に出ると、銀行はあなたの成績表などに興味はない。**私の銀行の担当者は私がどこの学校に行ったか、成績平均はどのくらいかなどは気にかけない。実社会で銀行が見たがるのは財務諸表だけだ。

三つめの財務諸表とはキャッシュフロー計算書だ。キャッシュフローゲームは、プレイヤーがキャッシュフローの扱い方を学び、ファイナンシャルIQを上げることができる数少ないゲームだ（図㊷）。おそらくほとんどの高校・大学卒業者は財務諸表とは何かを知らず、まして使ったことなどないだろう。だから多くの人は投資物件を買うためにローンを組もうとすると非常に苦労するのだ。

一九九六年、キムと私は人々がお金の言語を学べるように、キャッシュフローゲームを作った。キャッシュフローゲームの素晴らしいところは、学校に行かなくても人々が教え合うことができる点だ。今日、世界中に数千というキャッシュフロークラブが存在する。

4　借金から自由になれ、と教えられる。**しかし実社会では借金が金持ちをより金持ちにする**（図㊸）。

一九七一年、お金は借金になった。銀行は借り手が大好きだ。儲けさせてくれるからだ。世界中の富裕層は借金を使ってお金を生みだす方法を知っている。キャッシュフローゲームは、借金をお金のように使って金持ちになる方法を教えてくれる数少ないゲームだ。そしてキャッシュフローゲームで借金の使い方を間違えても、失うのはおもちゃのお金だけだ。

5　税金は愛国的なものだ、と教えられる。しかし、アメリカの革命は一七七三年に起きた課税をめぐる反乱、ボストン茶会事件にその起源をもつ。**実社会では金持ちは税金を払わない。**

キャッシュフロー・クワドラントは水をきれいに保ってくれる。

税金についてもっと学びたければ、リッチダッド・アドバイザーであるトム・ホイールライトの本『資産はタックスフリーで作る』を読んでほしい。世界中の税法が似たり寄ったりであることがわかるだろう。BやIのクワドラントの金持ちは、合法的により税金を少なくする（図㊹）。

トム・ホイールライトが著書の中で言っているように、税法というのは政府からのインセンティブ（報

㊷キャッシュフローで財務諸表を学ぶ

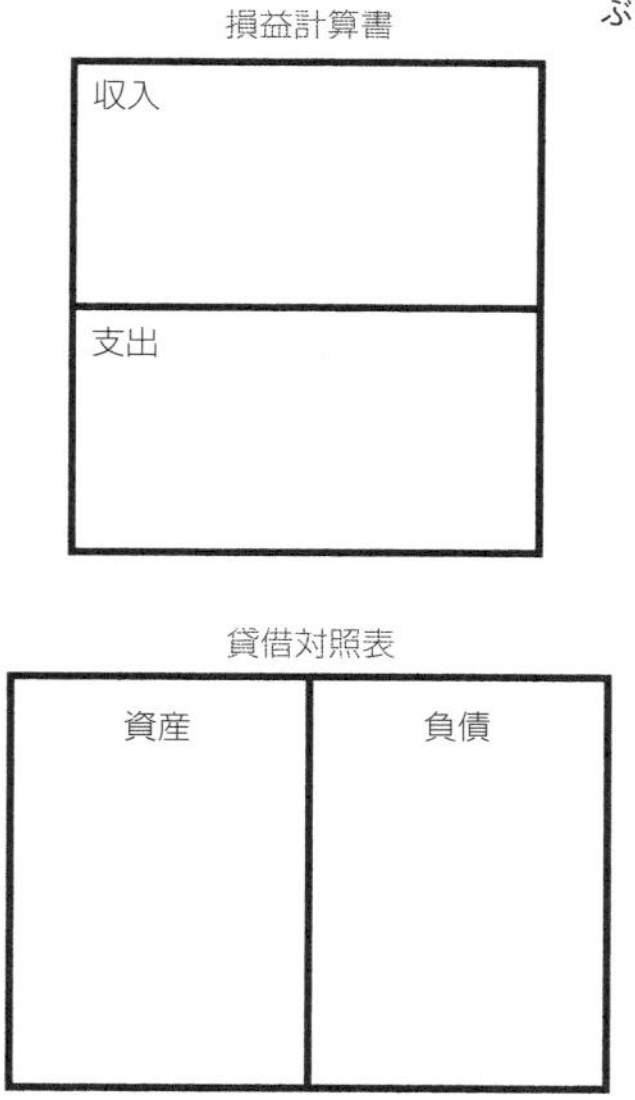

奨）なのだ。あなたが政府の意向に沿ったことをすれば、政府はインセンティブをくれる。

例を挙げれば、私が自分のために家を借りても税金の控除はない。だが借家を他人に提供すれば政府は多くの控除をくれる。私が政府の望むことをしたからだ。私がEクワドラントの仕事をしていれば、受けられる控除はない。だが私がアマゾンのように数千の雇用を生み出していれば、多くの都市が巨額の控除を申し出るだろう。アマゾンを自分の市に誘致したいからだ。

つまり、BやIクワドラントの人々は政府の望む行動をしており、だから控除を受けられる。逆に、EやSクワドラントの人々は政府の望むことをしていない。したがって控除もない。

## ●真のファイナンシャル教育が必要だ

真のファイナンシャル教育は複雑ではない。それはとても単純で、子供にもわかるようなものだ。私でさえ理解できたのだ。だが、単純だからといって簡単なわけではない。金持ち父さんのシンプルな図は私の心のガイドであり、方角を教えてくれる星のようなものだった。

私たちの学校ではファイナンシャル教育をしないため、数百万人がエリートの嘘という罠にかかる魚になってしまう。真のファイナンシャル教育がないため、多くの人が学校に行き、仕事に就き、税金を払い、貯金をし、家を買い、株式に投資する。

水を濁らせて真実を覆い隠しているのは、ミスをした学生を罰し、一人で試験を受けさせる教育システムだ。おそらくそれが、EやSクワドラントの学生を作り出すのに最もよい方法なのだろう。だがBやIの起業家を育てるには不都合だ。起業家は、ミスを犯しそこから学ばなければならないこと、ビジネスはチームスポーツであることを知っているのだ。

あらゆる国が、世界経済の舞台で競争していくために、スティーブ・ジョブズ、ビル・ゲイツ、マーク・ザッカーバーグ、マイケル・デル、リチャード・ブランソン、ヘンリー・フォード、ウォルト・ディズニー、そしてトーマス・エジソンのような賢い若者を必要としている。彼らは学校など卒業していない。次の章では、あなたにとって真の教師は誰かを学ぶ。

**●あなたの質問　キヨサキの答え**

Q　グランチはなぜ社会に糾弾されることなく強奪を続けられるのか？（マリ・J、カナダ）

A　素晴らしい質問だ。グランチはそこら中に存在し、あまりに大きいため見えないのだ。それはちょうど空気を見ようとするのと同じだ。グランチとは、あなたの街角の銀行、あなたのファイナンシャルプランナー、受けた教育、クレジットカード、税金、仕事、住宅ローン、政治家、警察、軍隊、食べ物、健康保険などだ。グランチは目に見えない。なぜならそれはお金だからだ。お金はどこにでも存在し、何にでも関連している。そして見えない。

　本書のテーマは「きれいな水では魚は釣れない」だ。ビジネスや投資の世界では、水の中での物の見え方を「透明性」という言葉で表現する。お金の世界では、透明性はとてつもなく重要な言葉だ。ファイナンシャル・リテラシーの目的は、心の力を高め、目に見えないものを言葉によって見ることだ。フ

㊸お金の生みだし方

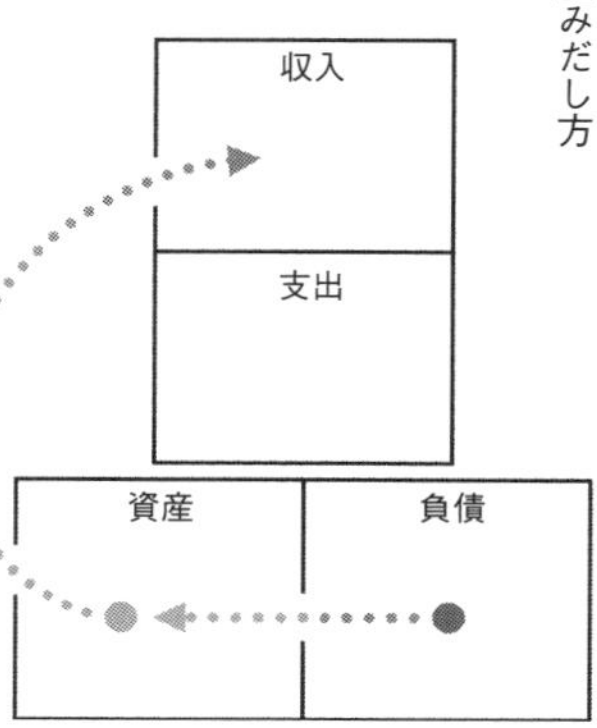


㊹各クワドラントの税率

ァイナンシャル教育の目的は、濁った水の中で物事を見通す能力、つまり透明性を高めることだ。一番最近の暴落があれほど大きく激しかったのは、透明性の欠如がひとつの原因だ。

リッチダッド・カンパニーは、人々が濁った水の中で物を見る能力を高めることに力を注いでいる。ファイナンシャル教育なしに学校を卒業した学生たちは、お金について盲目だからだ。

Q　次の暴落はどのくらいの規模だろうか？（ステファン・B、イギリス）

A　私の見方では、次の暴落は二〇〇八年の暴落が小さく見える規模だろう。二〇〇八年以来、銀行とデリバティブのリスクは指数関数的に増えている。その年、デリバティブの総額は七〇〇兆ドルだった。今日、オフバランスシート（貸借対照表に記載されない）、つまり一般人からは見えないデリバティブは一二〇〇兆ドルに上る。これは、まさに濁って見えない水そのものだ。そこには透明性はひとかけらもない。第三部「フェイク資産」では、「ダークプール」と「ダークマネー」について見ていく。

Q　二〇〇八年以降、水はますます濁っているというのか？（アーサー・N、エストニア）

A　そうだ。濁りはますます深まり、さらに危険になっている。リッチダッドラジオのノミ・プリンスのインタビューで、ダークマネーとニュー・ノーマル（リーマンショック以降の経済の状態を表す言葉）について、政治家ではなく中央銀行が、いかに世界を動かしてきたかを知ることができる。リッチダッドラジオのプリンスの話を聞くことで、ほとんどの人には見えない暗く濁った世界が「見える」ようになるのだ。

Q　政府の腐敗を止めるためには何が必要だと思うか？　潰すには巨大すぎる銀行や、世界の通貨を牛耳る連中か？　彼らを終わらせることなど可能なのか？（サイモン・J、タイ）

A　金持ち父さんはよく言っていた。「成長せよ。世界は常に強欲と腐敗、無能で満ちている。だからこそ真のファイナンシャル教育と賢いチームを持つことが、現実社会での最高の防御になるのだ」金持ち父さんはさらに言った。「強欲な連中は政府の役人よりもずっと賢く要領がよい。私たちは賢い詐欺師と無能な役人から自分を守らなければならない。そのためにも、生き残るためのファイナンシャル教育が不可欠なのだ」

Q　私たちの世代が生きているうちに、学校でお金について教える時代が来ると思うか？（ラファエル・R、ペルー）

A　難しいと思う。残念ながらほとんどの学者は政府の役人と同じカテゴリーに落ち込んでいる。学校がファイナンシャル教育を始める頃には、賢く強欲な連中は新しい金融商品を発明しているだろう。彼らが一九八〇年代に金融派生商品を生み出したように。誰もが知っているように、学者は実際のお金の世界には疎いものだ。これはいつまでも変わらないだろう。

一つ良い点は、これはあなたのような人々には有利だということだ。知識を求め、本を読み、お金の世界に詳しい真の教師から学ぼうという人々にとっては。

最近、ブライアン・カプランの『大学なんか行っても意味はない？』（みすず書房）という本が出た。彼は大学教授の視点からこの本を書いている。現在の教育の一番の目的は学生のスキルを伸ばすことではなく、彼らの知性、労働倫理、適応性を認証し、よい従業員となるための資質を示すものになってしまっているという。

これは非常に良い本だ。特に高等教育を崇拝している両親にとっては。透明性の欠如と大きな借金、濁った水の中で仕事を探さなければならない現状が続く限り、学生たちがお金について何も知らないまま卒業していく状況は続くだろう。

# なぜ失敗は最高の教師なのか——失敗を通して賢くなるために

金持ちになるのは簡単だ、と言えたらどんなにいいだろう。自分は天才少年で生まれながらの起業家だったと言えたら、いつも楽しく幸福で誰とでもうまくやれると言えたら、どんなに気分がよいだろう。ビジネスを通して出会った人々はみんな素晴らしく賢く、心が広く、正直で法や道徳、モラルに従う誠実な市民だったと言えたら、なんと素晴らしいことか。だがそんなことはなかった。

貧困から富裕へ、従業員から起業家への道のりは最高の中の最高、そして最低の中の最低を経験させてくれた。素晴らしい人々との出会いもあれば、ろくでもない連中とも出会った。そしてしばしば、素晴らしい人と最低の人間は同じ人物だった。ある時は素晴らしかった人物が、別の状況ではひどい人間になった。面と向かっている時は正直な人が、契約を交わした途端、陰で裏切り、騙し、嘘をつき、ごまかし、盗んでいくこともあった。

だが、状況が良かろうと悪かろうと、お金をいくら稼ごうと失おうと、常に素晴らしい最高の人々にもたくさん出会った。自分自身もそうだと言えるとよいのだが。

## ●正しくあろうとすることの狂気

自分が完全で素晴らしい人間だ、などと言うつもりはない。私は聖者の候補者リストに載るような人間ではない。私たちは誰一人神ではない。私たちは皆人間だ。長所も短所も、良い面も腹黒い面もある。私たちは神ではなく、完璧でもない。すべての「正しい」答えを知っているわけではなく、したがって常に正しいわけではない。

そして一番大事なことは、人間は失敗をするということだ。赤ん坊は転ぶことで歩き方をおぼえる。子供は転びながら自転車に乗れるようになる。だが彼らが学校に行くとこう言われる。「失敗をすると愚かに見えるぞ」これではまるで狂気だ。

人類の歴史、あるいは自分の歴史を振り返ると、ほとんどの問題は「正しさ」を求めることから始まっている。戦争、暴力、争い、殺人、憎しみなどは、人間が正しくあろうとすることに端を発しているのだ。

人間が「正しく」あろうとする陰には、「間違い」への恐怖がある。私たちの社会では、ミスをしたことを認めるのは弱さのしるしと取られる。ミスを犯すのは愚かだからだと言われる。私たちは、常に正解を出さねばならないという強迫観念に囚われている。間違えること、愚かに見えることへの恐怖は、正しくあろうとする狂気を増幅する。

地上に平和を実現する前に、人間は数歩下がって深呼吸し、狂気について、「正しさ」と「間違い」の二面性について考えてみるべきだ。「二面性」という言葉を使ったのは、「正しさ」は「間違い」がなければ存在できないからだ。正しさと間違いは切っても切れない関係だ。誰かが何かを「正しい」と言った時、彼は同時に「何かが間違ってる」と言っているのだ。

## ●コインの三つの面

コインの三つの面を本当の知性の喩えとして使ってみる（図㊺）。「本当の知性」と言ったのは、人生を「正しい・間違い」のプリズムを通して見ている限り、私たちの知性は阻害されてしまうからだ。

あらゆる状況で成立し、例外の存在しないフラー博士の一般化の法則のひとつに「単一性の中身は複数で、少なくとも二つの要素がある」というのがある。別の言い方をすれば、「単一の」概念というものは存在しない。地球上では、一ではなく二が最小なのだ。例えば、「上がる」という概念は「下がる」を理解していなければ存在しない。「外」という概念なしに「内」は存在できない。「賢い」も「愚か」がなければ成り立たない。「左」も「右」なしにはあり得ない。「貧困」があるから「富裕」がある。「女性」がいなければ「男性」は存在し得ないだろう。

私がしばしば引用する、F・スコット・フィッツジェラルド（一八九六〜一九四〇）の重要な言葉がある。

第一級の知性かどうかを決めるのは、異なる二つの考えを心に抱えながら、行動する能力を持てるかどうかだ。

〔キヨサキの解釈〕「正しい・間違い」の考え方に立っている間は、あなたの知性は半分しか発揮されない。どちらかの側に立つのではなくコインの縁に立って両方の面を見通せば、知性はもっと発揮される。

## ●間違いから学ぶ

現代最高の天才の一人、バックミンスター・フラー博士は著書『失敗の神秘』の中で、現在の教育と宗教的な慣習、そして親たちがいかに学生の学びを阻害しているかについて書いている。博士の言葉を言い換えてみよう。

フラー：間違いだけが人間に学びをもたらしてきた。

〔キヨサキの解釈〕ミスを犯さない人は何も学んでいないのと同じだ。

フラー：それを認めようとしない時だけ、失敗は罪となる。

〔キヨサキの解釈〕神は人間を、間違いから学ぶ存在として創造された。ミスを通して神が望む学びを無視した時、人は罪人となる。
フラー：先入観に囚われた人々は、他人の失敗を目撃すると反射的に考える。「なぜ彼はこんな馬鹿な失敗をしたのだろう？」
〔キヨサキの解釈〕今日の社会はミスをする人々を愚か者と考える。
フラー：何も考えない連中による騙しはあまりに効果的で、彼らは「我々は常に正しい答えを知っていた」とまで言っている。
〔キヨサキの解釈〕我々は賢い。正しい答えを知っている。ミスなどしない。君たちがすべきことは我々が与える正しい答えを憶えることだけだ。そうすれば我々のような賢い人間になれる。
フラー：つまり、考えることなしに大衆の行動や群集心理に迎合するなということだ。
〔キヨサキの解釈〕自分で考えろ。
フラー：愛情ゆえに、子供たちの未来——自分たちが死んだ後の日々を案じるあまり、親たちは子供が

### ㊺コインの三つの面

「すべてのコインには３つの面がある」
——金持ち父さん

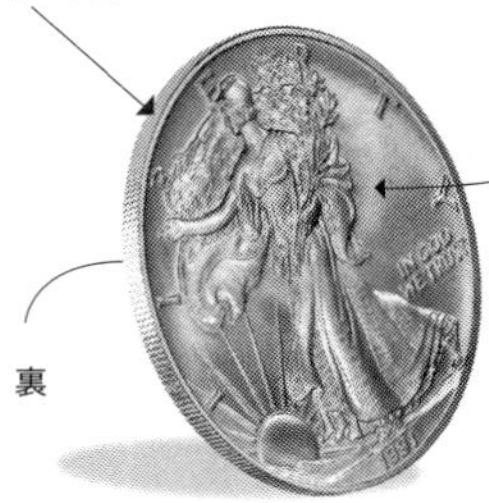


「第一級の知性かどうかを決めるのは、異なる二つの考えを心に抱えながら、行動する能力を持てるかどうかだ」——F. スコット・フィッツジェラルド、1936年

社会的に不利な状況に置かれることのないよう、ミスを犯さないように育てる。

〔キヨサキの解釈〕愛情から、そして自分たちがいなくなった後に備えて欲しいという望みから、親は子供が社会からはじき出されないために、ミスをしないよう教える。

フラー：ミスを犯した人間がそれを認めた時だけ、彼らは宇宙を支配する謎の全体性に最も近づく。

〔キヨサキの解釈〕ミスを犯した人間がそれを認めた時、彼らは神と接触できる。その時神は彼らの本当の教師になる。

フラー：神は私たち一人一人に直接話しかける。神は、それぞれの真実への気づきと、自然に湧き上がる愛と寛容を通してのみ私たちに語りかける。

〔キヨサキの解釈〕神は人々がミスを犯したからと言って罰したりはしない。そんなことをするのは人間だけだ。

何かに失敗した時、神は愛と寛容をもって話しかける。ミスを犯した時は真実を探し、自分に優しく、自分を愛そう。誰かがミスをした時、神がするような対応をしよう。そうすれば彼らは失敗から神の教えを学ぶことができる。フラー博士が神について語る時、そこには宗教色はなく、また人間が認識している神を指してもいない。博士が神と呼ぶのは「宇宙を支配する謎の全体性《インテグリティ》」のことだ。

## ●最初の大失敗

自分が従業員であることをやめ、起業家になった日のことを私は昨日のことのように憶えている。

その日から給与はもらえなくなり、私には自分しか頼るものがなくなった。職務保障も手当も、有給休暇も医療保険も、そして年金プランもなくなった。当時私は三人の従業員を抱えており、彼らは安定した仕事と給与、歯科を含む医療保険、有給休暇、年金プランを必要としていた。彼らは私以上に給与をもらっていた。

当時の私は、ホノルルのダウンタウンにあるゼロックスで働いていた。私がオフィスを離れ、ダウンタウンのメインストリートであるビショップストリートの新しい自分のオフィスに向かおうとすると、ゼロックスの受付をしていたイレインが微笑みながら言った。「あなたは失敗して、また戻ってくるわよ」イレインは気鋭のセールスマンが会社を辞めて独立し、戻ってくるのを何度も見てきたのだった。

私は笑みを返しながらイレインに言った。「そう、失敗するかもね。でも絶対戻って来ないよ」

金持ち父さんがくれた重要なアドバイスの一つは、「自分が今知っていることを前もって知ることはできない」というものだった。つまり、自分が犯すであろうミスに細心の注意を払え、ということだ。また、彼はこうも言った。「動揺とは、知っているべきことをまだ知らないと教えるサインだ」

私の最初のビジネス、ナイロンとベルクロ製のサーファー財布の販売は好調だった。問題は、多くのスタートアップがそうであるように、お金が出ていくばかりで入ってこなかったことだ。製造過程の問題、法律上の問題、従業員の問題も次々発生した。またキャッシュフローの問題も。ほとんどの従業員はそれらに気づかなかった。

私は金持ち父さんの所に行き、一〇万ドルの借金を申し込んだ。だが彼は私のビジネスパートナーは無能だと言って、私をオフィスから追い出した。

私はナイロン財布のビジネスはもうすぐ軌道に乗ると言って貧乏父さんを説得し、彼は自宅を抵当に入れて一〇万ドルを貸してくれた。自分が死んでからよりも生きている間にお前に金をやりたい、と言って。それは父にとってなけなしのお金だった。選挙で敗れて以来、彼は職に就いていなかったのだ。

なんとか急場をしのいだ私は、父がくれた小切手を三人の従業員の一人、CFOのスタンリーの所に持って行った。「この一〇万ドルで問題が片づくかい？」スタンリーは微笑みながらうなずいた。三日後、スタンリーは机をからっぽにし、いなくなった。一〇万ドルの小切手を持って。たしかに一〇万ドルで問題は片づいた。私のではなく彼の問題が。彼は自分が会社に貸し付けたお金を回収したのだ。

一九七八年にスポーツ用品業界でナンバーワンになった製品をはじめ、ヒット商品を多く世に送ったにもかかわらず、会社は倒産した。私には父に借りた一〇万ドルの借金だけが残った。

受付係のイレインが言った通りになった。「あなたは失敗して、また戻ってくるわよ」

私は失敗したが、ゼロックスには戻らなかった。一〇万ドルを失ったことは当時の私にとって最大の失敗だった。これが人生を通して最大の失敗であればよいのだが、そうもいかなかった。さらに大きい、高額の失敗が待っていた。

フラー博士は言った。「ミスは素晴らしい。すればするほど賢くなる」

スタンリーは詐欺師だったが、結果的に私を金持ちにしてくれたのだ。

## ●私の失敗、あなたの失敗

コインの縁に立ってみると、スタンリーと失った一〇万ドルはコインの一つの面だ。それは手ひどい、苦痛でみじめな学びだった。スタンリーにとられた金を返すのには一〇年近くかかった。

だがコインのもう一方の側は神のレッスンであり、神の祝福だった。なにしろ父の家が危機にさらされているのだ。私は破産することはできなかった。父が家を失うかもしれないという恐怖は私のやる気を刺激し、決してあきらめないぞという気分にさせた。挑戦をやめるわけにはいかなかった。

幸いなことに弟のジョンが私の惨状に気づき、新しいパートナーとともにビジネスの再建に加わってくれた。ビジネスを立て直したおかげで私たちはより良く、賢い起業家になれた。弟の愛と寛容を通して、神は私が学ぶべきことを教えてくれたのだ。

失敗は私にとって真の教師だった。前にも言ったが、金持ちになるのは簡単だと言えたら、自分が天才で生まれながらの起業家だと言えたら、どんなにいいかと思う。だがそうではなかった。

私は時々考える。自分の犯した失敗を本にすれば、それが一番役立つのではないかと。それは分厚い、何冊ものシリーズになるだろう。だが私の失敗は私の失敗で、あなたの失敗はあなたの失敗だ。私の失敗は私向けにカスタマイズされたもので、あなたのミスはあなただけの特別製なのだ。

一番大切なのは、あなたに失敗することを奨励し、そこから学んでもらうことだ。残念ながら私たちの社会では、失敗は冷ややかな目で見られる。社会は私たちが「賢い人々」の言うとおりにすること、彼らの提示する「正しい答え」を暗記し、失敗しないことを要求する。そしてもし失敗すれば罰せられる。

フラー博士によれば、ミスから学ぶ方法は、罰するのではなく、まずミスをしたことを認め、次に神があなたのために用意してくれたレッスンに愛と寛容をもって接することだ。そうすれば失敗はあなたを賢くしてくれる。

## ●失敗を認める

私が日曜学校で学んだのは、「誘惑にはまるな」ということだった。今日、機能不全に陥った社会には次のような誘惑が溢れている。

1　決してミスをしないふりをする。人々は自分をパーフェクトに見せることが好きだ。彼らはミスを、猫が猫用トイレのふんを覆い隠すように扱う。トイレが綺麗であるかのように振舞うのだ。

2　嘘をつく。私はビル・クリントン大統領が「あの女性と性的な関係を持ったことはない」と言い切ったのを覚えている。セックス自体は犯罪ではない。一九九八年一二月一九日、彼は偽証したことで弾劾された。

3　言い訳する。言い訳は消臭剤のようなものだ。トイレでいい匂いがしても、それはフェイクの匂いだ。

4　とがめる。「とがめる（blame）」は二つの言葉からできている。「be（である）」と「lame（不完全）」だ。誰かを責めるものは意気地がなく、責任を取りたがらず、学びもしない。

5　裁判に訴える。嘘が見抜かれたら見抜いた相手を訴える。何年も嘘を押し通す。これは二度も私の身に降りかかったことだ。信頼していた人々が私を騙し、嘘をつき、盗んでいたことに私が気づいた時、彼らは私を訴えた。

6　でっかく賭けろ、さもなくば帰れ。人々は損失を切ることをせず、負けを取り戻そうとして掛け金を倍にしたり、全財産を賭けたりする。でっかく賭けて一文無しで家に帰るのだ。

多くの出資金詐欺は最初から詐欺なのではなく、発案者が嘘をついて運転資金を集める時に詐欺が始まるのだと思っている。ポールに金を支払うためにピーターから奪い、失敗、損失をごまかそうとする。恐らくこれが、六五〇億ドルという米国史上最大の出資金詐欺を仕組んだバニー・マードフに起こったことなのだろう。彼は出資者の金を失ったことを認めることができず、さらに出資者を集め、お金を失っていったのだ。

バニー・マードフは米国政府を運営すればよかったのだ。世界史上最大の出資金詐欺を。

ミスをした自分や他人を責めるのではなく、愛と優しさをもって自分に接し、失敗したことを認めることだ。そうすれば神があなたに学ばせたいことを学べる。あなたにとっては気が進まないかもしれないが。

人生において、謝罪する方が裁判沙汰よりもずっとよい。第一お金がかからない。失敗に対し愛と優しさをもって接すれば、世界はもっと平和で繁栄し、知性的になるだろう。

トーマス・エジソンは失敗を積み重ねることによって世界を変えた。彼は、電球を発明するために三〇〇〇回失敗したと語っている。ヘンリー・フォードはフォード自動車が成功する以前、倒産を経験している。ジェフ・ベゾスはアマゾンの派生ビジネス、Zショップで失敗している。ラリー・エリソンはオラクルが成功する前、破産の危機に瀕しており、何もかも抵当に入れていた。フレッド・スミスはビジネススクールで、

㊻教師のレベル

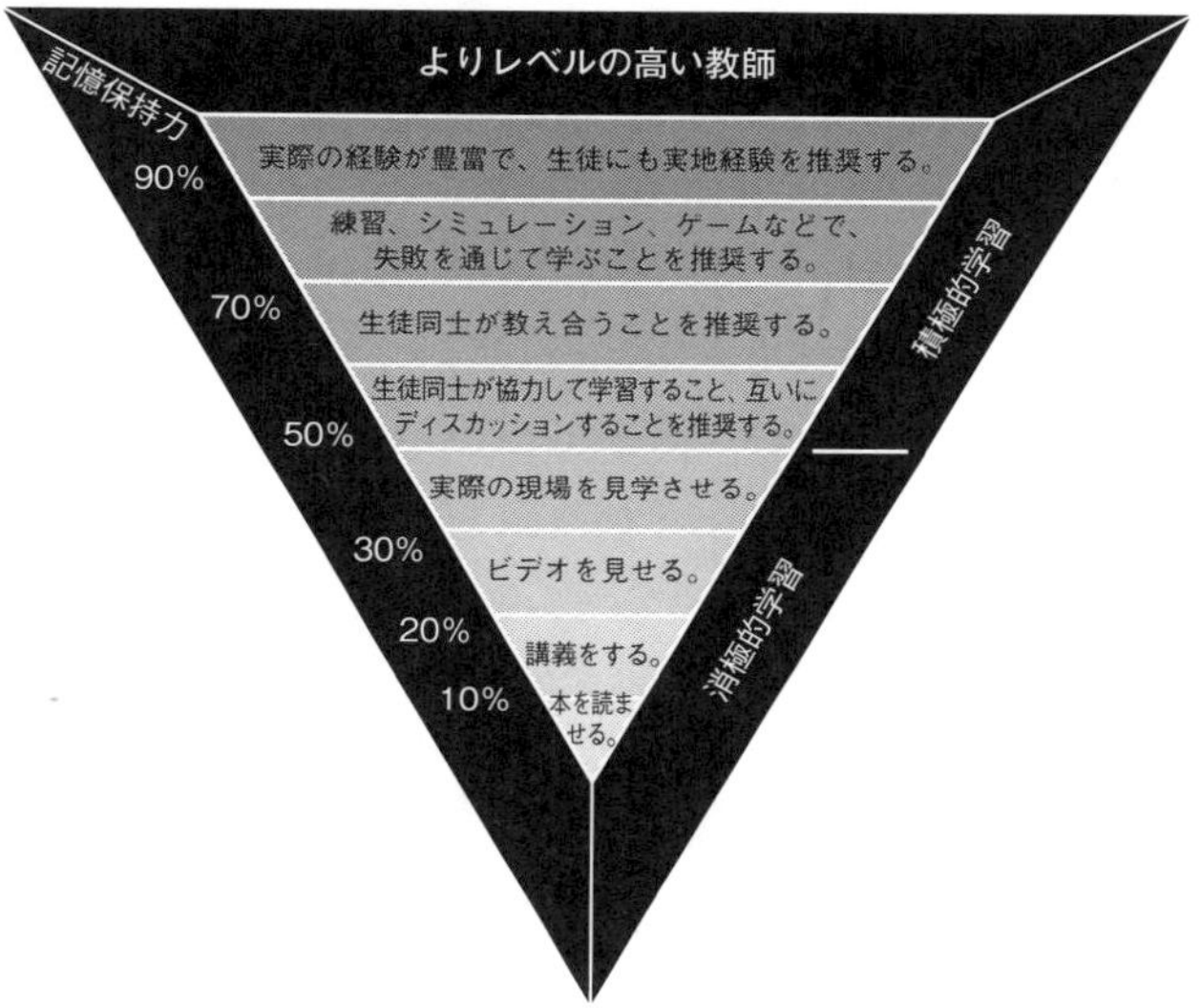
よりレベルの高い教師
記憶保持力
90%
70%
50%
30%
20%
10%
実際の経験が豊富で、生徒にも実地経験を推奨する。
練習、シミュレーション、ゲームなどで、
失敗を通じて学ぶことを推奨する。
生徒同士が教え合うことを推奨する。
生徒同士が協力して学習すること、互いに
ディスカッションすることを推奨する。
実際の現場を見学させる。
ビデオを見せる。
講義をする。
本を読ませる。
積極的学習
消極的学習

自分の作ったビジネスプランが認められず単位を落としたが、そのビジネスプランとは現在のフェデックスだ。カーネル・サンダースはケンタッキーフライドチキンで成功するまで何度も自己改革を試み、六五歳の時は破産までしている。

## ●よりレベルの高い教師

良い教師のレベルを表す図㊻を見てほしい。本物の教師とフェイク教師の違いがわかるだろう。フェイク教師は図中の一番下のことから始める。真の教師は一番上から始める。両者の最大の違いは上から二番目の「実際の経験をシミュレートさせる」の部分だ。実社会ではこれを「練習」と呼ぶ。練習とは実際に物事を行う前に失敗を経験する機会だ。

金持ち父さんは息子と私にまずモノポリーで「練習」させ、その後実際に彼の緑の家を見せてくれた。その後それは巨大な赤いホテルになった。キムと私はキャッシュフローゲームを考案し、人々がお金の遊びをしてミスから学べるようにした。

現実社会で株式仲買人やフィナンシャルプランナー、あるいは不動産ブローカーから学ぼうとする場合、あなたは本物のお金＝あなたのお金で実際にことを進めなければならない。

## ●練習の力

タイガー・ウッズは、無数のボールを打ち、無数のミスショットをすることなしには世界一のゴルファーにはなれなかっただろう。俳優のジョージ・クルーニーは、演技の練習をし、オーディションに行き、小さな役に応募し続けたからこそ有名なスターになった。

マルコム・グラッドウェルは著書『天才！――成功する人々の法則』（講談社）の中で、ビートルズほど練習に時間を費やしたバンドはいない、と書いている。彼はまた、才能だけでは成功には不十分だとも言っている。違いを生むのは練習にかける時間だ。彼はまた、ベルリン芸術アカデミーのヴァイオリニストについての統計を紹介している。それによれば、音楽教師となるヴァイオリニストはおよそ四〇〇〇時間練習し、傑出した演奏者になるものは八〇〇〇時間練習するという。さらに、エリート、世界レベルの奏者は、初めて楽器を手にしてから一万時間以上練習するそうだ。一日四時間練習したとして、世界レベルになるには七年近くかかる計算だ。

ビートルズは成功を手にする以前、最高八時間演奏する日々を何年も続けていた。医者や弁護士、歯科医などは自分の仕事をビジネスと呼ばない。これらのプロフェッショナルは仕事をプラクティス（練習）と呼ぶ。彼らはあなたを使って練習しているのだ。

本当の教師は自分が教えることについて練習を欠かさない。しかしフェイク教師はそうではない。私の最初の不動産の教師が、実際に購入する前に九〇日間で一〇〇の物件を見よ、と言ったのもこうした理由だ。私の会計学の教師は本当の会計士ではなかった。実際の経験はまったくなかった。彼は私たちが講義を聞き、彼の言う答えを暗記し、試験を受け、ミスをしないよう要求した。彼はフェイク教師だったのだ。

今日の社会では、ミスを犯せばクビになる。だがリッチダッド・カンパニーでは誰もがチームの一員として働き、また自分のビジネスを持つこと、そしてミスをすることを許されている。リッチダッド・カンパニーで誰かを解雇するのは、失敗に関して嘘でごまかそうとした時だけだ。

フラーは言う。「それを認めようとしない時だけ、失敗は罪となる」

## ●人々が教え合う

もう一度言おう。キムと私は人々が教え合うためにキャッシュフローゲームを作った。ゲームの中の多くの取引は、キムと私が実際に行ったものだ。その多くは失敗例だ。

私ががっかりするのは誰かにこう言われた時だ。「あなたのゲームは一度やりましたよ。とても面白かったですよ」

ゲームによって価値あるものを身につけるのは、少なくとも一〇回はプレイし、一〇人にゲームについて教えた人々だ。ことわざにあるように、「与えよ、されば与えられん」なのだ。もっと良い言い方がある。「教えよ、教えれば学べるだろう」多くのキャッシュフロークラブが定期的に集まり、ゲームをし、講義をして本当の取引や投資を比較し、協力し、教え合い、他者から学んでいる。

いくつかルールがある。メンバーにセールスをしない、あるいはメンバー同士でデートをしない、などだ。知っての通り、お金とセックスは本当の学びには邪魔なものだ。

学びは楽しく、利益を生むものだ。ルールやモラル、道徳、そして法律が守られていれば、だが。キャッシュフロークラブの良い点は、ゲームでいくらのお金を稼いだかが問題にされない点だ。グラッドウェルも言っているように、何時間練習したかがカギなのだ。

キャッシュフロークラブに入った時、やるべき大切なことは、練習すること、学ぶこと、教えること、そして他の人々の学びを助けることだ。保証付きという訳ではないが、学ぶこと、教えることに没頭すれば、その努力は大きな投資利益率となって実を結ぶだろう。

## ●なぜ敗者は負け続けるのか

最も大切な資産の一つは、正直で法を守り、モラルと道徳があり、喜んで知識や経験、英知を分け与える良き人々だ。彼らは学ぶこと、練習すること、実際にやってみること、そして失敗から学ぶことが大好きだ。グラッドウェルが発見したように、本当の学びには数千時間の練習が必要だ。幸いなことに、すぐに金持ちになろうとするのではなく、学び続け、練習し続け、自分や人の間違いから何かを吸収し続けていれば、お金の面で成功した未来が自分のものになる。失敗は成功のカギなのだ。

金持ち父さんはよく言っていた。「失うことへの恐れがさらなる敗者を生む」

経済学の研究がうまくいかない一つの理由は、学問エリートである経済学者が、人々がお金に関して理性的だと信じていることにある。だがそうでないことは皆が知っている。ことお金について言えば、人々は理性的でなくなるのだ。だが学問エリートの経済学者、連邦準備制度理事会元議長のベン・バーナンキなどはこの事実を知らない。彼らは人々が懸命に働き、税金を納め、収入に見合った生活をし、支払いを済ませ、借金を避けるものだと考えている。

おそらくこれが、世界で最も権力のある銀行家、ベン・バーナンキの二〇一三年の年収が一九万九七〇〇ドルだった理由だろう。彼は他の人間も自分と同じように考えると思っているのだ。ほとんどの起業家はそんな金額では働かない。これが従業員と起業家がこんなにも異なる理由なのだ。

お金とは狂気じみた問題だ。人々はお金のためなら狂った行動をする。愛するものを殺したり、麻薬の取引をしたり、体を売ったり、お金のために結婚したり、大嫌いな仕事を続けたりする。

## ●リスクの問題

あるノーベル賞受賞者が人々とお金についていくつか興味深い発見をした。私が特に面白いと思ったのはリスクの問題だった。彼が見つけたのは以下のことだった。お金のリスクを避けようとするほど、お金のリスクは高まっていく。リスクを嫌う人々は以下の四つのカテゴリーのどれかに陥ってしまう。

**労働者**：リスクを嫌う人は三つの低賃金の仕事を掛け持ちする。多くの人がフルタイムの仕事をし、その後にウーバーの運転手をし、さらに週末働く。だがEやSクワドラントでより多くのお金を稼ぐことは、より高い税率区分に行くことを意味し、最も愛している家族と過ごす時間も犠牲になる。

**ギャンブラー**：リスクを嫌う人は宝くじを買い、競走馬やスポーツのイベントに金を賭け、あるいはラスベガスに行って大金を賭ける勝ち組を装う。こうしたギャンブルが敗者によって成り立っていることは彼らも知っているのに、リスク嫌いの人々は幸運を捕まえることに躍起になる。

**学生**：学資ローンが米国政府の最大の資産である理由は、良い教育は厳しく無慈悲な世界からの救済手段だという、宗教に近い信念が存在するためだ。私が人々に「学校はお金についてどんなことを教えてくれた？」と質問すると、ポカンとした顔をされるのがオチだ。あるいはこういう答えが返ってくる。「私は経済学を専攻しました」

残念ながら経済学イコールお金ではない。経済学は、人々はお金に関して理性的だという信念に基づいている。加えて、経済学はソフトサイエンスだ。本当の科学の厳密さはなく、政治的、あるいは強欲や恐れからくる要素も考慮されない。

**犯罪者**：正直でリスクを好まない人々の多くが、つまらない犯罪に手を染めてしまう。犯罪者は現金ベースで働くため、税金を払う必要がない。副業で麻薬を売ったり、データベースにハッキングしたり、誰かの個人情報を盗んだり、ネットのセックスビジネスで小金を稼ぐ。

## ●謙虚であること

「投資は危険ですよ」。リスク嫌いの人々に、投資のクラスに参加することを勧める時しばしば返ってくる答えがこれだ。こうした発言について、経済学者のダニエル・カーネマンとエイモス・トベルスキーの考察がある。

人は家族を養わなければならない。獲物を獲ってくるために、彼には二つの選択がある。一つの道にはたくさんの獲物がいる。だが同時に、それを餌にしようというライオンもやってくる。もう一つの道には獲物はいない。皆獲り尽くされてしまった。獲物がいないのでライオンもいない。リスクを嫌う人はたいていこの道を選ぶ。

ほとんどの学生は、二番目の道を選んだ教師たちに教わっている。フラーの著書『直感』の中から再び彼の言葉を噛みしめよう。

愛情ゆえに、子供たちの未来——自分たちが死んだ後の日々を案じるあまり、親たちは子供が社会的に不利な状況に置かれることのないよう、ミスを犯さないように育てる。

それを認めようとしない時だけ、失敗は罪となる。

神は私たち一人一人に直接話しかける。神は、それぞれの真実への気づきと、自然に湧き上がる愛と寛容を通して私たちに語りかける。

この次、あなたか他の誰かがミスを犯した時、決して罰してはいけない。自分も他人も、神が接するように愛とおもいやりをもって扱うことだ。赤ん坊は転ぶことなしに歩き方を学べない。ライト兄弟のような偉大な発明家たちが墜落の危険を冒して挑戦しなかったら、遠い星まで飛んでいくことは不可能だっただろう。

私自身、もしゼロックスの受付係イレインの、「失敗して戻ってくる」という言葉を信じていたら、金持ちになることはなかっただろう。最初の失敗の後、私はさらに愚かなことをした。貧乏父さんから一〇万ドルを借り、それをスタンリーに渡して持ち逃げされたのだ。数々の馬鹿げた失敗――一〇万ドルどころではない失敗もたくさんあった――を繰り返さなかったなら、今日の富裕な私は存在しなかっただろう。

学びのカギは謙虚であること、抵抗なく「失敗してしまった」と言えることだ。そして自分より賢い人を見つけて彼らから学ぶのだ。これが本当の学びだ。

## ●フェイク教育の起源

教育（Education）という言葉はラテン語の「引き出す」（educere）から来ている。

残念なことに学校システムは私たちの才能を引き出してはくれない。ひたすらインプットするだけだ。多くの場合、それはフェイク教師が与えるフェイクの答えだ。彼らはフェイクのテストを行い、フェイクの答えを記憶していない学生たちを罰する。そして「ミスは自分を愚かにする」という狂った考えを無理やり（力や脅しを使って）押し付ける。

そして数百万の学生が途方もない借金を背負って学校を卒業し、高給の仕事を求めるが、それはすぐに無くなってしまう。お金の知識が少ない彼らはミスを犯すことを恐れ、失敗することに戦々恐々としながら生きていく。彼らの両親、祖父母の代も同じ運命を辿ってきた。

失敗するのではないかという恐怖は、人間の感情として非常に強いものだ。失敗への恐れはコインと同じで、表と裏、そして縁の三つの側面を持っている。フェイク教育は一つの側面しか見せようとしないが、真の教育は我々一人一人に、縁に立って両方の側を見通すよう促す。

人々はお金の失敗を恐れるあまり麻痺してしまい、矮小で貧しく、従順な人間になってしまう。中には毎日仕事に行くたびに少しずつ精神を損なっている人もいる。さらには生き残るために暴力や犯罪に手を染める者までいる。

人はフェイク教育によって失敗を恐れるようになる。恐れはまた、人々をつけ上がらせ、横暴で強欲にもする。多くの人が、自分は抜きんでて賢く、金持ちだと考えている。自分から見て賢くない、魅力がない、自分ほど金持ちでない人を見下す人さえいる。

少数だが、お金についての失敗を恐れる人々の中にはそれをバネに学ぼうとする人もいる。真の学生となり、真の教師を探すのだ。ミスは失敗ではない。こうした人にとって、ミスは学びの体験なのだ。一つ一つのミスは苦痛だが、謙虚な学びの場だ。本当の謙虚さだけが人間を学ばせてくれる。

フェイク教育は人に「私は正しい、決してミスをしない」という態度をとらせ、うぬぼれと横暴の原因となる。

コインのもう一つの面でもある、真の教育は、ミスすること、謙虚であること、失敗から学ぶ態度を引き出してくれる。私たちにとってミスはより賢くなる、より金持ちになる、寛容になる、そしてより人間的になるためのステップだ。

真の教育は他者、地球、そして自分に対する分かち合い、寛容、愛、思いやりなどを育む。真の教育は愛と優しさを押し進める。なぜなら真の教育は、私たちは皆人間であり、人間はミスを犯す、ということを教えるからだ。真の教師はミスをする。フェイク教師はしない。ミスは神による真の教えなのだ。

**●あなたの質問　キヨサキの答え**

Q　金・銀を買う時、どうやって信頼できる売り手を見極める？（キャメロン・R、米国）

A 「買い手の自己責任」というのは金を買う時でも当てはまる。最近、偽の金、「塩を混ぜた」金が出回っている。塩を混ぜた金というのは、不純物を含んだ金のことだ。ニッケルやスズを混ぜた金の延べ棒だ。塩を混ぜた金は、ローマ帝国が滅びる時に政府が行ったトリックだ。最近、中国が、米国から輸入された莫大な金の延べ棒に不純物が混ざっていたとして受けとりを拒否した。まずいことに、それらの金の延べ棒は今でも米国に出回っている。私が見つけた信頼できるディーラーの見つけ方は、会話の中でさりげなく以下の質問をしてみることだ。

1 何年ぐらい金・銀の売買をしているのか？
2 なぜ金・銀の売買をしているのか？
3 あなたの顧客の一人二人と話したいのだが。
4 希少コインを初心者に勧めるか？
5 コインはどこに保存すればよいか？
6 ９９９の金と、９９９９の金との違いは？（どちらも金の純度）

こうした質問への答えは彼らの知識、経験、金のディーラーとしての心構えを教えてくれるだろう。繰り返しになるが、何かを買う時は常に「買い手の自己責任」になる、というのが現実の答えだ。

Q 信頼できるよいパートナーを見つけるためのアドバイスが欲しい。あなたは従業員やアドバイザー、パートナーのどこを見るのか？（マーシャル・B、アルゼンチン）

A これは数百万ドルの価値がある質問だ。ビジネスのパートナーシップというのは結婚と同じだ。正しいパートナーを見つければ、人生は天国だ。だが間違ったパートナーだと地獄になる。ラッキーだったのは、私が出会った悪いパートナーが結果的に偉大なパートナーに導いてくれたことだ。悪いアドバイザーに出会ったことがよいアドバイザーとの出会いにつながった。パートナーを探している時にすべき大切な質問は以下の二つだ。

1 私はよいパートナーだろうか?

2 よりよいパートナーになるためには自分は何をすべきか?

Q 不動産を買う時、借金《デット》ではなく資産価値《エクイティー》を使うのがなぜよくないのか? 銀行がもたらすのはエクイティーではなく借金だというのは知っている。あなたは借金について説明してくれたが、エクイティーに関する欠点と利点も知りたい。(スタンリー・P、ポーランド)

A 大事な質問だ。答えは五つある。

1 私が借金をするのは挑戦するためだ。一つの物件を一〇〇%の借金で買うのは簡単だ。だが一〇〇の物件を一〇〇%の借金で買うのは容易ではない。

2 借金は危険だ。現金にはリスクは少ない。借金で投資をしようとするなら、まず投資セミナーを受講してほしい。

3 一九七一年以降、米ドルは負債になった。ドルで支払いを受けている労働者は(現金でもエクイティーの面でも)皆貧しくなった。借金を使って資産を買い、収入を増やし、税金を減らして金持ちになることはとても難しかった。

4 私はキャッシュフロー・クワドラントのBやI、起業家や投資家の人生を生きたかった。E(従業員)やS(自営業者)に属する人々は借金をしてさらに貧しくなる。B(ビッグビジネスのオーナー）やＩ（投資家）は借金を使ってもっと金持ちになる。一九七二年、私は初めて不動産セミナーを受講し、借金をエクイティーに変える方法を学んだ。ファイナンシャル教育がない人々はエクイティーを借金に変えてしまう。

無限大の利益率。ＢやＩのクワドラントの人々は様々な投資で無限大の利益率を実現している。無限大の利益率とは、自分のお金をまったく使わずに利益を出すことだ。それはつまり高いファイナンシャルＩＱの証明だ。ファイナンシャルＩＱは、その人が解決できるお金の問題の規模を計る。ファイナンシャルＩＱの単位はドルだ。ある調査では平均的な米国人は四〇〇ドルのお金の問題を解決できないという。つまり彼らのファイナンシャルＩＱは四〇〇ドル以下ということになる。負債をエクイティーに変えることのできる人はかなり大きなお金の問題を解決できる。裏を返せば、エクイティーを借金に変えてしまう人々は大きなお金の問題を抱えてしまうことになる。

# なぜ学校に行くと貧しくなるのか——時代遅れの学校システム

「それはここではできませんよ」金持ち父さんのお金と借金、税金についての教えを説明するために世界中あらゆるところに行ったが、どこでも何度となくこの言葉を聞かされた。私が実際にやっていることでも、人々はいつも言う。「それはここではできませんよ」

彼らは正しい。彼らにはできないだろう。しかし私にはできる。そして実際やっている。実際、私は世界中のどこでもそれができる。真の教育のおかげである。真の教育は人に力を授けるのだ。真の教育があれば他の人ができないことが可能になる。それは大抵、以前は絶対無理だと思っていたことだ。フェイク教育は人々の思考を制限することで、彼らを貧しく、小さな存在に縛り付けてしまうのだ。

## ●「私にはできない」

人間が使う言葉で最も破壊的なのは「私にはできない」だ。特にこの言葉がお金に関して使われる場合それは顕著になる。

「私には買えない」貧困の原因は、この短い言葉に集約される。この言葉が人々を貧しく、小さくしているのだ。この言葉を次の質問、「どうやったら買えるか?」に置き換えることができなければ、どんなにお金を稼ごうと、彼らはいつまでも貧困に留まっているだろう。

この間、友人の奥さんに質問された。「今年はどこに行くの?」

私は言った。「今年はオーストラリアと日本、アフリカとヨーロッパかな」

彼女は言った。「私も行ってみたいけど、そんなお金はないわね」

それを聞いて私は、この章の冒頭の話を思い出した。世界中どこでも、私が借金と税金を使って金持ちになる方法を説明すると必ず誰かが言った。「それはここではできませんよ」

あなたも知っているように、ひとつの意見には三つの反対がおこる。これらの意見――非難、挑戦、何と呼んでもいいが――は、私に向けられたものであると同時にこれを言った人にも当てはまってしまう。そして、これこそが学校に行くことの問題点なのだ。真のファイナンシャル教育がないために、多くの人がこう言いながら人生を生きる。

「私には買えない」「君には無理だ」「私にできたらなあ」

## ●教育が貧乏父さんを生み出す

『金持ち父さん　貧乏父さん』は、私の貧しい実の父についての話だ。貧乏父さんは、不適切で時代遅れ、学生に実社会の準備をさせない現代教育の不備の象徴である。

私は人々に数えきれないほど質問した。「お金について学校で何を教わった?」答えはたいていあっけにとられた表情か、「専攻は経済でしたよ」あるいは「小切手帳の収支の合わせ方は教わりましたけど」というものだ。残念ながら経済学も小切手帳の収支合わせも、お金についての学びとは関係ない。

お金について学校で何を学んだか聞くたびに、現代教育の本質をさらけ出す結果になった。

私は日曜学校でホセア書四章六節を読んだ。「わが民は知ることを拒んだので沈黙させられる。お前が知識を退けたので/わたしもお前を退けて/もはや、わたしの祭司とはしない。お前が神の律法を忘れたので/わたしもお前の子らを忘れる。」(新共同訳)

宗教の勧誘をしているわけではない。いにしえの知恵を引用しただけだ。

現代の教育システムを管理・監督している人々は鏡を見ながら次の質問をしてみよう。

私はどんな知識を拒否しているのだろう？　どんな科目を教えていないのだろう？　なぜこんなにも多くの人々が学校を嫌っているのか？　なぜ多くの人が学校に行くのは時間の無駄だと言っているのか？　なぜお金に関する知識を学校で教えないのか？　なぜ、教育における司祭ともいうべき教師の給与は少ないのか？　なぜこんなにも多くの学生が学資ローンの借金でがんじがらめになって学校を卒業するのか？

これらの質問はすべて、人生を公教育に捧げた偉大な人物、貧乏父さんにあてはまる。その教育システムは残念ながら彼を失敗に導いたのだ。

## ●「それはここではできませんよ」

数カ月前、私は地元の教会で講演するために招かれ、いつものように負債、税金、そしてなぜ金持ちがさらに豊かになるのかについて話した。最後の質疑応答で、怒った一人の聴衆が手を挙げて言った。「ここではそんなことはできない！」

私は彼に、自分の自宅はここから八キロのところにあるが、説明した通りのことをやっている、と言った。さらに私がやったことは世界中の金持ちがやっていることだと説明した。だから金持ちはさらに富むのだと。質問者は立ち上がって言った。「私は医者だ。私には最高のファイナンシャル・アドバイザーがついている。あなたのやり方が不可能なのはよくわかっている」

こういう修羅場は世界中で何度となくくぐってきた。私は冷静に聞いた。

「あなたは何に投資しているんですか？」

「私は開業医だ。個人退職年金も持っている。口座には数百万ドル預金してある。自宅も別荘も所有している。まったく何の問題もない」

「それだけですか？」私は聞いた。

彼はうなずき私の答えを待った。

「あなたの言う通りです」私は言った。「あなたには私のしたことはできない。でも私にはできる」その医者は明らかに高い学歴を持っていた。開業医である彼はS、すなわちスモールビジネス、自営業のクワドラントに属している。彼はまた、投資もSクワドラントから行い、税金も税率が最も高いSクワドラントから支払っていた。

彼は正しかった。彼には私のしたことはできないのだ（図㊼）。

## ●教育は時代遅れか？

一九七三年、私はMBAに入学し、学校で学び、Eクワドラント、つまり従業員として仕事をする準備をしていた。同じ年、私はIクワドラントであるプロの投資家になるために不動産セミナーに申し込んだ。人々に私と同じことができない理由は、彼らは学校に行き、EやSクワドラント、あるいは受動的投資家になる準備しかしていないからだ。

あの医者が私に言った、「あなたの言うことは不可能だ」という言葉は、「あなたは飛べない、なぜなら私も飛べないからだ」と言うのと同じくらい馬鹿げている。私が飛べるのは、五年間飛行学校で過ごし、プロ

㊼クワドラントが違えば投資も違う

E…従業員（employee）
S…スモールビジネス（small business）
自営業者（self-employed）
B…従業員500人以上のビッグビジネス
(big business)
I…投資家（investor）

として飛行し、ベトナムの空も飛んだからだ。私が現在のようにできるのは、BやIクワドラントのための学校に行ったからだ。それぞれのクワドラントで教育は異なるのだ。

真の教育は、あなたに何でも可能となる力を与えるものだ。

医者になりたければ医学部に行かなければならないし、パイロットになりたければ飛行学校に行く必要がある。では金持ちになりたいならどこに行けばよいか？　ここで大事なのが真の教育の力だ。

問題は、人々の多くが力を削がれて学校を卒業することだ。皆、学校にうんざりしながら教育システムから卒業する。彼らは自分ができないことに突き当たるとこう言う。

「僕にはできない」「私には買えない」「そんなことは不可能だ」などの言葉を引き出す、自分を制限する思考に囚われてしまうのだ。そして真の教育や真の教師を探すかわりに、心を閉ざし、可能性も閉ざしてしまう。

第二部「フェイク教師」は本書の一番重要な部分だ。教育よりも大切なことはないからだ。私たちの教育システムが機能していれば、本書の第一部「フェイクマネー」は必要なかった。第三部の「フェイク資産」もいらなかっただろう。

教育システムが真のファイナンシャル教育、真のスピリチュアル教育をしていれば、私たちのリーダーがフェイクマネーを印刷し、フェイク資産を売ることは許されなかっただろう。だから第二部は本書で一番大切なのだ。真の学問教育、専門教育、スピリチュアル教育　そしてファイナンシャル教育以上に大切なものはない。すべて今の世に必須のものだ。

## ●人の力を弱める教育

人々が「それは不可能だ」と言って私に挑戦してくる理由は、教育が私たちの活力を奪うように作られているからだ。前述のように、名門とされている大学のほとんどは、泥棒男爵ジョン・D・ロックフェラー、コーネリアス・バンダービルト、リーランド・スタンフォード、そしてセシル・ローズのような人々によって創立されたか資金援助を受けたものばかりだ。

教育に対する彼らの目的は、優秀な頭脳を見つけ、教育し、訓練して自分たちのために働かせることだった。従業員は彼らの指示通り動く。だが起業家や革新者は彼らの競争相手になりかねない。

バッキー・フラーは泥棒男爵たちが最高の大学を創立した理由を、優秀な人材を見つけ、教育してE（管理職従業員）や、金持ちのために働くS（弁護士や会計士などの特別職）を育てるために作ったのだと言った。だが本人たちが富裕になるBやIクワドラントを育てることは除外された。

おそらくそれが、最高の起業家であるビル・ゲイツやスティーブ・ジョブズ、マイケル・デル、そしてマーク・ザッカーバーグたちが有名大学を中退した理由なのだろう。彼らは自分たちが必要とする教育、BやIクワドラントの教育を受けられなかったのだ。

## ●クワドラントを変える

今日多くの人々が、嫌いな仕事や給与の少ない仕事、あるいはその両方にあてはまる仕事にしがみついている。彼らは変化が必要なことは理解している。問題は、彼らが変化を恐れていることだ。また、どうすれば状況を変えられるのかもわかっていない。教育、あるいは教育の欠如、失敗、そして変化への恐れが彼らを現状に縛りつけているのだ。

人々に四つのクワドラントの違いを説明すると、多くの人がクワドラントを変えたがっていることに気づく。だが問題は、クワドラントをEやSからBやIに変えるためには真のスピリチュアル教育、真のファイナンシャル教育が必要なことだ。

多くの人が身動きできずにいるのはこれが理由だ。高い教育を受けた貧乏父さんのように。ハワイの知事に挑戦して選挙で敗れた貧乏父さんは、立ち直ることができなかった。彼にとって人生で初めての挫折だった。彼の教育が、貧乏父さんをEクワドラントに縛りつけていたのだ。失業した後でさえ、彼はクワドラントを変えることができなかった。Sクワドラントに入ろうとアイスクリームのフランチャイズ権を買ったがそれも失敗した。貧乏父さんは起業家ではなかったのだ。彼はついにEクワドラントの教育と思考から抜け出せず、最後まで変わることができなかった。

## ●見えない貧困

学校は、「見えない貧困」と呼ばれる、人々が貧しくなるような教育をしている。学校は以下のように見えない貧困を強めている。

1 ミスをした学生を罰する。
2 ミスは自分を愚かに見せる、と教える。
3 ミスを通して学ぶのではなく、答えを暗記させる。
4 教師が持っている一つの答えしか存在しない、と決めつける。
5 コインの三つの側の見方ではなく、正解か間違いかという思考を押し付ける。
6 真のファイナンシャル教育が欠けている。
7 学生が協力することをカンニングとみなす。
8 個別に試験を受けさせる。
9 助力を求めることを許さない。
10 （教師たちは）決して「知らない」とは言わない。
11 他の学生を助けてはいけない。
12 賢い人間、愚かな人間を区別する正規分布に従って成績をつける。

## ●加速が加速する

バッキー・フラー博士は未来学者だ。一九八一年に出版された著書『クリティカル・パス』(白揚社)の冒頭で、博士は書いている。

「世界の権力構造の黄昏。人間は危機に向かって突き進んでいる。いまだかつて経験したことのない危機に」

未来学者として、彼は一九八一年の危機のことを語っているのではない。今日の私たちが向き合っている危機、一九八一年に学校を卒業したベビーブーマーたちが二一世紀に遭遇する危機のことを警告しているのだ。

フラーは、彼が「加速の加速」と呼んだ現象について警告している。加速の加速は人類が産業時代から情報時代に移行する際に起こる。一九八三年に世を去る前、この未来学者は、八〇年代の終わりに世界をひっくり返す発明が現れると予言した。

その約一〇年前の一九六九年、インターネットの基礎となったアーパネットとして知られるネットワークが立ち上がった。高等研究計画局ネットワークは米国国防省(ペンタゴン)の一機関だった。その初期の目的はペンタゴンが資金提供した研究機関のコンピュータを、電話回線を介して接続することだった。

一九八九年、サー・ティム・バーナーズ・リーによってワールド・ワイド・ウェブ(WWW)が発明されると、世界は産業時代から情報時代へと移行し、「加速の加速」が始まった。しかし、教育は変わっていない。教育はずっと以前のままだ。

再び日曜学校の教えに戻ろう。ホセア書四章六節だ。「わが民は知ることを拒んだので沈黙させられる。お前が知識を退けたので/わたしもお前を退けて/もはや、わたしの祭司とはしない。お前が神の律法を忘れたので/わたしもお前の子らを忘れる。」(新共同訳)

二一世紀、数十億という人々が知識のなさゆえに滅ぼされようとしている。フラー博士は『クリティカル・パス』の中で警告している。

「人間は危機に向かって突き進んでいる。いまだかつて前例のない危機に」

一九八一年のクラスで、博士は数十億人がトラブルに陥っている理由を以下のように説明した。「情報時代の変化が目に見えないからだ」「自分に向かってくるのが見えなければ、物事を避ける術はない」

金持ち父さんも、これとよく似た発言をしている。一九七一年ニクソン大統領が金・ドルの交換を停止した時、彼は言った。「これでお金が目に見えなくなったぞ」

フラー博士はまた、『クリティカル・パス』の中で書いている。

「誰かが常に事実だけを口にし、すべての真実をさらけ出すことを今すぐ始めなければ人類は滅亡してしまうという強い危機感が私にはある」

## ●親たちと話す

フラー博士の死後、私は世の親たちに、教育が実社会での準備の役に立たないことを警告し、それが「見えない貧困」を押し進めていることを説明してきた。

以下は学校についての私の警告だ。

1 ミスをした学生を罰する。
2 学生同士の協力をカンニングとみなす。
3 個別に試験を受けさせる。
4 助力を求めることを許さない。
5 他の学生を助けることを許さない。

## 6　優劣をつけるために正規分布に従って成績をつける。

これを聞いた親のほとんど一〇〇％がこう答える。

「教育に問題があることは知ってますが、うちの子の学校は大丈夫ですよ。素晴らしい学校ですからね。子供たちも満足しているし、楽しんでいます。彼らは協力し合っているし、先生も大好きですよ」

あるいはこう言う人もいる。「うちの子はとても優秀で、一人は有名な法学部に行き、もう一人は大学院の博士課程です。二人とも給与の高い安定した仕事につけるでしょう」

フラー博士が警告したように、「自分に向かってくるのが見えなければ、物事を避ける術はない」のだ。

二〇一八年六月一五日付の「ニューヨークタイムズ」日曜版には以下のような書評が掲載された。

「米国社会で何とか生き延びる」

以下は一九九三年から一九九七年まで米国労働省長官を務めたロバート・ライシュの言葉の抜粋だ。やがて来る雇用の変化について案じるライシュは次のように書いている。

> 私は巨大な脳みそを持つロボットたちが小振りの脳しか持たない人類から文明を奪う、と言っている訳ではない。だがそれらが私たちの仕事を奪うことはどうやら避けようがない。
>
> それはすでに起こっている。ロボットや人工知能関連の技術は工場労働者やコールセンターのオペレーター、事務関係のスタッフの仕事を急速に置き換えている。アマゾンを始めとするプラットフォームは小売り関係の労働者を駆逐している。トラック運転手や倉庫管理者、薬剤師や会計士、診断医、翻訳者、ファイナンシャルアドバイザーなども機械に置き換えられ、仕事に別れを告げる日も近い。遠からず、医者よりも機械の方が癌を発見する能力が高くなるだろう。
>
> 一部の悲観論者のように、未来に人間の仕事がなくなる、と言っているわけではない。だが、ロボッ

トが人間でないがゆえにとって代われない仕事（保育、老人介護、在宅医療、パーソナルコーチ、セールスなど）、人間の温かさが必要な仕事においてさえ、賃金が引き下げられていくことは間違いない。テクノロジーが多くの労働者にとって代わった今日でさえ、就職難は起こっていない。しかし良い仕事に就くことは難しくなっている。今日の平均的米国人労働者の年収は約四万四五〇〇ドルで、インフレを考慮すると一九七九年の数字と大して変わらない。八〇％近くの米国人が、毎月給料ぎりぎりの生活をしており、多くの人が次の給料がいくらになるかわからないという。

この警告を情報時代のすべての両親に聞いてほしい。なぜなら変化とお金は目に見えないからだ。

本当のファイナンシャル教育なしに、両親たちは学校が子供に何を教え、何を教えていないかをどうして知ることができるのか？　多くの親が知っているのは、子どもが学校で何を教わっているかだけで、その教育に何が欠けているかについてはまったく知らない。私が出会った親たちが「うちの子は素晴らしい学校に行ってるんですよ」などと悠長なことを言うのもそのせいだ。

真の教育がないと、金持ちとそれ以外の人々の差はどんどん拡がっていく。たとえ子供たちがよい成績をとったとしても。貧困層と富裕層のギャップが拡がると、社会不安と革命の可能性も高まっていく。

## ●人的資産と負債

私たちが成長するにつれて、金持ち父さんはお金の資産と負債だけでなく、人的資産と人的負債についても教えてくれた。金持ち父さんは図㊽を書いて説明した。

彼は言った。「君たちにとって一番大切な資産は人間だ。また人間は大きな負債にもなる」

私は「教育に問題があるのはわかっていますよ。でもうちの子供は良い学校に行ってます」という親に、人的資産と人的負債の図を書いて説明する。

私のクラスで人々が財務諸表の仕組みを理解したら、特にポケットにお金を入れてくれる資産と、お金をとっていく負債について把握したら、私は金持ち父さんの人的資産のバランスシートを見せる。そして人的資産の財務諸表を検討し、現在と未来に分けて、誰が資産で誰が負債かを話し合ってもらう。ディスカッションは最初はぎこちない。誰かを負債と認定するのは気が引けるからだ。だがやっているうちに、いくつかの真実が浮かび上がってくる。

やがて人々は事実を話し始める。例えば次のようなことだ。

・うちの子供は学校を中退し、学資ローンは私が支払っています。仕事はまだ見つかっていません。
・娘の夫は麻薬中毒です。娘は五人の子供を連れて実家に戻り、私たちと暮らしています。大学は卒業していますが、子供のうち三人が一二歳以下なので働きに出ることもできません。
・私の父は幹部職員だったけれど店が閉店して職を失いました。父は４０１（ｋ）の預金を使い果たし、今私たちと暮らしています。働く意欲はありますが、高い給料の仕事はなかなか見つかりません。
・ファイナンシャルアドバイザーのアドバイス通りやりましたが、お金がたまりません。引退まであと六

⑱人は大切な資産だが大きな負債にもなる

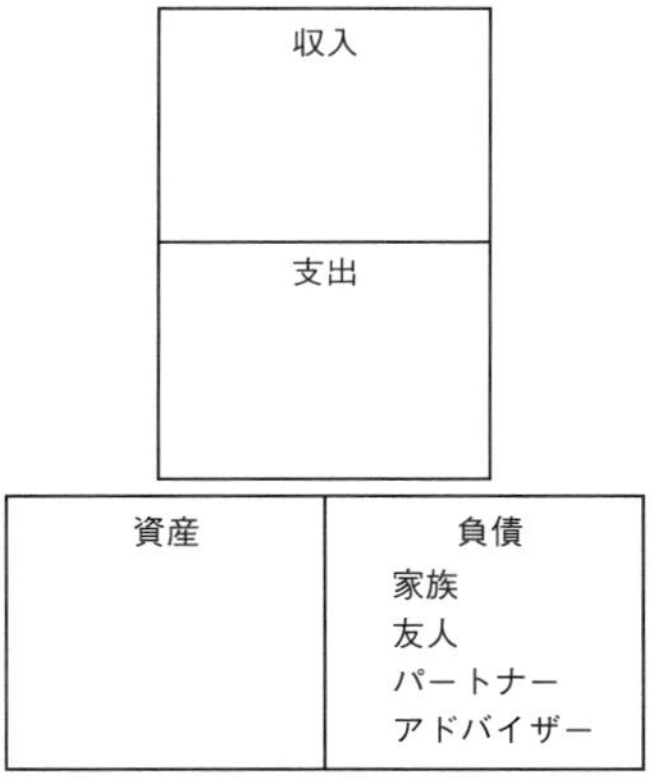

年です。どうしたら引退できるかいつも心配です。
・ビジネスパートナーが病に倒れてしまいました。私は彼と、その家族の面倒をみなければなりません。
・税金の未払いが溜まっています。役所は私の給与を差し押さえると脅してきます。税金が支払えなかったのは、生活するのに十分な給与が稼げなかったからです。毎月給与ぎりぎりの生活さえもままなりません。税金の未払いは溜まっていくばかりです。何より私と妻の薬代が支払えないんです。

最後に私は聞いた。「あなたはまだ、教育が実社会に出る準備をさせてくれたと思いますか?」
この警告は何度でも繰り返したい。情報化時代には変化もお金も目に見えない。本当のファイナンシャル教育なしに、親はどうやって、学校が教えてこなかった、そして今も教えていないことが何か、知ることができるのか? フラー博士は『クリティカル・パス』を書いた理由の一つを次のように語っている。

誰かが常に事実だけを口にし、すべての真実をさらけ出すことを今すぐ始めなければ人類は滅亡してしまうという強い危機感が私にはある。

〔キヨサキの解釈〕人類が生き延びるため、私たち一人一人が真実を語る必要がある。人々が人生における人的負債について語る時、自分と子供たちが受けた教育の不完全さについて真実を話し始める。

端的に言うと、教育は、世界の変化の加速する加速に人々を適応させることができないのだ。真のスピリチュアル教育なしには、人々は動きが取れない。なぜならば、フェイク教師は学生にミスをするな、他者に助けを求めるな、助けを借りることはカンニングだ、と教えるからだ。
真のファイナンシャル教育がなければ人々は盲目のままだ。学問エリートが貨幣を使って彼らから富を盗むのはますます簡単になる。真のスピリチュアル教育とファイナンシャル教育がなければ、「あなたは私がしていることはできない」という言葉は真実となる。これは目新しい事実ではない。聖書の時代から生き残ってきた知恵だ。

「わが民は知ることを拒んだので沈黙させられる」

良い知らせがある。次の章では起業家たちが受けた教育について学ぶ。時代遅れの教育システムの外で、今の世の中に必要なことをしている人々だ。

## ●あなたの質問　キヨサキの答え

Q　いわゆる学問の世界ではない、通常の大学教育に価値はあるだろうか？（ゲイリー・B、シンガポール）

A　もちろんある。多くの人にとって大学は様々なタイプの人々と出会う最初の機会だろう。自分の力を試す良い機会であり、新しい経験をし、まったく異なるバックグラウンド、理想、意見を持つ新しい友人と出会う時だ。教育は様々な形をとる。大学教育もその一つだ。心に留めておくべきなのは伝統的大学教育が生み出す利益と学資ローンの借金の重さを比べたROI、投資利益率だ。どんなケースにも適用できる公式はない。一人一人が長所と短所、自分の目的と未来のビジョンを学費と計りにかけて判断すべきだ。

Q　伝統的な教育で、一番大きなリスクは何か？（アダム・C、チェコ）

A　リスクはいくつかある。それらはすべて互いにリンクしている。大事なのは、伝統的な教育は、年齢に関係なく、人々が実社会に出る準備をさせてくれる場所ではないということだ。私たちは一人で働いている訳ではない。協力して働かなければならない。しかし学校はそれをカンニングと呼ぶ。だが私に言わせれば、本当の意味での知性の尺度（とそれを計るテスト）は、他者の視点、異なるものの見方を評価し認めることのできる心の広さだと思う。学校ではたった一つの「正しい答え」があるだけだ。だが現実社会では、正しい答えは置かれた環境や条件によって異なるものだ。

Q　あなたは「私にはできない」「私には買えない」という言葉が心を停止させるというが、それはどういう意味か？（セシリア・J、英国）

A　こういう言葉はあなたの心を可能性から遠ざけてしまうということだ。あなたが大きく考えるべき時、あるいは今より少し大胆に考えるべき時、これらの言葉はあなたを委縮させてしまう。だが「どうすれば買えるだろうか？」と自問する時、あなたの脳にはスイッチが入り、アイディアや解決法、チャンスを探し始める。

Q　まず学費の安い大学に入って、後によりよい大学に移る方が効率がよいだろうか？（アギム・B、エストニア）

A　自分にとって何が正しいか、自分で決めるしかない。大学でも他の学校でも、それぞれの学校の価値は学生が生み出すものだ。

Q　では、真の教育とはなんだ？（ビリー・K、南アフリカ）

A　真の教育とは、あなたがやりたいことをするための力を与えてくれるものだ。それは真の教師からもたらされる。彼らはあなたがしたいことをすでに実現した人々だ。また、あなたは学びの過程に積極的に参加することが必要になる。

Q　「加速が加速する」今の時代、情報は多すぎ、変化のスピードも速すぎる。信じるに足る人をどうやって見つける？（アレクシー・C、トルコ）

A　素晴らしく価値ある質問だ。そうだろう？　そしてその答えは人生の他の物事と同様、教育から始まる。まずあなた自身が賢くなれば、真実と嘘を見分けられるようになる。そして何が本物で何がフェイクかもわかる。

Q　お金の言葉はどうやって学べばいい？（アンジェラ・S、ニュージーランド）

A　まずお金、金融、経済に関するあなたのボキャブラリーを広げることから始めよう。言葉にはパワーがある。新しい言葉を毎日ひとつ学ぼう。それらの言葉がテレビやラジオ、ニュース記事やインターネットで使われているのに気づくだろう。時間をとって読んだり聞いたりしたものを理解しよう。わからないものがあったら説明したり話し合ってくれる誰かを見つけよう。

Q　私はいつも、教育の大部分は親の責任だと考えている。あなたの意見を聞きたい。（ジャスティン・J、米国）

A　私は自分に最も影響を与えたメンター（よき師）を金持ち父さんと思っているので、この質問の答えは明らかだ。私たちの親は最初の、そして多くの場合最高の教師だ。特に、生まれながらに好奇心が強く、積極的に探究し経験し、質問を繰り返し、一つ以上の正しい答えを検討する適応性を持った子供を育てる親の場合はそうだ。そして恐らく一番大切なのは、子供が失敗をどう解釈するかについて、最も強い影響力を持つのが親だという点だ。失敗は私たちの学びの手段だ。そしてすべての失敗に学びが隠れている。失敗は学びのチャンスであり、人生の学習曲線においてポジティブな経験なのだ。

第十一章

# 起業家たちが受けた教育——あなたは未来を見通せるか

二〇一八年七月、ドナルド・トランプ大統領は、米国の労働者を再教育、再トレーニングせよという大統領命令を発効した。多くの大企業が大統領の取り組みを支持している——そして、これはフェイクニュースの一例だ。トランプ大統領の大統領命令は心地よく響く素晴しいアイディアだ。大統領が労働者から多くの票を引きつけるべく発言したのは明らかだ。本当のことを言えば、米国はすでに毎年一〇億ドルを投じて労働力の再教育、再トレーニングを行ってきた。しかしそれはうまく機能していない。

## ●なぜ再教育がうまくいかないのか

再教育・再トレーニングというのは素晴らしいアイディアだ。問題は、現在の再教育プログラムがうまくいっていない点、そしてその理由は教育方法がまずいことだ。

まず教師の能力を示した図㊼をよく見てみよう。現在の教え方がまったく時代遅れで非効率で、退屈なのは明らかだ。前にも書いたが、教育の最大の罪の一つは、多くの若者が学校にうんざりしながら卒業することだ。どれほどの人間が、学校が嫌いだったせいで経済的に困窮しているだろうか？　学校が嫌いだったために刑務所に入るはめになった人々は何人いるだろうか？　嫌いな仕事から抜け出せずにいる人はどのくらいいるだろうか？

確かに、従来の教育は、人口の二五％に対しては非常に有益である。問題は残りの七五％が陥っている混沌だ。ちょうどボーダーラインにいた私は、学校が大嫌いでいつもドロップアウトすれすれだった。自分は馬鹿ではないとは思っていた。私の適性検査の得点は高かった。ただ従来の学校、教師、そしてその退屈な教育プロセスが大嫌いだっただけである。学校を中退しなかった理由は以下の八つだ。

1 金持ち父さんの弟子として実際のビジネスの世界で働いていた。
2 金持ち父さんがモノポリーを使って学習を楽しいものにしてくれた。
3 五年生の時のハロルド・エリー先生のような、答えを記憶するのでなく、学習意欲を掻き立ててくれるような教師がいた。
4 普通の大学に行かず、合衆国商船アカデミーに行った。
5 学校に戻って上級の学位を取る代わりにセミナーをたくさん受講した。
6 聖書の三人の賢者のように、教育システムの外に偉大な教師を探し続けた。
7 二人の父を持ち、すべてのコインには三つの側があることを知った。
8 人生には一つ以上の正しい答えがあることを知った。

## ●ケネディー大統領と教育

トランプ大統領は、失業した労働者の再教育を提案した最初の大統領ではなかった。スティーブン・ブリルが著書『テイルスピン』で説明しているように、ジョン・F・ケネディー大統領は一九六二年、米国が関税と外国製品の輸入規制を緩和し、国際貿易を拡大することを提案した。冷戦の真っただ中だった当時、共和党も民主党もとりあえずは貿易自由化に賛成していた。共和党には大勢の保護主義者がいたにもかかわらず。

ケネディーは国際貿易の拡大が米国の雇用を損なうと知っていた。なので一九六二年、失業した労働者を再教育するためのプログラム、貿易調整支援制度（ＴＡＡ）を立ち上げることを提案した。彼は米国の大勢の市民の利益と引き換えに、たとえ少数でも労働者が仕事を失うことを好まなかった。ケネディーは言う。

国家が国策上高い関税を回避するのが望ましい場合においても、海外のライバルの台頭の影響を受ける人々が、害を一手に被るべきではない。この経済の重荷は連邦政府も引き受けるべきである。〔キヨサキの解釈〕関税引き下げは米国と米国市民に利益をもたらす。だが少数は仕事を失う。失業した労働者の再教育は連邦政府の責任である。

ケネディーのTAAは、職を失った労働者に、最大でそれまでの平均週給の六五%を五二週間にわたって(六〇歳以上には六五週間)支払い、「より高度で異なる技能を身につける」再教育・再トレーニングプログラムへの参加を支援した。またこのプログラムは、新しい仕事に就くために引っ越す必要がある家庭にはその資金を提供した。

ケネディー大統領の計画は共和党から強い反対を受けた。最も強く反対した一人はプレスコット・ブッシュ上院議員、ジョージ・H・W・ブッシュ大統領の父であり、ジョージ・W・ブッシュ大統領の祖父である。だがそうした反対にもかかわらず、ケネディーはTAAを成立させた。

TAAについては様々な意見がある。成立後最初の六年間、TAAは一〇億ドルの予算があったにもかかわらず、一人の労働者も政府の支援を受けなかった。ほとんどの労働者にとってTAAは失業保険の延長であり、教育や再トレーニングのためのものではなかったのだ。

労働者が教育や再トレーニングのプログラムを利用しなかったのは、労働者に課された再教育を受けるための条件のせいだった。高校卒業の資格を持ち、TAAから再教育・再トレーニングの資金提供を受ける前に、コミュニティー・カレッジか専門学校に在籍している必要があったのだ。これはまったく非現実的なことだった。すべての労働者はすぐにでも失われた収入を穴埋めする必要に迫られていた。TAAの援助金を受け取る前に学校に戻るのは金銭的に不可能だったのだ。

私はこの本の前半で、一九九四年に砂糖園がハワイのヒロを離れてしまい、かつて高給を誇っていた労働者が失業した話をした。プランテーションの労働者の多くは高校を卒業していなかった。高校教育がなくても高給が貰えたからだ。今日多くの人が、教育や再トレーニングを受けるよりもEBTカードで生活する方を選んでいる。彼らを再教育すれば資本主義の下で再び納税者になるかもしれないのに、社会主義の下に彼らに生活保護を与えているのだ。これが、社会主義が米国で拡大している理由だ。

ブリルは『テイルスピン』の中で、二〇〇一年、GAO（政府説明責任局）が行った、バージニアのマーティンスヴィルとヘンリーカントリーを含むケーススタディーを紹介している。この研究によると、過去一〇年以内に消え去った六〇〇〇の仕事の従事者の中で、TAAの再教育プログラムを利用したのは応募資格のある労働者のうち二〇％以下であるという。さらに利用者の多くが、収入援助が切れる前に再教育を終わらせることができず中途で辞めていた。またGAOの別の研究では、TAAを受ける資格のある労働者の四分の三がまったく利用しなかったという。TAAに関する他の研究では、プログラムを終了した数少ない労働者も、失った職と同等の仕事に就いたものは一人もいないという結果がでている。

## ●教育こそが重要なのだ、愚か者め

問題を生み出しているのは教育だ。教えていること、教え方、そして教えている人間が問題なのだ。再び、教師の能力の点から考えてみよう。

1　体は教室にあっても心ここにあらずという状態で授業を受けたことが何回あっただろうか？

2　教室で教師の話を聞かず、時計ばかり見ていたことが何回あっただろうか？

3　学ぶ意欲に突き動かされるのではなく、試験のために詰め込みをしたことが何回あっただろうか？

私は教師の能力の図が気に入っている。それは金持ち父さんと貧乏父さんの違いを表しているからだ。

私は金持ち父さんの弟子として無給で働き、実際の仕事をしていた。それと引き換えに、金持ち父さんはモノポリーをさせてくれ、私たちが駒を動かすたびに教えを授けてくれた。また私たちは彼の緑の家を頻繁に訪れた。それは最終的には大きな赤いホテルになった。

一九八三年、キムと私は、自分たちがグランチと学問エリートが作った教育システムに挑戦していることに気づいた。それはまるでダビデとゴリアテの戦いだ。私たちがそれを続けてきたのは家族や友人がいたからだ。彼らはそれをやめないように力づけてくれ、資金援助まで申し出てくれた。受け取りはしなかったが。私たちには、神が実在するかどうかを試すという使命があり、お金を受け取ると私たちの信条が揺らいでしまうという理由からだった。

そのかわり、私たちはバッキー・フラー博士をはじめとする人々の英知にすがった。彼は同様の信条を長年にわたって試し、決してお金のためには働かなかった。神が彼に望むと思われる行動だけをし、自分自身に常に問い続けた。「私に何ができるだろう？　私のような小さき人間に？」

キムと私がお金の面で自由になるまで一〇年かかった。一九九四年に私たちは引退した。財政的な不自由はなかった。キムは三七歳、私は四七歳だった。

一九九六年、私たちはキャッシュフローボードゲームを作った。一九九七年には『金持ち父さん　貧乏父さん』を自費出版した。話を持って行った編集者の誰もが「あなたは自分が何を言っているのかわかっていない」と言って断ってきたからだ。二〇〇〇年、テレビ司会者のオプラ・ウィンフリーが電話してきた。その後はご存じのとおりだ。二〇〇二年、私はドナルド・トランプとあるイベントの控え室で出会い、米国とオーストラリアで熱狂した数千人のファンを前に講演した。以来私たちは一緒に二冊の本を著し、真のファイナンシャル教育のパートナーとなった。

二〇〇八年、私はCNNのウルフ・ブリッツァーのインタビューを受け、市場暴落とリーマン・ブラザーズの破綻を予言した。六カ月後、リーマン・ブラザーズは倒産し、大不況が始まった。富裕層と中流層、そして貧困層の間のギャップは拡大していった。ドナルド・トランプと私が本の中で予言した通りだった。『クリティカル・パス』の前書きから、フラー博士の発言を繰り返そう。

## 世界の権力構造の黄昏

人間は危機に向かって突き進んでいる。いまだかつて前例のない危機に。

〔キヨサキの解釈〕一九八一年、フラー博士は情報時代の到来を予言した。グランチは情報時代においてその力を失う。グランチはその権力にしがみつこうとしてあがき、危機は深刻化するだろう。

自暴自棄になった人々は捨て身の行動をする。

フラー博士はまた、情報時代は私たちを誠実の時代に導き、グランチは白日の下にさらされる、と予言した。グランチは権力を守るために力を振り絞り、危機は加速する。グランチが必死に権力にしがみつこうとするのが見て取れるだろう。中央銀行はビットコインのような、人々のお金からの挑戦を受ける。その時グランチは教育システムを使って権力を守ろうとする。魂も中身もない教育だ。

だからこそキムと私は教育関係の起業家になった。私たちのキャッシュフローゲームは、人々が互いに教え合うことによって既存の教育システムを飛び越える、真の教育を世界中の人々に取り返すために作られた。キムと私は、人々が正しい答えを暗記するためではなく、人々の勉強への意欲を高めるために、より富裕な人生を歩む可能性を垣間見てもらうためにキャッシュフローゲームを作った。ゲームをするたびに自分と家族の素晴らしい未来の可能性を覗けるだろう。

先の両親への警告を繰り返しておこう。テクノロジーやお金が見えないものになっている今日、教育に何が欠けているかを教師や両親、学生たちが知ることはほとんど不可能だ。情報時代においては、人々が政府から教育についてのコントロールを取り戻すことが必須なのだ。

## ●クリントン対中国

一九六二年、グローバル化を懸念していたジョン・F・ケネディー大統領はTAAを導入した。

一九七二年、リチャード・ニクソン大統領は中国へのドアを開いた。

一九九九年、ビル・クリントン大統領は中国に世界貿易機関（WTO）への参加を働きかけた。

クリントン大統領は、中国との貿易の開放は米国の雇用の増大と貿易赤字の削減に役立つと断言した。

彼はまた、「これは米国にとって圧倒的に有利な取引だ」とも言った。二〇〇一年、中国はWTOへの加入を許された。だがあなたもご存じのように、クリントンは必ずしも真実を述べる人間ではない。実際は、これは中国にとって圧倒的に有利な取引になった。ブリルは『テイルスピン』の中で言っている。

二〇〇〇年から二〇〇九年の間、米国の対中国貿易赤字はほとんど三倍、八三〇億ドルから二二七〇億ドルになった。同じ時期、米国は製造業において五六〇万人の雇用を失った。そのうち六二万七〇〇〇の仕事がコンピュータと電子機器分野のものだった。対中貿易赤字は二〇一六年までには、三四七〇億ドルになっていた。

一方的な貿易赤字によって労働者が職を失っただけでなく、一般家庭の預金者、自宅所有者、投資家も打撃を受け、二〇〇八年の市場暴落の一因にもなった。ブリルは言う。

中国は巨額の現金を蓄えその投資先を探していたため、米国国債の需要が著しく高まった。結果、米国の金利は前例がないほど低くなってしまい、最もリスクの高い住宅ローンの借り手にさえ資金が行きわたり、不動産担保証券とその金融派生商品も氾濫した。

二〇〇八年、株式市場と不動産市場が大暴落し、金利はさらに下落した。二〇一八年、危機は終わるどころかさらに大きくなっている。フラー博士が一九八一年に書いているように。「人類はさらなる危機に向かって進んでいる。前例のない危機に」

幸いなのは起業家たちが救援の姿勢を見せていることだ。

## ●起業家たちの教育環境

カーン・アカデミーは起業家精神に溢れたビジネスの一つだ。この会社は世界中の数百万人の学生に学問教育を提供する。もちろんカーン・アカデミーで学ぶのに学資ローンなど必要ない。

ブリルは『テイルスピン』の中で、台湾生まれの移民で、ハーバード大学で学び、米国陸軍大尉としてイラク戦争にも参加したジュケイ・スーが創始したC４Q（コーリション・フォー・クィーンズ）という企業を賞賛している。スーはブリルに語っている。「私が出会った最も賢く勤勉な人々は、大学を卒業していない兵士たちだった」。C４Qは技術的な知識を持たない人間にコンピュータコードを教え、技術者にする組織だ。

同様の学校や教育プログラムはたくさんあるが、C４Qの教え方は他と異なっている。違いをいくつか挙げてみよう。

１　ジュケイ・スー自身がプログラマーではなく、コンピュータに関する教育も経験も持たない。

２　ジュケイ・スーは学問分野からのフェイク教師を採用せず、真の教師をコンピュータ業界から連れてきた。

3 C4Qは軍隊の学校のように運営されている。教育のプロセスではチームワークが重視され、互いが競争するのではなく、教師と学生たちが協力して学ぶ。

4 二〇一三年、最初の学生となった二一人の年収は約一万八〇〇〇ドルで、そのほとんどが大した教育を受けていないサービス業従事者だった。また五二%は女性で六〇%がアフリカ系米国人だった。そして五五%が大学卒業資格を持っていなかった。

5 二〇一六年九月にプログラムに参加し、二〇一七年に卒業した八八人の就職後の平均年収は八万五〇〇〇ドル。就職先はウーバー、ブルーエプロン、ピンタレスト、グーグル、バズフィード、JPモルガン・チェースなどだった。

6 卒業者は卒業後二年間、収入の一二%をC4Qに支払う。

7 それは学資ローンとはまったく異なり、卒業しなかった学生や良い職に就いた学生に、生涯にわたる借金を背負わせたりはしない。

8 この「一二%」方式はC4Qに寄付した人々が、成功した学生からのリターンを分け合うことで彼らに投資家的な側面を加えることになり、その結果C4Qは人気のあるチャリティーの中でもさらに突出した存在になっている。C4Qのような非営利団体に資本主義の利益の要素を加えることは、社会主義に欠落している財政的な持続可能性をもたらしている。

ブリルはまた、二〇〇〇年に創立された様々な仕事のカテゴリーを合わせた再教育とトレーニングを行う非営利団体、イヤーアップも紹介している。

イヤーアップは現在全米に二〇カ所の拠点を持ち、現在まで一万八〇〇〇人のテクノロジー関連の学生に、エントリーレベル、中級レベルの就職希望者に求められる機械修理、ヘルプデスク業務、コミュニケーションスキルなどの業務訓練を提供してきた。

学生たちは厳しい学習基準と出席率のもとに学ぶという契約書にサインさせられる。学生は最初持ち点二〇〇ポイントから始め、遅刻、失礼な態度、期限内に宿題を提出しないなどの行為があると減点される。

学生の約二五％が二〇〇ポイントを失いプログラムを辞める。

これは軍隊の学校に非常に近い。イヤーアップでは知力と成績だけでは不十分なのだ。合衆国商船アカデミーと同様、たとえ最高の成績を取っても、行動規範に従わない学生、士官、紳士としてふさわしくない行為によって減点された学生は排除されてしまう。イヤーアップは、C４Qがコースを修了したプログラマーに確保しているような高給の仕事は保証していないが、学生たちを貧困から中流層に救い上げている。

## ●成功への小さな可能性

スティーブン・ブリル以外の学問エリートにも沈黙を破った人がいる。ハーバード大学を卒業し教育分野の起業家となったショーン・エイカーだ。エイカーは二〇一八年に出版された著書『潜在能力を最高に引き出す法　ビッグ・ポテンシャル――人を成功させ、自分の利益も最大にする５つの種』（徳間書店、以下『ビッグ・ポテンシャル』とする）の中でこう語っている。

三年前、成功と人間の可能性の関係について研究していた時、私は大きな転換期を迎えた。父親になったのだ。

息子、レオがこの世に誕生した時、彼は文字通りまったく無力だった。自分の力で寝がえりを打つことさえできなかった。だが成長するに従い様々なことができるようになった。ポジティブ心理学の研究者なら誰もがそうするように、彼が新しいスキルを達成するたび、私は彼を賞賛した。「レオ、君は一人でやったのかい？　大したもんだよ」しばらくするとレオは小さいが誇らしげな声でオウム返しに言うようになった。「自分でやった！」

そして私は気づいた。私たちはまずは幼少期、そして大人になってからは職場で、自分が一人で成し遂げたことを過度に評価するよう条件づけられていることを。私が父親として、息子が一人で成し遂げたことだけを賞賛し助言していれば、彼は何かを自分一人で達成することを、自分の勇気を試す究極のテストと考えてしまうだろう。だが実際そんなことはない。まったく別の状況も存在する。

このサイクルはかなり若い頃から始まる。子供たちは、試験で他の学生を打ち負かすために学校で孤独に勤勉に勉強する。課題をする時に他の学生の助力を求めれば、カンニングだと非難される。一日に数時間をとられる宿題を出される。友人と過ごす時間を一人で勉強する時間に向けることを強要される。

妻のキムは、カリフォルニア大学サンタバーバラ校で学んでいた頃を思い出して言う。

「学生たちはよく他の学生の課題を妨害していた。自分がいい成績をとるために。中には、図書館に行って、他の学生に必要なページを切り取る者までいたわ」

キムは結局卒業を待たずにサンタバーバラ校を離れ、ハワイ大学を卒業した。学位を取り、学校とおさらばするためだった。

私はというと、高等教育プログラムで学位を取る気など更々なく学校を離れた。

## ●恐慌の訪れ

エイカーの『ビッグ・ポテンシャル』は現代の大作である。いくつかのポイントを挙げておこう。

公式はシンプルである。他者より抜きん出て、より賢く、より創造的であれ。そうすれば成功できる。だがこの公式は正確ではない。

成功は、創造性、賢さ、あるいはやる気だけの問題ではない。どのくらい周囲の人々とつながり、貢献し、また恩恵を受けられるかが重要なのだ。学校や職場の世間的な評価ではなく、どこまで周囲に溶け込めるかだ。何点取るかではなく、どのくらいチームの技術に貢献できるかだ。

古い成功公式にしがみつき、莫大な潜在能力が活用されないままになっている。ハーバードで学んだ一二年の間に、過激な競争の果てに潰れてしまい、自己不信とストレスで動きの取れなくなった学生たちを数多くこの目で見た。全体の八〇%という驚くべき数の学生が、学生生活のある時期、鬱を経験したと報告している。

ハーバードを離れ起業家になったエイカーは、自分の発見した学業とビジネスにおける協力の力を世界中に広め始めた。

世界中でこの仕事をしながら、私は鬱がアイビーリーグの学生だけの問題ではないことに気づいた。一九七八年、鬱と診断される人の平均年齢は二九歳だった。二〇〇九年現在、それは一四歳と半年である。

学生が学生を殺す事件が増えているが、特に学校での銃の使用によるものは、鬱や孤独、あるいは疎外感が原因なのだろうか？　下院議員のスティーブ・スカリスが、共和党員だというだけで、野球をしている時に銃撃されたのはなぜだろうか？　選挙区民を出迎えていたギャビー・ギフォーズ上院議員が民主党員というだけで撃たれたのはなぜか？　なぜ大都市で銃による暴力が増加しているのだろう？　なぜ人々はかつてよりも礼儀を軽んじ、互いを尊敬しなくなったのか？　なぜ学校でのいじめが深刻さを増し、ますます大きな問題になっているのか？　テロリズムや暴力は学校で始まるのか？

### ●スモール・ポテンシャルとビッグ・ポテンシャル

エイカーは解決法を提示している。その一つは「好循環」というもので、以下はエイカーによる定義だ。

他者を向上させるポジティブなフィードバックは人々の資質に磨きをかけ、より良いエネルギー、経験をもたらし、好循環を加速する。つまり、他者の向上に寄与することは自分の成功を更なる高みに導くのだ。一方、**スモール・ポテンシャル**は自分だけの力で手に入る限られた成功に過ぎない。**ビッグ・ポテンシャル**とは他者との好循環においてのみ達成できる成功なのだ。

学校は協力することよりも競わせることでスモール・ポテンシャルを伸ばす。

エイカーはまず学校で教わったことを忘れさせ、協力する方法を学ばせ、他者の成功を助けることによって自分の中のより大きな可能性を追求する方法を教える。

金持ち父さんは月一回土曜日に人を集めて、独自の好循環を生み出すことを実践していた。彼と彼のグループのメンバーは互いから学んで賢くなっていた。彼らは皆、真の教師であり、学校に戻ることなく共に働き、助け合って問題を解決していた。

金持ち父さん関連の新刊で人気のある一冊は、『お金よりも大切なこと』だ。この本は、真の教師である金持ち父さんのアドバイザーたちがそれぞれ実際に行っていることを一冊にまとめたものだ。この本は学校、つまり協力し合ったり他の学生を助けることをカンニングと見なす場所に戻ることではなく、お互いに助け合いながら、より賢く富裕になり、より大きな成功をつかむ方法を教えてくれる。

## ● 一枚の写真は千の言葉に勝る

㊾㊿(51)の三枚の写真は、民間の飛行学校と軍隊の飛行学校の違いを表したものだ。

強力なチームワークには強力な魂の教育が必要となる。

軍隊のパイロットになるには何が必要だろうか？

徹底した魂の教育には使命への献身が要求される。最高中の最高になるためのトレーニングには、チームの仲間と自分自身に対する最高の尊敬と、精神的、感情的、肉体的、そしてスピリチュアル面での鍛錬が必要になる。

この強力な魂のチームワークは、飛行学校の一日目からすべての訓練生の間に浸透している。魂のチームワークは、彼らが世界最高のパイロット、ブルーエンジェルスにならなかったとしても、すべての任務、すべてのパイロットに行きわたる。

強力な魂のチームワークは、ＴＡＡなどの伝統的な教育プログラムが数十億ドルのお金をかけているにもかかわらず失敗し、教育分野の起業家が効果を上げている理由だ。

㊾民間の飛行学校
目的＝一人で飛行すること：スモール・ポテンシャル

㊿軍隊の飛行学校
目的＝チームとして飛行すること：ビッグ・ポテンシャル

(51)彼らはそれをカンニングと呼ぶ

次の章では、あなたにとっての最高の教師を探求する。

●**あなたの質問　キヨサキの答え**

Q　あなたが「エリート」と呼ぶ連中は、具体的にはどんな奴なんだ？（アレックス・P、ドイツ）

A　エリートとは高給を取り、大学教育を受けた人々だ。ほとんどのエリートは金持ちではない。その多くは管理職、重役、あるいは専門職に就き、労働階級よりも多くの金を稼いでいる。また、エリートと俗物とはまったく異なる。世の中には多くの俗物がいるが、大部分はエリートでも金持ちでもない。

Q　エリートはどこにいるのか？　また何人くらいいるのか？（ピッパ・M、ルーマニア）

A　エリートは同じ地域に住み、組織、あるいは団体を作って集団化する。金持ちも、貧困層も、労働階級も同様だ。人々は共通の価値観、興味を中心に集まり、同じ学歴や経済状態で固まろうとする。

Q　エリートはすべて悪か？（ポール・G、アイルランド）

A　そんなことはない。エリート＝悪ではない。ほとんどは良い仕事をし、社会に貢献している。エリートとは、社会経済と教育による分類だ。それは労働階級と対比される。

マイノリティーは高等教育によってエリートの仲間入りをする。私の家も含めた多くのマイノリティー家庭が、この理由から高等教育を重要視している。四世代前、私の先祖は労働者としてハワイにやってきた。大学は、農場から抜け出し、労働階級から脱出して教育のあるエリートに成り上がるための切符だった。

知ってのとおり、私は貧乏父さんのように最高の教育を受けて政府のエリート役人になるつもりはさらさらなかった。私は金持ちになりたかった。だから金持ち父さんのような起業家になった。

Q　本物とそうでないものを区別するのは難しい。あなたが本物かフェイクかをどうやって知ればよいのだ？（ジェームズ・V、南アフリカ）

A　知る方法はない。私の銀行と会計士だけが私が本物かフェイクかを知っている。今日のフェイクなソーシャルメディアにおいては、私は何にでもなれる。私は過去に大勢の人から何度もフェイク呼ばわりされてきた。私は数字、自分の財務諸表をもって自分を証明するしかない。

Q　金など時代遅れだという人々に対して何と答える？（ピーター・C、米国）

A　二〇年後に同じ質問をしてみなさい、と言う。その時に本当の答えがわかるだろう。それまでは「我は金を信ずる」だ。

Q　インターネットやiPhone、その他のテクノロジーが、エリートが我々にしたことを暴くと思うか？（イレイン・K、イギリス）

A　『ザックト』を著したロジャー・マクナミーによれば、物事を疑うことなく生きている人々に対し、人工知脳はフェイクニュースや偽情報をよりもっともらしく、より真実らしく、より破壊的なものにしてしまうという。つまり、ＡＩ（人工知能）は私たちの人生を良くも悪くもするのだ。情報時代は始まったばかりだ。私たちはまだその一端を垣間見ているに過ぎない。

第十二章

# 神の生徒——教師は慎重に選ぼう

「メーデー！　メーデー！　メーデー！」

「こちらヤンキー・タンゴ96」

「エンジントラブル発生！」

「不時着する！」

エンジンが停止した時、私たちの武装ヘリは空母の四五〇メートル上空を、競技場のコースのような楕円を描きながら旋回していた。大型の兵員輸送ヘリが出発するのを待っていたのだ。単発エンジンの小さな機は、五人のクルー、六丁の機銃、弾薬の缶、一八発のロケットを装填した二基のロケット砲を載せてとてつもなく重かった。

「エンジンが止まった武装ヘリはどんなものか？」と聞かれたら、私は「岩みたいなものだ」と答えるだろう。何年にもわたる、墜落も含めた非常事態の訓練のおかげで、エンジンが止まった瞬間、私は反射的に機首を海に向けていた。私の心は「引き返せ！　引き返せ！　パワーを上げろ！　パワーを上げろ！」と叫んでいた。だがもし私がその声に従ってサイクリックと呼ばれる操縦桿を引き、パワーを上げていたら皆死んでいただろう。

ヘリコプターは飛行機のように滑空ができない。エンジンが停止したら、滑空時間、つまり「どうするか考える時間」はない。クルーのためのパラシュートもない。エンジンが止まったら落ちるだけだ。毎回のフライト訓練で、パワーを切ってエンジン故障のシミュレーションをするのはそのためだ。エンジン故障の訓練は本当に恐ろしい。すぐに再びパワーオンできるとわかっていてもだ。

エンジン故障の訓練では、パワーを切り、機首を前に向け、死と背中合わせの状態を体験する。ヘリのパイロットはいつも次のマントラを繰り返している。

（死から逃れようとして）機体を持ち上げようとするものは死ぬ
（死に立ち向かって）機首を前に向けるものは生き延びる

シミュレーションは教師の能力の図（図㊻）の上位にあるものだ。私たちはエンジン故障のシミュレーションを何年も続け、この日やっと「卒業」した。ついに実際にやってのけたのである。エンジンが停止すると、クルーたちもトレーニングに定められた通り、ただちに機銃やロケット、弾薬缶を投棄した。十分に訓練を積んでいた私たちはそれを実行しただけだった。パニックを起こしている暇もない。空から落ちる間は静かなスローモーション状態だった。外部の騒音や混乱は私たちの意識から消え去り、全員が平穏に包まれていた。

## ●「外に出る」

死に向かう飛行機の操縦席で、私は突然人生の別の次元に入っていた。後になってこの次元のことを「外に出る」あるいはスピリチュアルな実践で言う「観察者になる」という状態だと知った。私たちが「時間」と呼ぶ現実の中に永遠を垣間見せる瞬間があった。そこには過去も未来もない。ただ現在があるだけだ。「今」だけが存在するのだ。私はその時、自分自身とクルーを別の次元から観察していた。私は自分の、そして副操縦士のヘルメットの後部、さらにパイロットの後ろで非常時のチェックリストに従って作業しているクルーを見ていた。

同時に私は、空母と船団の他の船、そして広がる大きな海を見ていた。わずかの間、私はその瞬間から逃れ、「永遠」の中にいた。ヘリのローターが自動回転し、海に、そしてもしかすると死に向かう間、私に恐れはなく、平和と自己愛とクルーに対する愛の感覚に満ちていた。

それはこの世のものではない、超現実的な体験だった。

墜落の最後の段階はまったく教科書通りだった。パニックはなく、恐れもなく、ただ現在に存在し、時間の外にいた。ヘリが水面にぶつかる直前、私はついに操縦桿を引き、ヘリは静かに水面を滑った。徐々にスピードが落ち、機首が上向き、そして空を向いた。回転翼は空を切り、失速するとフップフップという激しい音で静寂が破られた。私は機首を前後に振って水平を保ち、ヘリが水面に触れる直前、ついにコレクティブレバー（ヘリの高度を調整する）を引いた。回転翼は遠心力で再び力を取り戻し、最後の最後に機体を静止させ、攻撃ヘリは静かに着水した。

ヘリが水に触れると機体は右に傾き始め、回転翼が水を打ち、エンジンとトランスミッションを破壊し、操縦席を切り裂いた。海に落ちると同時にヘリは沈み始めた。四時間後、私たち五人は海軍の発動機艇に救助された。サメが出没する海域に四時間浮かんでいるのは空から落ちる二分間よりも恐ろしかった。

墜落後の報告と調査の時、私は「外に出た体験」について調査官やクルーになにも話さなかった。それは私の現実の外で起こった体験であり、それまでしたことのない経験を分別を持って説明することはできなかったからだ。どう話していいのかわからず、結局私は無言だった。

## ●教師を探す旅

前にも書いたが、一九七三年一月にベトナムから戻った私は、軍との契約が切れるまでの数年間、ハワイの基地に勤務した。空を飛ぶ日々は終わりに近づき、私は三人の賢者のように、次の教師を探し続けた。

私は貧乏父さんを喜ばせるために、従来の教育の門を叩いた。ハワイ大学のＭＢＡに入学したが、プログラムにも教師にも興味が持てず六カ月で中退した。

そして、金持ち父さんの勧めで三日間の不動産投資セミナーに参加した。借金を使って、頭金なしでお金を稼ぐ方法を学びたかったのだ。セミナーも教師も私は大いに気に入った。

三日間のコースを終了してから九〇日間で、私は一〇〇の物件を評価し、頭金なし、一〇〇％借金だけで最初の収益不動産を購入した。それは無税で利益率無限大の月二五ドルの収益、そして人生を変える経験をもたらしてくれた。

仏教では啓示を受けることを「悟り」という。たった二五ドルでも、無から利益を生み出すことは私にとって悟りの体験だった。わずか二五ドルであろうとそれは無限大の利益率なのだ。自分の金はまったく使わずにそれを得た。私は真のファイナンシャル教育によって月二五ドルを生み出したのだ。この悟りの瞬間から、私は、多くの人のようにお金のために働き、支払いに追われ、安定した仕事にしがみつき、身の丈にあった生活をし、貯金し、安定した老後を夢見て株式投資をする人生から解放されたことを実感した。

私は不動産セミナーの講師に電話をして礼を言った。以来私はほとんど毎年、仕事を得るためではなく、さらに高度なお金についての教示を求めるために、一つか二つの投資セミナーに参加するようになった。

私はまた、金持ち父さんの助言によって、セールスのトレーニングをしてくれる会社の面接を受け始めた。金持ち父さんは、「起業家に最も必要なスキルは物を売る能力だ」と言った。彼はまた、「売り上げイコール収入だ。多くの人がお金で苦労しているのは、彼らが物を売れないからだ」とも言った。

プロフェッショナルなセールストレーニングを提供すると広告していたのは「ニューヨークライフ」だった。私はさっそく電話して面接の予約をし、海兵隊の軍服姿でホノルルのダウンタウンに出かけた。それは色々な意味でリスクのあることだった。

採用担当の重役は素晴らしい人だった。彼は「ニューヨークライフ」のセールストレーニングプログラムを賛美し、また私がいくらくらい稼げるかも教えてくれた。面接が終わりに近づくと、彼は私が今まで聞かれたことのない質問をしてきた。彼は私のお金や職業上の夢ではなく、スピリチュアルな願望について探っているようだった。意図をつかみかねている私を見て、彼はデスクの引き出しを開け、あるセミナーの無料チケットを私に手渡した。

夜の予定はなかったので、私はワイキキのヒルトンホテルのコーラル・ボールルームに出かけた。この時は軍服ではなかったが、海兵隊独特の髪型だったため、軍隊経験者であることは一目瞭然だった。ボールルームへの列に並ぶ、幸福な笑みを浮かべた人々から祝福を受けたのはうれしい驚きだった。敵意を向ける者も睨みつける者もいなかった。女性たちでさえ温かく接してくれたのには驚いた。当時、軍服の男は女性たちに避けられたものだ。私は彼らが詐欺師か、おかしなヒッピー集団か、あるいはカルト宗教ではないかと疑った。セミナーの参加者は三〇〇人ほどだった。酒はなかったが私は何か飲みたかった。私は最前列から一番離れた、出口に一番近い場所に座った。やがて、幸福そうな人々の拍手が始まると、白いドレスを着たマーシャ・マーティンという息をのむほど美しい女性がステージに現れ、講演者を紹介する前に私たちを歓迎した。

ワーナー・エアハードも同様に劇的だった。きちんとした身なりのハンサムで、白い服に身を包んだ、これまた雄弁な講演者だった。チアリーダーのような熱狂やうさん臭い煽りはなかった。二人ともとても明瞭で雄弁だったが、何の話をしているのかはまったくわからなかった。

もう帰ろうと思うまでそれほどかからなかった。これは狂信的なカルト集団か何かだろうと思った。だが、どういう訳か最初の休憩時間までは見ていこうと思いなおした。休憩時間になっても、話の内容は理解できなかった。「それを手に入れる」という言葉を何回も聞いたが、何を手に入れるのかわからなかった。

休憩になるといよいよ戦いが始まった。「幸福な笑みを湛えた人々」はフロアを歩き回って押し売りを始めた。「ニューヨークライフ」の重役の顔も見えたが私は避けた。笑顔の男たちを拒絶するのは簡単だったが、美人で幸福そうな女性たちにノーとは言えなかった。

同僚のパイロットのガールフレンドも会場にいた。リンダというその女性は、微笑む美人集団の一人だった。彼女には気安く話せたので、率直に聞いた。一つ目の質問は「エアハードって男からいくらもらえるんだい？」だった。その答えは「お金はもらってないわ」だった。次の質問は「じゃあなんでこんなことを？」だった。彼女の答えは論理的に満足のいくものではなかったので、私は帰ろうと思った。

セミナー会場を離れようとすると、同僚のガールフレンドが再びやって来て聞いた。「あなたはESTセミナーに申し込むの？」

「いいや」私は言った。「それが何だろうと、私には必要ないよ」

彼女はもう一度聞き、私ももう一度答えた。「私には必要ないよ」

しびれを切らした彼女はとうとう言った。「この会場にいるすべての人間の中で、あなたが一番このトレーニングを必要としてるのよ。私があなたの同僚のジムのことを好きなのは知ってるでしょ？　彼は私と結婚したがっているけど私はできないの。ジムはあなたみたいにここにきて、新しい、今までになかった教育の話を聞こうとしないの。あなたも彼も、この二週間のプログラムが絶対必要だわ。あなたたち海兵隊は男らしさみたいなたわごとで人生を生きているけど、そんなの見せかけよ。立派に見えるけど完全な見掛け倒し、ただのマシーン、ロボットよ。あなたたち、スーパーマッチョの海兵隊パイロットに自分の奥に潜んでいるものを見るガッツがあればいいのにね。本当の自分を見つめるガッツがあれば」

彼女は私を罵った。そして私は「ニューヨークライフ」の重役や彼女が言っていることを理解し始めていた。私は折れ、それを「手に入れる」ことにした。三五ドル支払って二回の週末を使ったEST（エアハード・セミナー・トレーニング）に申し込み、セミナー会場を離れた。

一カ月後、私は週末二回のESTトレーニングのために、ワイキキにある別のホテルのボールルームに出かけた。ESTには偉大な教師がいた。それまで私は海兵隊員はタフだと思っていたが、彼らも負けず劣らずタフだった。ハーバード大学で学んだインストラクターのランドン・カーターによる最初の言葉は「あなたたちの人生はうまくいっていない」だった。私は頷かざるを得なかった。周囲からは順調に見えたかもしれないが、実際ひどい状態だった。それから一一時間、誰一人トイレや休憩を許されなかった。受講者三〇〇人は次々と作業をこなし、うまくいっていない自分の人生を見直した。

二回目の週末の後、私にブレイクスルーの瞬間が訪れた。私は異なる次元に放り込まれた。そしてあの墜落の日に起こったこと、外に出た体験、観察する何かに出会ったこと、メーデー（救難信号）を発信した日について理解を深めることができた。

## ●セミナー中毒

私が救助された日のことを話せなかったのは、自分の心が問題だったのだ。「ニューヨークライフ」の採用担当者の説明が理解できなかったのも心のせいだった。心が重要なメッセージを受け取るのを邪魔していたのだ。マーティンやエアハードの言うことが理解できなかった理由も心だった。ジムと私がリンダの言うことを理解できなかったのも心が原因だった。

彼女が私たちを見せかけのスーパーマッチョと呼び、私たちのエゴを侮蔑した時、私の心の鎧に小さなヒビが入った。そして私は彼女の痛烈な批判を受け入れたのだ。ESTのトレーナーたちにとって、私の見せかけのマッチョにヒビを入れ、太陽を招き入れて邪魔する心を取り除くためには苦痛の週末が二回必要だった。

セミナー後の月曜日、私が隊に戻ると、同僚たちは私がカルト宗教の狂信的信者かマリファナをくゆらすヒッピーになったか、あるいは自分はゲイだと告白しようとしていると思ったらしい。だがそのどれでもなかった。私は単純に、マッチョな海兵隊パイロットの陰に隠れた自分自身により満足し、平和を感じていただけだった。私は見せかけの自分自身にさえも満足していた。以前との違いは、それがあくまで見せかけであり、本当の自分ではないと知っていることだった。

ESTを体験してから、私はいわゆるセミナー中毒になってしまった。街で「ニューエイジ」セミナーが開催されるたび、私は参加した。変わった、奇妙なものであるほどよかった。私は制限された心やエゴから解放され、現実を体験したかったのだ。女優のシャーリー・マクレーンが街を訪れ、「過去生」（輪廻のこと）について講演した時も、私は観客席にいて心を開き、人生の気づきを最大限に広げようと奮闘していた。海兵隊のパイロット仲間は私がまずいものにはまり込んだと思っていた。私はMBAを中退し、自己資金なし、一〇〇％借金で、利益率無限大の不動産を買い始めた。以前のようなマッチョではなくなり、さらに重要なことに、自分自身にずっと満足していた。

私はまた、セミナーを通して知り合った、美しく幸福な女性とデートするようになった。海兵隊の同僚が私を「ニューエイジ・ヒッピー」などの言葉で罵る時、私はただ笑って私のハッピーな交際相手を紹介し、彼らの「幸運」が将校クラブで女性を見つけるのにどれだけ役立っているか質問したものだ。

何世紀もの間、人間は自らの心を教育することに誇りを感じてきた。それは今も変わらない。多くの人が教育を崇拝し、多くの親が子供に「学校に行け」と諭す。あるいは大人になってからも、困難な人生に金銭的な救済をもたらすために「学校に戻るよ」という。

人間はこうしたことを、動物と人間を分けている進化だと思っている。確かに人間の心は多くの奇跡を成し遂げた。ロケットを月に送り、人の命を救う薬や美しい芸術を生み出し、きわめて高い水準の生活を可能にした。

## ●心の二元性

問題は人間の心の二元性であり、心がしばしばエゴに支配されてしまうことだ。心はちょうどテレビの分割スクリーンのようなものだ。世界を正しい・間違い、良い・悪い、上位・下位、内と外、美しい・醜いなどのプリズムを通して見てしまう。すべての人に良い面と暗黒面の両方があるのもこれが理由だ。

私たちの素晴らしく、奇跡的な経験は、分割スクリーンが生み出したものだ。戦争、言い争い、離婚、犯罪、不幸、中毒、鬱、殺人や自殺なども、すべて心の二元性の産物だ。そして私たちの教育はこの分割スクリーンを育てる。もし世の中に賢い人間と愚かな人間がいなかったら学校は倒産する。

宗教も聖者と罪人がいなかったら成立しない。なぜ宗教は聖戦を行い、他の宗教に戦いを仕掛けるのか？すべてのスポーツには、心の分割スクリーンがあり、勝利するチームと敗北するチームがあるからこそ行われる。もし勝つチームと負けるチームがなければ、数十億ドルを稼ぎだすスポーツ業界は破産する。想像上だろうと現実だろうと、敵がいなければ数十億ドルの国際軍産複合体も成り立たない。

なぜこんなにも多くの学生が銃を手に教室に行き、クラスメートを殺すのか？　若者の鬱が増えているのに、なぜ外見をより美しくする広告ばかり目立つのだろう？　なぜソーシャルメディアはこれほど反社会的なのだろう？　共和党と民主党、リベラルと保守がなければ、私たちはもっと機能する政府を持っていたはずだ。

問題は、私たちが自分自身を破壊してしまう前に、いかにこの二元的な分割スクリーンをオフにできるかだ。

## ●進化と絶滅

テクノロジーは進化に次ぐ進化を遂げている。世紀の変わり目からこっちだけを見てみよう。ほんの数年前、iPhoneは存在しなかった。だが今やそこら中に溢れている。そして私たちは宇宙観光や運転手のいらない車やトラックの開発に取り組んでいる。米国は莫大なお金を兵器に使っているが、一人のハッカーがラップトップを使って、軍全体の兵器を使うよりも大きなダメージをシステムに与えることができる。私が子どもの頃、ドアに鍵をかける人はいなかった。今日、鍵くらいでは略奪者、泥棒や変質者を防ぐことはできない。彼らは世界中からこっそりと入り込んでくる。

現在、一九八〇年代に生まれたミレニアル世代の億万長者が存在する。一方で、米国を含む世界のいたるところで若年層の貧困が増加している。人間の心は壊れている。

問題は、テクノロジーは進化するのに人間は変わらないことだ。人間は五〇〇〜一〇〇〇年前に比べて大して進歩していない。人間は歴史を通して、最新のテクノロジーを他者に対して使用してきた。現在、多くのソーシャルメディアが反社会的ないじめの温床になっている。これも、エゴに突き動かされ決して止まることのない、正しい・間違い、上位・下位、良い・悪いを分ける分割スクリーンのなせる業だ。

独り言をつぶやきながら道を行く人々を見たことがあるだろう。実際には私たちも彼らと変わらない。私たちはありとあらゆるものについて常に独り言を言い、コメントし、批判し、レッテルを貼り、口出ししている。誰かに話しかけているのに、彼らの肉体はそこにあっても心ここにあらずだった体験が今まで何回あっただろうか？　彼らの心は自分自身との会話に忙しいのだ。あなた自身もそうだったことが今まで何回あっただろうか？

人間が次の段階に進化するためには、これからの教育は、心をいかに止め、黙らせ、神と同調するかが重要になる。

繰り返すが、私が言っているのは宗教的な神のことではない。私は信教の自由を支持している。私たちは、宗教が多大な責任を抱えていること、多くの熱狂的信者たちが善悪の庭を闊歩していることを知っている。もし人間が、物事の白黒をつけたがる、二元的な心のテレビの分割スクリーンをオフにする方法を学ばないなら、しまいには自分の心が生み出したテクノロジーによって滅ぼされるだろう。心のスイッチを切れなければ人類は終焉を迎える。

## ●私たちは皆天使だ

私が参加したニューエイジ・セミナーで、司会者の一人がこんな話をした。

それほど昔のことでもないが、私たちは皆幸福な天使で、天国に浮かんでいた。ある日、神《GOD》（General Overall Director、総合ディィレクター）が宣言した。「誰か、志願者はいないか？　地球に行ってそこを天国にしてくるんだ」

すぐに多くの小さな天使たちの手が挙がった。「私を選んでください。世界を救ってきますよ」

志願者の選考が終わり、地球に生まれ出るために、両親となる人や生まれる国が決められ、彼らは「幸運を」と祝福された。他の天使や神に別れを告げる前に、新たに人間となった一人が聞いた。「この仕事のどこがそんなに難しいんですか？　地球の人間たちは天国を地上に作りたいんでしょう？」

「そうだ」神は微笑みながら言った。「彼らもまた天使だということを覚えておきなさい」

「ではどうして私たちの仕事が難しいんです？　地球に天国を作ることが？」

「私が人間に心を与えたからだ」

「心を持つのがどうしてまずいんですか？」

「心があると、それがコントロールを奪って天国のことを忘れてしまうからだ。君たちの両親がまずすることは、自分の考え方に従って君の心を教育し、君を教会に送り、そこで正しい神と間違った神について学ばせる。次に学校に行かせ、世の中には賢い人と愚かな人がいることを心に教え込む」

「では私たちが地球に着いたらまずすべきことは、心を克服するのを思い出すことですね？　自分が天使で、地球に天国をつくるという使命を思い出せと」

「その通りだ」神は笑みを浮かべながら言った。「人間が最もよく口にするのは「私（I）」という言葉だ。「私」は自我と心から生まれる。「私（I）」とは Illusion（まぼろし）の略だ。「私」は結束ではなく分裂を生む。子供が「私」という言葉を学ぶ時、天国との接続が切れるのだ」

天使たちは「私」という言葉についての神の警告を聞いていた。そして一人の天使が質問した。「私たちが、自分が天使だということを忘れたらどうなりますか？　地球を天国にするという目的を忘れたら？」

「その時君たちは、死ぬことと生まれ変わることを繰り返す。本当の自分が何者かを、自分が小さな天使だということを思い出すまで」

小さな天使たちは顔を見合わせ、神の方に向き直った。

「君たちと直接話ができるのはこれが最後だ」神は言った。「今後は天国は消されて、君たちは自分の心を持つことになる」

「では、今後どうやってあなたと話せばいいんです?」天使の一人が聞いた。

「地球に着いたら祈り方を教えられるだろう。祈る時、君は私に話しかけている。私からは話しかけないが」

「あなたはどうやって私たちに話しかけるんですか?」

「君たちが私の言葉を聞くことはもうない」神は微笑んだ。「私は静寂を通して君たちに話しかける」

「沈黙ですか?」

「違う」神は言った。「静寂は沈黙の向こうにある平和だ。朝早く、風が波を生み出す前に湖に行くと静寂を感じることができる。静寂は、君たちが天国をじっと見つめた時に感じる平和だ」

「あなたが私たちに話しかけていることをどうやって知ればいいんですか?」

「心が穏やかでじっと静まっている時、君たちは私が一緒にいることを感じるだろう。だが心がおしゃべりしている限り、私の声を聞くことはない。心はとても傲慢だ。心は私を理解できると思っていて、私より賢いとさえ思っている。心は本当に無知で傲慢だ」

「あなたが共にあることをどうやって知ればいいんですか?」

「君が美しい夕暮れと一体化した時、夜空の星や、木々や花、泡立つ流れと一つになった時、私が君たちと共にいることを知るだろう。君が自分の外にあるものと一体化した時、私を感じるだろう。心が静かで動かない時、また君の内なる魂が花や流れや自分の前にいる人とつながっている時、私は君たちと共に、今に存在している」

「私たちが何かと一体化している時に、あなたは私たちと共にいらっしゃるのですね？」天使の一人が聞いた。

「そうだ。君は自分の心を持つと二つに分裂する。君は私の作ったすべての創造物から切り離される。君の心は物事を決めつけ、批判し、判断し、神のようにふるまう」

「あなたとのつながりを取り戻すにはどうすればよいのです？」

「静寂が君を他の創造物と結び付けてくれる。また、瞑想することもできる。静寂と瞑想によって自分の外にある美と内なる美を結び付ける時、私は君たちと共にいるだろう」

「私たちが祈る時、あなたに話しかけているのですね。あなたが私たちに話しかける時、私たちは心をオフにしなければならないのですね。静寂と瞑想によって、あなたは私たちに話しかけてくれると？」

「その通りだ。だが君たちは私の言葉を直接聞くわけではない」

「静寂や瞑想、そして現在にいることを学ぶと何が起こるんですか？」天使の一人が聞いた。

「君たちはもっともっと私といられるようになる。花を見ていて、心からではなく魂から言葉を発することがあるだろう。『おお神よ』その時私は花を通して君に話しかけているのだ。君が子供の無邪気さを感じた時、君の魂は言うだろう。『おお神よ』。その時私はその子を通して君に語りかけているのだ。君の魂が『神よ』と呟くとき、私は君と共にいる」

「その時あなたは私たちに語りかけているんですね」

神はただ頷いて言った。「さあ時間だ。君たちは今後すべてを忘れる。だが君たちが日々の生活で、平和や『神よ』という驚きをもっともっと感じれば君は私と共にいる。なぜなら君は自分が小さな天使であることを思い出し、私と共に地球に天国を創造しているのだから」

「そしていつか、私たちはすべての瞬間を『おお神よ』と感じられる至福にできるわけですね？」

神は静かにうなずいた。

「でも私たちは、地球で小さな天使である必要はないわけでしょう？」別の天使が聞いた。

「その通りだ」神はニヤリと笑った。「だからこそ君たちには分割スクリーン、つまりエゴが支配する心が与えられているのだ。君たちは人間として、二つのスクリーンのどちらでも、自分がなりたい方を選ぶ自由が与えられている。これだけは憶えておきなさい、地球ではすべては二元的なのだ。君たちは二つの目、二本の手を持つ。正しい・間違い、高い・低いで考える。そして人間としての君たちの挑戦は「人生と一体化すること」、物事を分離せずにすべてのものとつながることなのだ」

出発の時が来た。神は小さな天使たちに美しい包みのプレゼントを渡した。「これが君たちの心だ。それぞれまったく違うものだが、それが人間だ。一人一人まったく異なる存在なのだ。他者と一体化し、魂どうしがつながり、互いの違いを超えて愛し合うことが君たちの挑戦だ」

すべての天使が美しい包装のプレゼントを受け取ると、神は言った。「さあ行きなさい」天使たちがプレゼントを受け取った瞬間、天国の記憶は消えてしまった。

一九七二年のあの日、私は叫んだ。「メーデー！　メーデー！」それは私のためだけではなく、私の戦友、五人の乗組員たちのための叫びだった。戦争の最中でさえ、私たちは地球に天国を作る努力をしていた。戦争も平和も同じコインの裏表なのだ。

## ●チャーチ・レディ

私の母はチャーチ・レディ（教会の熱心な信者）だった。「サタデー・ナイト・ライブ」（米国のコメディ番組）でデーナ・カーヴィーが演じるチャーチ・レディを見るたび、私は笑い転げたものだ。母はカーヴィーが演じるような嫌なチャーチ・レディではなかったが、とても「熱心」な信者の女友達がいた。

父はというと、それほど教会活動に熱心な訳ではなかった。彼の教会は日曜版の新聞とコーヒーだった。

母は四人の子供に教会と日曜学校に行くように言った。ついに弟が反抗し、行くことを拒んだ。私も弟に続いた。二人の姉妹は教会が好きだった。一人は後に仏教の僧侶となり、ダライ・ラマから得度を受けた数少ない西洋の女性の一人となった。

私は母と和平協定を結んだ。一二歳まで教会に行かなければならなかったが、自分で教会を選ぶことができ、母の教会には行かずに済んだ。私は母の教会の牧師が嫌いだった。彼は愛と平和というより、地獄と罪と非難の牧師だった。

二年ほど、クラスメートと一緒に彼らの様々な教会に通った。たくさんの宗教の礼拝を見たおかげで多くのことを学んだ。私が一番好きだったのはペンテコステ派、母の教会仲間からは「ホーリー・ローラー(聖なる熱狂者)」と呼ばれていた教会だった。母は、息子がホーリー・ローラーに行っていることを恥ずかしく思っていたが、歌ったり手を叩いたり、タンバリンを振ったりしながら、私は神の存在を感じていた。

一二歳の誕生日、私は教会に行くのをやめ、サーフィンをするようになった。

## ●狐の穴には無神論者はいない

ベトナム時代の私は、作戦前日の夜一人で空母の艦首に行き、静かに座っていたものだ。一時間ばかり平和な気持ちで、巨大な空母が波を切って進む音を聞いていた。静かな孤独の中で、波のうねりに合わせて上下する艦首に座っていると平和な気分になった。私は瞑想し、神の魂になっていった。最後の数分間、私は祈った。生き残ること、敵を殺すことなどは願わなかった。ひたすら、自分のためではなくクルーのために勇敢に飛ぶことだけを願った。死ぬのであればそれも仕方ない。ただ勇気をもって飛べればいい。〝勇気(courage)〟という言葉は古いフランス語の「心」から派生した言葉だ。

私たちは他のクルーと一心同体の愛をもって飛んでいたのだ。

「狐の穴には無神論者はいない(敵の攻撃から身を隠しているような状況では誰もが神を信じる)」という

ことわざがある。作戦の前日、いつも一人で艦首に座りながら、私に教会に行ってほしいと願っていた母のことを思い出していた。なぜ私が教会に行くことが母にとって大事だったのか、その理由がやっとわかった。

ある日、私たちに負傷者救助の任務が下った。私たちは機雷に触れた若い海兵隊員を野戦病院に搬送した。片方の足は失われていた。ひどく出血し、死に瀕した彼は母親の名を叫んでいた。病院に到着する直前、彼の母親を呼ぶ声が止んだ。衛生兵が彼の亡骸を飛行機から運び出し、私たちは皆泣いた。

私は歩き、一人になれる場所をみつけて母にお礼を言った。彼女は二年前、私がフロリダの飛行学校にいた時、四八歳で世を去った。作戦の前の晩は艦首に座って必ず彼女のことを思い、祈った。そして作戦の朝は彼女の魂とともに飛んだ。

一カ月後、少し離れた場所にヘリを駐機した私は、少年たちが梱包爆薬を私の機体に仕掛けているのを見つけた。私は彼らをベトコンだと認識した。敵だ。もはや小さな子供ではない。私は素早く一人を捕まえ、銃を彼の頭に突きつけながら、他の少年に機体から離れるよう言った。捕まった少年は私を蹴り、噛みつき、逃れようともがいた。私は撃鉄を起こし、彼を殺そうとした。

突然母親の懇願する声が聞こえた。「どうか彼を撃たないで、私は他の母親の子供を殺すためにあなたを産んだんじゃない」私は動きを止め、自分の魂を傷つけるような行為をする前に、母の言う通りにすべきだと気づいた。私は静かに撃鉄を戻した。片手で少年を捕まえながら、もう一方の手でサッカーボールを拾い、他の少年たちにサッカーをしようと合図した。しばらく間があったが、私たちは一つになり、少年たちは殺し合うのをやめてサッカーを始めた。

その夜、空母に帰還する途中、私は海兵隊での自分のキャリアが終わったことを悟った。

## ●いにしえのニューエイジ

私はよく質問される。「あなたの成功の秘密は何ですか?」「どうやって個人ファイナンス関連書籍でナンバーワンの本を書いたのですか?」「なぜ「オプラ・ウィンフリー・ショー」に出演することができたのですか?」「どうして今や米国大統領のドナルド・トランプと、共著で二冊も本が書けたんです?」「大失敗やつまづき、友人やパートナーの裏切り、数百万ドルの損失と利益など、様々な浮き沈みをどうやって生き延びてきたのですか?」

理にかなった答えはない。この本の読者に言えるのは、私の成功は自分が受けた教育や、学校で教わったこととは何の関係もないということだ。成功の秘密は、私が魂の教師を探し求めてきたことだ。それは母親や、私にエゴを捨てさせてくれた同僚のガールフレンドのリンダ、様々なニューエイジ・セミナー、また、沈黙すること、静寂に浸ること、総合ディレクターである神の生徒となることを教えてくれたいにしえの、あるいは存命のスピリチュアルな指導者たちによる本などだ。

一九五〇年代から六〇年代、古くからの東洋、アジアの英知が米国に押し寄せた。世界を放浪するヒッピーたちが(その多くは麻薬を求めての旅だったが)、超越瞑想(TM)や交流分析(TA)などの古くからの教えを持ち帰った。

ビートルズはインドでグルに学び、その後、彼らの音楽に東洋音楽の影響が現れるようになった。西洋文化でよくあることだが、「瞑想」などの古代の東洋の知恵は現代的にアレンジされ、必要な時間を短縮し、効果を高め、西洋人の心により訴えるように再構築された。西洋人には英知を求めて一日一六時間、二〇年間瞑想する時間も忍耐力もない。素早く効果の出る方法を求めるのだ。そしてそれがESTやシャーリー・マクレーン、ティモシー・リアリーとLSD、そしてニューエイジ・セミナーが生まれた理由だ。数百万の人々に火の上を歩くことを教えたアンソニー・ロビンスもその一人だ。

今日はそれらにマインドフルネスも加わった。ESTは一つのアイコンに進化した。幸いなことに、助けを求める人々の数は増えるばかりだ。史上最高のオリンピック選手、マイケル・フェルプスはオンラインセラピーのスポークスマンになっている。ハリー王子は母親であるダイアナ妃の死をいまだに嘆き悲しんでおり、助力が必要なことを認めている。
助けを求めることはすべての人類が抱えている痛みを癒すための最初の一歩なのだ。

### ●分裂は簡単で、団結は難しい

団結は難しいが分裂することはたやすい。そのため私のチームメンバーは、私がしているのと同じスピリチュアルトレーニングを行っている。目的は、私たちのチームをより結束した、強い、生産性の高いものにすることだ。

私たちが行っているのは　ハル・エルロッドの『朝時間が自分に革命をおこす——人生を変えるモーニングメソッド』（大和書房、以下『ミラクル・モーニング』）で紹介されているやり方だ。

1　ホロシンク瞑想。それは、古代東洋の瞑想と西洋の方法論に、一九七七年に化学分野でノーベル賞を受賞したイリヤ・プリゴジンが開発した方法と、人間の学習速度を加速するゲオルギー・ロザノフのスーパーラーニングを組み合わせたものだ。

2　私たちは二年に一回、一緒に集まって三日間の読書会を行っている。一つはビジネス本の研究、もう一つはスピリチュアルな本の研究だ。今まで対象にした本を挙げると、

『ルールズ・フォー・ア・ナイト』（*Rules for a Knight*）、イーサン・ホーク著

『アウェアネス』（*Awareness*）、アンソニー・デ・メロ著

『いま、目覚めゆくあなたへ——本当の自分、本当の幸せに出会うとき』（*The untethered Soul*）、マイケル・シンガー著（風雲舎刊）

『さとりをひらくと人生はシンプルで楽になる』（*The Power of Now*）、エックハルト・トール著（徳間書店刊）

私はこれらの著者たちに、小さな天使の寓話の元になるアイディアをくれたことを感謝している。学校システムにさえ分断がはびこるこの世界で、一年に二回集まって勉強し、毎日同じスピリチュアルトレーニングをすることで私たちは常に団結している。

### ●ユダの物語

私の中学校時代、友人の父親が教室にやって来て、イエスを裏切る報酬としてユダに支払われた三〇枚の銀貨のうちの一枚といわれるものを見せてくれた。銀貨とそれにまつわるユダの裏切りの物語は私の心を引きつけた。

一九七二年、ベトナムに送られ作戦戦闘戦隊に加わる直前、私たちは沖縄に立ち寄った。沖縄の部隊長は私が最も尊敬する指揮官だった。彼は第二次世界大戦中、海兵隊のいわゆるライフルマンとして、水兵から始めた「叩き上げ《マスタング》」だった。朝鮮戦争で士官になった彼は、プロペラ爆撃機、A1スカイレーダーで飛んだ。A1は「空飛ぶダンプカー」と呼ばれ、大量の戦闘物資を積めるうえ、長時間目的地域を飛行できた。ベトナム戦争では彼は少佐となり、私のような新米パイロットのトレーニング係として、兵士を実際の戦闘に送り込む前の訓練を行っていた。ある日の早朝のパイロットミーティングで、部隊長はおごそかに言った。

「お前たちの中にユダがいる」

最後の晩餐のキリストと一二使徒の物語よろしく、八人のパイロットたちは顔を見合わせた。「俺か？俺がユダか？」

部隊長は五分ほど無言で立ったまま、誰がユダかを考えながら所在なげにしている私たちを見つめていた。ついに大尉の一人が手を挙げ、少佐に質問した。「私たちの一人がユダだということになぜそんなに確信をもっておられるのですか？」

部隊長は、ついに誰かがその質問をしたことに満足しているようだった。彼はニヤニヤしながら口を開いた。「なぜならユダは俺たち全員の中にいるからだ」

八人のパイロットは身じろぎもせず座り、彼の答えを反芻していた。

部隊長はおもむろに言った。「お前たちが作戦部隊の一員になる時、彼らに歓迎されるとも親しくしてもらえるとも思うな。彼らはお前たちと親しくなろうとはしない。なぜなら新米の武装ヘリパイロットはしばしば三〇分以内に死んでしまうからだ。彼らにとって、どんな人間がヘリを操縦しているのか、海兵隊のパイロットかそれともユダか知る術はない。戦闘の中で試されるまで、お前たちを信頼していいのかどうかわからない。テストが終わるまでは、お前たちは単なる新入りで、もしかすると自分や仲間を裏切るユダなのかもしれない」乗組員とともに海から救助された時、私は新入りからパイロットに昇格した。

## ●スピリチュアルの力

今日、私にとって最も大切なことは「ミラクル・モーニング」を実践することだ。瞑想し、魂の導師について学ぶことは私の人生における奇跡だ。なぜなら私の中のユダをコントロールすることができるからだ。今日最も成功した富裕なヘッジファンド、ブリッジウォーター・アソシエイツを創立したレイ・ダリオは、雑誌「マキシム」のジャスティン・ロウリッチに瞑想について語っている。

他の有能なヘッジファンド・マネージャーと同様、ダリオは自分の投資戦略を公にするようなことはない。だが彼は、学生の頃、ビートルズが実践していると聞いて始めた超越瞑想が、自分が成功してきた最大の理由だと語っている。ダリオはＴＭ瞑想の普及を推進するデヴィッド・リンチ財団に数百万ドルを寄付した（マーティン・スコセッシやジェリー・サインフェルドも支持者である）。また彼は、ＴＭを学びたいブリッジウォーターのスタッフにはその費用を負担している。

さて、瞑想やスピリチュアル教育、ユダについての私の考えを述べて終わりにしたい。ユダはフェイク教師だ。自分の中のユダに他者、あるいは自らを裏切ることを許す人々は神を演じようとしているだけで、もはや神の生徒ではない。瞑想の本当の目的とスピリチュアル教育は、自分の中のユダに、私たちは皆小さな天使であることを思い出させることである。

## ●賢者を探し求めて――金持ち父さんのラジオショー

私は日曜学校で、人生で最も偉大な秘密について学んだ。三人の賢者が賢いのは、彼らが偉大な教師を探し求めたからだ。九歳の私は教師を探し、金持ち父さんを見つけた。偉大な教師を求める私の旅は今日も続いている。

今、ほとんどの人が、自分が口に入れる食べ物について注意深くなっている。だが自分の脳みそに入れる情報に注意を払う人は一体何人いるだろうか？　ジャンクフードを売るビジネスがあるように、ジャンク情報を売る人々もたくさんいる。果たしてどれほどの人が、注意深くお金の教師を選んでいるだろうか？　どのくらいの人がお金についての本を読み、セミナーに参加し、賢者を探しているだろうか？　そうしたいという人は多い。だが彼らはいつも「時間がない」のだ。金持ち父さんのラジオはそうした人々のためにある。

私の仕事で、自分が特に好きなものは以下の三つだ。

1　私は仕事を通じてパートナーやアドバイザーから学ぶ。毎日が真の人生の学びだ。それは方法論や教科書からではない。

2　私は世界中のセミナーや会議に招かれる。だが私は興味深い講演者、何かを学べる人物が参加するセミナー以外には行かない。

3　私は「金持ち父さんのラジオショー」で真の教師にインタビューする。皆、本物の賢者だ。私が招くのは、他のセミナーで出会った偉大な教師ばかりだ。

私はほとんどの時間を働くこと、そして賢い男女から学ぶことに費やしている。私とキムの「金持ち父さんのラジオショー」をぜひ聞いてみてほしい。毎週一時間、世界の英知や思想的指導者と様々な問題を話し合う。この一時間にあなたは仕事で学ぶ一週間分の知識を得るだろう。金持ち父さんのラジオショーは、真の教師から学ぶことができるグローバルポッドキャストだ。すべての放送がアーカイブ化されているので、自分のスケジュールに合わせて聞くことができる。番組の一つがあなたの友人や家族、同僚の役に立つものであれば、一緒に聞いて学んだことを話し合ってほしい。あなたの学びと理解は急発展するだろう。一時間のうちにあなたの中のお金の天才が目覚めるだろう。

**●世界の動きに追いつく**

ご存じのように、お金の世界は刻一刻と変わっていく。しかも世界経済が停滞している時でさえ、お金の世界の動きは速くなる。バッキー・フラーは、人間は「加速が加速する」時代に入るだろうと予言した。残念ながら、時代遅れの教育システムのおかげで多くの人が財政的に苦しみ、どんどん取り残されている。

これから紹介するのは、「金持ち父さんのラジオ」で聞くことのできるインタビューだ。皆、お金の世界のインサイダーであり、とても賢い人々だ。常に変わるお金の世界に後れを取りたくない人、一歩先を行きたい人、常にトップを行きたい人はぜひ聞いてみることをお勧めする。

**・G・エドワード・グリフィン**：『マネーを生みだす怪物――連邦準備制度という壮大な詐欺システム』（草思社）の著者。エドは、謎に包まれた、世界で最も力のある銀行、連邦準備銀行の内部の働きについて説明してくれる。彼は真実を発掘する研究者だ。私は彼の話を聞く機会を最大限に利用している。

・**リチャード・ダンカン**：『ドル暴落から、世界不況が始まる』（日本経済新聞社）の著者。

ダンカンは国際通貨基金（ＩＭＦ）と世界銀行に勤務した経済学者だ。彼は世界の巨大銀行の観点から見た洞察力を備えたインサイダーである。現在タイに在住し、富裕層や投資ファンドのアドバイザーを務めている。マクロな視点でお金の世界に何が起こっているか知りたい時、私はいつもリチャードに電話する。

リチャードは「マクロ・ウォッチ」という購読サービスを提供している。このサービスの素晴らしいところは、彼が制作しているチャートにある。様々な数字をわかりやすい簡単なグラフにしてあり、今世界で起こっていることが容易に理解できる。

・**ノミ・プリンス**：『中央銀行の罪――市場を操るペテンの内幕』（早川書房）の著者。

彼女はウォールストリートの深奥を知るインサイダーだ。ゴールドマン・サックスやベアー・スターンズのマネージング・ディレクターを務めた。二〇〇八年の暴落以後、ノミは世界を旅し、暴落後の世界がどうなっているか、その目で直接確かめた。そしてそれを『中央銀行の罪――市場を操るペテンの内幕』（早川書房）にまとめた。

・**バート・ドーメン**：「ウェリントン・レター」の発行者。

あなたが財産を株式にしているなら、「ウェリントン・レター」を購読することをお勧めする。彼は株式市場の上下、紆余曲折を予想・解説する真の天才である。彼は一歩早い段階で人々に取引をさせ、その理由もしっかり説明する。バートには、マーケットの内部で何が起こっているかを見通す不気味な力が備わっている。

私自身は株式市場に投資してはいないが、毎号楽しみにしている。バートは四〇年の経験を利用して人々に情報を与え、教育し、国際市場で何が起こっているかを解説する。彼こそ真の教師であり、友人であり、そして「金持ち父さんのラジオ」の常連のゲストでもある。

・**ジェームズ・リカーズ**：『通貨戦争 崩壊への最悪シナリオが動き出した！』（朝日新聞出版）の著者。彼は弁護士であり、投資銀行家でもある。ヘッジファンド業界のインサイダーで、ノーベル賞を受賞した経済学者が創設した巨大ヘッジファンド、ロングターム・キャピタル・マネジメント（LTCM）で働いていた。LTCMは一九九八年のロシアルーブルの暴落で倒産しかけた。

この事件でジムは世界経済の脆弱さを思い知らされ、この時の経験をもとに米国国防省と中央情報局（CIA）のコンサルタントになった。ジムの著作と講演、そして「金持ち父さんのラジオ」でのインタビューは電子化されている。

次のリストは金持ち父さんのラジオのアーカイブに入っているその他の人々だ。

・**ドナルド・トランプ**：彼は、このラジオショーの中で大統領選挙に出馬することを考えていると告白した。

・**デビッド・ストックマン**：彼はロナルド・レーガン大統領下で行政管理予算局局長を務めた。

・**ケン・ランゴーン**：ホーム・デポ創設者。

・**モハメド・エルエリアン**：債券大手、パシフィック・インベストメント・マネジメント・カンパニー（PIMCO）の前CEO。

「金持ち父さんのラジオ」はリッチダッド・カンパニーによって運営されており、すべて無料だ。ここで私たちはアドバイスはせず、何かを売りつけたりもしない。ただ真の教師を通して、人々に教育を施すだけだ。「金持ち父さんのラジオ」についてもっとくわしく知りたければRichDad.comを見てほしい。

## ●あなたの質問　キヨサキの答え

Q　あなたのチームメンバーと、ベトナムで軍務についていた時のメンバーとの間に性格的な類似はあるか？（アレハンドロ・B、コロンビア）

A　答えはイエスでもありノーでもある。海兵隊と民間の違いは、その極端な団結の体験だ。一般人はこうした体験を、ブートキャンプ（新兵訓練施設）、海軍特殊部隊訓練、ジャンプスクール（陸軍空挺学校）などを通して知っているかもしれない。共に飛行するクルーは、ただの乗員である以上にまず海兵隊員だった。この強烈な一体感は我々をチームとしてより強くした。私たちは同じ文化を分かち合う家族、部族だったのだ。ヘリに乗り込むと、それぞれが異なった任務を与えられる。二人はパイロット、二人は武器担当、一人は整備係という具合に。それぞれ異なる仕事をこなしながら、私たちは何よりもまず海兵隊員だった。

民間において、人々の経験、文化、属する集団は様々だ。強力な団結の体験も持たない。私は商船アカデミーと海兵隊の体験の後にゼロックスに入社した。会社は従業員同士が「結束」し「チームスピリット」や「企業文化」を養うために莫大な時間とお金をつぎ込んだ。ゼロックスはチーム育成のトレーニング、研修会、表彰夕食会などを行い、テレビドラマ「バンド・オブ・ブラザーズ」に描かれたような軍隊の文化を育もうとしていた。企業によるこうしたチーム育成の努力は非常に興味深く、また役立つものだが、軍隊の文化には遠く及ばない。一〇段階評価で言えば、ゼロックスの絆を一とすると海兵隊の絆は一〇〇である。

もう一つ、企業のチームが決して育てられないものがある。私たちがヘリに乗り込むと、そこには言葉にできない規約が生まれた。この規約は神に対するものでも、国家や海兵隊に対するものでもない。暗黙の規約は、自分の命を他の乗組員「バンド・オブ・ブラザーズ」のために投げ出すことだった（当時は女性は戦闘飛行に参加しなかった）。

ある日米国から、クルーチーフに男の子が生まれたという知らせが来た。その日は戦闘飛行の予定だった。パイロットとしての私の任務は、クルーが戦い、やむを得ない場合は死ぬ準備をさせることだった。私はクルーチーフに質問したことを生々しく覚えている。「息子が父親なしで成長することになっても構わないか?」彼は間髪を入れず頷き、微笑みながら言ったものだ。「イエス・サー」幸いなことに六カ月後クルーチーフは帰還し、子供と対面を果たした。

海兵隊のモットーは「センパー・フィデリス」つまり「常に忠実であれ」だ。そして、「不名誉よりは死を」これは説明は不要だろう。単純に言えば、海兵隊員は仲間を生かすためには喜んで命を投げ出すということだ。ここまでの「魂のレベル」は、一般社会では目にしたことがない。

Q あなたの「体の外に出た」体験について、時間の流れは観察者がいる状況によって変わる、というアインシュタインの相対性理論と似ていると思わないだろうか?(ブライアン・R、米国)

A わからない。それはアインシュタインに聞いてみないと。個人的には、体の外に出るのはそれほど複雑なことではないと思う。それは単に、自分の心からわき出る考えに気づくことだと思う。例えば、私は昨日洋服店に行ったが、そこで自分の心がつぶやくのを聞いた。「その上着は君に似合うぞ。クラブに着て行ったらみんながカッコいいと言ってくれるぞ」

私は必要のない上着を買ったか? 買ったのだ。これは私の人生を動かしている私の心、エゴの例であり、魂ではない。私が「外に出る」現象について説明した理由は、学校が目的とすることは心の発展であり魂の発展ではないということを言いたかったからだ。商船アカデミーも海兵隊も、心ではなく魂を鍛えてくれた。軍隊で重きを置く言葉が、使命、名誉、規範、規律、尊敬であるのもそうした理由だ。

人々からよく聞く言葉は、「私にはどんな得がある?」だ。これは強欲な人間がよく口にするセリフだ。真の健康、財産、幸福は、心やエゴに人生を任せることでは得られない。心は知りたがる。「いくら金が儲かるの?」だが魂は問う。「何人に貢献できるか?」後者の問いを自分にするには、「外に出る」ことが必要かもしれない。

Q　「良い」セミナーと、詐欺師があなたからかすめ取る目的で行うセミナーをどう見分ければよい?(マーク・K、米国)

A　私は「良い」「悪い」という言葉を使うことは極力避けている。心から離れて魂で生きれば、「悪しきものの長所」あるいは「良きものの短所」が見えてくる。二〇一八年一二月、私は「株式市場が暴落すればいいのに」と発言して炎上した。だが真の投資家ならば、暴落に良い点、悪い点の両方を見出すものだ。フェイク投資家は夢の世界に住んでいて、市場が暴落するのは悪いことだと信じている(あるいは自分がそう信じていると思っている)。現実社会では、投資に最適なのは暴落の直後だ。フェイク投資の世界では、市場は上がるだけで決して暴落しない。だがそれは妄想だ。

金持ち父さんは息子と私に言った。「良いこと悪いことは同じコインの裏表に過ぎない」

スコット・フィッツジェラルドは言った。「第一級の知性かどうかを決めるのは、異なる二つの考えを心に抱えながら、行動する能力を持てるかどうかだ」

自分のクラスでは、私はこう言う。「人生により多くの平和と繁栄をもたらしたければ、脳みそを鍛えてコインの両側を見られるようにしなければならない」

Q　インターネットやiPhone、その他のテクノロジーはいずれエリートたちが私たちにやったことを暴くと思うか?(ジョアン・B、ブラジル)

A　非常におもしろい質問だ。私の答えはイエスでありノーだ。フラー博士は人類は完全性《インテグリティー》の時代に入ると予言した。新しいテクノロジーのおかげで今まで見えなかったものが見えるようになり、グランチの弱点が明らかになってくるだろう。問題は、テクノロジーが今まで陰に隠れていた連帯や組織を白日の下にさらけ出し、無関心や腐敗、怠惰、不足などを排除しようとする時、追いつめられた彼らとその組織が生き残りを試み、完全性の時代が更なる混乱や破壊を導くということだ。現状に満足して自己満足に浸った時、私はコダック社のことを思い出すことにしている。かつてコダックフィルムは世界を席巻していた。だがあっという間にデジタル写真技術がこの巨大企業を廃業に追い込んでしまった。

つまり、テクノロジーの加速が加速する時代には、何一つ安全で安定したものはないということだ。インテルのアンディー・グローブは書いている。「パラノイア（心配性）だけが生き残れる」私がスピリチュアル教育を勧めるのもこれが理由だ。あなたの心はパラノイアだ。そしてあなたの魂は、心よりもはるかにパワフルだ。

# 第三部

# フェイク資産

銀行担当者はいつも言った。「あなたの家は財産ですよ」
だが、一体誰の財産なのだろうか？

――ロバート・T・キヨサキ

なぜ貧困層と中流層はどんどん貧しくなるのか？
彼らが真の資産だと思って投資しているものが、実はフェイク資産だからだ。

――ロバート・T・キヨサキ

# イントロダクション

「金持ちはお金のためには働かない」
「預金者は負け組」
「あなたの家は資産ではない」

これらは一九九七年に出版された『金持ち父さん　貧乏父さん』からの抜粋だ。

これらの主張は当時、大いに物議を醸した。私たちが話を持っていった出版社は皆ダメ出しをした。何人かはこう言った。「あなたは自分で何を言っているのかわかっていない」

もう二〇年以上前の話だ。だが二〇一八年になっても、最高の学歴を持つエリートたちの多くが「キヨサキは自分が言っていることを理解していない」と言い続けている。「家は資産ではない」「預金者は負け組」などの主張は最高の学歴を誇るエリートの脳みその細胞一つ一つをかき乱す。彼らは自分たちの家は資産で、預金することは賢いことだと信じたいのだ。

問題は、家がフェイク資産だということだ。預金も同じだ。お金も、退職後のための貯蓄もそうだ。

第三部では、ほとんどの人がフェイク資産に投資し、労働の日々が終わった後こうしたフェイク資産がお金を生んでくれると信じているという現実を見ていく。第三部を読めば彼らが真の「資産」ではなく真の「負債」に投資していることがわかるだろう。そして、人々がフェイク資産に投資している理由だけでなく、真の資産に投資する方法も学べるようになっている。

第十三章

# なぜ若くして引退するのか――次に来る巨大な危機

一九七四年六月、私は除隊届にサインし、ハワイの海兵隊基地を後にした。衛兵に最後の敬礼を返し、自由の身になった私は車でワイキキの新居に向かった。一九六五年八月に、ニューヨーク、キングスポイントの米国商船アカデミーに入学して以来、私はずっと軍隊で過ごしてきた。

新しく買った家はワイキキビーチの高級ホテル、イリカイホテルの中にあるベッドルーム一つ・バスルーム一つのコンドミニアムだった。イリカイを選んだのは、ホテルの部屋としてレンタルすることができたから、つまり自分の負債を、収入を生む資産に変えることが可能だったからだ。セールスポイントはホテルの設備、プール、ジム、レストラン、ナイトクラブ、そしてルームサービスを利用できることだった。値段は納得のいくものだった。六〇〇スクエアフィート（約一七坪）と小振りで三万二〇〇〇ドルのホテルコンドだった。二七歳の独身男にとって、ワイキキのナイトライフの中心地の、六〇〇スクエアフィートの部屋は必要にして十分だった。

私は翌週の月曜からホノルルのダウンタウンのゼロックスで働き始めた。休みはまったく取らなかった。住宅ローンを支払わねばならなかったからだ。

## ●二〇年勤めて引退する

私の実の父である貧乏父さんは、私が海兵隊を去ることに反対し、海兵隊で二〇年働いてから引退することを望んでいた。母方の親戚も父方の親戚も、仕事そのものよりも退職手当が大事だったようだ。母方の親戚では、母の兄弟二人がハワイ郡の消防署で働いていた。彼らは二〇年務めた後、政府の年金と手当をもらって退職した。ハワイ州の二人の兄弟は四〇歳以降は働く必要がなく、残りの人生はゴルフと釣り三昧だった。年に一度は本土に行きラスベガスに巡礼する。二人とも素晴らしい引退生活を楽しんでいた。

父方の家族も似たようなものだった。何人かは二つ（一人は三つ）の政府の退職年金をもらっており、さらに社会保障とメディケア（高齢者向け医療保険制度）も持っていた。三つの退職年金を持つ叔父は、最初に陸軍で二〇年間過ごし、次に五年間連邦政府で働いた後、三つめの年金のためにハワイの州政府で働いていた。父はこの叔父を羨み、私にも海兵隊に二〇年務めるよう勧めたのだった。

## ●401(k)プラン

一九七一年、リチャード・ニクソン大統領は米ドルと金の交換を停止した。それは労働者の富を学問エリート、財政エリートの懐に移動させる時代の幕開けだった。スティーブン・ブリルが『テイルスピン』で書いたエリートたちだ。

本書の冒頭で私はブリルの文章を引用し、この国の最高の学校を卒業した学問エリートたちが債務担保証券（ＣＤＯ）や不動産担保証券（ＭＢＳ）といった魅惑的な金融商品、つまりデリバティブを発明したことを説明した。それらは経済にはほとんど貢献せず、労働者の資産を奪い、財政エリートを極端に裕福にした。私が海兵隊を去った一九七四年、従業員の企業年金を保護するエリサ法（従業員退職所得保障法）が施行された。

そして四年後、別の年金プログラム、４０１（ｋ）が始まった。だがそこには問題があった。それまでお金の教育を受けたことがなくて投資経験もない人々が、突然投資家にされてしまったのだ。そしてこれこそが「大きくて潰せない」巨大銀行、米国政府、そしてウォールストリートによる略奪の始まりだった。

一九七一年から一九七四年までの期間は、ターニングポイントとして歴史に残るだろう。今から五〇年か一〇〇年後、学者たちはこの年月を振り返り、学問・金融エリートたちによる、罪のない数百万のベビーブーマーがつぎ込んだ数兆ドルの富の強奪、年金プランという名の政府公認の収奪が行われた時代だと考えるだろう。ちなみに一九七二年はニクソンが中国に貿易の門戸を開いた年だ。

## ●迫り来る年金崩壊

今日、世界は崩壊の危険を多数抱えている。環境破壊、世界規模の巨額な負債、サイバーテロの危険。そして、ほとんど誰も注意を払わない現在進行中の大災害は、一九七〇年代に貧乏父さんが直面していた危機、引退の時期になっても年金がないという災害だ。以下の記事を読んでほしい。

「インベスターズ・ビジネス・デイリー」（二〇一八年四月一六日）

**年金制度の危機**：メディアは容赦なく連邦政府の負債の膨張を叩いているが、新しいレポートによると米国は新たな時限爆弾を抱えているらしい。政府や地方の公務員への過分な年金による負債である。

これを改革するのは簡単ではない。しかし他に方法はないだろう。

「ソブリン・マン」、**サイモン・ブラック**（二〇一八年六月二二日）

サンディエゴ市は、現職及び引退した職員に対する負担金が六二億五〇〇〇万ドル不足している。ニュージャージー州は九〇〇億ドルの年金の負債が未達になっている。そしてご存じの通り、社会保障とメディケアも、数十兆ドルの負債を抱えている。ヨーロッパの状況も似たり寄ったりだ。スペインの社会保障の積立金はここ数年、政府発行の債券に投資されている。だが債券の現在の平均利回りはマイナス〇・一九％だ。

あなたが読んだ数字は正しい。つまり、スペインの年金はほとんど全額消え失せたということだ。イギリスは数兆ポンドの公的年金積立が不足している。保守的なスイスでさえ年金積立金は必要額の六九%だ。もっとも今日の悲惨な状況においては素晴らしい数字と言えるだろう。スイス政府は昨年、年金を救済するプランを提案した。女性の引退年齢を六四歳から男性と同じ六五歳に延ばし、付加価値税を〇・三%引き上げるプランだった。

だが提案は国民投票で有権者に否決されてしまった。年金改革が否決されるのは過去二〇年で三回目である。一番の問題は、世界中の年金が危機に瀕していることだ。ほとんどの場合、政治家は問題に目をつむり次の政権に先送りしようとしている。ごくまれに状況を変えようとする場合もあるが、そんな時も有権者に拒否されるか、労働組合に訴えられる。あるいは他の原因で、最も必要な改革案はいつも成立しない。これでは年金の崩壊を早めるだけだ。

**「アームストロング・エコノミクス」、マーティン・アームストロング**（二〇一八年三月四日）

米国最大の公務員年金は、カリフォルニア州職員退職年金基金（カルパース）だ。カリフォルニアは深刻な破綻の危険に直面している。私たちはクライアントに、手遅れにならないうちに手を引くように助言している。私は以前から、カルパースは破産寸前だと警告してきた。また彼らがひそかに、すべての401（k）を自分たちに運用させるよう議会に働きかけたことも警告した。民間資金を公的資金と合体させれば破綻を多少引き延ばせる。だが、今まで資金を管理できなかったのに民間資金をうまく運用できるだろうか？　実際のところ彼らは市民の金を強奪し、州職員や政治家の年金に充てようとしただけなのだ。

カルパースは経済的な有望さではなく、環境面から見て正しいプロジェクトに投資してきた。これを含めた様々な事実を隠すため、彼らは透明性を頑なに拒否してきた。昨年彼らは、株式市場は高値をつけ過ぎだと判断し、債券に投資したが、債券バブルの真っただ中で買ってしまった。カリフォルニアの経済はその時最高潮に達しており、その後は州外に移転する人が後を絶たない。

「ウォールストリート・ジャーナル」、サラ・クラウス（二〇一八年七月三〇日）

ムーディーズ・インベスターズ・サービスの試算によれば、国と地方の年金の積立不足額は四兆ドルで、世界第四位のドイツの経済と同じ数字である。

AFP通信、「総額数兆ドルが不況の危機に晒されている――国際通貨基金」（二〇一八年一〇月一一日）

危機の根源は州と地方自治体の年金だ。もしウォールストリートが沈んだら、それらは資金を失う。つまり地方政府の資金不足は避けようがないということだ。その時、州や都市は支出を抑えなければならず、経済は大きな重荷を背負う。全米で見ると、こうした年金基金はGDPの約八％分の資金が不足している。

ここから先は、もっと驚くべき、だが厳然とした事実を紹介しよう。

## ●世界各都市の状況

二〇〇〇年、ジンバブエのお金は世界中の物笑いの種になった。ロバート・ムガベ大統領が政府職員の年金と戦争の負債を支払うために数兆から一〇〇〇兆のフェイクマネーを印刷したのだ。現在、西側諸国の多くの富裕な国家がジンバブエの金融政策同様、お金を印刷しまくっている。

二〇一八年、ニカラグアは今にも革命が起こりそうな状況にあった。政府が職員の年金を支払えなくなったのだ。

二〇一八年現在、ニューヨーク、サンフランシスコ、シアトル、ホノルルなどの大都市では、数百万人が路上生活を送っている。

二〇一八年一〇月一三日、「エコノミスト」誌は書いている。「特にイタリアは時限爆弾だ。新たな危機を引き起こすのは時間の問題だろう。そしてそれをコントロールすることは極めて難しい。イタリアのパニックは金融市場を通して世界に伝搬するだろう。それは世界の投資と成長に冷水を浴びせることになる」

**「ウォールストリート・ジャーナル」**（二〇一八年七月一九日）

**富裕な州**：職員の年金準備が最も良好な富裕な三州

1　サウスダコタ　100％

2　ウィスコンシン　99・9％

3　ワシントン　98・7％

**貧困な州**：年金準備が最も不足している三州

48　コネチカット　51・9％

49　ケンタッキー　48・9％

50　イリノイ　47・1％

**「ロイター通信」、マーク・ミラー**（二〇一八年七月二七日）

**「オハイオ州の労働者の年金基金の苦悩は米国の問題を象徴している」**

ロバータ・デルは四六年間ロリポップ（棒つきキャンディー）を作り続けてきた。彼女は仕事を愛していたが、引退後の生活はどうやらダムダムロリポップほど甘くはなさそうだ。デルはオハイオ州ブライアンのスパングラー・キャンディーカンパニーで働いていた。五五〇人の従業員を抱える同族会社で、昔ながらのキャンディーを製造していた。一九五〇年に全米トラック運転手組合がスパングラーにユニオンを設立し、その後一九七二年に中部複数事業者年金プランに加入した。

だが彼女の年金の見通しは不透明だ。中部年金基金は一〇年以内に破綻すると言われている。引退者と現職、総勢四〇万人を抱えるこの基金は、従業員のグループがいくつか集まって拠出する複数事業者型年金プランの典型的な失敗例となっている。参加したのは建設業、運送業、鉱業、食品小売りなど、自社で年金プランを持たない小規模企業だ。

「引退したら、年金をあてにできるとずっと信じていました」デルはインタビューで語った。「年金は自分の貯蓄だと思っていました」

スパングラー社におけるトラック運転手組合の世話役でもあるデルは、今月はじめ、問題解決の可能性を探るためにオハイオ州コロンバスで行われた米国議会委員会で証言した。

一〇〇〇万人以上の退職者が一四〇〇もの複数事業者型年金プランに加入しているが、そのうち二〇〇のプランがひどい資金難に喘いでいる。原因となったのは二〇〇一年と二〇〇八～二〇〇九年の株式市場暴落、そして安定を崩し、雇用を減少させた産業の凋落だ。

この問題に脅かされているのは労働者の年金だけではない。年金給付保証公社（ＰＢＧＣ）の提供する複数事業型保険プログラムも一〇年以内に破綻すると言われている。ＰＢＧＣは米国政府機関で、危機に陥った年金プランの救済手段として数百万の米国人労働者の年金を保証している。（注：ＰＢＧＣの名を聞いたことのある米国人労働者はほとんどいないだろう。だがＰＢＧＣが破綻し、彼らの年金が減額される時、その名が知れわたるだろう）

デルは現在六五歳の未亡人だ。彼女の夫も二〇一五年に亡くなるまでスパングラー社に勤めていた。彼女はあと数年働いて引退し、月に一二〇〇ドルの年金をもらう予定だ。その他に、社会保障給付金が一四〇〇ドルもらえる。だが現状では、二〇二五年に年金カットが行われそうな雲行きだ。

## ●若くして引退する

二〇一八年、数百万の従業員が、貧乏父さんが一九七四年に直面した境遇、年金の支払いなしの引退生活を強いられるだろう。次の巨大暴落が彼らの老後の蓄えとPBGCを吹き飛ばす時、数百万のベビーブーマーが夢見る幸福な引退生活も泡と消えるだろう。

これらは皆、人々がフェイク資産に投資したり、老後の蓄えをフェイクのファンドマネージャーに託した結果起こる。ファンドマネージャーはその金を株式や債券、投資信託、ETF、保険などに投資するか、現金のままにしてしまう。

52のグラフは米国が貧困化していることを表している。

二〇一八年、ニュースクール大学の研究機関、シュワルツ経済政策分析センターは、米国中流層の四〇%は、引退する頃には貧困層に落ち込んでいるだろうと予想している。今はまだ職があっても、将来は貧しくなり、年金を受け取ることができなくなる。

一九七四年、私は若くして引退すると誓った。そうしたかった訳ではない。若くしての引退が可能か挑戦してみたかったのだ。もし若いうちに引退できなくても、再挑戦のために働く時間は何年もある。六五歳になって年金収入が市場暴落で消え去ったり、引退生活を支えるだけの十分なお金がなかったりするのは御免だった。

これまで語ってきたように、私の人生は失敗の連続だった。自分のやり方を確立し、仕事にも年金にも頼らず引退できるようになったのは四七歳の時だ。進んで失敗し、そこから学ぶことを目的にしていたのは、失敗やミスを重ねることが起業家になるための学びの方法であり、仕事にも安定した収入にも、また年金にも頼らなくてよい人生に至る道だったからだ。引退するまで二〇年かかった。もし海兵隊に残り、貧乏父さんが言う通りに「二〇年の勤務」をしていたら、今ほど賢くも豊かにもなっていなかっただろう。

失敗し学ぶことを進んで受け入れたもう一つの理由は、若くして豊かに引退したかったからだ。一九七〇

52貧富の格差：インフレ率と税率を加味

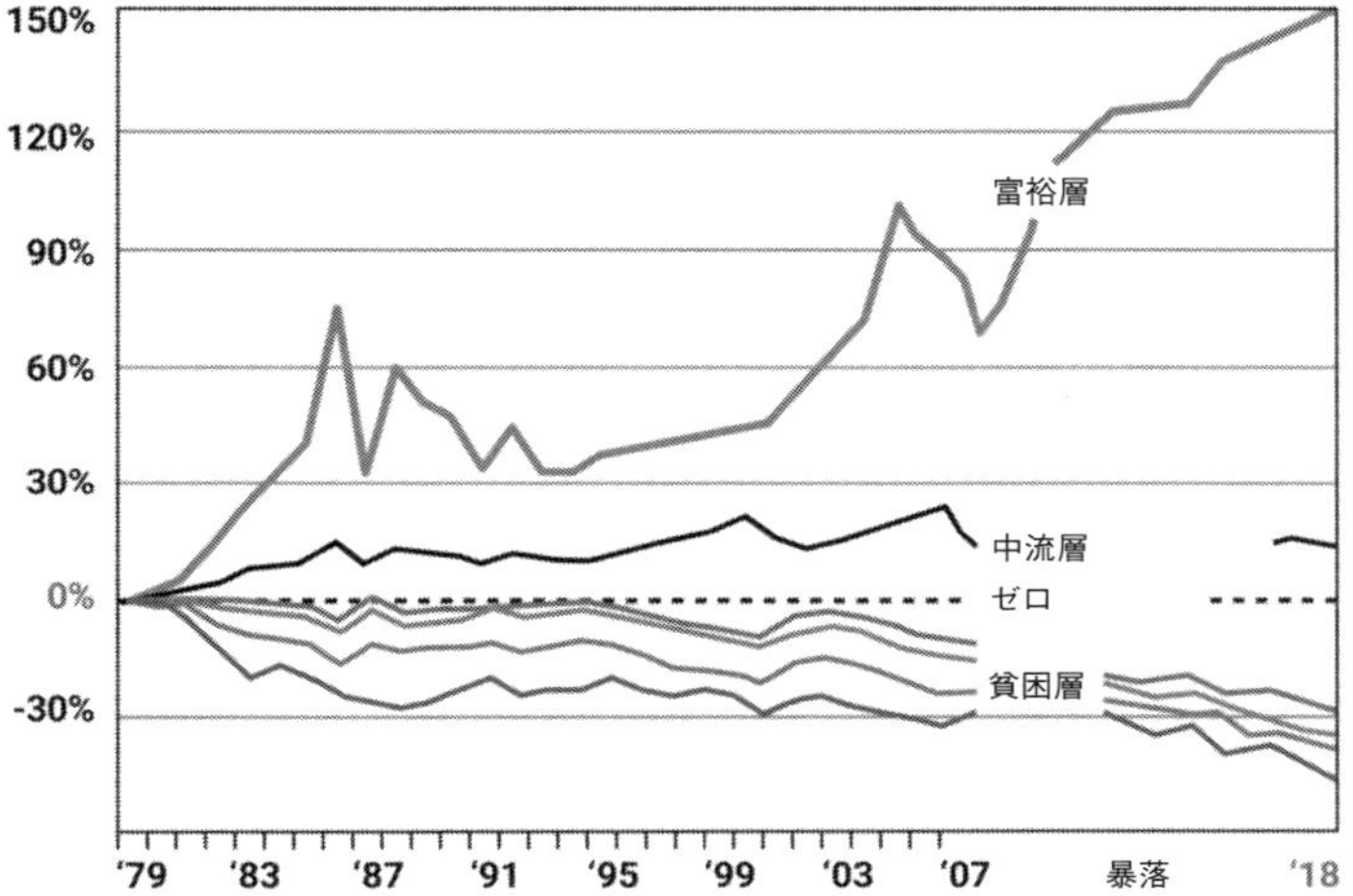


年代、恵まれた年金というのは月五〇〇ドルくらいだった。今日、五〇〇ドルでは貧困生活だ。一九七四年当時、私の目標は年一二万ドルの不労所得を得ることだった。そうすれば「若くして引退」できる。一九九四年、キムと私は目標を達成した。キムは三七歳、私は四七歳だった。達成には二〇年かかった。キムにとってはたったの一〇年だった。一度年収一二万ドルを達成してしまうと、次の目標は一二〇万ドルになった。それも実現すると、次は年一二〇〇万ドルを目指した。

それは私たちの個人的な挑戦だった。まず若くして引退する。次に豊かな引退生活にする。簡単な算数だ。最初は月に一万ドル、次に月一〇万ドル、そして月一〇〇万ドルだ。もし海兵隊で二〇年間過ごしていたら、月の収入は五〇〇〇ドルだっただろう。

一九九〇年のことだが、ある女性が私たちに言った。

「あなたたち、年に一二万ドルしか稼いでないの？」

彼女が理解していなかったのは、私たちはまったく働くことなしに一二万ドルを得ていたということだ。彼女の夫は弁護士で、年に五〇万ドル稼いでいたが、ずっと働きづめだった。今日、キムと私は彼女の夫が稼ぐ金額以上を二週間で得ている。それもまったく働かずに。

## ●儲けを還元する

キムと私は年一億ドルの寄付か、それ以上の慈善行為をすることを目標にしている。私たちの計画はもっとお金を稼ぎ、それを社会に還元することだ。引退するための方法を見つけた私たちは、若くしてそれを実行し、金持ちになった。成功の鍵は、自分が愛することに投資したことだ。ファイナンシャル・プランナーの助言通りの投資はしなかった。

さて、あなたは疑問に思うかもしれない。いったいいくらお金があれば十分なのだ？　富裕になり、財政的な自由を得るという私たちの目標・計画は、「十分」という考え方とは無関係だ。「十分」の領域はとっくの昔に越えてしまった。

なぜ私にはそんなにお金が必要なのか？　実際のところ必要ない。クワドラントのBやIの部分でお金を稼ぐのは私にとってゲームのようなものだ。ある人々はゴルフ場で小さな白いボールを追いかけて人生を送る。パーより低い打数に抑えることを期待して。またある人々は、誰かに発見されることを夢見て歌い、映画スターやスポーツ選手になるために活動し続ける。それが彼らのゲームなのだ。

とても大切な質問をしよう。あなたは自分のゲームに情熱を傾けているだろうか？

これは複雑な質問だ。情熱的な人々は自分のやりたいことをする。情熱とは時に自分勝手なものだ。だが嫌いなことをするよりもずっといい。最近の調査によれば、七〇％の米国人が好きでもないことを仕事にしているという。この数字は数年前は六二％だった。

より金持ちになることがあなたの人生の目的なのか、とよく聞かれる。答えはノーだ。多くの人々がそれぞれの目的のために働いている。家族を養う、子供に学校教育を受けさせるなど、意味があると思える仕事をする。

一九八三年、私がバックミンスター・フラー博士のもとで学んでいた頃、彼は言った。「私は神が望んでいることをしている」私は自問した。「神が望んでいることとはなんだ?」私は多くの人が自らにこの問いかけをすることを勧めている。

この年は私がロックンロール・ビジネスをしていた時でもあった。それは楽しかった。私は「イケてる」人間だった。ポリス、ヴァン・ヘイレンなどの当時の人気バンドとの付き合いもあった。だが正直なところ、大金は稼げても、ロックバンドのグッズを作るのが神の望むこととは思えなかった。

私は自分に問いかけた。神が私に望んでいることは何か? それがわかったとは言えないが、神は人々が貧困でいることは望んでいないと思う。そこで私は、金持ち父さんが教えてくれたお金の知識を伝える仕事を始めた。どうやらそれは神のご加護を受けているようだ。私は教える仕事を続けている。そして、ご存じのように多くのお金を稼いだ。私自身が貧乏で、人々に金持ちになる方法を教えているなら、私はフェイク教師になってしまう。

あなたに質問したい。神はあなたに何を望んでいるのか? あなたは神が望むことを進んで行うか? あなたが癌を治せるとしたら、それをするか? 世界の飢饉を解決できるとしたらそうするか? 温暖化を解決できるとしたらそうするか? あるいは、自分のために十分なお金を稼ぎたいだけか?

一九七四年当時、私は二つの高給をもらえる職に就こうと思えば就ける状況だった。一つはスタンダード石油のタンカーの航海士、もう一つは航空会社のパイロットだった。両方ともE・Sクワドラントの高給従業員としてのキャリアだった。だが私はB・Iクワドラントで仕事ができるかどうか試したかった。

## ●地獄を突き進む

かつてウィンストン・チャーチルは言った。「もしも地獄の真っ只中にいるのなら、そのまま突き進むがいい」

B・Iクワドラントへの移行は簡単ではなかった。前の章で述べた通り、スピリチュアル教育とスピリチュアルな教師がいなかったら、やり遂げることはできなかっただろう。地獄をくぐり抜けたことで、キムと私はより賢く強くなった。神の望みを遂行する能力が高まったのだ。

金持ち父さんは言った。「お金の天国に入るドアはたくさんあるが、お金の地獄へのドアはもっとある」

ご存じのように、ほとんどの起業家はBやIクワドラントで成功する前に地獄を経験する。自分の作った企業、アップルを追い出されたスティーブ・ジョブズが良い例だ。ビル・ゲイツの場合はマイクロソフトが独占禁止法違反で訴えられた。マーク・ザッカーバーグも、フェイスブックは自分たちのアイディアだと主張するウィンクルボス兄弟に訴えられた。ジェフ・ベゾスでさえアマゾンを創立する際何度か失敗している。

金持ち父さんは警告した。「多くの人がお金の地獄のドアを選び、二度と戻ってこない」

世の中には金持ちになるために魂を売る人々がいるのはあなたも知っていると思う。多くの人間が数百万人を食い物にしている。その多くは最大規模の銀行の要職についている連中だ。ゴールドマン・サックス、連邦準備銀行、そして米国財務省などだ。

著名な犯人を挙げると、ビル・クリントン、ロバート・ルービン、ラリー・サマーズ、アラン・グリーンスパン、ジャック・ルー、ティム・ガイトナー、ハンク・ポールソン、ベン・バーナンキ、ウォーレン・バフェット、そしてフィル・グラムなどだ。彼らは経済を救ったと主張する。だが実際は富裕層を救ったに過ぎない。いつか報いを受けるだろう。

もし新たな金融危機が起これば、数百万の罪なき勤勉な人々が、これらの魂のないリーダーたちによってお金の地獄に突き落とされるだろう。私が教育システムに批判的なのはこうした理由だ。それは学生にファイナンシャル教育をせず、ミスをすると罰を与え、学生同士の協力をカンニングだとみなす。

我々の教育システムには魂が欠けている。お金は誰もが毎日使うものだ。なのになぜ、それについて学校で教えないのか？

## ●起業家になる方法を学ぶ

一九七四年、私はセールスを学ぶためにゼロックスで働き始めた。セールスの才能はあまりなく、かなり苦労した。家々のドアをノックして、次々に拒否されるのは本当につらかった。就業時間が過ぎた後もオフィスに残り、新しい顧客のためのセールス提案書を書いていたものだ。もし売れなければ食うに困り、住宅ローンも払えない。セールスを学ばなければBやIの起業家になることはできない。ゼロックスのホノルル・オフィスのナンバーワンセールスになるまでの二年間は、まさに失敗続きだった。

一九七四年から七六年の間、私はCFP（公認投資コンサルタント）のコースを受講した。これは素晴らしかった。同時に非常に難しく、ひどい苦労を強いられた。だがおかげでプロのファイナンシャル・プランニングについて多くが学べた。

CFPと、数週間で資格が取れるFP（ファイナンシャル・プランナー）とでは大きな違いがある。マッサージ療法士になるのでさえ二年間を要するのだ。即製の専門家であるFPは投資についてほとんど知らない。シリーズ7の免許（金融商品の販売免許）のための勉強しかしていないのだ。FPとCFPでは、簿記係と公認会計士ほども違う。

資格を取得すると、FPはすぐに顧客を見つけようとする。相手は現在のプランナーに不満を持つ人々だ。新しいプランナーは不満を抱える顧客に、資産を401（k）や個人退職年金（IRA）から自分の方に鞍替えするよう勧める。そして魔術を使おうとするが大抵それはうまくいかない。FPたちが売っているのは基本的に同じ商品、株式、国債、投信、ETF、保険だ。魔法など起ころうはずもない。

## ●一番大切なのは……

魔術が効かない理由は、ファイナンシャル・プランニング会社の目的が「あなたを金持ちにすること」ではないからだ。彼らが考えているのは「財産を管理すること（Assets Under Management）」つまりＡＵＭである。ＣＮＢＣなどの金融番組や「マネーマガジン」などの金融雑誌には、ビッグ・マジック・ファンド、一〇〇〇億ドルの運用残高などの広告が載っている。一〇〇〇億ドルの運用残高はすごい数字に聞こえるが、平均的な投資家にはあまり意味がない。即製の専門家であるファイナンシャル・プランナーの第一の目的は自分の会社の運用残高を上げることであり、顧客の未来を安定させることは二の次なのだ。運用残高については後で詳しく説明する。

私は公認投資コンサルタントになるために資格を取った訳ではなかった。私の目的は若くして引退する方法を見つけることだった。幸い多くを学ぶことができた。以下が私が得た知識だ。

1　ＦＰには二種類ある。時間当たりの料金を請求するプランナー、そして顧客に金融商品を売ってコミッションをもらうプランナーだ。

2　ＦＰのほとんどは紙の資産、つまり株式、債券、投資信託、ＥＴＦ、預金、保険についてしか知らない。彼らには起業家や不動産投資家、金や石油の投資家になるための知識はない。そして何より、負債や税金を使って富を得る方法を知らない。

3　ＣＦＰも、そして簡単に資格を取れるＦＰも、プロの投資家ではない。彼らは給与や手数料、ボーナス、コミッションで生活する従業員か自営業だ。

4　ＣＦＰになる勉強をしても、若くして豊かに引退する方法はわからなかった。

5　保険については多くを学ぶことができた。保険は公認投資コンサルタントが最も重きを置いているものだ。なぜなら手数料が非常に高いからだ。

●好きなものに投資せよ

金持ち父さんは息子と私に、次の四つの基本的財産について教えた。

1 ビジネス
2 不動産
3 紙の資産《ペーパーアセット》（株式、債券、投資信託、ETF、預金、保険）
4 コモディティ（商品、金、銀、石油、食料、水）

ほとんどのFPやCFPは、コミッションが欲しいために紙の資産や保険だけを売る。

一般に、「好きなことをせよ」とよく言われるが、金持ち父さんが息子と私に言ったのは「自分が好きなものに投資しろ」だった。CFPのコースを終えた私は、何に投資すればいいかわかっていた。

1 私の情熱は起業家になること、SではなくBクワドラントのビジネスを立ち上げ、育てることだった。Bクワドラントの起業家になるために、五〇〇人以上の従業員を持つことが私の挑戦だった。

2 不動産は以前から大好きだった。自分のお金を一銭も使わず、無税で月々二五ドルを稼いでからというもの、すっかり気に入っていた。無限大の利益率、お金を使わずに稼ぐという芸術にすっかりはまっていた。

3 紙の資産には興味がなかった。特に公認投資コンサルタントの資格を取ってからは。紙の資産はフェイク資産だということはわかっていた。だが、EやSクワドラントの、ファイナンシャル教育のない人々には紙の資産が一番よいこともわかっていた。

4 コモディティは元々好きだった。特に金は好きで、一九七三年に香港で最初の金貨を買った。石油にも興味があった。米国商船アカデミーでタンカーの航海士になる訓練を受けたからだ。

繰り返すが、ファイナンシャル教育の知識が少ない平均的投資家には紙の資産が最も適している。

紙の資産が平均的な投資家に適している理由は、非常に流動性が高い、つまりすぐに売買できるということだ。間違いを犯してもすぐに売却できる。金貨、銀貨についても同じことが言える。これらは紙の資産と同等の流動性を持つ。この流動性は紙資産の弱点でもある。暴落が起こってパニックになった時、莫大な売りが発生して一般投資家の財産を数分で流し去ってしまう。高頻度取引が行われている現在では、紙の資産は一秒間に一万回の売買が可能だ。長期投資をする一般投資家はランチタイムの間に破産してしまう可能性がある。

## ●ダークプール

この本の最初の方で、現代のお金のほとんどが電子化され、見えなくなっていると書いた。紙の資産も同様だ。「ダークプール」とは、銀行、ヘッジファンドなどの巨大な機関投資家、そしてウォーレン・バフェットのようなプロの投資家がひそかに売買をしている市場だ。今日、約四〇%の紙の資産がダークプールで取引されていると言われる。一般の投資家は何が起こっているのかさえ気づかない。

次の暴落がやってくると、そうした投資家は一瞬にして引退資金を失ってしまうだろう。二〇〇八年にアラン・グリーンスパンが証人喚問された時、彼は「誰にも予想がつかなかった」と言った。彼の証言は本当だろうか？　それともフェイクだろうか？

グリーンスパンはＩクワドラントに属する経済学者だ。Ｉはまた、インサイダーの頭文字でもある。グリーンスパンはインサイダーだ。今日の私も、自分の投資に関してはインサイダーだ。ＦＰのアドバイスに従うだけの一般家庭の投資家はアウトサイダーだ。

二〇〇八年前半、リーマン・ブラザーズが破綻する六カ月前、私はＣＮＮに出演し、ウルフ・ブリッツァーに市場が下がると予言した。私にわかっているのにグリーンスパンにわからないわけがない。Ｉクワドラントのインサイダーたちは何が起こるのか知っていたに違いない。

### ●暴落を予想する

Ｑ　暴落が来ることがなぜわかった?

Ａ　私はＩクワドラントのインサイダーだからだ。暴落の何年か前から私はテレビやラジオで不動産市場の暴落を警告していた。

Ｑ　他の人間が知らないことをどうやって知った?

Ａ　流れが見えたからだ。二〇〇五年から二〇〇八年の間、私たちのアパートから入居者が出ていった。月五〇〇ドルの家賃を支払うのがやっとだったのに、アパートを出て三〇万ドルから五〇万ドルの家を買っていた。

Ｑ　彼らはどうやってそんな家を買ったのだろう?

Ａ　ＮＩＮＪＡローンを使ったのだ。「無職、無収入」(No Income, No Job) のローンだ。それはサブプライムローンと呼ばれるものだ。彼らはサブプライムの(信用度の低い) 借り手だった。

Ｑ　ウォーレン・バフェットが知っていたことがなぜわかる?

Ａ　バフェットの会社、バークシャー・ハサウェイはサブプライムローンを「優良」と判定したムーディーズの株を所有していたからだ。彼らがサブプライムローンに優良認定を下したことで、それは不動産担保証券と債務担保証券として売却された。年金ファンドや政府系ファンド、ヘッジファンド、プライベート・エクイティー・ファンド、その他世界中の大手投資家に売りつけたのだ。

ガソリンは石油の派生物で、ジェット燃料はガソリンの派生物だ。ここでは石油を例にとったが、元の物から離れていくほど派生物の危険性は増していく。二〇〇八年、サブプライムローンの借り手の返済が滞り、これらの「派生物」が爆発し、世界は崩壊の危機に瀕した。数百万人が仕事や家、年金を失ったが、「大物たち」は一人として起訴されなかった。ニューヨークのチャイナタウンにある、中国系米国人がオーナーの小さな銀行が訴えられたが、結局無罪になった。

ＰＢＳ（米国の公共放送）はこの銀行のドキュメンタリーを製作した。タイトルは「そろばん」だった。それは刑務所に行っても問題ない規模の小さい銀行だった。政府は小さな銀行をいじめ、本当の犯罪者はお咎めなしだった。

今日誰もが知っているように「潰すには大きすぎる」銀行、ゴールドマン・サックスやウェルズ・ファーゴ、シティーバンクなど、暴落の原因になった銀行は数十億ドルを稼ぎ、そして誰一人訴えられなかった。これらのフェイク資産で数十億ドル儲けた銀行家たちは、暴落後、さらに数十億のボーナスを得た。私に言わせれば犯罪者だ。

サブプライムローンは犯罪的で、その暴落が近いということが私にわかっていたくらいだから、バフェットが知らない訳はない。ムーディーズがサブプライムローンにつけた優良という格付けが詐欺的だということまで知っていたのではないか。第一、金融派生商品を「金融大量破壊兵器」と呼んだのはバフェットだ。これこそ真のファイナンシャル教育のあるＩクワドラントの「インサイダー投資家」の強みだろう。二〇〇八年に市場が暴落した時、キムと私は数百万ドルの利益を上げた。

私が株式や債券、投資信託、ＥＴＦ、預金などの紙の資産に投資しないのもこうしたことが理由だ。私はアウトサイダーになるのは嫌なのだ。また、すべての紙の資産は派生商品であり、本当の資産ではない。フェイク資産だ。だが紙の資産はその流動性ゆえにファイナンシャル教育のない平均的な投資家には一番良い。

紙資産は簡単に参入でき、簡単に処分できる。

## ●ビジネスと不動産

ビジネスや不動産の問題は、その非流動性だ。間違いを犯したが最後、あなたはタイタニック号の船長のようになってしまう。起業家として、私は何度もタイタニック号の船長の状態を経験している。

私は不動産でお金を失ったことはない。人々には実際に投資する前に不動産コースを受講すること、小さく始めること、徐々にレベルの高い教師を見つけること、そして練習に次ぐ練習をすることを勧めている。覚えておいてほしい、ビジネスと不動産は極めて流動性が低い。したがって一般的な投資家よりもずっと賢くなければならない。あなたがビジネスや不動産の起業家であれば、あなたはインサイダーなのだ。

## ●投資の方法

投資のやり方について尋ねられた時のために、私は二つの答えを用意している。

答え1、私のファイナンシャル教育は、金持ち父さんと彼の息子と私とでモノポリーで遊ぶことから始まった。今日、キムと私は実生活でモノポリーを行っている。私たちは資産の派生物ではなく、本当の資産が好きだ。そして二人とも、アウトサイダーではなく常にインサイダーであろうとしている。

答え2、キムと私は大きな資産を作るためにマクドナルドの方法論を真似した。『金持ち父さん　貧乏父さん』の中で、私は創設者であるレイ・クロックがテキサス大学のMBAクラスで言った言葉を引用した。彼はクラスでこう質問した。「マクドナルドがしているビジネスは何だと思うかね？」一人の学生が当然の答えを言った。「ハンバーガーを売ることです」

レイの答えは違っていた。「ノー。マクドナルドのビジネスは不動産業だ」

私はマクドナルドのやり方を真似している。私のビジネスは不動産ビジネスだ。マクドナルドのビジネス手法は図⑬のようなものだ。この方法については後ほど語ろう。

## ●言葉の力

金持ちになるための秘密は何かと聞かれた時、私は言う。「秘密はたくさんある」一つ挙げれば、それは言葉の力だ。もし金持ちになりたいなら、まずは考えたり話したりする時に使う言葉をコントロールする方法を学ぶ必要がある。多くの人は自分を貧しくし、そこから抜け出せなくしてしまう言葉で考え、話す。

私は日曜学校で学んだ。「言は肉となって、わたしたちの間に宿られた」（「ヨハネによる福音書」一章一四節）

金持ち父さんは言った。

貧しい人々は言う「私には買えない」

金持ちは考える「どうすれば買えるだろう？」

貧しい人々は言う「お金には興味がない」

金持ちは言う「君が金に興味を持たなければ金の方でも君に興味を持たない」

貧しい人は言う「私は決して金持ちにはなれない」

金持ちは言う「私は金持ちにならなければ」

貧しい言葉を使って考え話す人々は、ＦＰを雇い、紙の資産に投資すべきだ。

貧しい言葉を使う人々には、株式や債券、投資信託、ＥＴＦ、預金や保険で十分だ。少なくとも何もしないよりいいだろう。

金持ち父さんの資産の定義はこうだ「資産はあなたのポケットにお金を入れてくれる」

金持ち父さんの負債の定義はこうだ「負債はあなたのポケットからお金をとっていく」

記憶すべきこと：名詞と動詞が鍵である。あるものが資産か負債かを判断するためには、名詞と動詞の区別が必要になる。「お金」という言葉は名詞だ。「流れる」という言葉は動詞だ。名詞だけでは資産か負債かを判定することはできない。例えば家は、キャッシュフローの方向によって資産にも負債にもなり得る。

二〇〇八年の暴落では数百万人のＥクワドラント、つまり従業員が仕事や家を失い、家が資産ではなく負債であることを思い知らされた。

**●フェイク資産は真の負債だ**

現在、数十億という人々がフェイク資産に投資している。４０１（ｋ）はフェイク資産だ。長い間にお金があなたのポケットから出て行ってしまうからだ。個人退職年金（ＩＲＡ）もフェイク資産だ。これもあなたのポケットからお金を奪っていく。政府の年金もフェイク資産だ。ポケットからお金が出て行ってしまう。投資信託もフェイク資産だ。株式も、債券も、ＥＴＦも、そして預金もフェイク資産だ。これらはみな派生物だ。投資信託は手数料をとる。これによって金持ちはもっと金持ちになる。そしてあなたは貧しくなる。

インサイダーたちは知っている。投資信託に投資する人は一〇〇％自分のお金を使い、リスクを一〇〇％引き受けるのに、利益の二〇％しか得られない。繰り返すが、投資信託もＥＴＦもデリバティブ（そしてフ

(53)マクドナルドのビジネスは不動産業だ

ェイク資産）であり、真のファイナンシャル教育のない、一般の受動的な投資家向けのものだ。

問題は、再び暴落が起こったら、一般投資家の資産が吹き飛んでしまうことだ。二〇〇八年に起こったように。覚えておいてほしい、「資産はあなたのポケットにお金を入れてくれる」「負債はあなたのポケットからお金をとっていく」のだ。

次の章では、暴落が起こった時、お金がどこに消えていくのかを見ていこう。

### ●あなたの質問　キヨサキの答え

Q　神があなたに望んでいることをせよということだが、あなたが正しいことをしているとわかる、神からのサインはあるのか？（ブルーノ・T、フランス）

A　神が私に話しかけてくると言っている訳ではない。また「神が私を選び、この仕事をさせている」などというおこがましい考え方もしていない。大体、神が考えていることがわかるなどと主張するのはひどく傲慢で妄想的な人間だろう。人間の心が神と同じレベルで働くとはとても思えない。もし神がいるとすればだが。

バッキー・フラー博士は、私がしているのは他の人々がしたいと夢見ていること、つまり自分が好きなことをしてお金を儲けることなのだと気づかせてくれた。

私は自分がしたいことをしていた。起業家で、自分の会社を持っていた。私はボスであり、世界的なロックバンドと一緒に仕事をし、楽屋へも自由に出入りできた。私はそういう生活を愛していた。私のエゴが愛していたと言うべきか。それは楽しかった。私はワイキキビーチの超高級コンドに住み、韓国と台湾に工場を持ち、米国の様々な場所にオフィスを構えていた。ハーレーダビッドソンとメルセデスのコンバーティブルを乗り回し、美しい女性たちとデートした。私は誰よりもカッコよかった。

だが、心のどこかで、自分のロックンロール商品が大して世界に貢献していないこともわかっていた。

私の商品が世界をより良い場所にするようなものでないことは、神に言われなくてもわかっていた。それらの商品は、フラー博士が言うところのオブノクシコ、醜悪な会社が作り出した醜悪な商品だった。

フラー博士の勧めに従って私は目を覚まし、神が私に望んでいることは何かを自問した。未来学者だった彼は常に進化の進化について考えていた。フラー博士は、彼は常に「神は人類に、地球に、そして未来に、何を望んでいたのか?」と自問していた。彼は神による、「人間とは神による、「人間が理解できるかどうか」を見るための数百万年にわたる実験だと思っていた。神は、人間が心を使って地上に天国を作るか地獄を作るかを知ろうとしているのだと博士は考えていたのだ。

フラー博士はまた、人間は「最後の試験」を受けている最中だと考えていた。もし人間が「理解」できなければ、人間(人類)は自らの心で自分自身とこの小さな星を殺してしまうだろう。彼は言った。地球と私たちが滅んだ後、神はこの星が治癒するのを待ち、再び生命が現れた時、新しい霊長類を置き、数百万年にわたる実験が再び始まるのだと。

フラー博士は生命を数百万年単位で見ていた。人間は人生をせいぜい数十年単位でしか考えない。だからこそ彼の未来予想は正確だったのだ。彼は人間のではなく、神の心で未来を見ていた。彼と共に一週間を過ごしたのち、私は自問し始めた。それは「私は何がしたいのか?」ではなく「神の望みとは何だろうか?」という問いだった。

私は貧しさを憎んでおり、また神が人々の貧困を望んでいるとも思わなかったので、ファイナンシャル教育が貧困問題への一つの解答になると考えた。私は金持ち父さんに教わったことを人々に教え始めた。それは思い切った賭けだった。

バッキーも同じような道を歩んだ。彼は自問した。「私に何ができる? 私はちっぽけな男だ」自分にそう問いかけた後、彼はお金のために働くのをやめ、神が自分に望んでいることは何か、自分に何ができるかを考えた。

神が貧困よりも繁栄を望んでいるかどうかは知らないが、いずれにせよそれが、リッチダッド・カンパニーを作った理由だった。私たちは人々に魚を与えるよりも、釣りを教える方が有益だと考えている。

Q　もし現状が改善されなければ世界大戦が起こる可能性があると思うか？（メリンダ・G、オーストラリア）

A　あると思う。私たちはすでに戦争状態にある。あらゆる分野であらゆるレベルの戦いが行われている。今日の戦争は通貨戦争、貿易戦争、テロリズム、テクノロジー戦争、軍事戦争、そしてソーシャルメディア戦争などだ。

アレクシ・ド・トクヴィルは言っている。「民主主義国家における自由を破壊したいと願う人々は、戦争が最も短期間で確実な方法だと知るべきである」

残念ながら私が生まれた頃の米国もアメリカンドリームももうなくなってしまった。私たちは現在新たな世界戦争のただ中にいる。それは強欲、無知、憎しみ、そしてソーシャルメディアで煽り立てる戦争だ。

アイン・ランドが彼女の代表作『肩をすくめるアトラス』の中で描いたように、世の中は社会主義者やファシスト的官僚、またの名をイルミナティーによって動かされる大転換期に差しかかっており、本当の資本家、本当の富の生産者は身を潜めてしまうと思う。ある意味私も、様々な方法で身を隠している。

Q　米ドルの通貨切り下げやハイパーインフレが起こり、エリートたちを白日の下にさらし、支配権が九九％の一般市民に戻ると思うか？（ウィリアム・J、スウェーデン）

A　ノー。いつの世も、人々を支配し、抑圧し、他者の自由を奪おうとする人間がいるものだ。それはフラー博士が人間の「無理解」について語った時に述べた、横暴で抑圧的で、強欲で支配的な人間性の側面であり、人類が「最後の試験」を受けている理由である。

フラー博士は、人間が「理解する」ことについて語る時、彼は人間の進化、つまり人々が自分のためだけに働く世の中から、誰にとっても住み良い世界のために働く世の中について説明していた。それは教育とお金のある人間だけがいい思いをする世界ではない。

再びアレクシ・ド・トクヴィルの言葉を引用しよう。「米国が偉大なのは、他の国よりも啓発の度合いが深いからではない。それは、失敗を立て直す能力にある」

連邦政府が一九九八年と二〇〇八年、そして今日数兆ドルを印刷して世界から富を略奪していることで、米国の偉大さは失われた。米国政府はお金を印刷して富裕層を守り、中流層を破壊して新たに教育のある低収入貧困層を生み出し、米国は道徳の指針を失った。

教育のある金持ちはフェイクマネーを生み出すために残りの人間たちを食い物にし、環境を破壊した。そして私たちの教育システムはその共犯者である。

第十四章

# お金を盗むのは誰か——退職、年金、フェイク資産が中流層・貧困層をさらに貧しくする

二〇〇八年以来、四つの中央銀行が世界経済を救うために九兆ドル以上のお金を刷り続けてきた。それらのお金はどこに行ったのか？　誰の懐に入ったのか？　あなたは恩恵を受けたか？　そして、なぜこんなに多くの年金が破綻したのか？

## ●世界経済への重圧

私がこれを書いている二〇一八年の終わりの時点で、世界経済を脅かすものが四つ存在する。

1　**金利の上昇**。二〇〇八年以来、世界の中央銀行は金利を史上最低のレベルまで下げた。中央銀行は人々にお金を借りてほしかったのだ。こうして安直な借金が世界に巨大な資産バブルを巻き起こした。株式、債券、不動産、ビジネスが熱気球のように上昇した。金利の上昇はこれらの熱気球を地上に引き戻すだろう。

2　**中国**。中国は今苦境に陥っている。債務対GDP比は主要国の中で最悪になるかもしれない。中国は他のどの国よりも、借入金も借款も多い。中国が暴落すれば世界が暴落するだろう。オーストラリアやブラジルなど、中国に原材料を輸出している国は、中国の困難な状況の影響を直接受ける。

3　**強い米ドル**。トランプ大統領が、特にBクワドラントの税率を引き下げたとき、米国はタックスヘイブンになった。巨額の資金が米国に流れ込み、米ドルを引き上げた。強いドルは米国製品にとって不

利になる。価格が高くなるからだ。米国製品の需要が下がれば雇用も減る。また、強いドルは米ドルで借金をしている新興国にとって重荷になる。それは彼らの通貨を弱めることになるからだ。結果的にこれらの小国や企業が米ドル建ての借金を返すことをより困難にする。

4

**年金**。前の章でも述べたように、世界中の年金が破綻の危機にある。米国では、数百万のベビーブーマーが引退し、社会プログラムにすがろうとしているのに、社会保障とメディケア（高齢者向け医療保険制度）は生命維持装置でやっと生きながらえている状態だ。ここにおそらくあなたも聞いたことのある事実がある。米国における破産の原因の一位は医療費だという。ベビーブーマーが「スーパーシニア（八五歳以上）」になる二〇三〇年、世界の年金システムは破綻しているだろう。それは彼らが最もお金を必要とする時期でもある。前の章で紹介した年金危機についての発言を以下に再び引用する。

ＩＭＦは警告する。危機の根源は州と地方自治体の年金だ。

サイモン・ブラックは警告する。スペインの年金はほとんど全額消え失せたということだ。イギリスは数兆ポンドの公的年金積立が不足している。保守的なスイスでさえ年金積立金は必要額の六九％だ。もっとも今日の悲惨な状況では素晴らしい数字と言えるだろう。

マーティン・アームストロングは警告する。米国最大の公務員年金は、カリフォルニア州職員退職年金基金（カルパース）だ。カリフォルニアは深刻な破綻の危険に直面している。私たちはクライアントに、手遅れにならないうちに手を引くように助言している。

ロイターは警告する。年金給付保証公社（ＰＢＧＣ）の提供する複数事業者型保険プログラムも一〇年以内に破綻すると言われている。ＰＢＧＣは米国政府機関で、危機に陥った年金プランの救済手段として数百万の米国人労働者の年金を保証している。

Q　数百万人の労働者が数兆ドルのお金を年金基金に入れているのに、どうしてそれが破綻するのか？　一体だれがその金を持っていったのか？　もっといい質問は、「なぜ金持ちはもっと金持ちになるのか？」だろう。

A　図㉞はどんなに言葉を費やすよりもわかりやすい。この図を見れば年金のお金が貧困層、中流層から富裕層に移ったことがわかる。

Q　ちょっと待ってくれ。貧困層・中流層の年金資金が金持ちに流れたというのか？

A　そうだ。本当のファイナンシャル教育がなければ、貧困層と中流層は置き去りにされるばかりだ。自分たちが働いて稼いだお金、支払った税金、家、預金そして年金口座を通して資産を盗まれていることに気づきもしない。

## ●お金の強奪

一九八三年、私はバッキー・フラーの『グランチ・オブ・ジャイアンツ』を読んだ。あなたはGross Universal Cash Heist（不快極まる現金強奪の横行）の頭文字を覚えているだろう。一九八三年、グランチが私たちの財産を盗むやり方を知りたかった私は、人生で初めて学ぶ気になった。そしてグランチが政府や教育システム、お金、宗教、銀行、そしてウォールストリートを通してお金を盗んでいることを知った。

グランチが人々の富を、私たちのお金、預金、投資を通して盗む五つの手法を以下に紹介しよう。

## ●貧困層と中流層が富を失う理由その1　ギャンブラーがカジノを経営する

一九五〇年代から六〇年代までは、株式投資をするのはギャンブラーだけだった。当時はファイナンシャル・アドバイザーが顧客に株式投資を勧めるのは道義に反すると考えられていたのだ。一九二九年の大暴落

⑭年金のお金が貧困層・中流層から富裕層へと移った

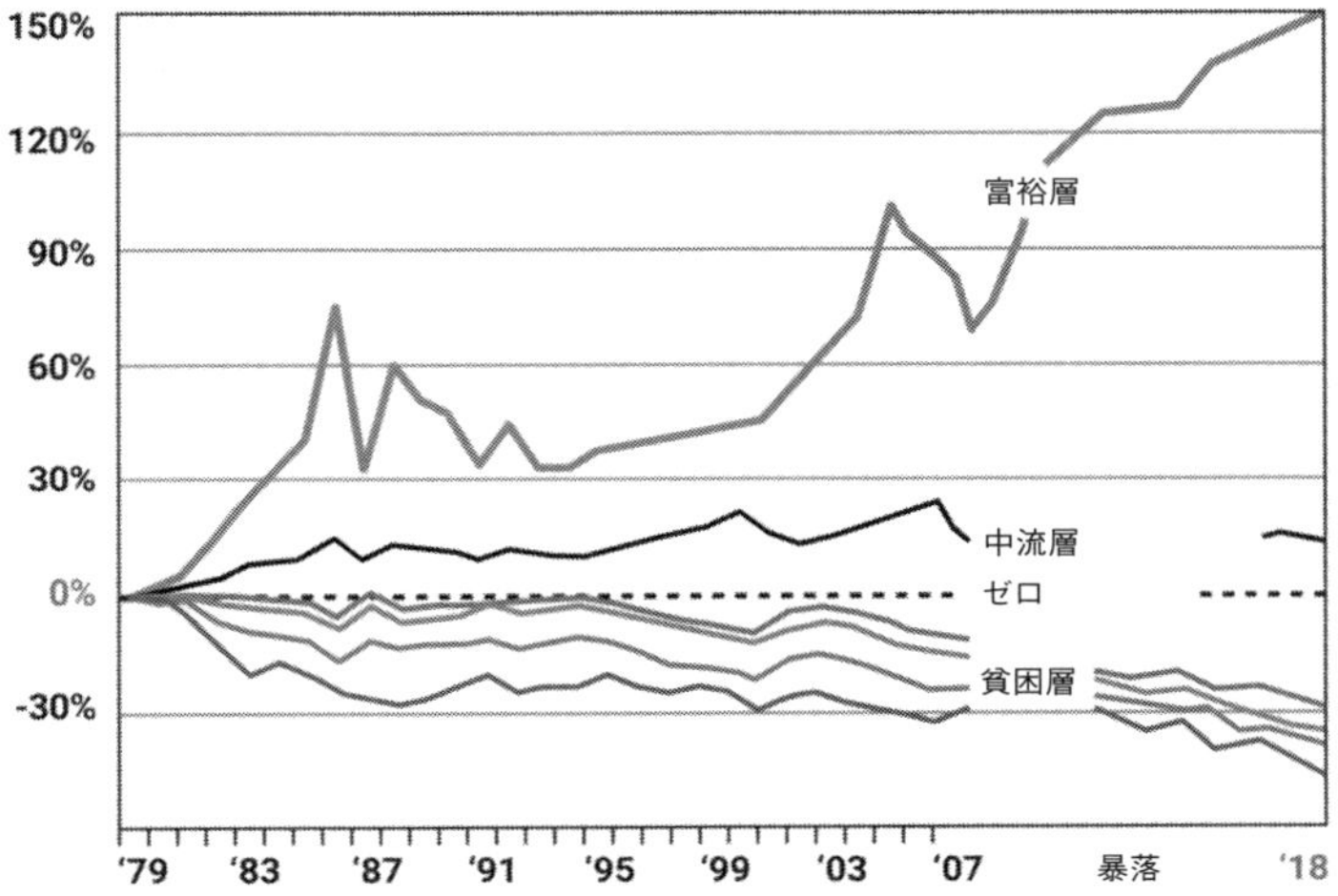


と、その後数十年続いた不況は、第二次世界大戦の世代の記憶にまだ鮮やかに残っていた。五〇年代、六〇年代には、賢い投資家は国債を買うか預金をしたものだった。

この時期、貧乏父さんも金持ち父さんも預金をしていた。預金は株式投資よりもずっと安全だった。一九四四年のブレトンウッズ合意以来、米ドルは金に裏付けられていたのだ。米ドルは世界の準備通貨、あるいは「金のように申し分のない」存在だった。

一九七一年、ニクソンが金本位制を葬り去った。ドルもすべての政府資金も負債となった。政府のカジノをギャンブラーたちが乗っ取ったのだ。そして負債を抱える人間は勝者に、預金者は敗者になった。

世界の教育システムはこの世界史の重大な転換点にまったく触れようとしない。

貧乏父さんはそれでも貯金を続けた。彼は変わらなかった。預金と政府年金をすっかり当てにしていたのだ。一方金持ち父さんは変わった。変わらざるを得なかったのだ。彼は起業家であり、政府のくれる給与も頼ることのできる年金もなかったのだから。

一九七三年のある時、金持ち父さんは方針をまったく変えた。この年、政府が何をしようとしているのかわかってから、金持ち父さんは第一の教え「金持ちはお金のためには働かない」を思いついた。

一九七三年、金持ち父さんは、お金には毒性があり、お金のために働く人々、預金者や、政府がお膳立てした投資、401（k）、IRA（個人退職年金）、株式、投資信託、ETFなどに手を染める人々の富を奪うよう作られていることに気づいた。

一九七三年、金持ち父さんは息子と私に負債を使って資産を生み出す方法を学ぶように言った。そして私は最初の不動産コースを受講した。同時に株式や債券のコース、公認投資コンサルタント（CFP）のコースも受けた。

図55を見ればわかるように、預金者は一九九〇年くらいまでは順調だった。しかし一九九〇年以降、利率は降下し始め、貧困層、中流層の預金者は負け組になった。一九九〇年以降、連邦政府や巨大銀行、そして米国財務省に導かれたギャンブラーたちが、自分と富裕な友人たちを救うためにお金を印刷し始めた（図56）。お金の印刷は低収入労働者（低賃金労働者）と中流層をさらに貧しくした。フェイクマネーがインフレを引き起こし、日々の生活にかかるコストを高めたからだ。

金持ち父さんの教えその一は「金持ちはお金のためには働かない」

貧乏父さんの教えは「学校に行き、良い仕事に就き、働いて収入を得て、預金し、借金を返せ」

私は貧乏父さんの言うことを聞かなかった。

## ●強奪の歴史

一九七一年、ギャンブラーたちは勝者になった。ダウ・ジョーンズの一二〇年間の歴史（図57）で、一九七一年以降の株価急騰に注目してほしい。

一九七〇年代、ビジネススクールは金について、ジョン・メイナード・ケインズの言葉「金本位制は過去

⑮米長期国債の利率の変動

㊻1990年以降富裕層がお金を印刷しはじめた

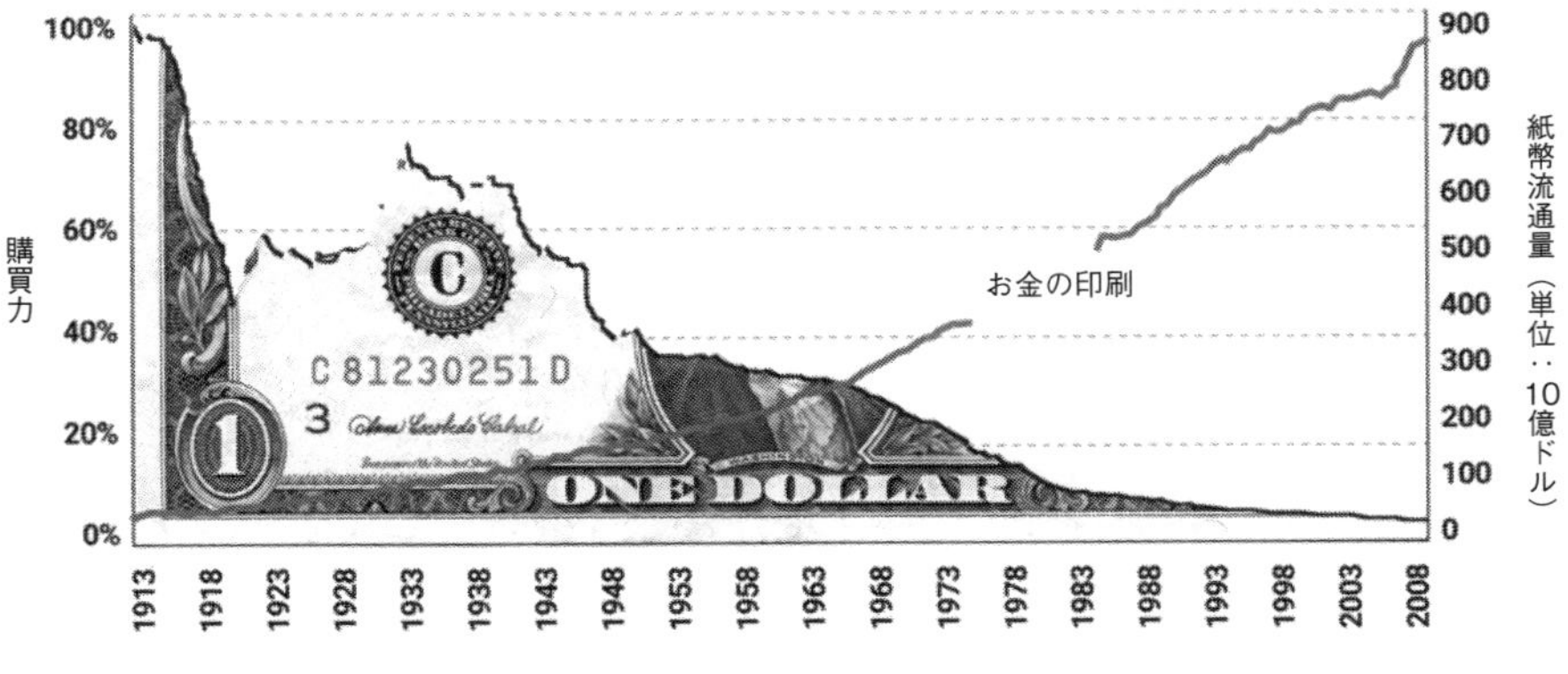

だ。

の野蛮な遺物だ」を引用し、ネガティブなことを言い始めた。今日、多くのMBA卒業生や企業の重役はフェイクマネーやフェイク資産についての知識しかない。神のお金である金・銀については多くを知らないのだ。

一九七〇年代、富裕層の学校であったアイビーリーグは貧困層や中流層の子供に対して門戸を開いた。何度か紹介したようにスティーブン・ブリルは著書『テイルスピン』の中で、自分のような貧困・中流層の子供がいかにアイビーリーグに受け入れられたか、そしてそこでいかにケネディーやブッシュ、トランプ一族のような、会社や不動産を所有する、数世代続く富豪の子どもと付き合ったかを書いている。

バラク・オバマやビル、ヒラリー・クリントンなどの、エリート校を卒業した貧困・中流層の学生は、なんとかクラスメートに追いつかなければならないと感じた。三人とも弁護士であることに注目しよう。彼らと同じく、エール大学出身の弁護士であるブリルは書いている。貧困・中流層出身の弁護士たちはフェイク資産を発明し、金融操作の産物であるデリバティブを生み出して金持ちになったが、それは貧困・中流層からだまし取る行為だった。

一九七二年、ニクソン大統領は中国に門戸を開いた。賃金は停滞し、仕事は減り、米国の低賃金労働者はますます貧しくなった。一九七四年、エリサ法（従業員退職所得保障法）が議会を通過した。エリサ法を後押ししたのはロビイスト、大手銀行、連邦政府、ウォールストリート、そしてその他の利益団体、軍隊、教職員組合、そして政府の税収のおこぼれにあずかりたいNGO（トランプ大統領はそれらを「沼地」と呼んだ）だった。それから四年後、私たちは401（k）の原型を見ることになる。

エリサ法、401（k）、そしてIRAは皆「沼地」の産物だ。エリサ法は401（k）やIRA、従業員年金制度に発展した。それはまた、数百万人の貧困・中流層の、ファイナンシャル教育のない労働者を株式市場や債券市場というさらに大きなカジノに導いた。

リーダーたちがお金を印刷し、労働者を騙した時、金持ち父さんのようなごく少数の中流層の投資家がこ

⑰120年間のダウ・ジョーンズの変化

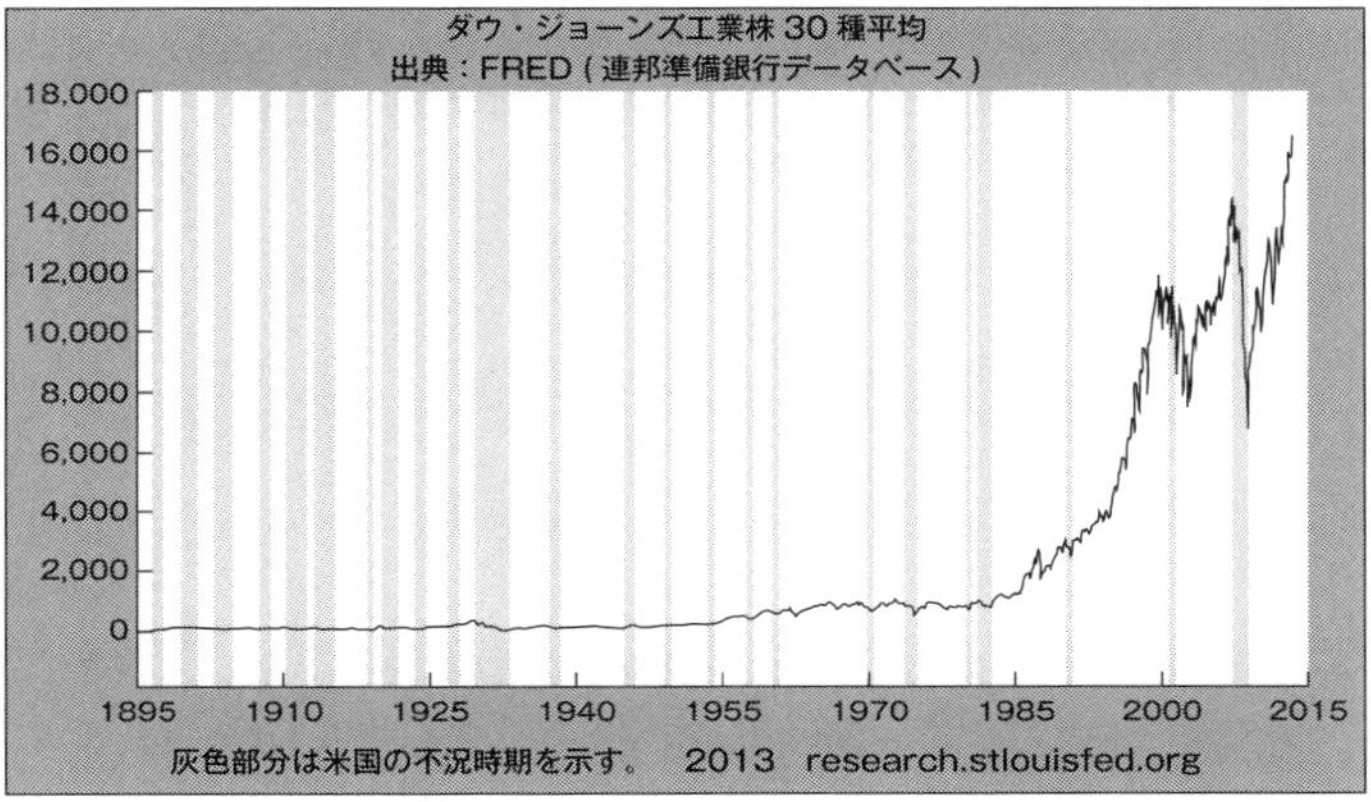


の強奪に気づき、株式や国債、不動産のバブルがはじけた時もうまく乗り切ったのだ。

一九七八年までに、数百万人の素人投資家が銀行やウォールストリートなどの金持ちが所有する巨大カジノに強制的に連れ込まれた。金持ち父さんはこれらのカジノのことを「砂上の楼閣」と呼んでいた。この砂上の楼閣は一九九九年、通常の銀行業務と投資銀行業務を同時に行うことを禁じたグラス・スティーガル法（一九三三年銀行法）が廃止されるとさらに不安定になった。

ゴールドマン・サックスの前共同会長であり、外交問題評議会の名誉会長である財務省長官のロバート・ルービンに率いられたビル・クリントン大統領と、彼の仲間のエリート盗賊たちは、低賃金労働者と中流層の息の根を止めた。

Q　グラス・スティーガル法はどのように低賃金労働者と中流層にとどめを刺したのか？

A　グラス・スティーガル法は銀行家が一般家庭の預金を奪い、彼らのカジノで使うことを可能にしたのだ。

カジノが人々のお金を使い切って倒産しそうになると、連邦政府と財務省は彼らを救済した。ここでも人々の未来のお金が使われた。富裕層は一般家庭のお金で賭けをし、その金を失った。人々は失った自分のお金の補塡分を、税金を通して再び支払わされた。そしてこの救済金から、カジノで金を失った銀行家たちにボーナスまで支払われたのだ。

## ●砂上の楼閣の崩壊

人々のお金が食い物にされても特に問題は起こらなかった。数百万の人間が踏みつけにされたところで誰も気にしない。やがて砂上の楼閣はグラグラと揺れ始めた。一九九八年、世界規模のカジノは崩壊し、暴落が始まった。

二〇〇八年の暴落以後、世界中の中央銀行と米国政府は、自分と仲間を救うために推定九兆ドルのお金を印刷した。私が二〇一八年に書いたように、世界は新たな巨大バブルに突入しているのだ。株式、債券、不動産の価格上昇は数百万のギャンブラーを裕福にした。

一九七一年から二〇一八年まで、ギャンブラーは勝ち組だった。一九七一年から二〇一八年まで、フェイクマネーのために必死で働き、預金し、有名ビジネススクールを卒業したフェイクファンドマネージャーが運営するフェイク資産に投資してきた貧困層と中流層の労働者は、今日最大の負け組となった。

巨大バブルその一：一九九八年、アジア通貨危機。一九九九年、ヘッジファンド、ロングターム・キャピタル・マネジメントの破綻。二〇〇〇年、ドットコム・バブルの崩壊。

巨大バブルその二：二〇〇八年、不動産デリバティブの崩壊。

巨大バブルその三：二〇一八年がバブルの頂点か？

二〇一八年、金利が引き上げられ、株式と不動産が下落した。

ＣＮＢＣによれば、アジアの「スーパーリッチ」が二〇一八年の最初の六カ月間にアジア市場で失った総額は一〇〇〇兆ドルだという。二〇一八年の一〇月一日から一四日の間に国際資本市場から蒸発したお金は推定六兆ドルと言われている。終わりは近いのだろうか？　二〇一八年の暴落は富裕層がカジノを去る予兆だろうか？　二〇〇八年から一〇年を経た今、人々は再び負け組になるのだろうか？

### ●三つの頂上

高校生の頃の私は、サーフィンをしているか、教室の窓から海のうねりを眺めているかのどちらかだった。サーファーなら誰でも知っていることだが、大きい波は連続してやってくる。通常は三つでワンセットだ。つまり、最初に二つの波を逃したら、海に向かって漕いでいくことだ。三つめの巨大な波がやってくる。自分が乗った最大の波を私は今でもはっきり覚えている。それは冬のことで、巨大な波がハワイの海岸を襲った。私は水に入らず、浜辺で人々と一緒にショーを眺めているべきだった。波は明らかに私のサーフィンの技量を越えていたからだ。だが私のエゴは私を海に押し出した。

海に入ると、かなり離れた位置にいたサーファーが叫ぶのが聞こえた。「アウトサイド！」それはつまり、私が波に近すぎ、ちょうど波が崩れる位置にいることを意味する。私はすぐにボードの方向を変え、狂ったように漕いで外に出ようとした。

最初の波はまるで山だった。私は何とか波のてっぺんまで行ったが、浜に向かってくる次の波が見えただけだった。最初の波をやり過ごすと、アウトサイドにいるサーファーたちがパドリングしているのが見えた。三つめの大波はすぐそこだった。私は何としてでも二番目の波に乗らなければならなかった。さもないと三つめの波に流されてしまう。

二番目の波に乗るには私のテイクオフ（ボードの上に立つこと）は遅過ぎた。うねりは約三・五メートルから四・五メートルくらいだった。私が波に乗った時は五・五メートルはあったと思う。足は限界に来ていたが、何とか速度を出し、自分の後ろで砕ける波の前に出た。

何とかバランスを保ち、できるだけ長くボードに乗り、やっと岸についてボードを拾い上げ、後ろで砕け始めた三つめの波から逃れるために全速力で走った。仲間のサーファーたちが三つめの巨大な波に乗れず、うねりが最高潮に達した波が崩れ、彼らのボードが宙を舞っている光景は記憶に焼き付いている。

人々に、どうやって市場の頃合いの見方を学んだのか聞かれると私は言う、「サーフィンで学んだんですよ」。図㊼は歴史上最大の金融の大波を示している。

三つのピークに注目してほしい。トレーダーの間ではこのチャートのパターンは「トリプル・トップ」と呼ばれている。

最初のピークは一九九八年だ。次のピークは二〇〇八年だ。三つめのピークはいつ来るのだろうか？

歴史的に見ると、三番目の大波が長期にわたる低迷のサインとなっている。大抵の場合、三つめのピークの後には暴落が起こる。

私は二〇一九年から二〇二五年の間に、今日富裕な多くの素人ギャンブラーが最大の敗者になると考えている。

Q　巨大な暴落はいつ起こる？

A　私はハワイの大きな島で育った。今も火山が噴火している島だ。噴火の前に、必ず「前震」というものがあり、住人に噴火か、大きな地震が来ることを教えてくれる。そして噴火か大地震の後には余震が起こる。本書を執筆している現在、前震の頻度が増している。現在、米国人の大半が、低い失業率、多くの雇用、賃金の上昇に満足している。

Q　前震の兆候はどんなものか？

A　国家債務と給付金の増加、国債や株式の瞬間的暴落、保険料率を上げる大規模自然災害、サイバーハッキング、終わりのない国際テロ戦争、国内や世界規模の問題を解決しようとせず、ののしり合い、争っ

58 金融市場の３つの波

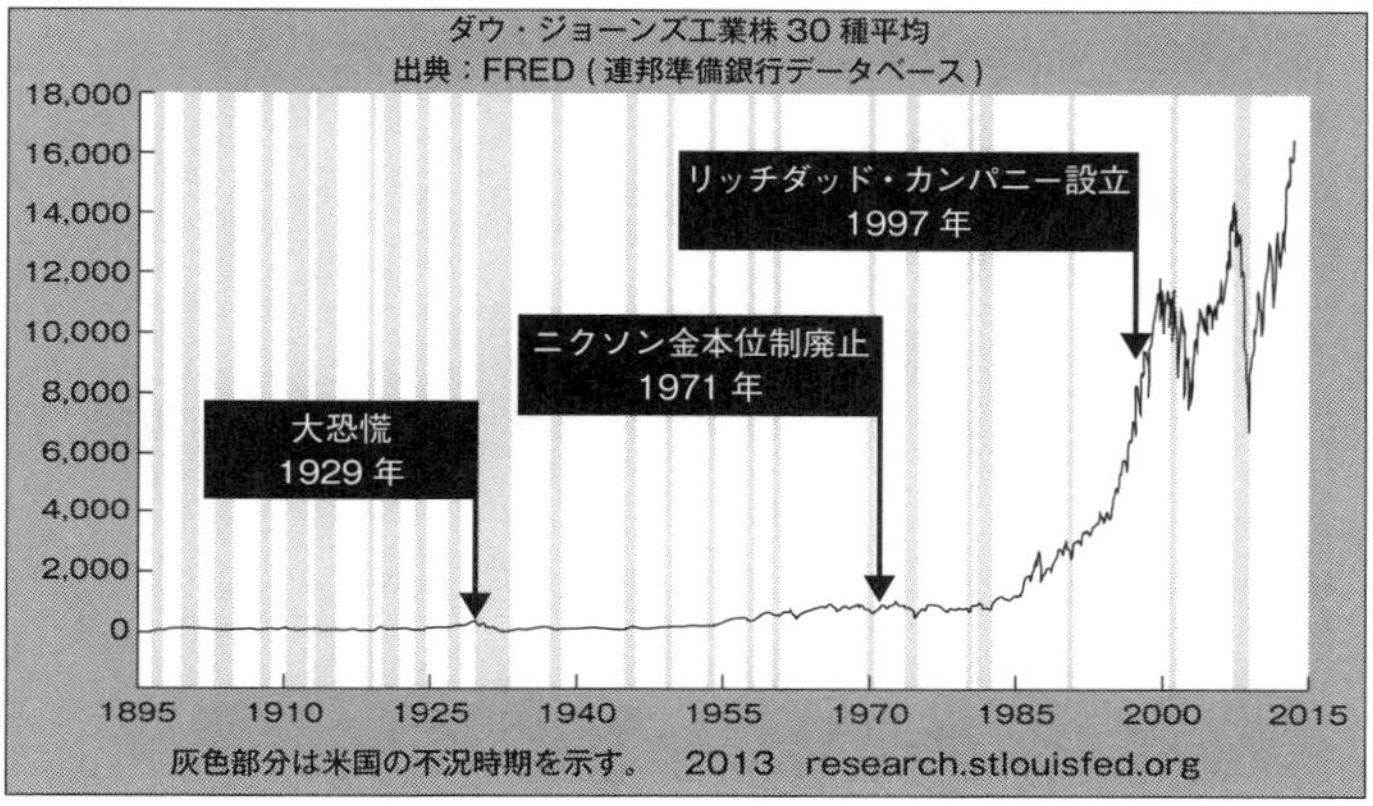


てばかりの政治リーダーなどだ。

古い言い回しに「ローマが燃えている時、ネロはバイオリンを弾いていた」というのがある。図58は、米国が燃えている時に私たちのリーダーが次の選挙運動のための資金集めをしていた事実を物語っている。

ギャンブラーの黄金時代は終わるのだろうか？

よく言われるように「ギャンブルとはお金をどぶに捨てる確実な方法」だ。「マタイによる福音書」二〇章一六節には「後にいる者が先になり、先にいる者が後になる」という一節がある。私は本書を、今日一番後を行く者で、明日には一番先を行くことを夢見るものに捧げる。次は、退職、年金、フェイク資産が貧困層と中流層をさらに貧しくする理由を四つ追加しよう。

## ●理由その2　インフレーション

「若者たちは幸いだ。彼らは国の借金を相続するのだから」

――ハーバート・フーバー

「政府が保証する学資ローンがなければ、大学の学費はずっと安くなっていただろう」――ゲイリー・ジョンソン

米国のベビーブーマーたちは楽な人生を送ってきた。歴史

上最高の経済成長の時代に生きたからだ。

だが彼らの子供や孫、ジェネレーションXや一九八二年以降に生まれたミレニアル世代、そしてジェネレーションZと呼ばれる一九九五年以降に生まれたiジェネレーションには、厳しい道のりが待っている。ミレニアル世代の多くは仕事を見つけられない、あるいは不完全雇用に甘んじるというだけでなく、厄介な学資ローンの借金を背負わされる。さらに莫大な国の借金、親や祖父母、曾祖父母の世代が作り出した財政難も受け継ぐ羽目になる。

来るべき世代が腐敗したシステムを変えなければ、彼らの子供や孫は一体何を受け継ぐのだろうか?

「インフレのプロセスを続けることによって、政府は秘密裏に、誰にも気づかれることなしに市民の財産を没収することができる」——ジョン・メイナード・ケインズ(一八八三~一九四六)

「中産階級(中流層)を粉砕する方法は、税金とインフレの石うすでひき潰してやることである」——ウラジミール・レーニン(一八七〇~一九二四)

「インフレは貯金を破壊し、計画を遅らせ、投資を減速させる。それは生産性と生活水準の低下につながる」——ケビン・ブレイディー(一九九五~)

Q　なぜ政府はインフレを望むのか?

A　国の借金を安いドルで返せるからだ。

Q　政府がインフレを作り出せない時はどうなる?

A　インフレのコインの裏側にあるのはデフレだ。デフレが行き過ぎると米国も世界経済も次の大不況になだれ込んでいくだろう。

⑤⑨私たちのリーダーは富裕層ばかりを見ている

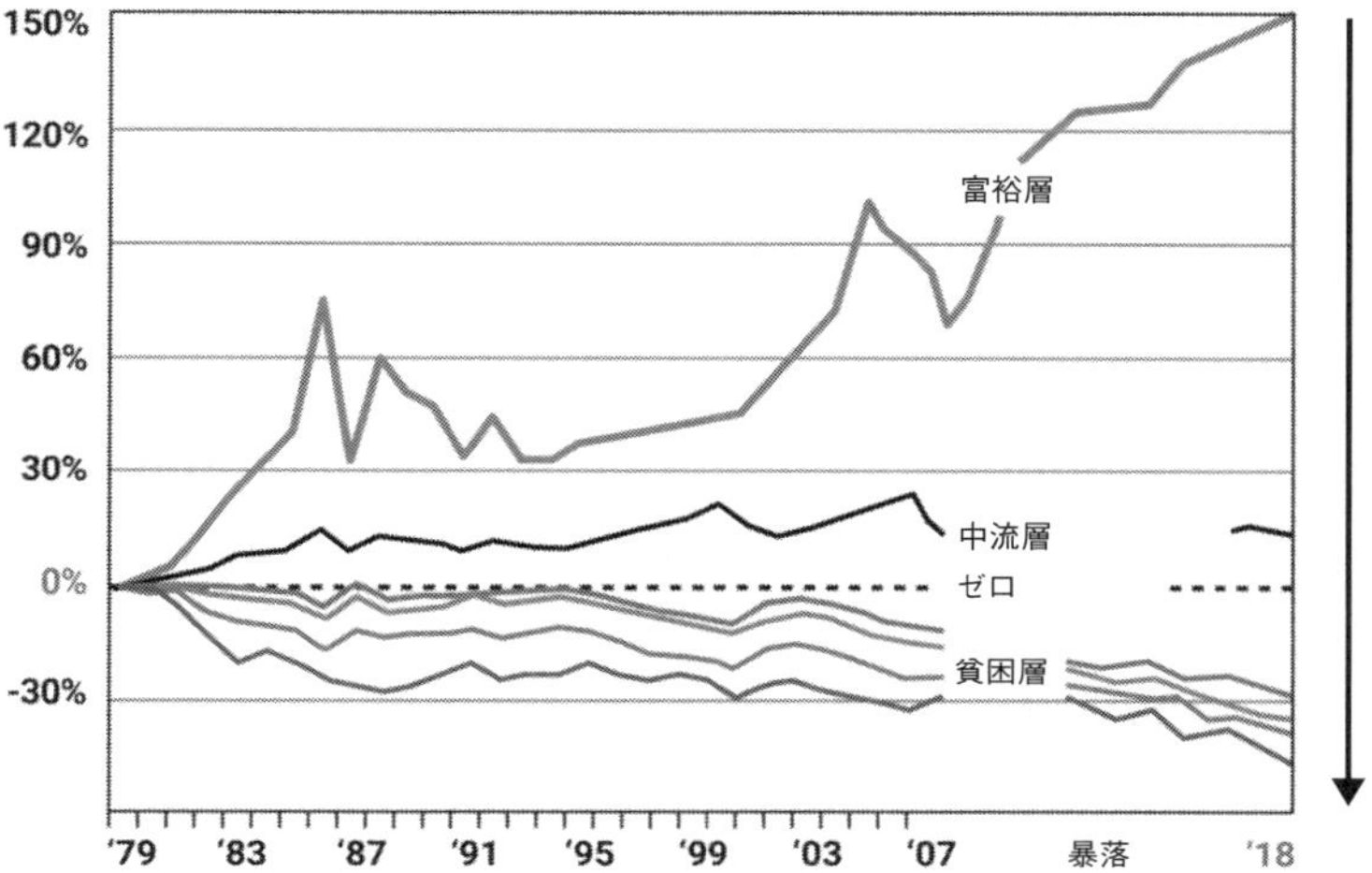


Q　政府は私たちを、どんどん価値がなくなっていくインフレドルのために働かせようとしているのか？

A　その通りだ。

グラフ⑤⑨は米国のインフレがいかに人々の購買力を奪っていったかを示している。

Q　政府はどうやってインフレを作り出すのか？

A　方法はいくつかある。一つはお金を印刷することだ。お金を印刷すればお金の価値が下がる。政府や銀行がお金を印刷するほど預金者は損をし、借金のある人が得をする。

覚えておいてほしい。銀行システムはお金の印刷のもとに成り立っている。これは部分準備制度として知られるものだ。つまり、銀行は預金者の預けた金の一部を貸し出すことができるということだ。部分準備が一〇%であれば、銀行は一〇ドルの預金から九ドルを貸し出すことができる。この九ドルが借り手の銀行に預金されれば、その銀行は八・一〇ドルを貸し出せる。だが残念なことに、本当の預金は一ドルしかない。預金者がパニックを起こしたら、銀行は彼らに金を返すすべがない。

## ●ベイルインとフェイク金庫

「ベイルアウト」という言葉は聞いたことがあると思う。将来、銀行は「ベイルイン」するかもしれない。これは、あなたが銀行に預けたお金が銀行株に転換されることを言う。あなたは銀行の出資者にさせられるのだ。

耐火金庫を買って金・銀、現金、そして重要書類を自宅で所有する方がいいと言ったのはこういう訳だ。中にはフェイク金庫を持っている人もいる。泥棒に入られたら相手にフェイク金庫を見せ、中身のフェイク貴金属、偽の宝石や偽のロレックスを持っていかせるのだ。本物の金庫は家に置かず、貸倉庫か「フェイクの壁」の裏側にでも隠しておく。

もっといいのは、守るべき貴重品をたくさん持っている場合、それらを海外に置いておくことだ。ただし法律は順守しよう。多くの人がお金や財産を違法に海外に隠しているが、それは没収の危険と隣り合わせだ。こうしたオフショア銀行取引を専門に手掛けている弁護士がいる。私が書いたことを実行に移すなら、どうか合法的にやってほしい。

## ●お金の定義

第一部で、私は「お金がお金である」ための基準について書いた。

1　**お金は価値を保存するものである。** 一九七一年以降、すべての政府は毒を盛られ、価値の保存という意味では信用が置けなくなった。結果として、政府の通貨はお金ではなくなった。価値を保存するものではなくなったからだ。

⑥0ドルの購買力

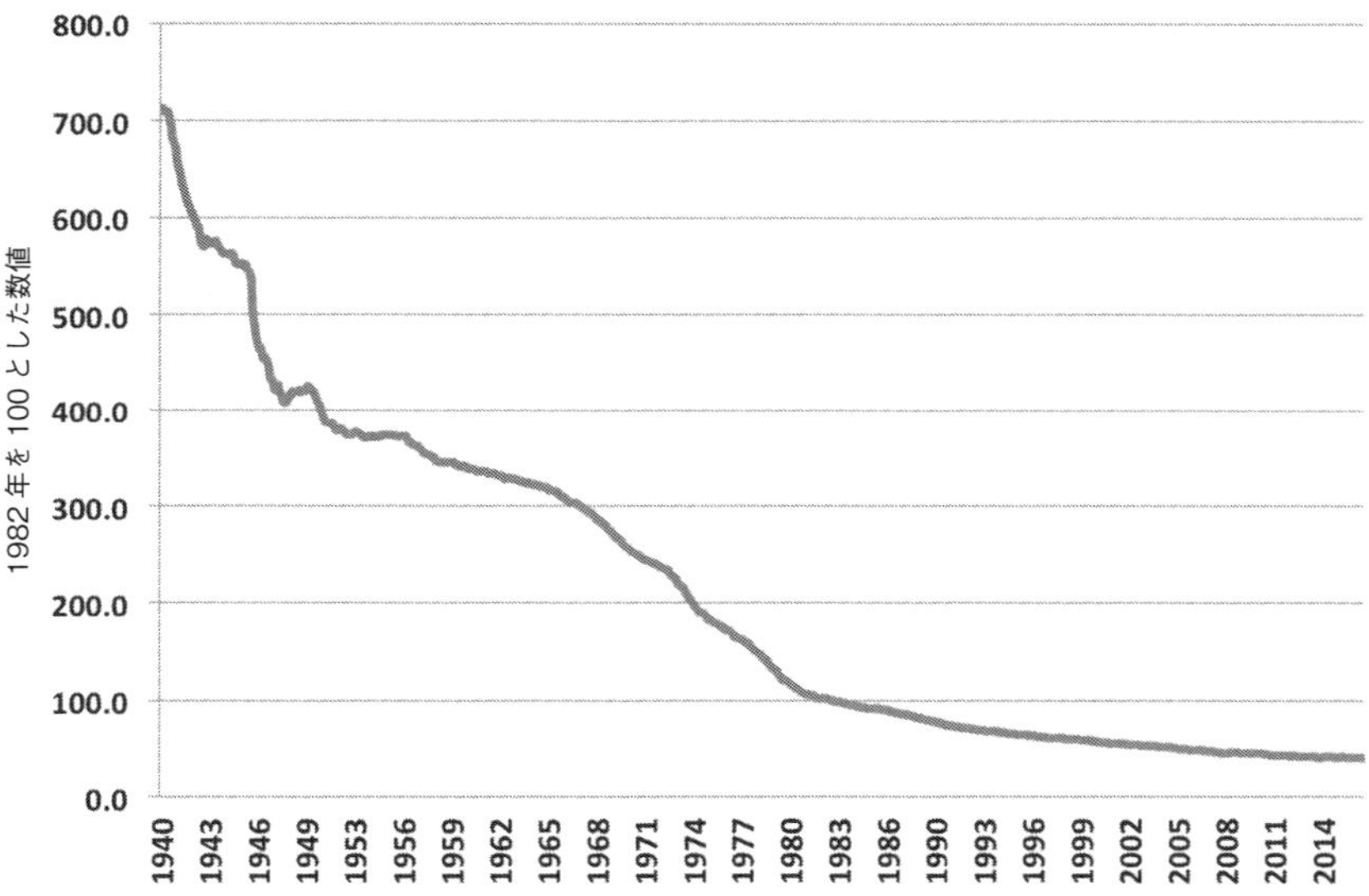


出典：セントルイス連邦準備銀行

2　**お金は計算単位である。**現在のところ米ドルは計算単位として世界的に受け入れられている。

3　**お金は交換の媒体である。**これも、米ドルは今のところ交換の媒体として世界中で受け入れられている。

Q　貧困層と中流層がさらに貧しくなったのは、彼らが米ドルのような政府の通貨を信用したからか？

A　そうだ。一九七一年以降、政府発行の通貨は毒を持った。お金のために働き、貯金する人々から富を奪う存在になったのだ。

### ●理由その3　本当の富は金持ちをもっと金持ちにする

アマゾンの創始者ジェフ・ベゾスは億万長者だ。だが、彼は数十億ドルの給料をもらって億万長者になったのだろうか？　二〇一七年の、アマゾン従業員の給与の中央値は二万八四四六ドルだ。ジェフ・ベゾスは一二秒間に二万八四四六ドル以上を稼ぐ。彼の年収はたったの一七〇万ドルだ。

ベゾスの年収一七〇万ドルはそれほど高額ではないかもしれないが、彼が世界一の金持ちだと言われるのには理由がある。彼の財産の総額が大暴騰しているのだ。ベゾスはアマゾンの株式八〇〇〇万株を所有している。図61を見れば、なぜジェフ・ベゾスがこんなにも富裕なのかがわかる。

毎月、数百万の労働者の401(k)や年金プランから数十億ドルがアマゾンの株式に流れている。だからジェフは給与が変わらなくてもどんどん金持ちになるのだ。「キャッシュ」と「フロー」はお金の世界で最も重要な言葉だ。毎月、世界中の一般家庭の引退資金(キャッシュ)がジェフ・ベゾスのポケットに流れ込む(フロー)のだ。

**●理由その4　暴落は金持ちをさらに富裕にする**

市場が暴落した時——それは必ず起こる——貧困層と中流層の財産は押し流される。

市場が暴落すると、金持ちは借金し、労働者の持っていた株式をバーゲン価格で買い戻す。

**●理由その5　ラバーチキン・ディナー**

私が金持ちになる方法を模索し始めた頃、よく「ラバーチキン・ディナー(ゴムのように硬くてまずい鶏肉を使った見かけ倒しのディナーパーティー)」に出かけたものだ。それは政治資金集めのディナーパーティーを思わせた。こうしたパーティーでは、私のような潜在顧客が集められディナーを食べながら資産管理会社やファイナンシャル・プランナーのプレゼンテーションを聞いていた。見かけ倒しのディナーに数多く出席して、私は何度もゴムのような鶏肉を吐き出しそうになった。人々がこんな茶番のディナーで満足しているのが信じられない。

⑹ジェフ・ベゾスはなぜあれほど裕福なのか

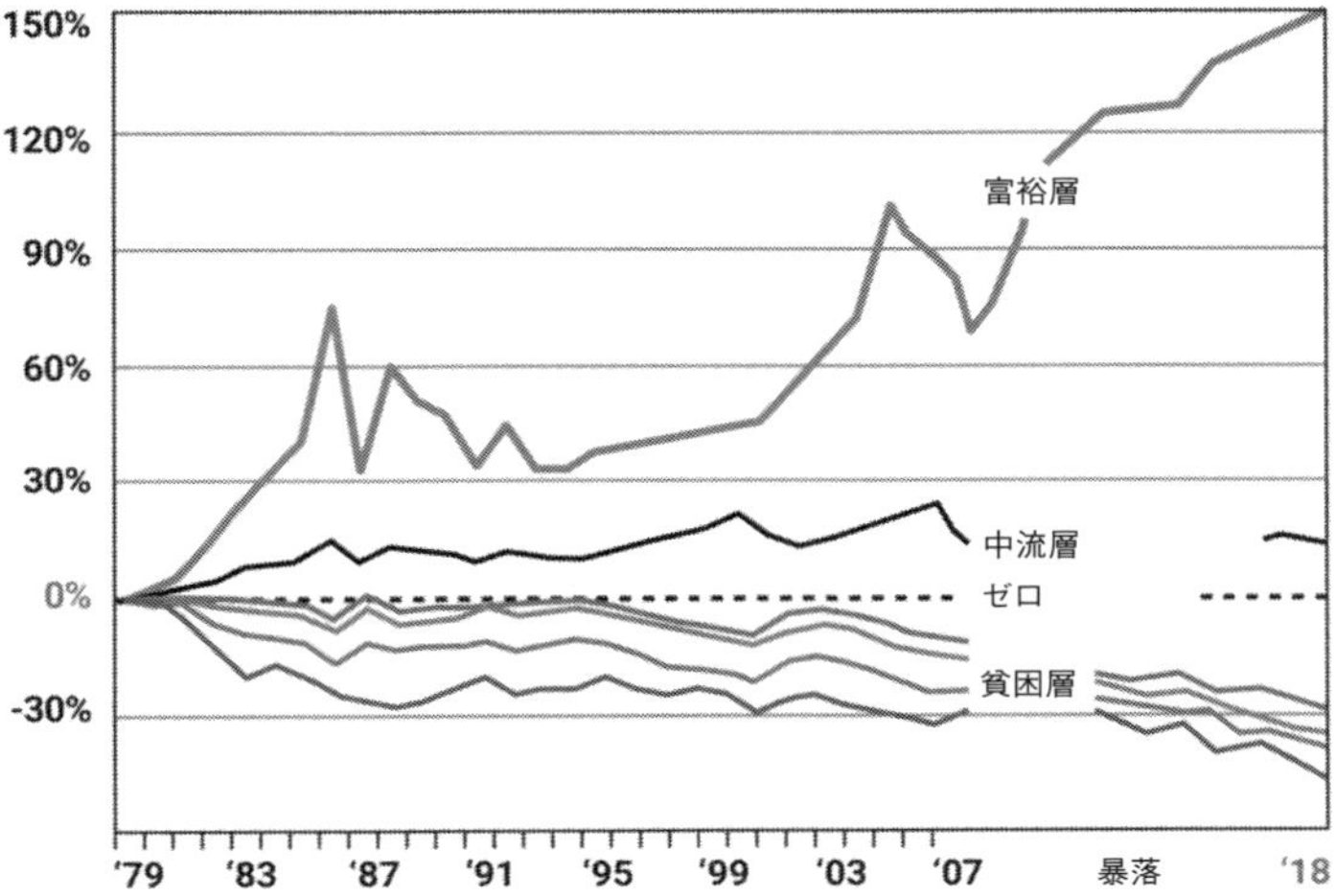


Q　年金基金が破綻すると、なぜ富裕層がますます富むのか？

A　大事なのは「資産管理」だ。一般家庭の投資が利益を生まなくても、金持ちは資産管理の手数料によって利益を得る。

「フォーブス」誌、二〇一三年五月二七日

**「投資手数料という大きな重荷」**

投資で得た利益の四〇％をその管理と助言の手数料として持っていかれると聞いたら、ほとんどの人は手を出さないだろう。だがこれは、投資アドバイザーを雇って投資信託やＥＴＦを管理させている人々が支払っている金額だ。

「ナードウォレット」二〇一六年五月一一日

**「なぜ一％の手数料がミレニアル世代の引退資金に五九万ドルのマイナスになるのか」**

「当社の分析によれば、四五歳から六五歳までのあいだに人々が手数料として取られる金額は一二％から二五％以上に増える。誰もが複利の恩恵には関心を持つが、複合的な手数料の不利益について語る人はほとん

どいない」とナードウォレットの投資と引退分野のチーフであるカイル・ラムゼイは語る。（傍線筆者）

## ●ラバーチキン・ディナーの代償

私は多くのラバーチキン・ディナーに参加した。こうしたディナーにはお金の専門家が出てきて、彼らの魔法がいかに私を金持ちにしてくれるかを延々聞かせる。

とあるラバーチキン・ディナーで私は計算機を取り出し、豪華な印刷のピカピカの小冊子を読み、私が三五歳で投資を始めたらいくらの手数料を払うことになるかを計算してみた。結果は驚くべきものだった。私が４０１（k）に月々七五〇ドルの投資を始め、それが毎年八％のリターンを生んだら、私が支払う手数料と隠れた手数料の総額は二五〇万ドル以上となる。二五〇万ドルで何回分のラバーチキン・ディナーに行けるだろうか。

私は念のために会計士に計算結果を見せて確かめた。彼は言った。「途中で出てきて正解でしたよ」

私が驚いたのは、途中で出て行かなかった人々の数だ。ほとんどが列を作ってファイナンシャル分析に申し込んだのだ。なぜ参加者は列に並んだのか？　誰もが自分のファイナンシャル・アドバイザーによる運用益に不満だったからだ。

前にも書いたが、ファイナンシャル・アドバイザーにとって大切なのは「資産を管理すること」であって「顧客に投資の運用益をもたらすこと」ではないのだ。ニューヨークのやり手の新しい魔法はそれほどの物でもなかった。私が徹底的に調べたところ、S&P500に従って投資するのと大差なかった。これなら小学五年生でも可能だ。

このやり手は、彼らの手数料は一％だと吹聴していた。私が豪華な小冊子を調べたところ本当の手数料はそれよりはるかに高かった。こうした事実も頭に血が上った人々を止めることはなく、彼らはこの男に数十万、もしかすると数百万ドルを捧げた。

Q　人々は何にそんなに夢中になったのだろう?

A　ごく一般的な投資家は投資利益率（ROI）や配当、キャピタルゲインに注目する。この人々はお金を「増やす」ことだけを望み、減ることは望まない。

だが市場で勝っているファンドマネージャーは五％に満たない。しかも、彼らはあなたが損失を出した時でさえ儲かるのだ。株式市場の上がり下がりに注目しているよりも、ファンドマネージャーの手数料を検討してみる方が賢いと思う。

手数料には色々ある。

- **証券口座手数料**：証券口座の管理費、投資戦略のためのレポートの購読料、取引プラットフォーム（ソフトウェア）の使用料で、年間で支払うことが多い。
- **取引手数料**：何か（株式など）に投資した時、ブローカーに支払う手数料。
- **投資信託取引手数料**：投資信託を売買した時、ブローカーに支払う手数料。
- **エクスペンスレシオ（経費率）**：すべての投資信託、インデックス・ファンド、上場投信などの、投資金額に応じたパーセンテージの年間手数料。
- **販売手数料**：一部の投資信託にかかる販売手数料、あるいは歩合。投資信託を販売したブローカーかセールスマンに支払われる。
- **管理料あるいはコンサルティング料**：投資家がファイナンシャル・アドバイザーに支払うお金。通常、管理している資産額から決められたパーセンテージを支払う。
- **401（k）手数料**：401（k）プランの事務管理料。通常、雇用者から加入者に請求される。

## ●真の公認ファイナンシャル・プランナーとは

私の長年の友人、ジョン・マクレガーは二五年以上の経験を持つ公認ファイナンシャル・プランナーだ。ジョンは『金持ちが破産する一〇の理由』を著している。金持ちがファイナンシャル・プランナーのアドバイスを聞いたばかりにすべてを失ってしまうという恐怖の物語だ。彼の本は老後の資金を投資信託で運用している人には必読書だ。

ジョンは面白い話を披露している。ある時彼はラバーチキン・ディナーに足を運んだが、出てきたファイナンシャル専門家はどこかで見た覚えがあった。ジョンはハタと気づいた。その男はファンドマネージャーでもなんでもなく、様々なテレビコマーシャルに出演していたハリウッド俳優だったのだ。彼はこのディナーでファンドマネージャーを「演じて」いたのである。部屋に集まったほとんど全員が列を作ってこの男にお金を貢ぐのを見て、ジョンは吐き気を催したという。

人々にお金が必要なのは理解できる。だから仲介会社も手数料や歩合、コンサル料、管理料を請求する。私は手数料や歩合を否定している訳ではない。要は、投資家は「平均」という言葉に騙されないようにすべきだということだ。それはごまかしだからだ。ＲＯＩ（投資収益率）にもＲＯＦ（手数料対収益率）にも「平均」などない。

## ●手数料を検討しよう

あなたが引退資金のための口座を持っているか、４０１（ｋ）や投資信託が大部分を占める個人退職年金、ＥＴＦ、マネーマーケットなどの政府が承認する年金プランに投資している場合、運用益ではなく手数料を確認しよう。数字や規定を読むのが得意でない場合、会計士か法律家に頼んで細かな規約を検討してもらおう。長期的には数百万ドルを節約できるかもしれない。それに比べれば会計士や法律家の費用など安いものだ。

彼らに規約を読んでもらうための費用は大学教育よりも価値があるかもしれない。現在私は手数料として相当の額を支払っている。その理由は、手数料対収益率があまりに素晴らしいからだ。私はパートナーであり、リッチダッド・カンパニーのアドバイザーであるケン・マクロイの不動産投資会社に多額の手数料を支払っている。

なぜか？　ケンのもたらす投資収益率が無限大だからだ。ケンは投資家がすべてのお金を回収するまで手数料を請求しない。投資家にすべてのお金が戻った後、回収した利益から取り分をもらう。私とキムの場合は数百万ドルだった。無限大の利益率はフェイクとは正反対だ。これについては後の章で触れよう。

## ●高い歩合のを支払う理由

二〇年以上前のことだが、キムと私がフェニックスに引っ越した際、地域でナンバーワンの不動産ブローカーを探した。見つけるのに時間はかからなかった。キムと私はクレイグと出会った。彼もその投資哲学も気に入った私たちは、一緒に素晴らしい不動産ブローカーチームを作ることを提案し、通常の不動産エージェントが支払う手数料である六％よりも大きい金額を提示した。そして一〇％の手数料に加え、パートナー・フィーとして投資利益の一〇％を支払った。

なぜそうしたのか理由を説明しよう。キムと私は、多くの投資家がブローカーの手数料をたたいているのに気づいた。売り手と買い手の両方のブローカーが交渉のテーブルについたとする。両者が合意に達する前に、買い手か売り手がブローカーに「歩合を安くするよう要求する」。それはブローカーの取り分が減ることを意味する。例えば彼らはブローカーに歩合を六％ではなく三％にするよう持ちかける。

なぜこんなことをするのか、私には理由がわからない。彼らはブローカーの歩合を値切るのが賢い行為だと思っているのだろう。私たちはそんなことはしない。街で最高のブローカーにはパートナーになってもらいたい。

キャッシュフロー・クワドラントを見てみよう（図62）。左側は貧困層と中流層だ。右側は富裕層だ。

多くの人は世界をE・Sクワドラントの側から見ているので、不動産ブローカーをSクワドラントの人間、「さらにお金のない《ブローカー》」人間として見る。私はB・I側の人間として、もしその人物が最高の人材であるならば、自分のパートナーとしてB・I側の人間になって欲しいと思う。ケンはB・Iクワドラントのパートナーだ。クレイグはIクワドラントのパートナーだ。

ある時友人に、どうやってあんなに良い投資を見つけるのかと尋ねられた。私の答えは「単なる不動産ブローカーとしてではなく、パートナーとしてエージェントと付き合うこと」だった。私たちのパートナーは私たちに何百万ドルもの富をもたらしてくれた。多くの投資家がブローカーの手数料を値切ろうとしている時に、私たちは数百万ドルを稼いだのだ。

### ●最悪のアドバイス

数年前、ある友人がキムと私に会計事務所を変えたらどうかと言ってきた。私たちは何事も勉強だと考えていたので、全国的に有名なその会社の人間と会うことにした。私たちは自分の財務諸表を彼らに分析させた。結果を知らせるミーティングが数週間後に予定された。

キムと私が部屋に入ると、チーフの会計士が厳かに言った。「あなたにアドバイスするためにファイナンシャルプランニングの専門家がワシントンDCからやってきました」

鼈甲の眼鏡をかけた、いかにも東海岸のエリートといった身なりのそのエキスパートは席に着くなり言った。「あなたの資産のポートフォリオを拝見しました。不動産が多すぎるようですね。不動産はすべて処分して、株式や債券、投資信託などに投資することをお勧めします」

キムと私は吹き出した。彼が冗談を言っていると思ったのだ。私たちの収入の大部分は物件からのキャッシュフローだということがわからないのだろうか？　彼は笑わなかった。きわめて真剣だったのだ。

後に私は公認会計士のトム・ホイールライトに質問した。「私たちが不動産から数百万ドルの無税の収入を得ていることが彼にはわからなかったんだろうか？」

トムは頷いた。「いや、わかっていたよ」

「ではなぜ不動産をすべて売れなどと言ったんだ？」

トムは言った。「彼は君の不動産からは歩合を受け取れないからさ」

「彼はどうやって稼いでるんだ？」

「自分が管理する財産からさ」

### ●言葉の力

子供の頃、私たちは言ったものだ。「棒切れや石では怪我するけれど、言葉くらいじゃ傷つかない」まったく間違っている。言葉は非常にパワフルだ。私たちの気持ちは言葉によって傷つけられるし、言葉によって素晴らしい気分にもなる。言葉に元気づけられたり、くじかれたりする。また、私たちは言葉によって騙され、あらぬ方向に導かれる。

私がＭＢＡを辞めたのも言葉が原因だった。教授たちは一般のビジネス社会で使わない言葉で話す。現実

62 富裕層はキャッシュフロー・クワドラントの右側にいる

ではなく理論の言葉で語るのだ。

それを確信させてくれたのが会計の教師だ。彼が資産と負債の誤った定義を使った時、私は学ぶのをやめた。以下は、学校で教わる資産と負債の定義だ。

資産（名詞）：個人、企業、国が所有し管理する、経済的価値のある資源
負債（名詞）：事業を行う上で企業に発生する債務あるいは義務

あなたがどう感じるかわからないが、この定義はぼんやりとして曖昧で、役に立たない。

この定義のせいで、多くの人や会計士までが家屋や車、冷蔵庫などを資産と呼んでしまうのだ。曖昧な定義は人々や会計士が「自分に嘘をつく」原因になる。そして多くの人が、「持ち家は資産」だと考えるのだ。実際は負債なのだが。

この定義のせいで人々は「私の純資産は」という言い方をするが、私は耳を貸さない。純資産は大抵意味をなさない。実際の価値より低いからだ。それは、嘘や願望、夢、妄想の産物だ。人は自分の車、家具、服、家屋、美術品などを、価値を膨らまして純資産とする。だから金持ち父さんは日頃から「純資産は意味がない」と言っていたのだ。

## ●金持ち父さんのレッスン

金持ち父さんはよく言っていた。「大きな家やすごい車を持っている人は往々にして何も持たない人より貧乏だ。彼らは大きな純資産を持つ金持ちに見えるかもしれないが、仕事を失えば三〇日以内に破産してしまうかもしれない」

だから金持ち父さんはいつも言っていたのだ。「銀行は君の学校の成績ではなく財務諸表を見たがる。財

務諸表は君のお金のＩＱ、お金に関して君がどれほど賢いかを示しているからだ」

金持ち父さんはいつも正確な数字を求めた。自分で計測でき、確かめられる数字だ。だから彼は、息子と私に、ビジネスで最も重要な言葉は「キャッシュ」と「フロー」だと教えたのだ。

前にも言ったように、金持ち父さんは本当の教師からビジネスを学んだ。父親のビジネスを継いだ時、彼はわずか一三歳だった。彼の教師は銀行、会計士、弁護士、簿記係などだった。

まだ一三歳だったので、これらの教師たちはすべてを「超シンプルに説明する」よう努めた。だから金持ち父さんも、私たちが一〇歳の時にこう教えたのだ。「資産と負債は名詞だ。それが本当はどちらなのか知るには動詞が必要だ。家は名詞だ。それが資産か負債かは、「フロー」という動詞が加わるまでわからない」

その家がもし賃貸住宅で、あなたのポケットにお金を運んでくれるなら、それは資産だ。逆にポケットからお金を奪っていくならそれは負債だ。金持ち父さんの息子と私は次のことを学んだ。

1　資産はあなたのポケットにお金（キャッシュフロー）を入れてくれる。

2　負債はあなたのポケットからお金（キャッシュフロー）をとっていく。

## ●最も大きな負債

あなたが生まれた瞬間から背負う最大の負債は引退、つまり働くのをやめるか働けなくなる日だ。幸運にもあなたが長生きしたとして、生きることにはどんどんお金がかかるようになる。ベビーブーマーが続々引退し、社会保障やメディケアが破産の危機に瀕しているのもこのためだ。

リスは冬が来る前に木の実を蓄えておくことを本能的に知っているが、人間は知らない。もし人間が勤労の日々が終わった後のために十分なお金を蓄えておくことができなければ、彼とその家族の生活は、冬の間に木の実を食べつくしたリスのようなものになるだろう。

私のある友人は自宅で母親の面倒を見ることができなくなった。母親が必要とする二四時間の医療補助付きの老人ホームを見つけたが、その費用は月九〇〇〇ドルだった。彼女はすでに六年間そこで暮らしているが、まだまだ長生きしそうだ。彼は母親がここまで生きるとは考えていなかった。老人ホームの費用は彼の月収を上回っている。彼と妻は収入と引退資金を取り崩して暮らしている。

あなたが引退して収入がなくなった時、誰が面倒を見てくれるのだろうか？

## ●綺麗な水に魚はいない

「一九七一年以降、お金は見えなくなった」とこの本の最初の方で述べた。

真のファイナンシャル教育のない多くの人々には、お金が見えない。皆、何も見えない状態で濁った水の中を泳いでいる。真のファイナンシャル教育がなければ資産と負債の区別さえつかない。

この状態は、中央銀行や政府、ウォールストリート、「大きすぎて潰せない」銀行、そしてエリートスクールをコントロールしている超富裕層が、濁った水を泳いでいる目の見えない魚を捕まえてさらに金持ちになるにはとても好ましい状況だ。

一度魚を捕まえたら、超富裕層はフェイクマネーでできた大きな網の中の魚に、貯蓄預金や株式、国債、投資信託、ETFなどのフェイク資産を売りつける。

長生きした場合、一般家庭にとって引退の日々は最大の負債なのだ。超富裕層はそのことを知っている。彼らはフェイク資産を一般家庭に売りつける。なぜならフェイク資産は超富裕層にとっては本物の資産なのだ。お金の流れ《キャッシュフロー》を見ればそれがわかる。

キャッシュフロー・クワドラントと税金を結び付けて考えると、濁った水が少し透明になる。

お金のために働く人々には最も高い税率がかけられる。労働者のお金を投資する人々は一番多く稼ぎ、最低の税率ですむ。

## ●最悪のお金のアドバイス

「学校に行き良い仕事に就き、賢明に働き、お金を貯めて家を買い、借金を返し、株式、国債、投資信託、ETFなどに分散投資せよ」というアドバイスがこの現状を作り出した第一の理由だ。学校でファイナンシャル教育をしない限り、貧困層と中流層の終焉は近い。

いくつか質問したい。これ以上格差が拡がったら何が起こるだろうか？　今後は二つの階級の世界になっていくのか？　富裕層と貧困層が共存する平和的な世界に？　それとも世界は新たなフランス革命やボルシェビキ革命、持たざる者が持てる者から奪う富裕層と貧困層の戦争に向かっていくのか？　この格差を縮めることはできるのか？　わずかなファイナンシャル教育が世界の未来を変えられるのか？

答えはイエスだ。ほんのわずかなファイナンシャル教育でギャップは狭められる。だがそれは自分で探さなければならない。自分と家族のために。教育システムは水を濁ったままにしておきたい人々にコントロールされているからだ。

Q　誰が教育をコントロールしている？

A　一九〇三年、ジョン・D・ロックフェラーのような超富裕層が一般教育委員会を設立した。今日、富裕層は学校でどの科目を教えるかについて依然決定権を握っている。これが、学校に真のファイナンシャル教育がない理由だ。

## ●お金の流れを追えば見えてくる

金持ち父さんは言う。「銀行が「あなたの家は資産だ」と言うのは嘘ではない。銀行はすべての真実を言わないだけだ。彼らが言わないのは、「あなたの家はあなたの資産ではなく銀行の資産だ」ということだ」同じことはあなたの貯畜、株式、国債、投資信託、ETF、そして年金プランにも言える。それらは皆フェイク資産だ。なぜならお金が手数料や経費などを通して超富裕層に流れているからだ。

やるべきことはお金の流れを追うことだ。そうすれば誰にお金が流れているかがわかるだろう。

ヴァンガード・ファンズの創設者である伝説の投資家ジョン・ボーグルは言った。「(投資家は)一〇〇%の資本を出し、リスクを一〇〇%引き受け、そして三三%の利益を得る」もし投資信託が暴落したら、投資家はすべてのお金を失う。投資信託が利益を出したら、受け取るお金は儲けの二〇%だ。投資信託のオーナーは利益の八〇%を持っていく。

大切なのは「投資家のお金を大切にする」ことではなく、「資産を管理する」ことなのだ。

一般家庭がすべてを失おうと、また投資信託が暴落しようと、焼け落ち、死のうと、ファンドのオーナーは常に勝つのだ。すべては手数料、手数料のおかげだ。

ウォーレン・バフェットはうまいことを言っている。「あなたがポーカーテーブルを囲んでいて三〇分経っても誰がカモだかわからない時、カモはあなたなのだ」

必要なのは、状況が見通せる綺麗な水だ。

1　誰からお金が流れてくるのか。

2　誰にお金が流れていくのか。

これがわかれば、何が真の資産で何が負債かがわかるようになる。さらに重要なことに、誰が真のカモか理解できる。

キャッシュフローの流れの見方を学びたければ本物の会計士による本物のクラスを受講すること、金持ち父さんのアドバイザーのトム・ホイールライト(本物の会計士だ)の著書『資産はタックスフリーで作る』を読むこと、そして楽しみながらキャッシュフローゲームをすることだ。

## ●人々が教え合う

一九九六年、キムと私はキャッシュフローゲームを作り、人々はお金の流れの見方を教え合えるようになった。今日、世界中に数千のキャッシュフロークラブが存在する。一度お金の流れを見られるようになれば、フェイクマネー、フェイク教師（特にフェイク・ファイナンシャル・アドバイザーや、フェイク・ブローカー）、フェイク資産を見抜く力も高まる。

いちばん大事なのは、お金の流れがわかると、あなたは濁った水を泳ぐ魚ではなくなることだ。次の章では金持ちが注目しているもの、そして金持ちがさらに富裕になる理由を見ていく。

## ●あなたの質問　キヨサキの答え

Q（テレビ、スポーツ、フェイクニュースなどによって）人々は重要な問題から注意を逸らされているようだ。次の暴落が最後の目覚ましとなって、人々は何が起こっているのか気づくのだろうか？（エリー・B、ルーマニア）

A　そうであることを祈ろう。過去七〇年間、世界は金融の言葉で言う、長期のブル・マーケット（上げ相場）にあった。米国が世界経済の実権を握り、ドルが世界の準備通貨となった一九四四年のブレトンウッズ会議以来、市場は上昇し続けてきた。

私は、七〇年間の上げ相場は終わろうとしているのだと思う。米国の金融当局が金持ちをより金持ちにしてきたからだ。それも貧困層と中流層のお金を使って。フラー博士が書いていたグランチだ。私たちは長期の下げ相場に入ったのかもしれない。米ドルの暴落や新たな世界不況の可能性もある。金持ち父さんが「トイレを流す」と表現したような経済の変化が起こるかもしれない。

多くの人にとってこれは悪いニュースだ。だが事態に気づき、素晴らしい新世界への準備を進める人々にとっては良いニュースだ。

Q　多くの人は、人々に魚を与えるのが良いことだと信じている。無償の教育、無料の食料、無償の健康保険などだ。一体どの答えが正しいのか？（マイケル・S、スコットランド）

A　どちらの答えも正しい。正解は答えを求める人によって変わる。より重要な質問は、「神が望んでいることはなにか？」だ。

Q　次の暴落は米国に独裁政府、一九三〇年から一九四〇年のナチスのような政府を誕生させるのではないか？（リディア・J、リトアニア）

A　そうだ。それをファシズムという。官僚によって支配される政府だ。ビジネスマンと官僚には大きな違いがある。官僚はルールを作り、それに従うよう人々に要求するファシストだ。どんな職業にも官僚的な人間はいる。

誤解してほしくないが、ルールは大切で、私たちに必要なものだ。私たちは道路の定められた側を運転すべきだし、制限速度も守るべきだ。問題は、官僚が彼らのルールで支配された世界で生きるよう人々に要求することだ。ほとんどの官僚は、学者と同様本当のお金の世界を知らない。そして大半の官僚は資本主義ではなく、社会主義、共産主義的な傾向を持つ。

アイン・ランドはこうした世界を『肩をすくめるアトラス』の中で描いている。これは、経済が破綻し、その後官僚が支配したために何一つうまくいかなくなった世界についての物語だ。最後に残った資本主義者たちは、何も生産しない官僚という寄生虫に搾取されることを拒否して潜伏してしまう。

第十五章

# 澄んだ水で釣りをする——フェイクニュースと透明性

あなたを考え込ませる、そして何が本当で何がフェイクかを理解させてくれるニュースの見出しがある。

「ニューヨークタイムズ」(二〇一八年一〇月一三日)

**ジャレッド・クシュナーは、何年もの間、連邦所得税を払っていない。**

ジャレッド・クシュナーの同族会社は過去一〇年以上、不動産買収に数十億ドルを費やしてきた。彼の所有する株式は暴騰し、その資産は約五倍の三億二四〇〇万ドルに達している。だが、本紙が極秘の財務書類を調査したところ、大統領の義理の息子であり、大統領上級顧問の職にあるクシュナー氏は過去数年連続で連邦所得税をほとんど支払っていない。

## ●フェイクニュースか、それともジャーナリストが愚かなのか?

ウォーレン・バフェットは言う。

「ジャーナリストが賢くなるほど社会もある程度良くなる。人々が情報を得るためにニュースを読むからだ。教師が賢ければ学生もより賢くなる」

Q　この記事を書いた「ニューヨークタイムズ」の記者たちは賢いのか馬鹿なのか、それともフェイクニュースを意図的に広めているのか?

A　それを知る方法はないだろう。この見出しだけを読むと、トランプ大統領の娘イヴァンカの夫、ジャレッド・クシュナーは義理の父親「その男ドナルド」と同様ペテン師だと感じるだろう。

ファイナンシャル教育のない人々、特に貧乏父さんのような学問エリートは言う。「金持ちは悪党だ」いくつか考えるべき疑問がある。バフェットは正しいのだろうか？　賢い世の中のためには賢いジャーナリストが必要なのだろうか？　人々は情報を得るためにニュースを読んでいるのだろうか？

もしバフェットが正しいなら――私は正しいと思う――フェイクニュースや反社会的ソーシャルメディア、真のファイナンシャル教育のないジャーナリスト（ブロガーも含む）などは社会にどんな影響を及ぼしているだろうか？　貧乏父さんのように、勉強ができ学歴も高いのにお金については無知で、金持ちは悪だと考えているジャーナリストは何人いるのだろうか？

答えは私たちにはわからない。「ニューヨークタイムズ」の記事は続く。（傍線筆者）

極秘書類によると、クシュナー氏の税金が低いのは、年々数百万ドルの損失を積み上げるという節税の常とう手段によるものだ。だが損失はあくまで書類上のもので、クシュナー氏と彼の会社は実際にお金を失っている訳ではない。この損失は減価償却、つまり不動産投資家が毎年の収入から物件にかかる経費を控除できる優遇税制によるものだ。

二〇一五年を例にとると、クシュナー氏には給与と投資の利益を合わせて一七〇万ドルの収入があった。だがこの収入は八三〇万ドルの損失に飲み込まれた。本紙が書類を確認したところ、これはクシュナー氏と彼の会社が出した巨額の減価償却が大部分を占める。

考えなければいけない疑問はまだまだある。

ジャーナリストたちは「ジャレッド・クシュナーは悪党だ」と言っているのか、少なくともほのめかしているのか？（断っておくと、彼らはそうは言っていない。記事ははっきりと書いている。「財務書類にはクシュナー氏とその会社が法を犯したという証拠は認められなかった」）

クシュナー氏は八三〇万ドルの損失を出しながら、どうやって一七〇万ドルの収入を得たのだろう？　八三〇万ドルも損をして破産しないのはなぜか？　減価償却は、悪辣な詐欺師が使うミステリアスな税金の抜け穴なのか？　それとも政府が提供する、誰もが（ジャーナリストも）使える合法的な奨励策なのだろうか？

減価償却は誰にも、あなたにも私にも、ジャーナリストにも適用される政府による奨励策だ。

Q　ジャレッドは一七〇万ドルの収入を得ながら、八三〇万ドルの減価償却のおかげで税金を一銭も納めなかったのか？

A　そうだ。

Q　それは合法なのか？

A　合法だ。

Q　ジャーナリストたちは人々に、ジャレッドと彼の家族、そしてトランプ一家は悪党だと信じさせたかったのか？

A　その答えを出すのはあなた自身だ。

記事はさらに続く。

財務書類にはクシュナー氏とその会社が法を犯したという証拠は認められなかった。クシュナー氏の弁護士のスポークスマンは、クシュナー氏はすべての税金を支払っている、と発表した。

理屈の上では、減価償却は不動産デベロッパーが物件の損傷や老朽化によって投資が損なわれるのを防ぐためのものだ。だが実際には、これはトランプ氏やクシュナー氏のような不動産デベロッパーに「有利なプレゼント」になっている。

Q　このジャーナリストはなぜ「トランプ氏やクシュナー氏のような不動産デベロッパーに有利なプレゼント」などという煽り立てるような書き方をしたのだろう？

A　これこそが典型的なイエロージャーナリズム（煽情的ジャーナリズム）だ。

Q　イエロージャーナリズムとは？

A　ウィキペディアによれば、イエロージャーナリズムとイエロープレスとは、確かな調査をほとんど行わずに、売り上げのためだけに人々の目を引くヘッドラインを掲げるジャーナリズムと、その関連の新聞を指す米国の言葉だ。彼らが使うテクニックはニュースの誇張やスキャンダルの追及、そして人々を扇動することだ。

Q　ジャーナリストたちはなぜ、会計士のトム・ホイールライトが教えているような税金の知識を記事にしないのだろう？　トムによれば、税法の中で、税金を納めるための説明はほんの数ページを占めるに過ぎず、残りの膨大なページはいかに合法的に節税するかを説明したものだという。これは西側諸国ではほとんど同じだ。

A　著書『資産はタックスフリーで作る』や彼のクラスで、トムは資本主義の政府がパートナーを必要とするということを人々に説明している。

・資本主義政府では、民主主義はあなたや私のような市民が政府のパートナーになることを望んでいる。政府が推進するプロジェクトに投資してほしいと考えているのだ。

・共産主義政府は中央集権化しており、投資が必要なプロジェクトは官僚が主導する。中国では、富裕層の大部分は官僚とつながりがあるか、「小君主」、つまり官僚の子供たちだ。

・米国における自由市場経済とは、政府が望む、または必要とするプロジェクトに、優遇税制を通して一般市民や起業家が参加することが奨励される経済を言う。

**●様々な優遇政策**

例えば、政府は起業家が住宅を作って供給することを望んでいる。そのため、減価償却が不動産投資家への優遇税制として設定されている。

政府はまた、人々に仕事を供給したがっている。五〇〇人以上の従業員がいるBクワドラントの経営者への課税が低いのもこのためだ（図63）。二〇一八年、アマゾンは本社の移転先となる都市を物色していた。数千人の高給取りの従業員がやってくるのはどの都市も大歓迎だ。だからどこもアマゾンに優遇税制を提案した。

63クワドラントによって税率が違う

テスラモーターズのイーロン・マスクはネバダ州にバッテリー工場を建設する際、一〇億ドル以上の優遇税制の適用を受けた。

高給の従業員に対する優遇税制もある。アマゾンもテスラも数千人の高給取りを抱えている。従業員の給与が高いほど、一般的には税収も上がる。高給の従業員は多くのスモールビジネスも引きつける。スモールビジネスのオーナーは高い税率を課されている。このために、全米の地方自治体はアマゾンやテスラのような会社に優遇税制を与え、自分の州や街に誘致しようと懸命なのだ。

大きなビジネスは小さなビジネスを引きつける。それは多くの仕事につながり、多くの仕事は多くの住居や学校、政府の職員を必要とし、市や州の税収は上がる

また、エネルギーに対する優遇税制もある。エネルギーなしには文明は成長しない。エネルギーが不足したり高額になれば、文明は崩壊する。したがって政府は起業家にエネルギー供給に参入してほしいと思っている。そのためエネルギー探査にも優遇税制が用意されている。今日、米国の輸入石油への依存度は少なくなっている。

食料に対する優遇税制については、政府は国民が食料を生産することを歓迎し、その分野にも優遇税制がある。人々が飢えれば暴動が起こるからだ。

## ●優遇税制は抜け穴ではない

こうした優遇税制は、これらのジャーナリストが読者に信じ込ませたいような、悪質な詐欺師がこっそり使う抜け穴や「不備」ではない。それは国際的に合法で、誰もが使えるものだ。もちろんジャーナリストでも使える。繰り返すが、税金と優遇税制は資本主義のエンジンなのだ。

キャッシュフロー・クワドラントを見れば、誰が税金を払っているかわかるだろう。トランプやクシュナーのような金持ちは自分の子供をB・Iクワドラントに入れようとする。

たぶん、こうしたジャーナリストたちは学校で良い成績を取って、E・Sクワドラントのスキルや考え方

を身につけた。彼らは「イエロージャーナリスト」なのか、あるいはお金の知識がなく、B・Iクワドラントで起こっていることを何も知らずに濁った水の中を泳いでいるに過ぎない。

「ニューヨークタイムズ」の記事は続く。

「法律的には建築物は毎年価値が減少していくが、現実にはしばしば価値は上がる。税法は、不動産投資家が自由に税額を決められるほどフレキシブルにできている」

Q 税法のもとでは不動産投資家が税金の支払い額を決められるのか？ 税金をまったく支払わないというのもありなのか？

A そうだ。そしてプロの不動産投資家は、自宅所有者には適用されない減価償却の控除が受けられる。

Q どうして皆がそうしないのだろう？

A 税金が高校の科目にないからだ。

Q あなたは高校で税金について学んだのか？

A いや。私は九歳の時に金持ち父さんのために働き始めて、お金や借金、税金について学んだ。

Q それであなたはお金の面で有利なスタートが切れたのか？

A そうだ。そしてそれが、一九九六年にキムと私がキャッシュフローゲームを作り、『金持ち父さん　貧乏父さん』を書き、一九九七年にリッチダッド・カンパニーを設立した理由だ。私たちは、金持ち父さんが私にくれた有利なスタートを、私がキムに教えた教育を皆に伝えたいと思っている。

一九九六年、私たちはキャッシュフローゲームを厳密に評価してもらうためにハーバード大学に提出した。だが頭から拒否され、送り返された。箱は開けられてもいなかった。しかしこれは良いことだった。頭をガツンとやられて、私たちは目がさめた。

ハーバードがゲームを突き返し、人々が疑似体験をし、楽しみ、ミスをしながら学ぶというアイディアにダメ出しをしてきた時、私たちは自分がちょうど貧乏父さんのような学者にマーケティングしていたことを知った。失敗は成功の別の側面に過ぎない。ハーバードに評価してもらえなかったのはラッキーだった。誰が本当の顧客かがわかったからだ。それは大学でも学校でも、教師でもなかった。

## ●人々が教え合う

キムと私は誰が顧客になるのかをはっきり理解した。

一九九七年、私は『金持ち父さん　貧乏父さん』を書き、最初は小冊子として世に出した。実際の出来事をもとにした、財務諸表と会計の大切さを説明するためのシンプルな本で、すべての答えを知っているらしい心の狭い大学教授ではなく、本当に学びたい人々にキャッシュフローゲームを売るために書いたものだった。

この年、私たちはリッチダッド・カンパニーを設立した。私たちの使命は「人類の経済的な幸福を向上させる」ことだった。

この使命を成就させるためには、時代遅れでお金と時間がかかり、退屈で、横暴で、現実離れした教育システムを回避する必要があった。私たちのビジネスプランはシンプルだった。学校が教えない、お金という科目について、世界中の誰もが使う人生のスキルについて教えることだ。

リッチダッド・カンパニーは人々が互いに教え合う、ファイナンシャル教育教材の制作に特化していた。

医者や弁護士、ビジネスマン、高給取りの従業員になるためには学校に行く必要がある。だが富裕な起業家、投資家になるにはその必要はない。『金持ち父さん　貧乏父さん』の表紙にもあったように、「お金について、金持ちが自分の子供に教え、貧困層や中流層が教えないこと」があるのだ。

## ●ジャレッド・クシュナーが知っていたこと

「ニューヨークタイムズ」の記事の次の部分は、金持ちが自分の子供に教えること、ジャレッド・クシュナーのような子供たちが知っていて、貧困層や中流層が知らないことについて説明している。

減価償却の控除から来ているクシュナー氏の損失の大部分は、書類に記載されている年月のほとんどの期間、彼の課税所得を消し去っている。彼は借金をして不動産を購入した時でさえ損失があったと報告している。書類によると、多くの場合、クシュナー氏は購入価格の一％以下の金額しか支払っていない。しかもその僅かな金額さえ、ローンで借り入れている。

Q　ジャレッド・クシュナーは数十億ドルの購入金額の一％のお金さえ借金したのか？　つまり彼は数十億ドルの物件をまったく身銭を切らずに購入したということか？

A　そうだ。これは「無限大の利益率」、あるいは「無からお金を生む」として知られる方法だ。一九七三年に私が最初の不動産クラスで教わったやり方だ。

Q　つまり金持ちになるのにお金はいらないと？

A　その通りだ。だがファイナンシャル教育と現実の経験は必須だ。

私が無限大の利益率というものに気づいてからというもの、「私には買えない。私にはお金がない」とは言わなくなった。いったん無限大の利益率を理解すれば、金持ちになるためにお金はいらなくなるのだ。

## ●情報のもたらす無限大の利益率

トム・ホイールライトと私は、二〇一八年にニューオーリンズ投資会議において四五分間のプレゼンテーションを行った。タイトルは「無限大の投資収益率：情報の利益率」。

この動画はインターネットでも見られるが、これを見れば、なぜジャレッド・クシュナーが自分のお金を使わずに、税金も払わずに数百万ドルの不動産を買えたのかわかるだろう。キムと私も使っている手法だ。

「ニューヨークタイムズ」の記事はさらに続く。（傍線筆者）

結果：クシュナー氏は誰かにお金を借りることで、税の支払いを大幅に減らすための損失を得ている。これは税法で許されていることだ。減価償却による控除は他の業界でもある手法だ。だが彼らが借金で何かを買っても減価償却による控除を受けることはできない。

国税庁の考え方からすれば、クシュナーは長年損失を出し続けているのだ。

一般の賃金所得者とは異なり、こうした企業のオーナーは税金目的で損失を報告することができる。クシュナー氏の会社のような企業で収入よりも支出が多いと申告すると、それを営業損失にすることができる。この損失は企業のオーナーが支払わなければならない税金を相殺できる。損失の大きさによっては、過去に支払った税金の返還を受けたり、将来の税金を除くこともできる。

Q　つまり借金や税金は金持ちをより金持ちにするということか？

A　そうだ。だがそれをするためにはしっかりしたファイナンシャル教育と実地の練習、そしてトム・ホイールライトのような賢明なアドバイザーのチームが必要だ。これは忘れないでほしい。「お金の天国に入るドアはたくさんあるが、地獄に入るドアはもっとある」

「ニューヨークタイムズ」の記事は続く。

「もう一度人生を生きなければならないとしたら、私は不動産ビジネスに参入するだろう」世に知られた信託・不動産専門弁護士であり、パイオニア・ウエルス・パートナーズのトップであるジョナサン・ブラットマチャーは、クシュナーの書類を調べた後言った。「素晴らしい。支払ってもいないものについて税金が控除されるとは」

Q　賢いはずの信託・不動産専門弁護士でさえ、金持ちが借金や税金を使ってさらに富む方法を知らないと？

A　その通りだ。知っている人はほとんどいない。トムと私の無料ビデオを見れば、それを知っている人がいかに少ないかわかるはずだ。

「ニューヨークタイムズ」は続く。

「昨年の課税立法では、この便益はすべての産業分野で廃止された。ただし不動産だけは例外だった」

Q　これが、あなたが二〇一六年に紙の資産、株式や国債、投資信託やETFを売り払った理由か？

A　あなたはどう思う？

**●リッチダッド・カンパニーは不動産業**

「ニューヨークタイムズ」は他の記事でも、ジャレッド・クシュナーとイヴァンカ・トランプが二〇一七年に八二〇〇万ドルの、おそらく無税の不労所得を得ていたことを報じている。お金ではなく情報が、金持ちをより金持ちにするのだ。そしてこうした情報は学校では教わらない。言葉よりも図の方がわかりやすいだろう。図㊹は学校で何を教えているかを示すものだ。お金がどこからどこに流れるかに注意してほしい。

これは濁った水とはどんなものかを表している。子供たちに、良い学校に行き、良い仕事に就き、家を買い、借金を返し、長期投資をするように言った結果起こることだ。このマントラは水を濁らせ、汚くする。

私は『金持ち父さん　貧乏父さん』の中で、マクドナルドの創業者レイ・クロックについて触れた。彼はテキサス大学のMBAの授業で「マクドナルドのビジネスは何か？」と質問した。

一人の学生が言った。「ハンバーガーを売ることです」

クロックは答えた。「ノー。マクドナルドのビジネスは不動産業だ」

映画「ファウンダー」の中で、マクドナルドは不動産ビジネスをしている、という言葉の意味が非常に明瞭に示されている。

リッチダッド・カンパニーもまた不動産業だ。図㉟が示すように、リッチダッド・カンパニーに一〇〇万ドルの収益があると、私たちは四〇〇万ドルを借りる。私たちは不労所得を増やし、現在では受動的損失として五〇〇万ドルを減価償却できるようになった。ジャレッド・クシュナーの手法と同様、私たちの不動産からの受動的損失は、ビジネスからの収入を相殺し、合法的に税額を低めるか、ゼロにしてくれる。

Q　税法は私たちに借金と投資を奨励し、金持ちにしてくれる？

A　そうだ。もしキムと私が借金をせずに不動産投資をしていたら、税金を払う羽目になる。

思い出してほしい、一九七一年以降、米ドルは負債になったのだ。人々が借金をやめれば、お金は消滅し経済は暴落する。クレジットカード会社が、人々がカードを作って使うように特典を用意しているのもそれが理由だ。カードを使うのは、つまり借金をするということだ。学資ローンが米国政府の最大の資産なのも同じ理由だ。借金こそがお金だ。「借金なしで生活する」ことを推奨している人々は、経済に害を及ぼしている。負債なしで生活しようとするよりも、不動産コースを受講し、金持ちになるための借金と税金の使い方を学ぶべきだ。

次の図㊱は、綺麗な水でのものの見え方、金持ちの魚の様子だ。真のファイナンシャル教育がある金持ちは以下のことを知っている。

1　資産を得るための税金の使い方

2　資産を得るための借金の使い方
3　税金を払わずに利益を再投資する方法
4　フェイクマネーではなく金・銀を所有することの合理性

## ●「それはここではできませんよ」

トム・ホイールライトと私が世界中のどこに行こうと、人々に図67を見せると必ず誰かの手が挙がり、こう発言する。「それはここではできませんよ」

私たちはこの図とやり方を、イギリス、日本、ロシア、オーストラリア、ニュージーランド、カナダ、中国、そして全米各地で説明してきた。だがプレゼンテーション（と図の説明）が終わると誰かが必ず言う。

「それはここではできませんよ」

64 貧困層及び中流層のお金の流れ

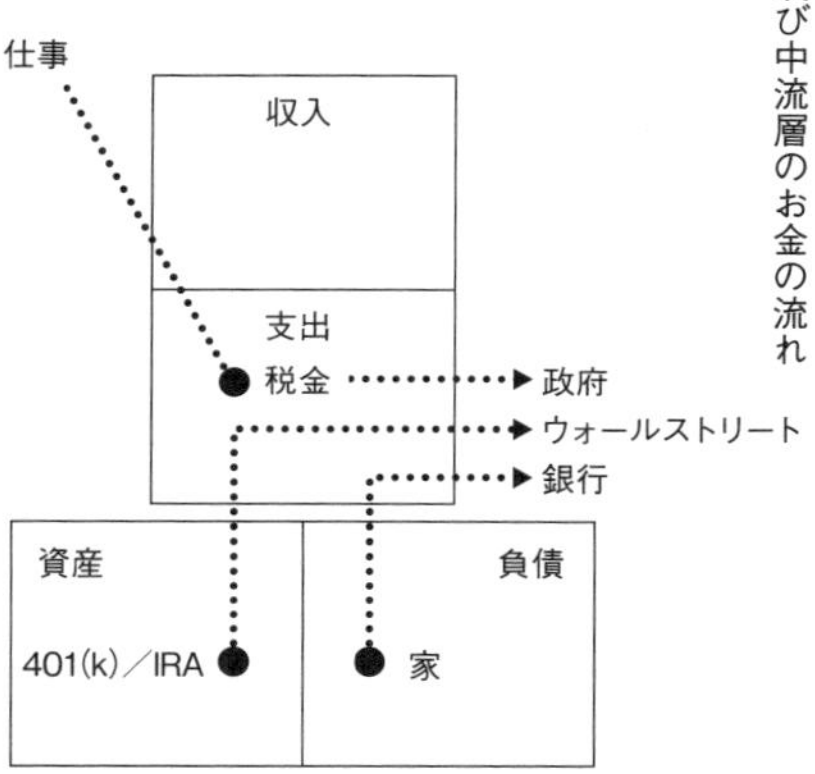


65 私たちもマクドナルドの手法を使う

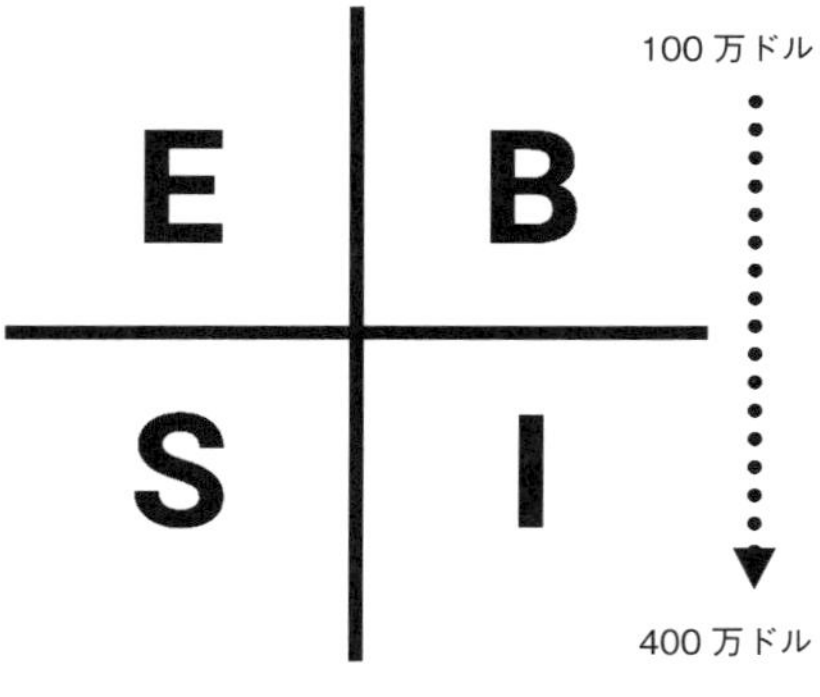

Q　そういう人には何と答える？

A　トムも私もこう質問する。「この国にマクドナルドはありますか？」

ファイナンシャル教育がない人々には、自分の目の前を泳いでいる数百万ドルのチャンスが見えない。

「ニューヨークタイムズ」の記事に戻ろう。（傍線筆者）。

（ジャレッド・クシュナーへの）低い課税は税金額を抑えるための常とう手段の結果であり、書類によると過去何年にもわたり数百万ドルの損失を生み出してきた。だがその損失は紙の上だけのものだ。クシュナー氏と彼の会社には実際の損失はない。損失は減価償却から来ている。減価償却とは、不動産投資家が建築物のコストの一部を課税所得から控除できる優遇税制のことだ。

**●減価償却だけではない**

「ニューヨークタイムズ」の記者は減価償却の税法上の利点にだけ注目している。だが真のファイナンシャル教育は、減価償却、元本返済、そして資産価値の上昇の利点を網羅していなければならない。

1　**減価償却。**減価償却とはプロの不動産投資家に与えられる受動的損失だ。減価償却は物件や、カーペット、照明その他の備品などの不動産投資に欠かせない要素の損傷や老朽化に対してのものだ。

2　**元本返済。**元本返済とは借金を徐々に減らしていくことだ。不動産物件の借金の返済はテナントがしてくれる。

元本返済による利益には税金がかからない。物件からお金を生む方法の一つがローンを借り換えて借金を増やすことだ。テナントがしっかり家賃を支払っていればの話だが。ローンの借り換えで得たお金にも課税されない。なぜならそれは借金だからだ。

一般家庭で家のローンを借り換える場合、これも無税だ。問題は、この場合のテナントが自分自身であることだ。二〇〇八年以前、数百万の家庭が自宅の価格上昇分を使ってローンを借り換え、ATMのようにお金を引き出して借金を返し、結果破産した。市場が暴落した時、価格上昇分は吹き飛び、人々は自宅の価値以上の借金を背負うことになった。数百万の家屋がいまだに二〇〇八年以前の価格に戻っていない。私の自宅の近所では、二〇〇八年に四〇〇万ドルで売られていた家が、二〇一八年現在二〇〇万から三五〇万ドルになっている。二〇〇八年以降、多くのプライベート・エクイティファンドやヘッジファンドが数千という差押さえ物件を最低価格で買い漁った。

二〇一八年、住宅価格の上昇に伴い、ファンドはこれらの家を、価格を低く抑えながら売り始めた。

3 **資産価値の上昇。** 資産価値の上昇はすべてのホームオーナーの夢だ。数百万の人々が「住宅価格は常に上昇する」と信じている。不動産転売屋は価格の値上がりを期待する。住宅転売の欠点は、キャピ

⑯なぜ金持ちはもっと金持ちになるのか?

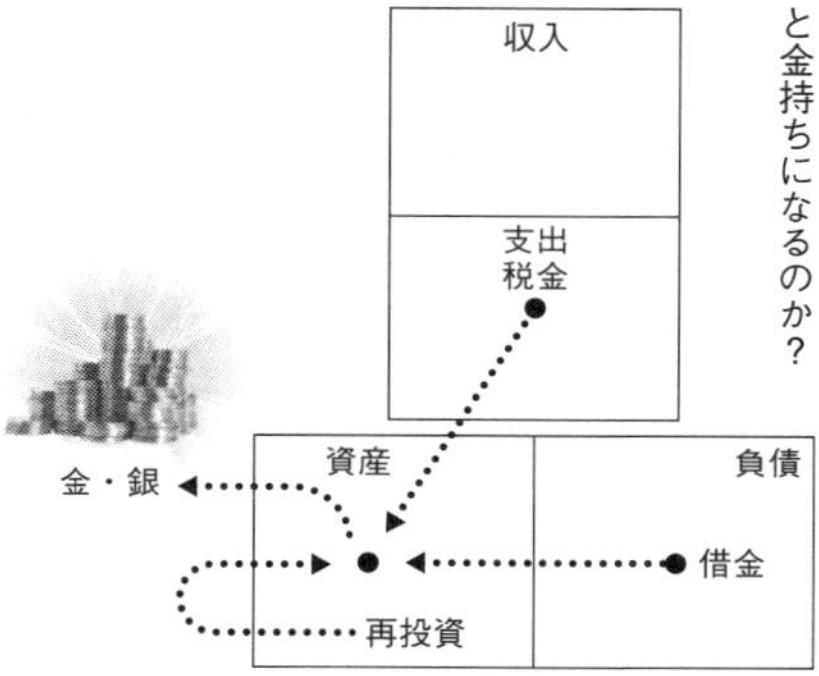


⑰タックスフリーの収入を得る

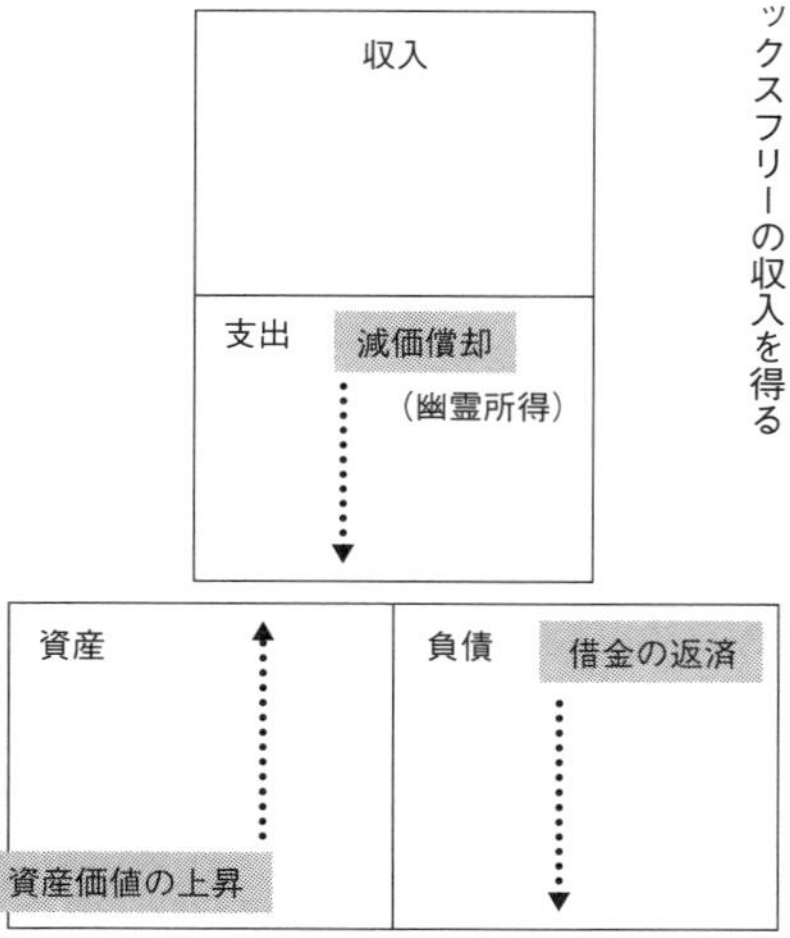

タルゲインに対する課税だ。だから私は価格上昇分で借金する方を選ぶ。借金には税金がかからないからだ。無限大の利益率のビデオの中では、物件を担保にしたローンの借り換えによって金持ちが無税で数百万ドルを手にする方法を紹介している。ジャレッド・クシュナーもドナルド・トランプもこの手法を使っている。

一つ注意すべきことがある。借金は弾の入った銃と同じだ。銃はあなたを守りもすれば殺しもする。やがて来る暴落や崩壊では、借金（特に企業の借金）は多くの被雇用者のお金の未来を奪うだろう。経済の崩壊は、たとえ自分に借金がなくても被雇用者にダメージを与える。彼らの勤める企業が借金を返せなくなるからだ。

人々が仕事を失えば、彼らは家や車の支払いができなくなる。家や車は真の資産ではないからだ。歴史を振り返ると、一九二九年、ダウ・ジョーンズ工業株三〇種平均は三八一ドルという最高値を記録した。その後再び三八一ドルに達するのは一九五四年で、二五年間の月日が必要だった。

## ●情報がもたらす利益

ウォーレン・バフェットの理にかなった言葉は繰り返す価値がある。

「ジャーナリストが賢くなるほど社会もある程度良くなる。人々が情報を得るためにニュースを読むからだ。教師が賢ければ学生もより賢くなる」

ウォーレン・バフェットは無限大の利益率を実践している。彼は自分のお金は使わない。だからこそ金持ちなのだ。

あなたが無限大の利益率についてもっと知りたければ、二〇一八年にトムと私がニューオーリンズ投資会議で行ったプレゼンテーションのビデオを見てほしい。さらに学びを深めたければ、友人や家族、同僚たちと話し合いながらビデオを見るとよい。

必要なのは、熱心で活発な、深く掘り下げたディスカッションと学びだ。

人々は言うだろう。「金持ちは悪だ」トランプ大統領が嫌いな人はますます彼を嫌いになるだろう。なぜならビデオの中でトムが、トランプがいかに金持ちに恒久的な減税を与え、お金のために働いている人々の控除を打ち切っているかを説明しているからだ。

キムと私は政治的になることは避けている。議論は時間とエネルギーの無駄だ。私たちは単に合法的、道徳的、倫理的に金持ちになることを選んでいる。

普通の投資家は、ROIを、「リターン・オン・インベストメント」（投資利益率）の頭文字だと思っている。だが金持ちにとってROIは「リターン・オン・インフォメーション」（情報利益率）だ。学校や新聞、経済誌、そしてほとんどの本では学べない情報だ。もしあなたが綺麗な水の中で泳ぎたければ、綺麗な情報が必要なのだ。

次の章からは、腐った金融システムの崩壊と、その後のお金の未来にいかに備えるかを見ていこう。

## ●あなたの質問　キヨサキの答え

Q　学問の分野で優秀でも投資や金融、個人の財務について何も知らない専門家、それでいてそれに関する記事を書き、金融のエキスパートとされている人間について、人々にもっと知らせるにはどうしたらよいのだろう？（エラ・M、スペイン）

A　質問の意味がわからない。自分が話していることについてよく理解していない学問エリートの金融専門家が何人いるか、ということか？　私の答えは、その専門家が記事を書いた理由を考えろ、ということだ。記事は何のために書かれたのか？

1　あなたに何かを売るためか?
2　あなたを教育するためか?
3　何かを警告するためか?
4　金儲けのためか?
5　自分を賢く見せるためか?

Q　税法は、政府が望んでいることを投資家に知らせ、納税額を低めるためのものだということを人々に知らしめる、最も効果的な方法は何か?　あまりに多くの情報があり過ぎてとても困難だが、それは可能なのか?（ロバート・G、アイスランド）

A　難しいと思う。金持ちが多くを得て、少ない納税額で済んでいる理由を皆が知ったら革命が起こるかもしれない。納税額を減らす方法を教えてくれる真のファイナンシャル教育にアクセスできる人間はほとんどいないからだ。覚えておいてほしい、私たちの教育システムはEやSクワドラントに向けてのもので、BやIクワドラントのためのものではないのだ。

Q　Bクワドラントのビジネスでは、課税額を減らし、場合によっては無税にする方法（そして優遇税制）はたくさんある。だがSクワドラントの高額所得者にはほとんどない。議会が税法を可決する時に、これについての話がメディアに載ることはほとんどない。なぜなのだろう?（ジュリア・H、米国）

A　グランチは、メディアや教育システムに税金について知ってほしいとは思っていないだろう。あなたが税金についてもっと知りたいと思ったのは喜ばしいことだ。学びたい気持ちは学習の第一歩だ。学ぶ意欲のない人に教えることはお勧めしない。「豚に歌を教えるな。時間の無駄だし豚も迷惑だ」

第十六章

# 米ドルの終焉——高騰、破綻、暴落、そして崩壊

ジェームズ・リカーズは著書『破滅への道』の中で、この本の主題を、カート・ヴォネガットの一九六三年の作品、『猫のゆりかご』の一節を用いて説明している。

なんと、なんと、なんと素晴らしい
なんと、なんと素晴らしい
なんと、なんと素晴らしい
互いにこんなにも違う人々が、同じ仕組みに囚われているなんて。

Q　リカーズは私たちが檻の中に囲い込まれ、搾乳され食肉にされる畜牛のようだと言っている訳か？

A　そういうことらしい。

Q　その仕組みというのはお金か？

A　そうだ。お金や金融商品、お金の派生商品だ。

Q　どんなものでもお金と繋がっている。彼は世界経済、文明、そして人生がこの仕組みに囚われていると言いたいのではないか？

A　その通りだ。

リカーズは真の教師だ。名門大学を卒業した圧倒的に明晰な学問エリートであり、弁護士であり、業界の消息通であり、金融の学者でもある。ロングターム・キャピタル・マネジメント（ＬＴＣＭ）の評議会の一員だった時、現代における最大の金融災害に見舞われた。ＬＴＣＭの倒産はリカーズが目を覚ますきっかけとなり、彼はＬＴＣＭの失敗の原因と、お金、権力、そして世界を陰で操っている人間について研究し始めた。

その研究結果と深い洞察により、彼は将来の「通貨戦争」（彼の著書のタイトルでもある）に備える国防省のアドバイザーになり、その後、国家情報長官や、世界経済を牛耳る中央銀行システムの権力者のためにも働いた。リカーズが真の教師であるのは、彼が「インサイダーの中のインサイダー」だからだ。

私は二〇一一年、『通貨戦争』が出版されるとすぐに読んでみた。「汚れた水」の中で先を見通したいアウトサイダーとして、この本を読むことは、潜水メガネをつけてほとんど誰も見たことのないよどんだ水の中をのぞき込むようなものだった。この後に出版された本はさらに啓発的な内容だった。

もし金が神のお金であるということについてもっと知りたければ、リカーズが二〇一六年に出版した『今すぐ金《ゴールド》を買いなさい』（朝日新聞出版）は必読書だ。米国と世界がどこに向かっているかを知りたい人には、『破滅への道』が私たちの未来にスポットライトを当ててくれるだろう。

私はリカーズとともに、来るべき、お金の素晴らしき新世界のためのファイナンシャル教育や金融商品を提供していることに誇りを感じている。

**●最後の雪の一片**

リカーズはやがてくる暴落と、考えうるドルの崩壊を説明するのに雪崩の喩えを使っている。村の上にそびえる山の頂に、長年降り続けた雪が積もっている。小さな雪崩を起こしてスキーシーズンを棒に振るよりも、権力者たちはバリケードを作ってスキーヤーを村に引きつけることを選び、巨大な「一撃」、すなわち大規模な雪崩の危険は年々大きくなっていく。

そしてある日、小さな雪片が山の頂上に落ち、それが元で村は膨大な雪の下に埋もれてしまう。この喩え話は一九七一年、リチャード・ニクソン大統領が米ドルと金の交換を停止した時から始まる。その後何度か起こった市場暴落の際にも、問題は是正されるどころか、リーダーたちはフェイクマネーを刷り続けた。そして借金の山はさらに高く、深くなっていき、不吉な様相は毎年増すばかりだ。

世界という村は雪ではなく借金とフェイク投資、フェイクマネーの雪崩に埋もれる寸前なのだ。きっかけになるのは最後の雪の一片だ。

## ●ドルの終焉

一九四四年、世界四四カ国が、第二次世界大戦後の世界の通貨システムについての新たなルールを策定するためにブレトンウッズに集まった。第二次世界大戦以前には、イギリスのポンドが世界の通貨の頂点にあった。しかしイギリスは大戦で、所有していた金を戦費として米国に吐き出してしまった。第二次世界大戦が終わった時、米国は世界の金の大部分を所有していたのに。

金の所有国となった米国は米ドルを金と交換することを約束し、米ドルは「世界の準備通貨」となった。当時、米ドルは金と同等だったのだ。ドルは信頼され尊敬されていた。だがその時代は長く続かなかった。

一九五〇年から一九六〇年にかけて、ドイツ、日本、イギリス、そして復興したヨーロッパ諸国が米国に製品を輸出し始めた。金に裏打ちされた米ドルが米国外に流出し、ニクソンとその取り巻きたちをパニックに陥れた。

一九七一年、ニクソン大統領はブレトンウッズでの約束を反故《ほご》にし、米国はフォルクスワーゲンやトヨタなどの製品と引き換えにフェイクマネーを輸出し始めた。世界は米国のリーダーを信頼し、これらのフェイクドルを喜んで迎え入れた。だがその信頼は二〇〇八年以降ひどく揺らぎ始めた。

ドルの信頼は風前の灯火《ともしび》か？　ドルの終焉は近いのか？　借金の山はあまりに高いのか？　さらに多くの

フェイクマネーが雪崩が起こるのを防いでくれるのか？　それとも最後の雪片がもうすぐ落ちてくるのか？

## ●お金の三つの種類

この本のはじめに、現代のお金には三つの種類があることを書いた。

1　**神のお金**：金・銀
2　**政府のお金**：ドル、ペソ、元、円、ユーロ
3　**人々の通貨**：ビットコイン、イーサリアム、その他、ブロックチェーンが元になった暗号通貨

共産主義と資本主義の違いは、共産主義が中央集権政府によって運営されるものであるのに対して、資本主義は中央銀行によって運営されるということである。

中央銀行は金を歓迎しない。なぜならそれは印刷できないからだ。中央銀行はビットコインやブロックチェーンを歓迎しない。人々のお金は中央銀行を必要としないからだ。中央銀行は政府の通貨を印刷するが、政府の通貨にはインテグリティー（完全性、誠実さ）が欠けている。神のお金や人々のお金は中央銀行のお金より誠実だ。なぜか？

Q　あとどのくらいフェイク通貨が流通するのか？

A　そう長くはないだろう。かつて米ドルは金・銀に裏打ちされていた。私が高校生の頃、政府の通貨の上部には「銀証券」と刻印してあった。今日、米国政府はすべてのフェイクドル札に大胆にもこう印刷している。「我らは神を信ずる」

もしあなたが、神は政府の国家債務の連帯保証人だと信じるなら、政府の通貨を信じればよい。

## ●次にくる通貨とは何か？

ジム・リカーズは、政府の通貨はやがて特別引出権（ＳＤＲ）に姿を変えると語っている。それは別のフェイクマネーであり、発行主は国際通貨基金（ＩＭＦ）だ。しかしＳＤＲも長くは続かない。ＳＤＲはさらにひどいフェイクマネーなのだ。ＳＤＲは政府通貨の国際的な崩壊の象徴なのだろうか？　考え込んでいる人は多いと思う。

政府のお金の真の問題は「信頼」という一言に尽きる。政府と中央銀行に対する人々の信認がある限り、ドル、円、元、ペソ、ユーロなどはたとえフェイクのお金でも安泰だ。

最後の雪の一片は信頼である。信頼が失われると、政府のお金は破綻する。ドルは崩壊し、山から雪崩がどっと押し寄せてくる。途中にあるすべてをなぎ倒しながら。

金持ち父さんの好きなお金の定義は次のようなものだ。

「お金は信用に裏付けられた一つの概念だ。実際の労働の産物であり、そして交換可能なものだ」

以下の項目を一つ一つ読めば、なぜ政府の通貨がダメなのかわかるだろう。

1　お金とは単なる概念に過ぎない。お金はある意味存在しない。
2　お金が存在するには政府のリーダーと銀行への信頼が必要だ。
3　本物のお金は実際の労働の産物であり、フェイクマネーの印刷は真の労働を必要としない。
4　真のお金は真の価値を生む。フェイクマネーは価値を盗む。フェイクマネーは価値を保持しない。
5　フェイクマネーを印刷することは人々から略奪する行為であり、人々の労働の価値を下げる。
6　フェイクマネーを印刷することでお金を操作する人間たちは金持ちになる。
7　人々が目覚め、信頼が消え失せた時、政府のフェイクマネーは交換できなくなる。そして借金の雪崩がやってくる。

8　ファイナンシャル教育は貪欲な貧困層と貪欲な金持ちから身を守る武器になる。

## ●愚かさについて

ジョン・メイナード・ケインズは数十年前にこんな言葉を残している。

「資本主義とは驚くべき信念だ。最も邪悪な人間が最も邪悪な行いを、人々の最大の幸福のためになすというのだから」

以下は、もう一人の真の教師、ダグ・ケイシーによる、愚かさについての言葉だ。

「愚かさとは意図しない自己破壊の傾向である」「二つの悪の中でましな方は、依然として悪である」「感謝の反対は権利意識である」

フランスの作家、アレクサンドル・デュマは愚かさについてこう言っている。

「人間の天才性には限界があるが愚かさには限界がない」

発明家であり政治家のベンジャミン・フランクリンは無知についてこう語っている。

「彼はとてもよく勉強したので「馬」を九つの言語で言うことができた。だがあまりに無知だったので乗るために牛を買った」

次は連邦準備制度理事会元議長、ベン・バーナンキの言葉だ。

「米国政府には印刷機というテクノロジーがある。おかげで政府は実質的にタダでドルを生み出せるのだ」

「タダ」で？　本当に？　バーナンキはスタンフォードとプリンストンの教授ではなかったのか？　もう少し勉強すべきではないか？　フェイクマネーを印刷することは数百万人の仕事や家、預金、そしてお金の未来を奪うことになるのに気づいているのだろうか？　あなたはどう思うだろうか？

## ●「仕組み」からどう逃れるか？

一つ疑問が浮かんでくる。どうやって、先ほどのカート・ヴォネガットの作品にあったような、「同じ仕組み」から逃れればよいのか？　多くの人が、その答えは金本位制に戻ることだと考えている。私も一九七二年にはそう思っていた。

思い起こせば、一九七二年には、私はすでに独自の銀本位制を採用していた。一九六四年にフェイクコインの銅の縁に気づいた私は、紙幣を銀貨に交換し始めた。コインの中から銀貨を選びだし、残ったフェイク銀貨は銀行に返した。

二〇一八年現在、一九六五年以前の一〇セント銀貨は二ドルの価値がある。私は今でも袋一杯の銀の一〇セント、二五セント、五〇セント硬貨を持っている。

一九七二年、金を求めて敵地の奥まで飛行したのち、私は何かが変だと思い始めた。ベトナム戦争やお金について、嘘を吹き込まれているのではないかと疑い始めた。そして一九七二年、私は香港で最初の金貨を購入した。南アフリカのクルーガーランド金貨で、米ドルにして約五〇ドルだった。

そして、私は犯罪者となった。一九七二年には、米国人の金の所有は許されていなかったのだ。そのコインは今でも所有している。銀行ではなく米国外のある国に、安全に、そして合法的に保管している。五〇ドルのクルーガーランド金貨は、今では一二〇〇ドルになっている。

一九七三年、私は最初の不動産コースを受講し無限大の利益率について学んだ。もはや私にはフェイクマネーは必要なかった。私は真の教師も見つけた。その年、私はＭＢＡを中退した。

一九七三年以来、私は自分だけの金・銀本位制を実践している。

そして、さらに次のことも実践している。

1　私は従来の教育に囚われていない。

2　私はセミナーに出席し、本を読んで本当の教師を探している。

3　私は政府がパートナーを求めている資産に投資している。政府が私に投資してほしいと思っている真の資産に投資するのだ。すると私の税金は合法的にほんの僅かかゼロになる。

4　連邦政府はお金を印刷する。私は自分のお金を印刷する。

5　私は「潰すには大きすぎる」銀行、ウォールストリートの投資銀行などの発展や破綻、暴落とは関わらない立場を保っている。

6　私は無限大の投資収益率を実現し、税金をゼロにするために借金を使う。

私は世界のどこであってもマクドナルドの手法を使う。多くの人が「それはここではできませんよ」というやり方だ。

Q　借金をするのは不安ではないか？

A　とても不安だ。

Q　借金をどう扱う？

A　私は世界経済について勉強し、常にそれに注意を払っている。真の教師について学んでいる。また借金を金と銀で相殺している。金・銀は私にとってヘッジ、保険であり、政府や自分自身が馬鹿げたことをしでかした際の防護策だ。

言葉よりも図で説明しよう。前の章で説明した通り、図⑱は私流の金・銀本位制だ。私は政府のお金ではなく金・銀を集めている。図は、私がいかにして「人間が囚われている仕組み」から逃れているかを説明している。

Q　私はあなたのやり方を踏襲すべきか?

A　もちろんその必要はない。というか、どうか私の真似はしないでほしい。もっと簡単でよりよい方法がある。私が実践するのは、挑戦したいから、そしてたくさんの資産を持ちたいからだ。政府のパートナーになれば多くの資産が得られるし、そのためのお金もいらない。さらに合法的に税金からも逃れられる。

Q　あなたが借金を利用する時、政府はあなたのパートナーだということか?

A　そうだ。政府は人々が借金することを願っている。だから借金には課税されないのだ。もし人々が借金しなければ、政府はお金は生み出せない。

航空会社のクレジットカードは、持ち主がカードを使うたび、ボーナスのマイルと座席のアップグレード

⑱「キヨサキ流」金・銀本位制

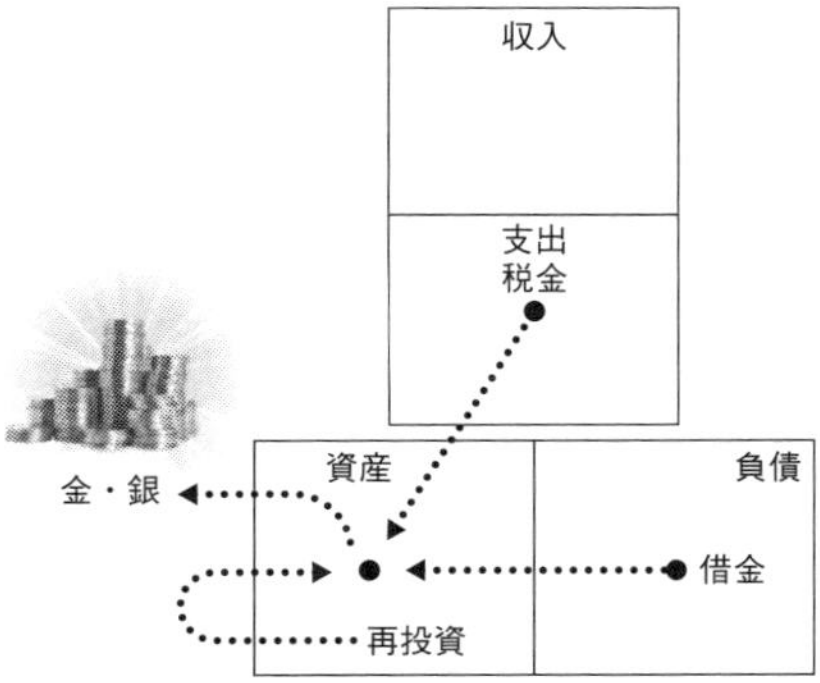

をくれる。そうすることで航空会社は政府のパートナーとなってより多くのお金を生みだしているのだ。

私が稼いだドルを投資するとして、これらのドルは課税後のものだ。働いて、税引き後のお金を貯めるには長い時間がかかる。それよりも私は働いて得たのではない非課税のお金を投資するのを好む。借金を使うのはそのためだ。私は政府がお金を作るのを助け、政府も私がお金を作るのを助けてくれる。ただし、それをやってみる前に不動産投資の講座を受講してほしい。

金持ち父さんはよく言っていた。「愚か者の手にかかると、借金は大災害になる」

世界を動かしている愚か者はたくさんいる。どうかその一人にならないでほしい。

**●最高の金本位制**

「私たちが囚われている仕組み」から逃れる一番良い方法はジム・リカーズのアドバイス通りにすることだ。仕事と401(k)はそのまま続けながら、金貨と銀貨を買い、銀行以外の場所にそれを保管するのだ。

リカーズは現金をいくらか、銀行以外の所に置いておくことも勧めている。キムと私は両方ともそれを実践している。一定の金額を銀行以外に保管し、また海外にも置いている。

Q　だが金は高価だ。あまりお金がない場合はどうすればいい?
A　銀から始めればいい。私もそうだった。本物の銀貨は二〇ドルから買える。実際のところ銀は金よりもいい投資かもしれない。
Q　なぜ銀の方がいい投資なのか?
A　銀は工業用貴金属だからだ。それは消費され、毎日減っていく。銀の備蓄は減少していくのだ。

**●先延ばしにしない**

あなたは聞いたことがあるだろう。「今ほど絶好のタイミングはない」私は心から同意する。さあ今日から投資を始めよう。

Q　私には株式や貯蓄がかなりある。金・銀の価格が上昇してから買い始めても遅くないのではないか？

A　金・銀はフェイクマネーや紙の資産ではない。今、金持ちは金・銀をたくさん貯め込んでいる。

Q　なぜ金・銀を貯めておくのが大事なのか？

A　浮動金《フローティングゴールド》の量は限られているからだ。浮動金とは、あなたや私のような一般人が買える本物の金のことだ。富裕な国や人々は、それを手に入れ、安全に保存している。

米国と中国は金の価格を操作し、出来るだけ低く保って中国が金を購入しやすくしている。中国が充分な金を所有したら、米国と中国はその価格を吊り上げるだろう。

なぜ米国が中国を助けるのか？　中国が数兆ドル分の米国債を持っているからだ。米国がフェイクマネーを印刷すると、これらの国債の価値も下がる。もし中国が米国債を放出すれば、米国経済は崩壊する。米国にとって中国と協力するのが最善策なのだ。金の価格を抑えて中国が金を安く買えるようにすれば、中国は米国債での損失を補完できる。

二〇一六年、ＩＭＦは「元」を準備通貨の一つに採用した。今や中国は十分な量の金を所有し、両国ともインフレを容認し、金の価格上昇を歓迎している。インフレは米ドルを破綻させる。中国は米国債の損失を金価格の上昇で穴埋めする。

Q　雪崩が起こり、フローティングゴールドがなくなったことに世界が気づいた時、金価格は上昇する？

A　ジム・リカーズによれば、どんなにお金を積んでもあなたや私が金を買うチャンスはなくなるという。

Q　金はどこまで高くなる？

A　流通しているすべてのフェイクドルを金が裏書きするとしたら、リカーズの計算によれば、二〇一七年の時点で一オンス一万ドルになるという。もっとも買えればの話だが。

Q　金価格がそこまで上昇すれば、金持ちが売却するのではないか？

A　しない。真の金持ちはお金を必要としないので、売る必要はない。ジャレッド・クシュナーの記事を思い出してほしい。真の金持ちは借金をお金として使うのだ。

Q　金・銀のETFはどうだ？

A　金・銀のETFは、もし金を保有していたとしてもたいした量はない。金・銀のETFはそれらを金・銀の銀行から借りている。それはお金も含めた紙の資産の部分準備制度に支えられている。ETFは借りている金・銀一オンスにつき、五〇から一〇〇オンスのフェイクの金・銀の証書を、疑うことを知らない投資家に売りつける。あなたが持っている金・銀のETFを売ると、ETFはお金を支払う。そしてお金の価値は下がる。金・銀の価値が下がるのではない。それらの価値は逆に上がる。

憶えておこう。巨大銀行やウォールストリートのゲームは常に「表なら俺の勝ち、裏ならお前の負け」なのだ。一九七二年、私は彼らとゲームをするのをやめた。

## ●雪崩の危険と隣り合わせの村で生きる

なんと、なんと素晴らしい
なんと、なんと素晴らしい
なんと、なんと素晴らしい
互いにこんなにも違う人々が、同じ仕組みに囚われているなんて。——カート・ヴォネガット今日、数億の人間が雪崩の危険に晒されている。彼らは超富裕層が所有する中央銀行の罠にはまったのだ。中央銀行は人々によって選任された訳ではなく、人々の疑問に答える義務もない。金やビットコインが中央銀行を脅かすのもそれが理由だ。

最後の雪の一片が落ち、巨大な雪崩が起こる前に自分独自の金・銀本位制を確立する。それが山から脱出する道だ。もし雪崩が電力系統を破壊すれば政府発行のお金も人々の通貨も崩壊する。ATMは停止し、ウォールストリートは遮断され、ワールドワイドウェブが消え去れば人々の通貨も消え失せる。

忘れないでほしい。金・銀は地球が誕生した時から存在し、我々が滅びた後も存在し続けるのだ。

私がリカーズの提案、財産の一〇%を真のお金、金・銀に換え、電力に依存しない地球の銀行システム外の場所に保管せよという意見に同意するのはこうした理由だ。

Q　もしあなたが間違っていたらどうする？　もし何も起こらなかったら、世界規模の大災害などなく、経済が成長し続けたら？

A　世界のことを考えると、ジムや私が間違っていてほしいと思う。仮に私たちが間違っていたとしても、金・銀の価値は上がり続けるだろう。そして米ドルの価値は下がり続ける。

Q　なぜそんなに確信を持てるのだ？

A　私よりももっと賢い人々に答えてもらおう。

　リカーズは『通貨戦争』の中で言っている。

「一九一三年の創立以来、連邦準備銀行の最も重要な仕事は米ドルの購買力を保つことだった。だが米ドルは、一九一三年以来その価値を九五％以上失っている。これは、一九一三年に一ドルで買えたものが現在は二〇ドルになっていることを意味する」

ヴォルテール（一六九四〜一七七八、フランスの啓蒙作家、歴史家、哲学者）はこう言った。
「紙幣は最終的にはその本質的価値、ゼロに戻るだろう」
ジョージ・ワシントン（一七三二〜一七九九、合衆国初代大統領）
「紙幣は、ずっとあなたの州に悪影響を及ぼしてきた。商業を破壊し、正直を疎んじ、ドアを開けてすべての詐欺と不正を招き入れるのだ」
ロン・ポール（一九三五〜、合衆国下院議員、大統領候補）
「金は正直なお金であるがゆえに、不正直なものから嫌われる」

これらの言葉と銀行家の言い分を比べてみよう。コインの反対側に立つのはドイツ人銀行家、アムシェル・ロートシルト（一七四四〜一八一二）だ。

「私に一国の通貨をコントロールさせてくれれば、誰が法律を作ろうと関係ない」

この言葉はロートシルトのものではないという主張も数多くある。ロスチャイルド家の誰か、あるいは旧世界の金貸しが言った言葉だとする人もいる。真実を断言できる者などいないだろう。これもまた、濁った水とフェイクニュースの一例だろうか？　真実は藪の中だ。

真実とは何だろうか？　超富裕層はお金の供給をコントロールしているのか？　世界中の中央銀行はロスチャイルド王国にすべての支配権を握られているというのは本当だろうか？

こうした問いに対するノミ・プリンスの恐るべき洞察を見てみよう。

## ●米国では語られない物語

私たちは賢者の言葉を聞いてきた。この辺で賢い女性の話を聞こう。『中央銀行の罪』（早川書房）を著したノミ・プリンスは真の教師であり、インサイダーであり、リーマン・ブラザーズ、ベアスターンズ・ロンドンに勤務し、ゴールドマン・サックスではマネージング・ディレクターを務めた。

彼女はリカーズと同様インサイダー中のインサイダーとして、「機械」の内部構造を間近に見てきた。『中央銀行の罪』の中でも、また「金持ち父さんのラジオ」に出演した時も、プリンスは米国では語られることのない、真の共謀の話をしてくれた。彼女の話は「ダークマネー」についてだ。私はそれをフェイクマネーと呼んでいる。以下はプリンスの言葉による真実の物語だ。

・ダークマネーとは何か?

「ダークマネーは連邦準備銀行などの世界中の中央銀行によって電子的に、あるいは魔法のように生み出され、巨大な私立銀行や金融市場に流れていくお金のことだ。それが最終的にどこに行きつくかは調べようがない。連邦準備銀行は欧州中央銀行(ECB)や日銀と協力して一五兆ドル分のダークマネーを創造した。中国人民銀行も加えれば二三兆ドルという驚くべき金額になる。これらのダークマネーはまず巨大な私立銀行と金融機関に流れ、そこからほとんど無限とも思えるほど様々な方向に流れ、色々な金融資産に様々な影響を与えていく」

・ダークマネーはなぜ悪なのか?

「ダークマネーは多くの政府、中央銀行、私立銀行などによる新しい共謀だ。彼らは互いに連携し、法律を操り、業界の内部に働きかけ、交換条件を使ってより多くの権力やお金を吸い上げていく。

ダークマネーはフェイクマネーの一種であり、本当の経済が生み出したものではない。それは外部から来る市場への人工的な刺激剤だ。それは市場を操作し、捻じ曲げ、かつての市場が持っていた、自由を保ち統制を取る能力を失わせる」

・なぜ私たちはニュー・ノーマル（リーマンショック以降の金融上の状態）に突入したのか？

「中央銀行は法的な制限が外れ、また金額の上限なしにお金を生みだす能力を得たことによって、政府以上に力のある存在になってしまった。非常時のみならず、通常でも助成金のようにお金を生みだす中央銀行に、市場も銀行も、そして投資家もすっかり依存している」

Q　こうしたことが意味するのは何だ？

A　つまり、先ほどの「私に一国の通貨をコントロールさせてくれれば、誰が法律を作ろうと関係ない」という言葉は真実だということだ。

## ●お金についてのフェイクの嘆願

二〇〇八年、前ゴールドマン・サックスのCEO、ハンク・ポールソン財務長官は米国政府と国民に、「大きすぎて潰せない」銀行を救うために七〇〇〇億ドルの救済金を依頼した。

Q　それがなぜフェイクの嘆願なのか？

A　これはポールソンと同様ゴールドマン・サックスのインサイダーだったプリンスが、『中央銀行の罪』の中で語っている。単純に言うと、「中央銀行」はお金を印刷するのに誰の許可も必要としない。連邦準備銀行はポールソンからも、ジョージ・W・ブッシュからも、議会や国民からも紙幣印刷の許可を得る必要がないのだ。

Q　これが新しい常識なのか？　連邦準備銀行や世界中の中央銀行が誰の許可も得ず好き勝手できる状態が？

A　そういうことだと思う。今日の超富裕層にとっては誰がルールを作ろうと関係ない。誰が政権を握ろうと（共和党だろうと民主党だろうと、保守だろうとリベラルだろうと）民主主義だろうと社会主義だろうと、はたまた共産主義だろうと彼らは意に介さない。

Q　なぜこんなことになったのか？

A　二〇〇八年の緊急経済安定化法によって不良資産救済プログラム（ＴＡＲＰ）ができた。二〇一〇年には金融規制改革法（ドッド・フランク法）が法制化され、救済金は四七五〇億ドルに減額された。

Q　政府は七〇〇〇億ドルの救済金にノーと言ったわけか？

A　そうだ。議会が七〇〇〇億を四七五〇億ドルにしたのだ。

Q　そしてどうなった？

A　二〇一二年一〇月、連邦議会予算局がさらに四三一〇億ドルにまで減額した。

Q　そしてどうなった？

A　マイアー・アムシェル・ロートシルトの言葉が実現した。リーダーたちがノーと言った後、中央銀行が引き継ぎ、プリンスが言った通りのニュー・ノーマルが始まった。

プリンスの言葉を繰り返そう。

「中央銀行は法的な制限が外れ、また金額の上限なしにお金を生みだす能力を得たことによって、政府以上に力のある存在になってしまった」

二〇一二年一〇月一一日、連邦議会予算局が不良資産救済プログラムを四三一〇億ドルに削減して、ロートシルトの言葉は現実になった。プリンスは続ける。

「連邦準備銀行は欧州中央銀行（ＥＣＢ）や日銀と協力して一五兆ドル分のダークマネーを創造した。中国人民銀行も加えれば二三兆ドルという驚くべき金額になる。これらのダークマネーはまず巨大な私立銀行と金融機関に流れ、そこからほとんど無限とも思えるほど様々な方向に流れ、様々な金融資産に影響を与えていく」

Q　つまり私が誰に一票を投じようと、どの政党を支持しようと、誰が選挙で勝とうと関係ないわけか？

A　その答えは自分で探してほしい。多くの人々が、自分の一票には影響力があると信じたがっている。プリンスは『中央銀行の罪』の中で、あなたに「機械」の内部を垣間見せてくれる。あなたは少なくともコインの裏側を見られるはずだ。自分の一票が影響を及ぼしているかどうかわかるだろう。

Q　つまり金融市場は操作されていると？

A　その通りだ。かつてプロの投資家は「価格発見」の働きを信用できた。つまり、自由市場が資産の値段を決定するというものだ。だが今日の資産の価格は世界中の中央銀行によって決定されている。

Q　つまり、「本当の価格発見」が行われていない資産はフェイクだと？

A　そうだ。私たちに見えないところでダークマネーが操作され、ダークプールで取引されている。金・銀の価格さえも操作されているのだ。

Q　金さえも価格操作されているのに、それを所有するのはなぜだ？

A　答えは同じだ。金・銀は神のお金だからだ。本物の金・銀には取引先リスクがない。一方すべてのフェイク資産には取引先リスクが付き物だ。

　取引先リスクとは資産の価値が取引相手次第で変わることを意味する。例えば米ドルの真の価値は米国政府のリーダー次第である。株式の価値はそれを発行する会社の価値によって変動する。あなたが義理の兄弟にお金を貸したら、そのお金がどうなるかはあなたの義理の兄弟次第だ。

Q　金・銀の取引相手は誰だ？

A　神だ。

砂上の楼閣のような中央銀行が崩壊しても、金・銀は依然として金・銀だ。なぜならそれは神の通貨だからだ。次の章では雪崩に備える方法、仕組みから逃れる方法を見ていこう。

### ●あなたの質問　キヨサキの答え

Q　ジム・リカーズやノミ・プリンスは、自らの生命を危険にさらして金融の真実を公にしているのだと思うか？（アマンダ・E、米国）

A　そうだと思う。あなたも知っているように、ソーシャルメディアは時として反社会的メディアに変貌する。誰かがあなたを攻撃したければ、あなたは正義の怒りに燃えた人々の攻撃にさらされるだろう。あなたはソーシャルメディアの上級裁判所で有罪を宣告される。それが根拠のないものだと証明する機会も与えられずに。これはジムとノミに対してだけではなく、私たち全員にとって真実なのだ。

Q　米国政府は一九三三年と同じく、再び金の個人所有を禁止するのではないか？（ホセ・F、ニカラグア）

A　私はそうは思わない。だが先のことはわからない。二〇一八年、いくつかの中央銀行が金を買い始めた。ここ一〇年で初めてのことだ。もし買いに火がつけば、そして米ドルが暴落すれば、米国政府がどんな暴挙に出るかわからない。

Q　米ドルの信用はあと何年持つだろうか？　それがなくなった時世界経済はどうなる？（デネス・T、ハンガリー）

A　わからない。私にわかるのは次のことだ。

1　米国政府、米国経済、そして米国民は借金の上に浮かんでいる。
2　給付金制度には自動的に予算がつけられる。
3　毎日一万人のベビーブーマーが引退している。
4　ベビーブーマーのための年金積立金は不足している。
5　米国政府は勝つ見込みのないテロリストとの戦いに引き込まれている。
6　米国政府は支払いのために借金を続けている。
7　AI、人工知能は中国の影響以上に米国の雇用を破壊する。
8　二〇〇八年以降、世界は米ドルを信用しなくなった。

あなたが私たちのリーダーが問題を解決すると信じているなら、フェイクマネーを貯金するのもよいだろう。

Q　人々がこの策略について一〇〇%理解するとは思えない。ましてシステムを打倒しようとするなどあり得ない。他の説得材料はないのか？（アキラ・Y、日本）

A　怒りと欲求不満は募っている。その多くが反社会的ソーシャルメディアによって広められる。今ベネズエラで起こっているような社会の混乱に用心しておこう。群衆のルールが法律にとって代わるだろう。

Q　影の銀行家が私たちに対して圧倒的な支配力を持っていることは明らかだ。彼らが力を失うきっかけになるような最後の出来事は何だろう？（レナルド・J、フィリピン）

A　銀行システムは数千年間にわたり預金者からお金をだまし取ってきた。一〇〇〇年前、預金者は安全な保管場所として銀行家に金・銀を預けてきた。銀行家は引き換えに借用証書を渡した。預金者はその証書をお金として使用する。銀行家は預かった金・銀を借り手に貸し付ける。銀行家はこれを何度も繰り返した。

市場に出回るお金が多すぎる時にインフレーションが起こる。インフレーションはお金の購買力を下げる。自分の金・銀がインフレ経済下で拡張した時、それらの価値は下がってしまう。今日、こうした銀行システムは「部分準備」として知られている。預金者のお金の一部だけが「準備金」として銀行に残るのだ。預金者のお金はさらに多くの借り手に繰り返し貸し出される。

銀行はさらに儲けるために、経済を拡張するという大義名分のもとにこの作業を行う。影の銀行システムは部分準備システムが発展したものだ。法で規制された銀行システムの外で、個人がお金を借り、人々や企業に貸し付ける。経済は発展し続け、より多くのお金が借りられ、貸し出される。経済が膨張している限り問題はない。

だが一つの小企業がローンを返済できないことがきっかけで、不安定なシステムは崩れてしまう。部分準備と影の銀行は、本当のお金よりもはるかに多くの借金を作り出してしまっているからだ。

影の銀行について、中国は巨大な問題を抱えている。中国経済の不調が続き、貸付金が返済できなければ、二〇〇八年のサブプライムの悲劇が水たまりに落ちる雨程度に思えるような大災害が襲うだろう。二〇〇八年、銀行は金利を引き下げた。中にはマイナス金利にした銀行もあった。同時に銀行システムは数兆ドルのフェイクマネーを印刷した。

預金者は利息収入を失ったばかりでなく、数兆ドルのフェイクマネーが印刷されたことで預金の購買力まで下がってしまった。預金者が世界史上最大の負け組になった一方で、暴落を引き起こした銀行家は救済され、数十億ドルのボーナスをもらった。

次に来る暴落は二〇〇八年の比ではないにもかかわらず、学校は学生に、借金を返して預金せよと教えている。一九七一年に世界は変わったが、教育は変わらなかった。

第十七章

# 輝かしい未来を準備する——健全な魂、財産、そして幸福

私は朝目覚めるとほぼ毎日、『朝時間が自分に革命をおこす』の中の英知を思い返すことにしている。ほとんど毎朝、一〇分間ヨガをし、三〇分間瞑想し、一〇分間スピリチュアルな本や雑誌を読む。そして私自身のために自分の心の奥の思考を紙に書き出す。私にとってこの早朝の時間は一日のうちで最も重要なものだ。この時間がその日の私の行動を左右し、未来の成果を決めるのだ。

## ●ガラスの天井

企業に勤める女性はしばしば「ガラスの天井」について口にする。男は、そして時には女性自身も、女は男よりも能力が劣ると考え、特にお金に関する問題ではその傾向が強い。こうした神話が解消されつつあるのは喜ばしい。

私の妻キムにはガラスの天井は存在しない。彼女は男性とも女性ともうまくやれる起業家だ。彼女の収入には限度は設けられていない。彼女の行く手に限界はない。お金と財産は人を差別しない。お金も財産も、男女の違いは意に介さないし、年齢、教育、人種での差別もしない。だが人々はする。

多くの人が差別を行っている。時には自分自身に対してさえ。自分の心に潜むユダが現れて、「私は決して金持ちにはなれない」「私は大学に行っていない、だから成功できない」と言う。すべては自分の中のユダの囁きだ。瞑想が大切な理由はこれだ。私は毎朝自分の中のユダを黙らせ、心の中に静寂を見つけるまで静けさの中にいる。

## ●フェイクの成功者とフェイクの天井

ガラスの天井は男にもある。いわゆるアルファメイル症候群（超一流の男を目指すことに取りつかれる）というやつだ。歴史のほとんどは、偉大なことを成し遂げた、あるいは世界に最悪の損害——大抵の場合人間の尊厳を損なうような被害——を与えたアルファメイルによって作られてきた。アルファメイルは「ビッグドッグ」（成功者）とも呼ばれる。

男の中には他者を虐める、暴虐で思い上がった人間、成功者ぶっている人間がたくさんいる。彼らは「フェイク」ビッグドッグだ。フェイクビッグドッグは自分の壊れやすいエゴをなだめるために「リトルドッグ」を必要とする。

家庭、家族、ビジネス、そして経済におけるほとんどの金融災害は成功者のふりをするフェイクビッグドッグによって引き起こされる。フェイクビッグドッグはお金についてなんでも知っているかのように振舞う。私たち誰もがお金のフェイクビッグドッグについて心あたりがあるだろう。

あなたはフェイクビッグドッグのために働いているだろうか？　あなたの周りには自分をビッグドッグだと考えている「リトルドッグ」がいないだろうか？

男であれ女であれ、野心を持つ人はその過程でガラスの天井か、フェイクビッグドッグに遭遇する。私たちのほとんどが、人生においてフェイクのガラスの天井や、幸福のドアの前に立ちふさがるフェイクビッグドッグを創造してしまう。

それらを創造すると、あるいは心の中のユダに人生をコントロールさせると成功が困難になり、お金が足りなくなり、出世を逃し、将来性のない仕事、将来性のない関係、過去の問題や悪い選択、幸福の欠如や依存症、鬱などに囚われ続ける。

あなたがフェイクのガラスの天井の存在に気づいているなら問題ない。愚か者は自分がガラスの天井を作り出していることを知らず、ぶつかって初めて気づく。私もそうした一人だった。

幸い、愚か者であることにはメリットもある。すべてのコインには二つの面があるのだ。愚かさの反対側は天才性だ。もしあなたがかつて愚か者だったとしたら、あなたは天才でもあるのだ。

## ●おとぎ話は終わった

多くの人がおとぎ話を信じて大人になる。「そして彼らは末永く幸せに暮らしました」で締めくくられるのがおとぎ話だ。

問題は、すべてのおとぎ話にはガラスの天井があることだ。ダイアナ妃は若く美しい女性で、王子であり未来の英国国王となる人物と結婚した。そして二人の素晴らしい若者を産む。もう一人の未来の英国国王と第二王子である弟だ。一九六一年七月一日生まれのダイアナ・フランシス・スペンサーは、若い女性の夢を生きていた。王子と結婚したおとぎ話の王女という夢を。悲劇的なことに、ダイアナ妃のおとぎ話は現実の悪夢になってしまった。彼女の物語は結婚式の日の王室馬車から始まり、パリのトンネルの中で無残にひしゃげたメルセデスで終わった。おとぎ話にもガラスの天井は存在するのだ。

あなたや私のような一般人は、おとぎ話の世界に入れるだろうか？　私は入れると思う。だがひとつ条件がある。コインの反対側が悪夢であるとわかっていることだ。

ひとつ良い情報がある。悪夢はおとぎ話への通り道だということだ。そして大事なことは、あなたが目を覚まし、悪夢の最中意識を保って生きていられるかどうかだ。

## ●スピリチュアルな健康

私たちの誰もが望むものは健康で富裕で、幸福に満ちた人生だ。この章ではコインの反対側、私たちが夢見るおとぎ話、スピリチュアルな健康、スピリチュアルな富、スピリチュアルな幸福を実現する方法を見ていく。だがそんなことが可能なのだろうか？

私のかかりつけの心臓専門医、ラダ・ゴパランは、医師や薬はフェイクの医療であり、内なる魂こそが真の健康だと主張し、もう何年も瞑想を勧めている。ラダは真の教師であり、メンター（よき師）であり、友人であり、東洋と西洋の医学を統合した力についての本、『セカンド・オピニオン』の著者である。この本は健康を重んじるすべての人々にとって本質的なメッセージを含んでいる。

ラダは一番最近の金持ち父さんのアドバイザーのミーティングにおいて、病気がいかに健康と魂の気づきを導いてくれるかについてディスカッションをしてくれた。彼は心臓専門医であり、指圧の施術者でもある。彼は頭の鈍い私に、自分が富と引き換えに健康と幸福を犠牲にしていたことをわからせてくれた。

私は典型的な「タイプA」（競争的、活動的）の性格で、自分の仕事を愛している。毎日は楽しく、挑戦に満ちている。ストレスは日常茶飯事だが私はそれを生きがいとしている。

問題は、私を動かしていたのは私のエゴで、魂ではなかった点だ。だが私はそれを気に入っていた。

エックハルト・トールは著書『さとりをひらくと人生はシンプルで楽になる』（徳間書店）の中で以下のように述べている。

あなたはいつも、今いる場所以外の所に行こうとしていないだろうか？　あなたの行動のほとんどは何かを得るためではないだろうか？　あなたの満足感は、常にこれから来るものか、セックスや食べ物、酒、ドラッグ、あるいはスリルや興奮のような、一過性の物に限られていないだろうか？　いつも何かになる、あるいは何かを得る、成し遂げることに集中しているか、さもなければ新しい、ワクワクする喜びを追求することに懸命になっていないか？　もっと多くの物を手に入れれば、もっと幸せになれる、良くなれる、精神的に完全になれると思っていないか？　人生に意味を与えてくれる男性、あるいは女性が現れるのを心待ちにしていないか？

トールが語っているのは、私のような、過去から逃れようともがき「未来に約束された救済」を信じている人間のことだ。だがそれは幻想に過ぎない。彼は続ける。

「通常、未来は過去の複製である。うわべを変えることは可能だが、本当に変身することは滅多にない。それはあなたが、「現在」が持っている力にアクセスし、過去を解放できるほど現在を生きられるかどうかにかかっている」

ラダが私に目覚めを促し、瞑想し、金融だけでなくスピリチュアルな本を読み、ジムに行くと同時にヨガをするように勧めてくれるまで、私は少しでも大きい犬になろうとしているリトルドッグだった。何たる無駄だろう。当時の私は毎日やる気満々で仕事をし、自分が未来の健康、富、幸福を破壊していることに気づいてもいなかった。ビッグドッグになろうとするリトルドッグとして、私はこれでもかというくらい仕事をし、自分で作り出したガラスの天井に頭を打ち付け、自分のおとぎ話、結婚生活、そしてビジネスを悪夢に変えてしまった。

ラダに会った頃、私は人々が「成功者」と認める人間だった。素晴らしい妻と素晴らしい人生、お金、それなりの名声、幸福、健康がそなわっていた。問題は、私がより多くを求めていることだった。

## ●まずは自分が変わること

最近は、自分の一日の最初の一時間をスピリチュアルな健康、富、幸福のために捧げるようにしている。ラダの影響で私は新しい教師を探し始めた。今回はスピリチュアルな教師だ。とあるセミナーで私はハル・エルロッドに出会った。オートバイ事故で死線をさまよい、何とか生き延びた男だ。彼は私に著書『朝時間が自分に革命をおこす』（大和書房）をくれた。彼が自分の人生、スピリチュアルな健康と富と幸福を立て直す過程を記録した本である。

ハルの本を読んだ私は、ラダが私にわからせようとしていたことを理解した。本にあったハルの足跡を追うことによって、私はゆっくりだが確実にガラスの天井を溶かしていった。私の中のリトルドッグはビッグドッグになろうとするのをやめた。

私は過去の自分から逃げようとしていた。未来に助けを求めていた。私にはそのことがわかっていたし、変えたいとも思っていた。そして変化は自分から起こるということも知っていた。幸運なことに、私が過去から逃げようとせず、それと向き合うことで奇跡は起こった。つまり、私の悪夢はガラスの天井の抜け道だったのだ。

私が朝の奇跡の時間に読んだ別のスピリチュアルな本は、目覚めについての本『アウェアネス』だった。これは私の好きなタイプのスピリチュアル本だ。

著者のアントニー・デ・メロは真のスピリチュアル教師だ。彼とは面識はなく、この本で知っただけである。デ・メロはインド、ムンバイのイエズス会のメンバーで、一九八七年に突然世を去った。彼は、もし神父にならなければ、傑出した海兵隊の訓練教官になっていたことだろう。彼の魂の英知の言葉は直接的で歯に衣着せず、政治的な正しさも考慮しない。

彼は学生や教師の気分を害し、今日であれば恐らく大学のキャンパスに入ることも許されないだろう。彼の本『アウェアネス』は次のような物語から始まる。

ある男がタカの卵を拾い、めんどりの巣に置いた。卵は数羽のニワトリのヒナと共にかえり、一緒に成長した。

自分をニワトリだと思いこんだタカは彼らと同じ行動をした。ミミズや虫を求めて地面をついばみ、めんどりのようにクワックワッと鳴いた。また、羽をバタバタさせて数フィート飛んだ。

数年が過ぎ、タカは年老いた。ある時彼は雲一つない空に勇猛な鳥が飛んでいるのを見た。鳥は優雅な威厳をもって、強そうな金色の羽をほとんど動かすことなく、強風の中を滑るように飛んでいた。年老いたタカは感嘆して言った。「あれは一体何だ？」

「タカだよ、鳥の中の王だ」隣のニワトリが彼に教えた。「あいつは空に住み、俺たちは地面に這いつくばっている。俺たちはニワトリだからな」そしてそのタカはニワトリとして生き、死んだ。自分はニワトリだと信じていたからだ。

この物語を読んである疑問が浮かんだ。あなたも考えてみてほしい。あなたはニワトリと一緒に暮らすタカだろうか？　それとも大きなニワトリになろうとしているタカだろうか？

**●目覚めの時**

デ・メロは言った。「スピリチュアリティーとは目覚めることだ。ほとんどの人は眠っており、しかもそれに気づかない。彼らは眠ったまま生まれ、眠ったまま生活し、眠ったまま結婚し、眠ったまま子供を産み、結局一度も目覚めることなく世を去る。皆に理解してほしいことがある。宗教は必ずしも、そう、必ずしもスピリチュアリティーと繋がったものではない。しばらくの間宗教については考えないでほしい」

以下がデ・メロのもう一つの物語だ。

一人の紳士が息子の部屋をノックした。「ジェイミー。起きるんだ」

ジェイミーは答えた。「起きたくないんだよ、お父さん」

父親は叫んだ。「起きろ、学校に行く時間だ」

ジェイミーは言った。「学校には行きたくないんだ」

「どうしてだ？」父親は聞いた。

「理由は三つある」ジェイミーは言った。「まず、退屈なんだ。次に、みんなが僕をからかうんだ。三つめの理由は、僕は学校が嫌いなんだ」

父親は言った。「よし、お前が学校に行かなければならない理由を三つ説明してやろう。一つ、それはお前の義務だ。二つ、お前はもう四五歳だ。三つ、お前は校長じゃないか！」

目を覚ませ、目を覚ませ！　お前は大人だ。お前は眠っているには歳を取り過ぎている。目を覚ませ、玩具で遊んでいる時じゃない。

人々は幼稚園から抜け出したいと言う。だが彼らを信じてはいけない。信じるな！　彼らの望みは壊れた玩具を直すことだ。「私の妻を返せ、私の仕事を返せ、お金を返せ、私の名声、成功を返せ」これこそが彼らの望みだ。彼らは自分の玩具を取り替えたいのだ。それだけだ。心理学の権威でさえ言うだろう。彼らは治りたくなんかないのだと。彼らが欲しいのは気晴らしだ。治癒は苦痛だ。

金持ち父さんはよく言った。「誰もが天国に行きたがるが、死を願う人間はいない」

彼はこうも言った。「多くの人はお金が欲しいだけで、心底富裕になりたいとは思っていない。お金のために働くのは簡単だ。誰もがそのために働ける。だが金持ちになるのは大変だ」

金持ち父さんは「なる――する――持つ」というモデルを使っていた。彼は言った。「金持ちになるのとお金を持っているのは違う。みんなお金を持つことに懸命になるが、金持ちにはなろうとしない」

金持ち父さんはさらに説明した。「マザー・テレサは金持ちだった。なぜなら彼女はお金を必要とせず、自分の仕事をやり遂げたからだ」

エックハルト・トールは著書『ニュー・アース――意識が変わる　世界が変わる』（サンマーク出版）の中で言っている。

人間のエゴは、所有物イコール自分の存在と考える傾向がある。私は持つ、ゆえに我は存在する。そして多く持つほど自分の存在も、より重くなる。エゴは比較によって生きる。他人からどのように見られるかが、そのまま自分自身の見方になってしまう。ほとんどの場合、エゴが感じる自尊心は他の人間があなたに見出す価値と堅く結びついている。自己を意識するために他者を必要とする。自尊心と、自分が何をどのくらい持っているかがイコールとなる文化に浸っているなら、この共同妄想を見抜けないなら、あなたは自分の価値を見出そうというむなしい希望の下に、残りの人生を物質を追いかけ、自尊心を完全に充足させることに費やすだろう。

どうすれば物質への執着を断ち切れるか？ それを試みるのは無駄だ。そんなことは不可能だ。物への執着は、あなたが物の中に自己を見出さなくなった時、自然に消滅する。それまでは自分が物に執着していることを自覚しておこう。

エゴは所有物と自分を同一視しているが、所有の満足は底が浅く、またすぐに消え去ってしまう。その奥に隠れているのは不完全さに対する根深い不満、「まだまだ足りない」という感覚だ。「私はまだ十分に持っていない」という思いはエゴにとって「私は不十分だ」を意味する。

金持ち父さんのレッスンを繰り返そう。
「金持ちになるのは多くのお金や物に囲まれるということではない」

Q　金持ちになるとはどういうことなのか？

A　私にはわからない。答えは非常に個人的なものだ。あなたの答えはあなただけが知っている。私が知っているのは次のことだ。何十億という人々が、もっと多くのお金、もっと多くの物を欲している。

私自身のガラスの天井は、現在に在ることや、「自分は不十分だ」という考えから逃れようとするリトルドッグだった。私が取り除きたい思いはこれだ。残念なことに、さらなる成功やお金は助けにならない。それらは単なる一時しのぎに過ぎない。

## ●魔法の錠剤

一九六〇年代、こんなコマーシャルがあった。「リリーフ（苦痛の緩和）の綴りは？」答えはコマーシャルが宣伝している胃薬の名前だった。アナウンサーは商品名を一文字ずつ言う。「R-O-L-A-I-D-S」人々は競い合うように「苦痛の緩和」を買い求めた。

今日、世界中の人々が「魔法の薬」の広告に振り回されている。魔法の薬は人間の深層の欲望、欲求、不幸、「私は十分ではない」という思いを食い物にする。減量の薬、すぐに金持ちになれる薬、人生に愛をもたらす薬、仕事を辞めて二度と働かなくてよい薬、学校に戻って上級の学位をとる薬。世の中には様々な薬がある。私のお気に入りは減量の広告だ。体重超過の問題とずっと戦ってきた私は、男女のビフォア＆アフターの驚くべき写真を見せつけるこれらの広告にとても弱い。

「この魔法の薬のおかげで五五ポンド減量しました。ダイエットもエクササイズもなしにです！」

とても説得力のある広告もあり、そんな時はすぐにクレジットカードを取り出して魔法の薬を注文してしまう。だが今のところ効果があったためしはない。私はいまだに体重の問題と戦っている。

メロは言う。「人々が求めているのは治癒ではなく苦痛の緩和だ。治癒は痛みを伴うものだ」

魔法の薬に付いてくるダイエットやエクササイズの方法は必ず痛みを伴う。だがそれだけが治癒につながる道なのだ。

## ●賞金数十億ドルの宝くじ

お金を求める心をやわらげることだ。

二〇一八年、賞金が一〇億ドル近くなった宝くじのニュースが世間を賑わした。ニュースが伝えられると賞金は軽く一〇億ドルを上回った。理由は簡単だ。多くの人がお金の問題を解決するのではなく、苦痛を緩和するものを探していたからだ。人々は富を簡単に手に入れる方法を求める。だから富を築けず、お金の心配から逃れられないのだ。

ビットコインが騒がれた時も同じことが起こった。突如として数百万人がビットコインの投資に参入した。私もその一人だった。当時私はビットコインを五枚売ってくれるという人物に出会った。彼は誰もビットコインについて知らない頃にそれを手に入れていた。私たちは握手をしたが、それ以上は何もしなかった。彼とその弁護士は突然消えてしまい、愚かな私はことなきを得た。

ビットコインが愚かだと言っているのではない。愚か者は私だった。私は、単に値段が上がっているという理由でそれを買おうとしていた。船に乗り遅れたくなかったのだ。とりあえず五枚だけ買い、ちょっと勉強してみようと思った。私が日頃勧めているやり方だ。自己資金を投資して、それがどんなものか理解する。金・銀、株式や国債についても同じように試してみた。

結局もう少し知名度の低い「人々の通貨」、イーサリアムなどの仮想通貨を買った。少額の自己投資をすることで状況を理解できた。私は、人々の通貨であるサイバー通貨が、政府通貨にとってガラスの天井になるのではないかと思う。リトルドッグがビッグドッグの尻をガブリとやるのではないかと思っている。

## ●なぜ人々は目覚めないのか

デ・メロも書いているが、「スピリチュアリティーとは目覚めること」だ。

あなたも知る通り、目覚めることは不快な体験だ。ベッドの中は心地よい。起きるのはうっとうしい。賢い導師が人々を目覚めさせようとしないのはそれが理由だ。私も賢くなって、眠っているあなたを起こすような真似はしないでおこう。折に触れ、目覚めよと言い続けてきたが、実際それは私の関与することではない。私は自分のことだけすればよい。自分の踊りを踊ればよいのだ。私のアドバイスがあなたの役に立てば幸いだ。そうでないなら非常に残念だ。

アラブのことわざにこんなものがある。「雨の性質は常に同じだ。だがそれは沼地のとげのある草を茂らせもするし、庭の花を育てもする」

〔キヨサキの解釈〕魔法の薬は助けにならない。導師も助けにならない。新しい妻も助けにならない。新しいフェラーリも助けにならない。

「なる——する——持つ」について考えてみよう。より大きな問題は「もっと欲しい」という感情だ。

Q　一時の慰め、つまりフェラーリ、新しい妻、大きな家、新しい靴、服、もっと多くのお金などが助けにならないなら、いかに欲望を収めればよいのか？　どうやって「私はまだ十分ではない」という気持ちを癒せばよいのか？

A　思い出してほしい。「私はまだ十分ではない」という言葉はあなたの中のユダ、物事を邪魔する者が言っている言葉だ。ユダは本当のあなたではない。薬や酒、麻薬、セックス、食べ物、ショッピングなどで紛わそうとするのではなく、痛みと共に現在を生きることによって、痛みに気づくことによって、あなたは欲望を癒すことができる。

痛みと共に今に生きよ、というのはラダの『セカンド・オピニオン』に出てくるレッスンだ。トールの『さとりをひらくと人生はシンプルで楽になる』や、ハル・エルロッドの『朝時間が自分に革命をおこす』そしてライアン・ホリデイの『苦境《ピンチ》を好機《チャンス》にかえる法則』（パンローリング）などにも載っている。これらの本はあなたの心の中にある魂に力を吹き込み、あなたの中に住むユダをコントロールする。

Q　つまり私の魂はコインの反対の面で見つかるわけか？
A　そうだ。私たちは皆、強み弱み、勇気と恐れ、愛と憎しみを抱えている。人間の天才性は避けること、無視すること、コインの反対の面を薬でごまかすことではなく、それらを統合することで発揮される。

私が高血圧と肥満、糖尿病寸前の状態に悩まされてラダの診察を受けに行くたびに、ラダはこう言って私に目覚めを促した。

「あなたの魂の健康は病の中に見出せる」
「あなたの魂の豊かさは貧困の中に見出せる」
「あなたの魂の幸福は悲しみの中に見出せる」

自分の苦痛、弱さ、暗闇、そして自分の中のユダと共に現在に生きることは、真の魂を見つける方法だ。

## ●子供たちを脆弱にする教育

教育は問題を抱え、まず教育そのものが問題を引き起こしている。現在の教育は心を学ばせるが、魂は蚊帳の外だ。本書の前半で、スティーブン・ブリルの本、『テイルスピン』を紹介した。これは、超優秀な学生たちが法律制度と金融システムを破壊し、フェイクの金融資産を作り出して世界中の人々を騙し、自分が金持ちになった事実を説明し、高等教育が世界に与えたダメージについて論じた本だ。

ハーバード大学を卒業し現在講師を務めるショーン・エイカーは、著書『ビッグ・ポテンシャル』の中で、現在の教育の実践、方法論やプロセスによって、優秀な学生さえもその持てる可能性を狭められていることを説明している。

もう一冊、グレッグ・ルキアノフとジョナサン・ハイトによる二〇一八年出版の『甘やかされるアメリカン・マインド』は、現代教育についてさらに辛辣だ。ルキアノフは教育における個人の権利財団の会長を務めている。アメリカン大学とスタンフォード大学法科大学院を卒業し、言論の自由と、高等教育における憲法第一条の問題を専門とする。ハイトはニューヨーク大学経営大学院の教授として倫理的リーダーシップについて教えている。ペンシルバニア大学で社会心理学の博士号をとり、バージニア大学で一六年教鞭をとった。

『甘やかされるアメリカン・マインド』は、今日世界中にはびこる憎悪、怒り、不寛容、不満について、その根底に潜む原因をつまびらかにする本だ。人々はなぜ話し合いではなく言い争いをするのか？　なぜテロと憎悪が増加するのか？　大量殺戮が全米、そして世界中で起こるのはなぜか？　共和党支持者と民主党支持者が協調せず、ののしり合うのはなぜか？　なぜ誰かの言葉が引き金になって、あるいは脅威となって、学生がその主張者を攻撃し、キャンパスで暴動が起こるのか？

この本で、ルキアノフとハイトは「今日の新たな傾向は、学生たちが非常に不安定だという事実だ」と主張する。彼らは、社会心理学者のジーン・トゥエンジが命名した、一九九五年以降に生まれたiジェネレーション（インターネット世代）と、二〇一四年に起こったキャンパスでの暴動に注目している。著者は言う。「大学生たちは歪曲した思考を学ぶ。そのため脆く、不安で傷つきやすい傾向が助長される」

彼らは本を書く前に、「アトランティック」誌に「惨めさを呼ぶ主張——大学はいかに歪んだ認知を教えているか」という記事を発表している。この記事は、後に『甘やかされるアメリカン・マインド』に発展した。その経緯を彼らは次のように語っている。

記事の中で私たちは、多くの教師、両親、幼稚園から高校までの教師、大学教授、そして大学の運営者が自分でも気づかないうちに、ある世代の学生に、不安や鬱を抱える人々に観察される習慣を教えていると主張している。

これらの思考パターンは学生たちの精神に直接的な悪影響を与え、彼らと、その周りにいる人々の知的成長を阻害する。いくつかの学校では、自分を守るための自己検閲の文化が現れているという。それは、自分に対し、あるいは自分が支持している集団に対し無神経な行動をした（と感じた）相手をすぐに非難しようとする学生から身を守るためのものだ。

こうしたパターンを私たちは「報復的防衛」と呼び、この習慣が、学生たちが批判の能力や市民的不服従の技術を学ぶためのオープンな話し合いをすることをますます難しくすると考えている。

Q　一体何の話をしているのだ？

A　暴力、憎しみ、そして不調和が増加する原因はテクノロジーと集団的な高等教育のせいだということだ。今日、教師と学生は何よりも「安全」を求める。肉体的な安全は重要だが、今日の安全の概念は学生の心を乱すものにまで広がっている。つまり「感情の安全」が重視されているのだ。これはつまり、言論の自由の死だ。さらに悪いことに、この新しい文化の下では、学生がある考えに脅かされた場合、自分の中に不快な感情が生まれた原因を作った相手に対し、復讐、攻撃、相手に害をなす行為さえ許される。

暴力が増加し、言論の自由が死に、真の教育が瀕死の状態なのはこうした理由による。『甘やかされるアメリカン・マインド』は重要な本だ。特にあなたに学校に通う子供がいるか、一九九五年以後に生まれたiジェネレーションを雇用している場合は。軍隊に勤務し彼らと働く私の友人たちによれば、ミレニアル世代と働くのとiジェネレーションと働くのはまったく異なる体験だという。

著者のハイトとルキアノフによれば、ミレニアル世代に不安定で攻撃的な性質という特徴を付与しているのはiジェネレーションだという。問題は、iジェネレーションと今日の教師の態度が世界中のあらゆる世代に影響を与えていることだ。

Q　この「素晴らしき世界」にどうやって備えればよいのか？

A　『甘やかされるアメリカン・マインド』はいくつかの解決案を示している。その一つは二〇〇七年のベストセラーで多くの投資家のバイブルとなった『ブラック・スワン――不確実性とリスクの本質』（ダイヤモンド社）を著したナシーム・タレブのものだ。タレブは統計学者であり、株式仲買人であり、天才的な知識人であり、ニューヨーク大学のリスクマネージメントの教授である。彼は、あまりに多くの投資家が、リスクについて誤った見方をしていると主張する。複雑なシステムと社会においては、未来を予想することは不可能だ。にもかかわらず私たちは過去の経験をもとにリスクを計算することに固執している。その結果、「ブラック・スワン」、すなわち予想もしなかった出来事に通じるドアを開けてしまうのだ。

ジム・リカーズは、これが連邦準備制度理事会元議長ベン・バーナンキのような学問エリートが間違いを犯した原因だと考えている。フェイクの学問エリートではない真のインサイダーであるリカーズとノミ・プリンスは、量的緩和（ＱＥ）とお金の印刷が、強い未来を招来するものではなく、未来を弱めるものだと信じている。

バーナンキは世界大恐慌時代を研究する教授だ。二〇〇八年、彼は連邦準備銀行が一九二九年にすべきだったと信じていることを実行した。さらに多くのお金を印刷したのだ。バーナンキは未来に向かって突き進んだが、実際はバックミラーを見ていたのだ。古いことわざにあるように、「将軍は一つ前の戦いに備える」のである。二〇〇八年に、バーナンキは一九二九年の戦いを続けていた。

『甘やかされるアメリカン・マインド』とナシーム・タレブの二〇一二年の本『反脆弱性《はんぜいじゃくせい》――不確実な世界を生き延びる唯一の考え方』（ダイヤモンド社）は、現在の学校は学生に予期しない未来の準備をさせず、脆弱に育てることによってその未来を損なっていると主張する。

タレブは私たちに三種類の人間を見分けるように言う。

1 ある人々は、まるで高級な陶器のように脆弱だ。彼らは簡単に傷つき、自分だけでは立ち直れない。彼らの扱いには注意が必要だ。

2 ある人々はプラスチック製のカップのように頑丈だ。人生における大きなショックにも耐えられる。両親はふつう子供にプラスチックのカップを与える。問題は、プラスチックカップは落下や乱暴な取り扱いから何ひとつ得ないことだ。そこから学んだり、成長したり、強くなることがない。

3 一方ある人々は反脆弱性を持つ。反脆弱性を持つ人々は学び、適応し、成長するためにストレスや困難、難しい状況を必要とする。

重要な注意事項：反脆弱性システムは、困難に遭遇しない場合弱く、硬く、非効率に育ってしまう。筋肉を例にとれば、ストレスがないとそれは弱く脆弱になる。子供も同じだ。なぜなら子供も含めた人間は、反脆弱性システムだからだ。人間が一カ月ベッドで過ごすと、その筋肉は委縮する。複雑なシステムはストレスがないと退化するのだ。学生を神経質なほど守ろうとする両親や学校教師は、彼と、世界の未来を傷つけているのだ。何より、脆弱な人々は人生から身を守ろうとするあまり、暴力的な人間になりうる。

もう一つの喩えはろうそくとキャンプファイアだ。ろうそくの火は強く吹くと消えてしまう。キャンプファイアに強い風を送ると火はさらに燃えさかる。学校、教師、そして神経症的に過保護な両親が子供を実社会から守ろうとすると、子供は「ろうそく」になってしまう。彼らは未来に現れる「ブラック・スワン」やこれから大人として生きていく世界に対し、何の準備もない。

## ●いかに未来に備えるか

強く柔軟な人々はたくさんいる。打たれ強い人々の問題は、成長せず、学びもせず、未来に進んでいく世界に後れをとってしまうことだ。あなたに一つ考えを授けたい。『甘やかされるアメリカン・マインド』の著者が最初の章、「脆弱性のうそ」で紹介していた古の知恵だ。

「天国が人間に巨大な責任を負わせようとする時、苦難によってあなたの心を鍛える。つらい仕事でその力と骨を鍛える。彼を飢えさせ、貧困を与える。彼のゆく道に困難を仕掛ける。彼の心を刺激し、人格を強固にし、弱点を超越させようとするのだ」——孟子（紀元前四世紀）

これが、人間がタカに変貌する方法だ。

ラダが私に心を開き、学ぶように促したように。

「あなたの魂の健康は病の中に見出せる」

「あなたの魂の豊かさは貧困の中に見出せる」

「あなたの魂の幸福は悲しみの中に見出せる」

**ニワトリは打たれ強い。**彼らは生き延びるが学ぶことはない。彼らは農場に住み、農夫がくれる餌を食べる。そして農夫がその卵を売り、ヒナを奴隷にし、腹がへったら食べられるという運命に甘んじる。

**タカは反脆弱性を持っている。**彼らは風の不安定さを愛し、ヒナに餌をやる面倒を厭わず、空を飛ぶ自由を愛する。


あなたに質問したい。
・あなたはタカかニワトリか？
・学校は学生に、タカかニワトリのどちらになれと教えているか？
・あなたは学生時代、どちらになる教育をされたか？

質問に答えられるのはあなたしかいない。

次の章では、ニワトリに支配された世の中でタカのように舞い上がる方法を見ていく。

## ●あなたの質問　キヨサキの答え

Q　ゴパラン医師の著者で、東洋と西洋の医療哲学と、私たち一人一人がもつ健康と富に影響を与える力についての本『セカンド・オピニオン』を読んだ。こうしたことに無知な人々にこれらの情報を広めるにはどうしたらよいだろう？（モニーク・B、米国）

A　私たちは何かしらについて無知なものだ。すべてを知る人はいない。私たちが人生で学んだことを人々と分かち合う時、人々の啓発に寄与することができる。私はゴパラン医師が、彼の知る東洋と西洋の医療についての知識をシェアしてくれたことを賞賛する。また、あなたが彼の本を読んでくれたことも賞賛する。そうやって英知は広まっていくのだ。

Q　なぜゴパラン医師の情報や、その常識的哲学は、世の健康法の主流にならないのか？（ディーパック・J、インド）

A　ゴパラン医師は言う。「今日のヘルスケアは金持ちのケアでもある。本当のヘルスケアはタダだ」どちらも世界中に存在している。人々がゴパラン医師のアドバイスに従い、薬でなく健康に目を向ければ、個人のヘルスケアのコストはずっと低くなるだろう。

Q　私たち皆の中に存在する、あなたの言うユダは、練習すればコントロールが可能なのか？（アルトゥーロ・S、メキシコ）

A　ノー。ユダをコントロールすることはできない。彼の力を抑えるにはユダがあなたに話しかけていることに気づき、耳を傾けることだ。あなたがユダの囁きに気づいているのを知れば、ユダの力は消える。

第十八章

# ニワトリに支配される世の中で、タカと一緒に舞い上がる方法——人生のコントロールを取り戻せ

注意：この章はニワトリと見なされる人々にとっては不愉快なものかもしれない。グレッグ・ルキアノフとジョナサン・ハイトが『甘やかされたアメリカン・マインド』で警告しているように、この章は壊れやすい陶器のような人々にとって「引き金」を引いてしまう可能性がある。あなたがその一人なら、読むのを避ける方が無難だ。だがあなたがタカで、打たれ強く反脆弱であるなら、この章はあなたが待ち望んでいたものかもしれない。

## ●タカのためのレッスン

一九七二年、私は金を商うベトナム人女性に会った。ビンロウで歯を真っ赤にしたこの小柄な女性は、私の生涯最良の教師の一人だった。彼女のことは今でも思い出す。

その日のことは今でもはっきり覚えている。敵地まで飛行し、戦闘で焼け落ちた建物を下に見ながら、土が固そうに見えた地点に着陸し、エンジンを止めて小さな村を歩いた。果物や野菜、アヒル、ニワトリなどを売る村人に手を振りながら、武器も持たずに敵地を闊歩し金鉱の方角を訪ねる海兵隊員を、小作農民たちは訝し気に見つめていた。

当時の私は、敵地で金を探すことなど愚かの極みだと思っていた。私を突き動かしたのは冒険心だった。でも、今日の私は、金を探しに行ったのは私の行動の中で最も賢いことの一つだったと思っている。

金の値引きを断ったベトナム人女性は私の教師となった。彼女はスポット価格、つまりその日の国際金市

場の価格を要求した。私はスポット価格の意味を知らなかった。大学は卒業していたが、彼女の方が本当のお金、金、そして金融の世界についてもっと理解していたのだ。

私は金持ち父さんと貧乏父さんについて考えた。そして教育を受けているはずの米国人が知らない、お金の世界の知識について考えた。なぜ私は金についてまったく知らなかったのだろう？　私たちは最高の教育を受けた貧困層になるように教育されたのではないか。あのベトナム人女性は私の人生を変えた。

今日、私の財政基盤は人間の作ったフェイクマネーや紙の資産ではなく、神のお金である金・銀で構成されている。

私は今でもあのベトナム人女性を思い出す。そして、彼女が知っていた本当のお金の世界について学校で教えていたら、世界はどうなっていただろうか、と考える。それは次の問いにつながった。もし世界がもっと安定した貨幣を持っていたら、世界そのものも安定するだろうか？　富裕層、貧困層、中流層のギャップが狭まった世界になるだろうか？　もう少しフェアな世の中が実現するだろうか？

## ●スピリチュアリティーとは何か？

アントニー・デ・メロは『アウェアネス』で書いている。

「スピリチュアリティーとは目覚めることだ。ほとんどの人は眠っており、しかもそれに気づかない。彼らは眠ったまま生まれ、眠ったまま生活し、眠ったまま結婚し、眠ったまま子供を産み、結局一度も目覚めることなく世を去る」

金を売ってくれなかったベトナム人女性は、私にこう言ったのだ。「目を覚ましなさい、目覚めなさい」

図⑲〜⑫を見れば、彼女がくれた目覚めのレッスンがどんなものかわかるだろう。

## ●自分の金鉱をつくろう

一九九〇年、ベトナム人女性に目覚めさせられた私は、自分の金鉱を探し始めた。私とパートナーは中国に最大の金鉱床の一つを見つけた。私たちはその金鉱をトロント株式市場に上場した。だが採掘が始まると、金鉱は中国政府に取り上げられた。

デ・メロ流に言うならば。私はお金と権力の世界に目覚めたのだと。

ジェームズ・リカーズは、著書『破滅への道』の中で言っている。

「米国下院議長ポール・ライアンは、IMFにおいて中国の投票権を強化する条項を予算案にひそかに盛り込んだ。おかげで世界の金融システムを牛耳る国々の閉鎖的なクラブの中で、中国の発言権はさらに強まった。この勝利に関して、二〇〇六年以来続く中国の熱狂的な金の取得は、このクラブへの入会金だったと考えるのが自然だろう。米国当局も他の主要国も金を軽んじている。しかしながら、これらの大国は通貨の信用が崩壊した日のために金を所有している。米国は八〇〇〇トン以上、ユーロ圏では一万トン以上、IMFは三〇〇〇トンに近い量だ。今も続く秘密裏の金買収は現在のところ四〇〇〇トンに上り、中国は、金と特別引き出し権を握る他の大国と同じテーブルにつくことが許された」

これもまた、ベトナム人女性が私に教えてくれたことだ。彼女がいなければ、キムと私の財政基盤となっている金・銀の蓄財はなかっただろう。あのベトナムの金仲介業者がいなければ、私の財政基盤はフェイクマネー、フェイク資産だけのひどく脆弱なものになっていたに違いない。

レーガン政権の行政管理予算局長を務めたデビッド・ストックマンは二〇一七年一二月、こんな警告を発している。

大転換期の始まりにおいて、連邦準備銀行の収支縮小キャンペーンにともない、財政赤字の大噴火が起こるだろう。それはカジノの天井の梁を揺るがすほどの規模だ。

⑲金対フェイクマネー：1900年の金価格を100とした、それぞれの通貨の価値の推移

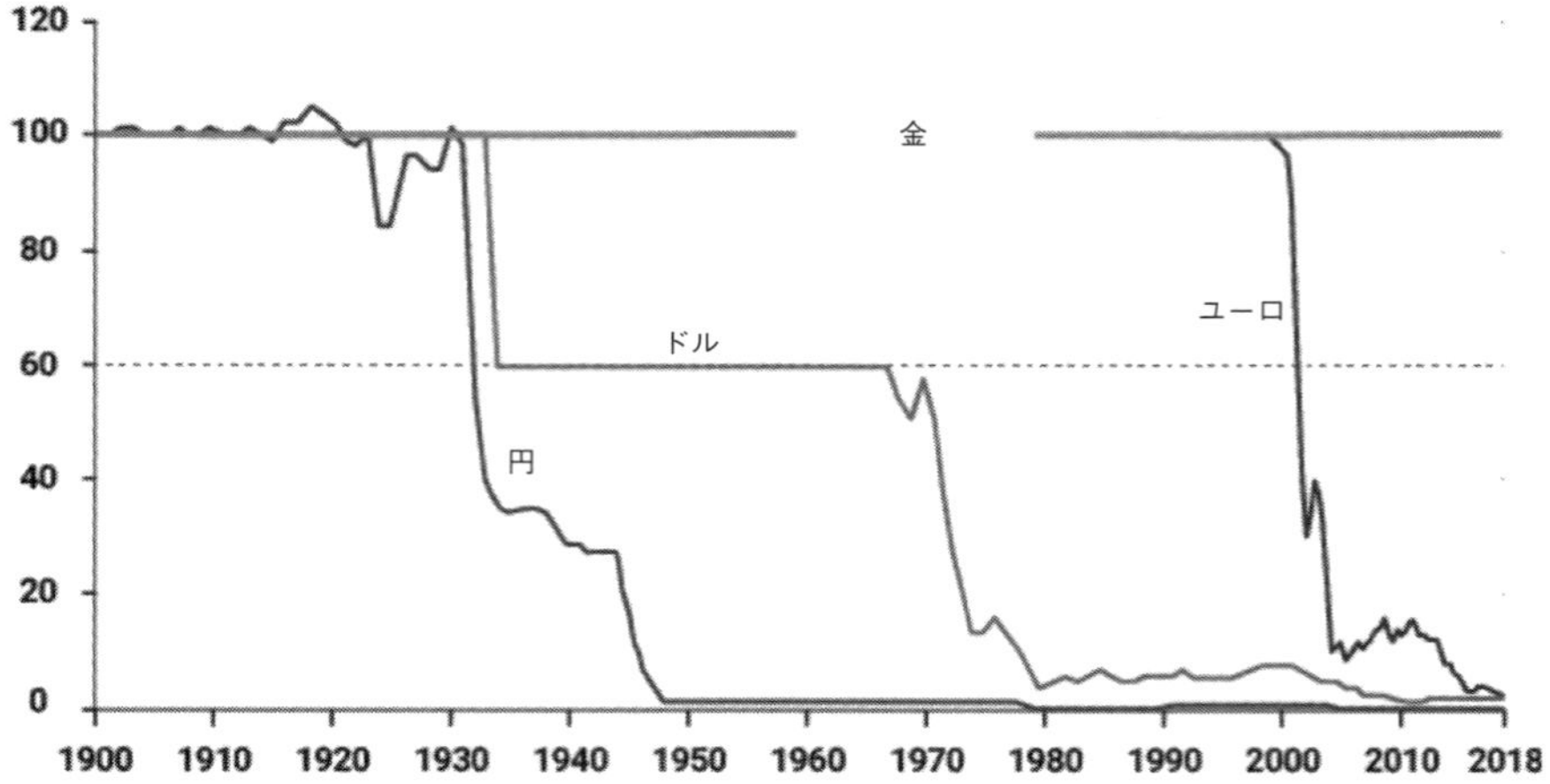


⑳なぜ預金者は負け犬なのか：紙幣流通量が増すとドルの購買力は下がる

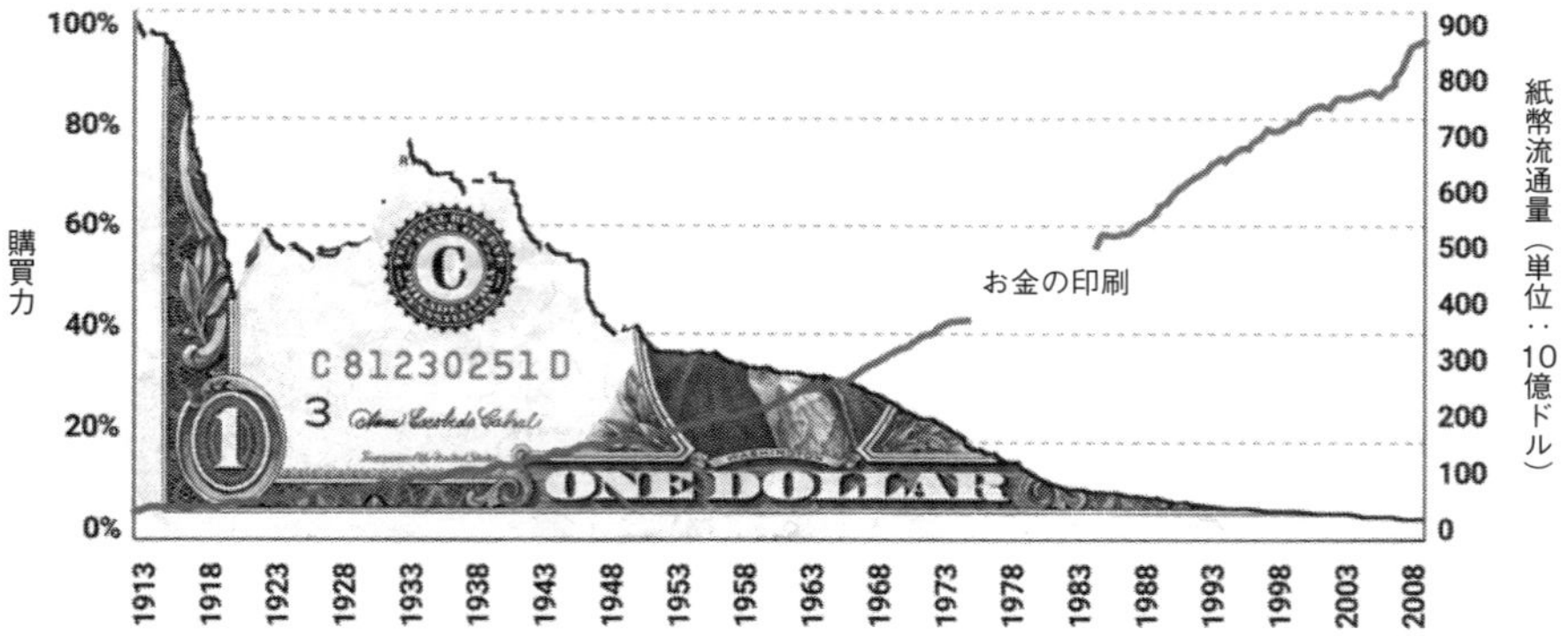

⑦1貧富の格差はどれほど拡大したか

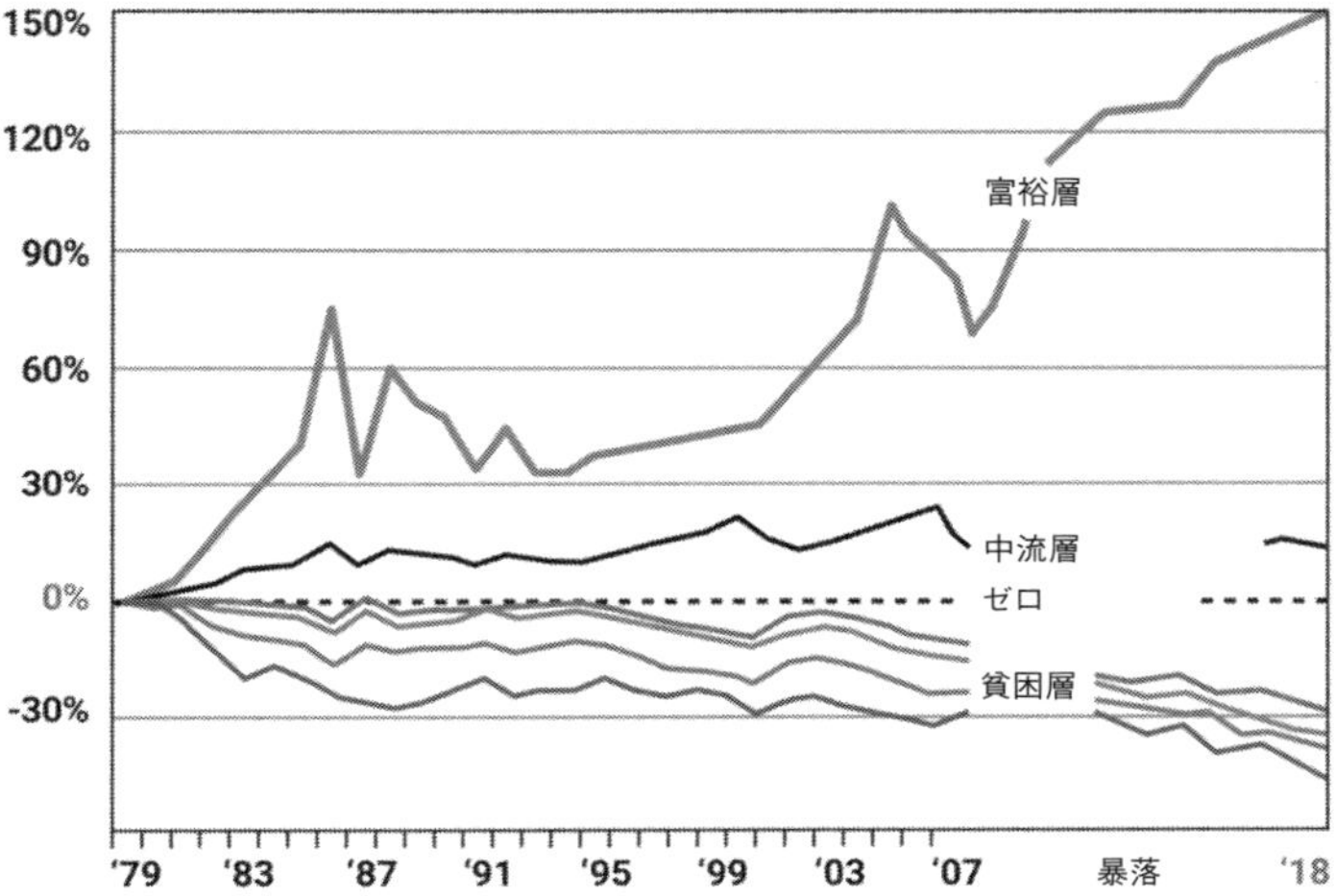


⑦2120 年間で株式市場はこれだけふくらんでいる

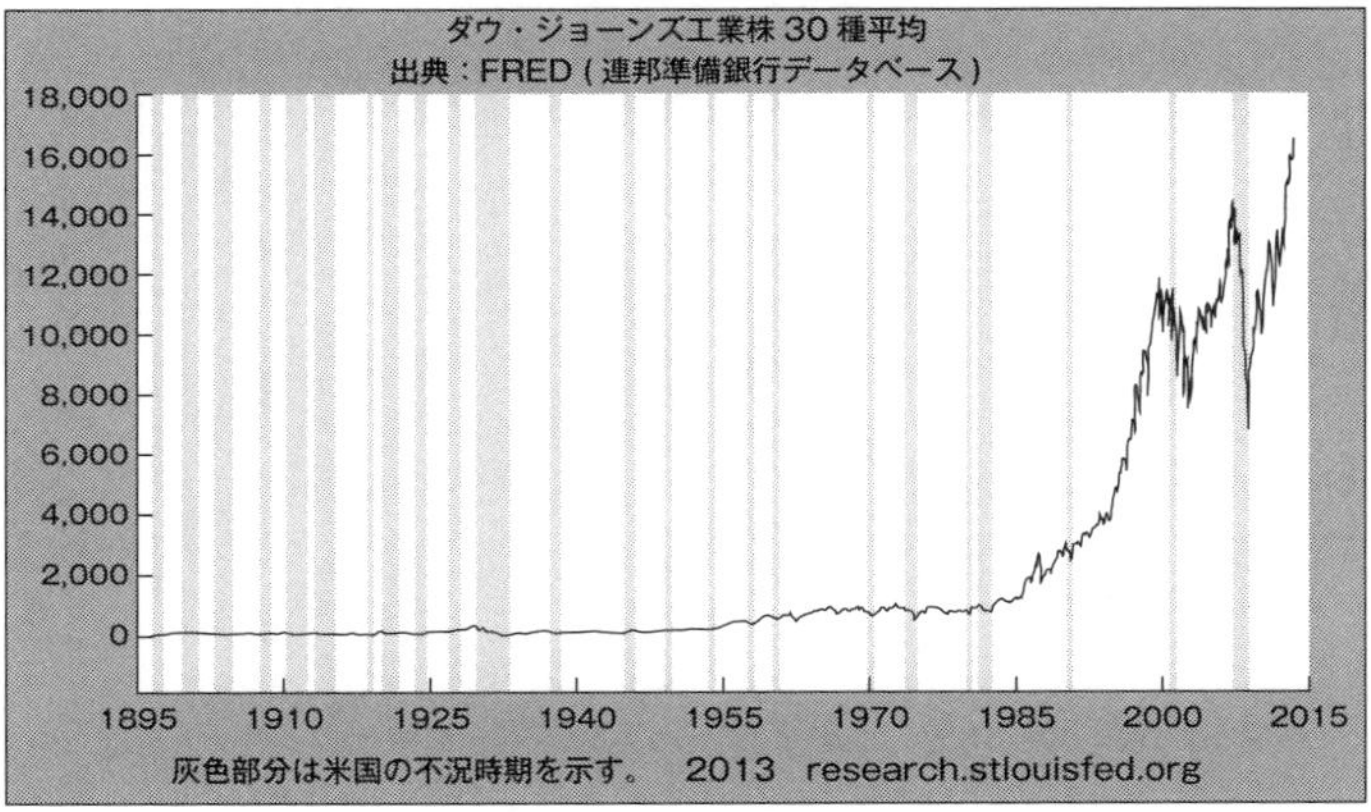

## ●終わりは近いのか?

以下の文を読んでほしい。

「バロンズ」誌（二〇一八年一一月一五日号）

「我々はおそらく世界的な信用バブル、地球規模の借金バブルの真っ只中にいる。ヘッジファンド、チューダー・インベストメントの創立者であり、この業界のパイオニアであるポール・チューダー・ジョーンズ二世はコネチカット州グリニッジで行われた経済フォーラムで語った。「世界の政府債務残高の対GDP比はかつてなかったほど高い」

「今すぐ出口に走るべきなのかはわからないが、私たちは従来の、積載能力を考慮せずに右肩上がりで借金を積み上げるというパラダイムが危機的状況になるという困難な時代を生きている」

「一九四四年にニュー・ハンプシャーのブレトンウッズで行われた連合国通貨金融会議以来、中央銀行同士の経済の結束が生まれた結果、借金の額が膨れ上がってきた。それは金融危機の間も続いていたが、いまや土台にヒビが目立ち始めている」

## ●真の教師

デビッド・ストックマンとポール・チューダー・ジョーンズは真の教師だ。また、国際的なお金の製造機の内情を知り尽くしたタカでもある。ノミ・プリンスとジェームズ・リカーズも同様だ。彼らも似たような警告を発している。

『オズの魔法使い』のドロシーのように、彼らも魔法使いに出会い、真実を知った。「魔法使い」は実は魔法使いなどではなかった。ベトナムの女性は自分の小さな金の世界から世界を見ていた。だから真の教師になれたのだ。教師のレベルの図をもう一度見てみよう（図⑬）。

(73)教師のレベル

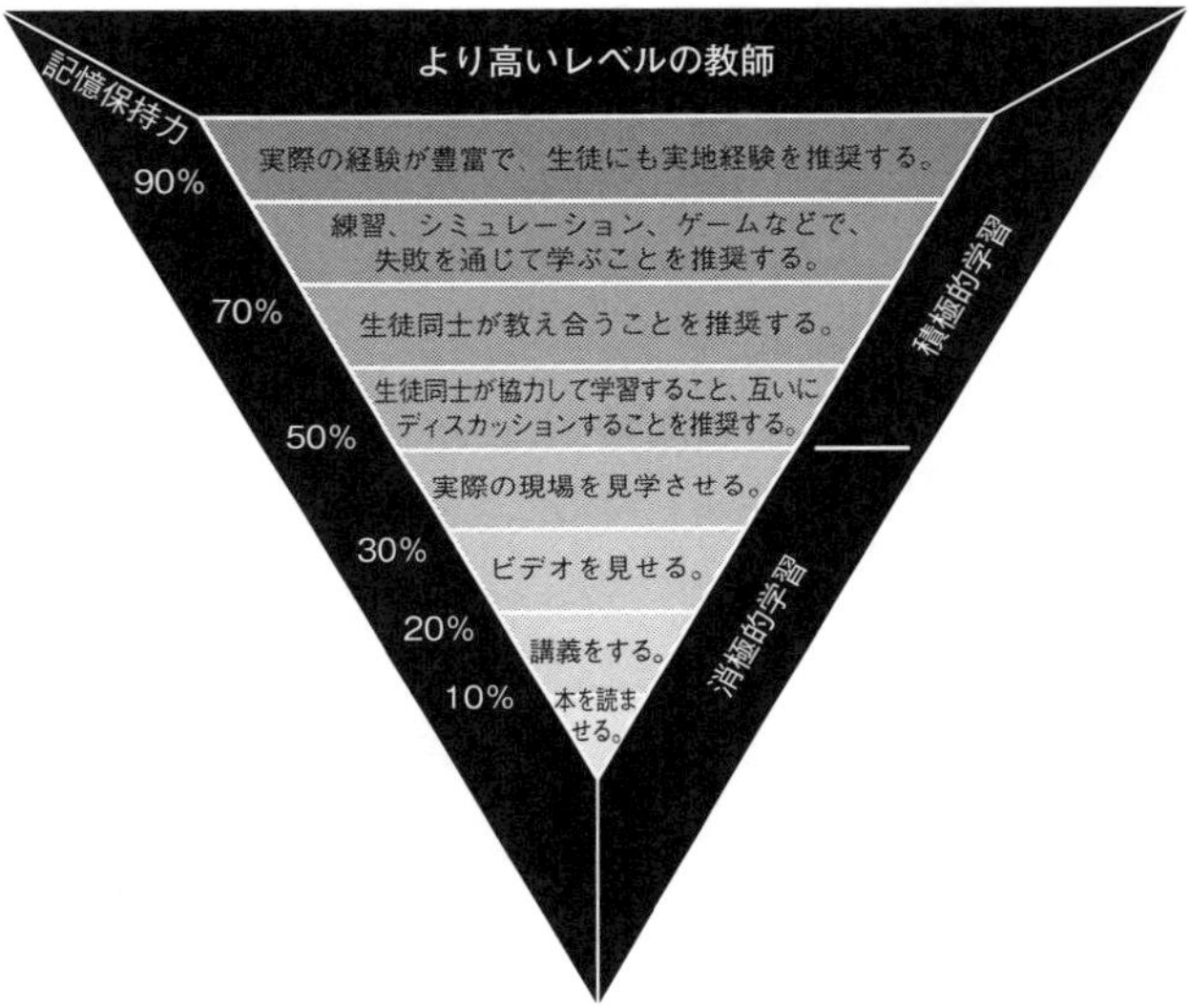
より高いレベルの教師
記憶保持力
90%
実際の経験が豊富で、生徒にも実地経験を推奨する。
練習、シミュレーション、ゲームなどで、
失敗を通じて学ぶことを推奨する。
70%
生徒同士が教え合うことを推奨する。
生徒同士が協力して学習すること、互いに
ディスカッションすることを推奨する。
50%
実際の現場を見学させる。
30%
ビデオを見せる。
20%
講義をする。
10%
本を読ませる。
積極的学習
消極的学習

ベトナムの女性はこの図の一番上から世界を見ていた。彼女は実際に仕事をしていた。金鉱のオーナーのために金を売っていたのだ。ジェームズ・リカーズは著書、『今すぐ金を買いなさい』の中で、高等教育は一九七〇年から優秀な人材を洗脳し始めたというスティーブン・ブリルの主張を裏づけている。リカーズによれば、エリート校とされる学校が一九七〇年代に金を否定するキャンペーンを始め、学生にジョン・メイナード・ケインズの言葉「金本位制は野蛮な過去の遺物だ」という言葉を教え始めたという。

今日、お金の専門家と呼ばれる連中はほとんどがフェイク教師だ。彼らは金を非難するが、そのくせ本当の金や本当のお金については知らない。彼らの金の知識は、ビジネススクールのフェイク教師に教わったものでしかない。ほとんどのお金の専門家はタカではない。彼らは学問エリートの教師たちに教わったことを疑うことなく繰り返すオウムだ。多くのファイナンシャルプランナー、株式ブローカー、年金ファンドマネージャーにも同じことが言える。だから多くの年金が破綻するのだ。オウムばかりでタカがいないのだ。

## ●あなたは洗脳されていないか?

お金の専門家は言う。「金なんて前世紀の遺物ですよ」彼らは洗脳されている。教えられたことを繰り返しているだけだ。だから金を所有する人がほとんどいないのだ。あなたも金を持たないように洗脳されていないだろうか? 預金したり、様々な株式、国債、投資信託やETFに長期投資する方が良いといまだに信じているだろうか? アントニー・デ・メロの洗脳についての言葉は何度も繰り返す価値がある。

洗脳については非常に興味深い研究がある。自分のものではない思考、他の誰かの考えを引き受け、それを自分に取り込む時、あなたは洗脳されている。興味深いのは、あなたがその考えのために死さえ厭わなくなるということだ。これは実に奇妙なことではないか? 洗脳されているという事実、自分の信念が他者の考えを取り込んだものに過ぎないということは、他者から攻撃された時に分かる。あなたは茫然とし、感情的になる。だがこれは洗脳されている証拠だ。間違っている場合もあるが大抵はそうだ。あなたは自分のものではない思考のために身を捧げようとしているのだ。テロリストも聖者(と言われる人)も、誰かの思考を引き受け、それを鵜呑みにする。そしてそのために死んでもよいとまで考える。感情的になっている人は他人の話に聞く耳を持たない。

私が自分の洗脳に気づいて目が覚めたのはベトナムだった。ベトナムで少年を殺そうとした時に、私は気づいた。自分が戦っている相手は共産主義ではないことを理解した。私たちは石油のために戦っていたのだ。洗脳されているのに気づいた時、私は目覚めた。自分は合衆国商船アカデミーで石油についての専門教育を受け、かつては石油タンカーの航海士だったことを忘れていた。キングスポイントの商船アカデミーで、米国は中国がベトナムの石油にアクセスすることを望まない、と教わった。私はそれをすっかり忘れ、共産主義から米国を守るつもりで海兵隊に入り、飛行学校に入学したのだ。

私たちはベトナムで石油のために戦った。石油のための戦いは現在でも続いている。一九一四年以降の戦争はすべて石油が絡んでいる。今日米国はイラク、イラン、シリア、イエメン、そしてアフガニスタンで戦争している。そこにロシアがいるのも石油のためだ。また米国はサウジアラビアのために彼らの究極の敵、イランと戦っている。テロリストが武器を買えるのはなぜか？　石油を売っているからだ。

ニワトリは目覚めるとタカになれる。私はベトナムで目覚めた。

## ●タカはいかに飛ぶことを学ぶか——ステップ1：目覚める

お金に関しては、私たちは皆洗脳されていると言ってよい。洗脳とは、自分のものではない考えを取り入れることだ。洗脳された人々は、その考えのために進んで命を投げ出す。私は米国のために喜んで死ぬつもりでいた。そしてある日、石油のために人殺しをしていることに気づいた。私たちは今でもそれを続けている。洗脳された人々は、私が次のことを言うと激怒する。

預金者は負け組だ。

持ち家は資産ではない。

金持ちはお金のために働かない。

金持ちは借金をお金として使う。

金持ちは合法的に税金を払わない。

これを聞くと洗脳された人々は動揺する。中には腹を立てる人もいる。彼らは非常に感情的だ。洗脳されているからだ。自分の脆弱な信念に反する意見に刺激されて動揺するのだ。

タカはこれらの事実を知っている。ニワトリは知らない。ニワトリは納税、預金、様々な分野への株式の長期投資、国債、投資信託、ＥＴＦへの投資を擁護する。それでお金を失っているにもかかわらず。

デ・メロは書いている。

「洗脳されているという事実、自分の信念が他者の考えを取り込んだものに過ぎないということは、他者から攻撃された時にわかる。あなたは茫然とし、感情的になる。あなたは自分のものではない思考のために身を捧げようとしているのだ」

預金、家、退職資金が自分の資産ではなく金持ちの資産であることに気づいた時、あなたは目覚める。家を買うな、預金や株式への長期投資はやめろと言っているのではない。

むしろ、真のファイナンシャル教育のない人々は、自分の信じるとおりに家を買い、預金し、借金を返し、株式に長期投資すればよい。言い古されたこれらの主張はファイナンシャル教育に投じるお金も時間もない人々には一番適している。

私が言いたいのは「目を覚ませ」ということだけだ。もしあなたが感情的にこれらの主張を守ろうとするなら、あなたは洗脳されている。あなたが感情的・防御的な時は、何かを学ぶことはできない。あなたにはコインの反対側、タカの面が見えていない。

## ●ステップ2：タカは子供にお金について教える。ニワトリは教えない

ジャレッド・クシュナーには税金、借金、無限大の利益率についての知識があったのに、記者にはなかった。この事実をあなたはどう思うか？　ジャレッドは借金、税金、不動産、そして無限大の利益率について学校で教わったのだろうか？　それとも父親からだろうか？　ドナルド・トランプはそれらを学校で学んだのか？　それとも彼の父親が教えたのだろうか？　借金、税金、不動産、無限大の利益率について私に教え

たのは誰か？　貧乏父さんか？

教育は非常に大切だ。だがまず、どんな教育が大事なのか自分に問うてみる必要がある。私が九歳の時のクラスは金持ちの子供ばかりで、私は自分が知らないことを彼らが学んでいるのに気がついた。彼らはお金の知識を家庭で、父親から学んでいたのだ。だからこそ金持ち父さんは自分の息子と私に、学校が終わった後でお金について教えてくれたのだ。

金持ち父さんはよく言っていた。「ほとんどの家族の資産は三代でなくなってしまう。最初の代は資産を得て、次の代はそれを享受し、三代目がそれを失うのだ」

だからこそ彼は息子と私にビジネスと不動産について教えたのだろう。三代で資産を失うようなことは避けたかったのだ。金持ち父さんはそれを「王朝の富」と呼んだ。世代から世代に受け継がれる財産だ。金持ち父さんはまた、「ほとんどの貧困、中流家庭の親は、子供が良い仕事に就いてくれることだけを願う」と言っていた。

ジェームズ・リカーズは『破滅への道』の中で、イタリアで出会った美しい女性の話をしている。彼女の家の財産は九〇〇年にわたり引き継がれているのだという。イタリアの歴史を知れば、一族の財産を九〇〇年間継承し続けるなどほとんど不可能だとわかるだろう。

リカーズが資産を継承し続ける秘訣を尋ねると、彼女は答えた。「簡単よ、長く続くものに投資してきただけよ」

長く続くものとは何かを聞くと、彼女は言った。「不動産、金、そして美術館レベルの美術品よ」

彼女は現金、株式、国債、投資信託、ＥＴＦは挙げなかった。

これは、キムと私がキャッシュフローゲームを作り、本を書き、人々に教えてきたもう一つの理由だった。私たちは人々に教え合ってほしいのだ。親たちには子供に教えてほしいのだ。そうすれば次の世代が財産を受け継ぎ、発展していける家庭が増えるだろう。

タカは財産を後の世代に継承させられると信じているものだ。これは、資本主義として知られるものでもある。ニワトリは、政府が自分の財産を奪い、他のニワトリに再分配することを支持している。こちらは社会主義、共産主義として知られる。

**●ステップ3：タカはミスを犯し、そこから学ぶ。ニワトリはそうしない**

ニワトリはあまりにも臆病で失敗を恐れるため、あるいは失敗などないように振舞うため、何かを学ぶことがない。ナシーム・タレブはニワトリのことを「回復力がある」というだろう。頑健でタフだが、学び、変化し、成長することはない。学校が彼らを洗脳し「失敗するのは愚か者」という思想を植え付けるため、ニワトリは失敗から学び、成長することができないのだ。

学校は生徒にミスをするなと教え、失敗から学べとは決して言わない。教育は生徒を脆弱に育て、自分に同意しないもの、自分の感情を傷つけるものは攻撃せよと教えているようにさえ思える。だからタカよりもニワトリの方が多くなってしまうのだ。

**●ステップ4：タカはカンニングする。つまり他者に助けを求める**

学校では、他の学生に助けを求めるのはカンニングとされる。ニワトリには回復力がある。だから彼らは助けを求めない。ひたすら耐えるだけで、学んだり成長することはない。だから彼らはタカにはなれないのだ。タカは助けを求めることを躊躇しない。タカはチームを作り、集団で事に当たる。彼らはプロのコーチを雇う。すべてのスポーツのプロフェッショナルにはコーチがいる。アマチュアにはいない。お金はある意味ゲームだ。学校は学生に、個人としてEやSクワドラントでゲームすることしか教えない（写真⑺）。

ショーン・エイカーは『ビッグ・ポテンシャル』の中で、現在の教育は学生を小さな可能性にしばりつけるものだと語っている。最も優秀な学生はSクワドラントの高給取り、医者や弁護士などになる。彼らにとって、助けを求めることは弱さの証明だ。Sクワドラントのスペシャリストたちは最も高い税率をかけられる。ニワトリたちは個人でお金のゲームをする。

写真⑮のチーム、ニュージーランドのオールブラックスは、世界最小の国の一つであるニュージーランドを代表する世界最高のラグビーチームである。ショーン・エイカーは『ビッグ・ポテンシャル』の中で、チームとして活動することは個人のポテンシャルを大きく高めると指摘している。

起業家であれば誰もが知っているように、ビジネスで一番難しいのは、顧客、従業員、専門家、政府の役

⑭EやSクワドラントのお金のゲームの仕方

成功は個人だけに与えられる。

⑮BやIクワドラントのお金のゲームの仕方

ビジネスはチームスポーツだ。

人等、人とのやりとりにある。チームスポーツは自分や人々に対するスキルを伸ばし、人間のポテンシャルを高める。ビジネスや投資はチームスポーツなのだ（写真㊻）。

学校では、チームを組んで試験を受けることはカンニングになる。タカはお金のゲームを、キャッシュフロー・クワドラントのB・I側のチームとして行う。ニワトリはE・S側から参加する。

## ●お金のゲームはチームスポーツだ

E・Sで働く人々はタフな個人だ。彼らのモットーは「正しくことを行いたいなら自分でやることだ」である。

一方B・Iクワドラントの人間はチームで事に当たる。タカのチームの最小単位はまず簿記係、次に会計士、そして弁護士だ。正確な簿記係はB・Iクワドラントチームで一番コストの低いメンバーだが、彼らの貢献度は計り知れない。正確な数字なしにB・Iチームは活動できないからだ。Sクワドラントの起業家のほとんどが、自分で簿記を行っているか、妻にやらせている。あるいは簿記をしない場合もある。だがそれが、Sクワドラントの起業家がニワトリに甘んじている原因だ。

キムと私がビジネスを始めた時、最初に雇ったのが簿記係のベティーだった。彼女を採用したのはまだお金がない頃だった。ベティーもまた、真の教師だった。ベティーがいなければキムも私も現在のような経済的自由は手に入れられなかっただろう。

ニワトリは言う。「お金が儲かったら誰か雇うつもりだ」だがこれがニワトリから抜け出せない原因なのだ。結婚もまた、チームスポーツだ。ある種の結婚はターザンとジェーンの関係で、ターザンが自分のお金を自分で管理する。別の結婚はビジネスパートナーシップの形式をとっている。キムは私たちの結婚生活のCEOだ。あなたのお金のチームのメンバーは誰だろうか？

**●ステップ5：タカは自分が愛するものに投資する。ニワトリは誰かに言われた通り投資する**

ニワトリが言われたことは、学校に行く、懸命に働く、税金を払う、お金を貯める、株式に長期投資するなどだ。デ・メロなら言うだろう。「彼らは洗脳され、眠りこけている」

ほとんどのニワトリは「好きなことをやれ、お金は後からついてくる」という言葉を信じている。問題は、統計によると七〇％のニワトリが仕事を嫌っているという事実だ。

タカは自分が愛する資産を買う。次の財務諸表（図⑯）はタカとニワトリの違いを示している。

ビジネスや不動産は最もリスクの高い資産だ。それは最も流動性が低いからだ。投資が失敗すると、投資家は資産に足元をすくわれてしまう。これらへの投資には十分なファイナンシャル教育と最高のチームが必要だ。紙の資産や金・銀などの商品は流動性が高い。投資家がミスを犯してもすぐに損切りができる。

私の成功に何か秘密があるとしたら、それは愛だろう。私は起業家であることを愛している。ビジネスを構築することを愛している。不動産、借金を利用すること、税金をできるだけ低く抑えることも好きだ。また金・銀、そして石油も愛している。

タカは自分の資産を愛するがニワトリはそうではない。

⑯ニワトリとタカの違い

●ステップ6：タカは無限大の利益率のものに投資する。タカは他人のお金を使う。そして他人とはニワトリのことだ

無限大の利益率は四つの資産区分のどこでも実現できる。紙の資産は無限大の利益率を最も簡単に実現できるが、「お金の専門家」の言うことを盲信するならそれは不可能だ。次は超シンプルな例だ。

私は一株一ドルの株を一〇〇株買った。コストは一〇〇ドルだ。株は一〇ドルに値上がりした。私は一〇株を一〇ドルで売却し、元手の一〇〇ドルを回収した。

残った九〇株は私にとって無限大の利益率、元手なしのお金となる。これが私のＲＯＩ、投資利益率ではなく情報利益率である。

プットやコールなどのオプション取引を使えばさらに大きな利益を上げることが可能だ。だがこれについても、オプション取引のセミナーを受けるまで試してはいけない。紙の資産のオプション取引やビジネス、不動産などでの借金はレバレッジだ。ただこれだけは記憶し、常に注意してほしい。レバレッジが高くなるほどリスクも高い。利益も儲けも、損失も大きくなる。

もしあなたが勉強と血のにじむような練習に時間とお金を割くことに気が進まないなら、小さなニワトリでいる方が賢明だ。

●さらなる秘密

タカと共に舞い上がるための五つの提案をしよう。この提案を読んだ後、あなたの頭の中で響く「小さな声」に注意を向けて欲しい。

「私には買えない」

「こんなこと馬鹿げている」

「お金なんてどうでもいい」

「どうせ金持ちになんかなれない」

「こんなことができるほど頭がよくない」

自分の中にユダがいることを思い出そう。ユダは私たちに不意打ちをかける。私が思うに、ユダの言うことを聞いてしまう人が多すぎる。あなたの魂はあなたの心の中にある。そして沈黙と静寂の中にある。ユダが話しかけていることに気づいたら、深く息を吸って周りの物、木、流れ、花などを見つめよう。そして沈黙し、静寂の中に身を置き、魂があなたに語り掛けるチャンスを与えよう。

自分の最大のポテンシャルに気づくカギは愛、教育、そして経験だ。自分の投資対象を愛し、学び、失敗し、練習して身につけることが好きなら、やがて投資で無限大のリターンを得る方法がわかるだろう。

キムと私は起業家であることを愛している。不動産を愛している。金・銀を愛している。キムはそれほどでもないが私は石油が好きだ。なぜなら石油は商船アカデミー時代の専攻だったからだ。

## ●株式VS実体のある投資

私が紙の資産、例えばかつて社員だったスタンダードオイルの株に一〇万ドル投資したとしよう。この場合税控除はまったくない。だが米国の石油開発計画に一〇万ドル投資したら、州税と連邦税に対し約四〇%の控除が受けられる。これはつまり、一〇万ドルの投資への課税が四万ドル安くなるということだ。

この事実を別の角度から見ると、私の他の収入、例えば本の収入への課税が四万ドルとして、控除額はこれを相殺してくれる。石油への投資による控除が他の収入への課税を相殺し、結果的に税金はゼロということになる。


著作からの収入への課税4万ドル－石油への投資の税金控除4万ドル＝税額0ドル

この四万ドルは「幽霊所得」と呼ばれるもので、税金を支払わないことで生まれた見えない所得だ。

B・Iクワドラントの税金控除は国によって多少の違いはあるものの、世界中で大体同じだ。ここでの教訓は、優秀な会計士と税理士を引き入れることがタカにとって最も賢い行動だ、ということだ。だがニワトリは簿記係も会計士も、税理士も持たない。大切なのは、控除のために投資を行う前に、会計士と税理士に相談することだ。

税法の大部分は納税についてではなく、いかに税金を低く抑えるかという、投資家へのインセンティブについてのものだ。米国政府はパートナーになってくれる投資家に対し、優遇措置を用意しているのだ。

文明にはエネルギーが必要だ。化石燃料や再生可能エネルギーなどがなければ文明は崩壊する。米国には石油が必要だ。それも莫大な量が。もし優遇税制がなければガソリン価格は暴騰し、文明はカオスに陥るだろう。

タカは所得を増やすためにお金を使う（図⑰）。例えば何かのコースやセミナーなどの教育費、また簿記係、会計士、弁護士などからのアドバイスを得るためだ。最も素晴らしいことは、政府はお金を稼ぐための支出をする人々に、税の控除を用意していることだ。懸命に働き、さらに支出を抑えようとするニワトリが、最も高い税率を課され、また政府からの税控除も一番少ない。

ニワトリはお金を使い、そのお金は戻ってこない（図⑱）。

## ●なぜニワトリは負け組で、タカは飛ぶことを学ぶのか

ニワトリは言われた通りに行動し、お金をファイナンシャル・プランナーやファンドマネージャーといった「お金の専門家」に預けて投資させる。問題は、専門家がお金を儲けても、あるいは失っても、ニワトリは何も学べないことだ。

一九七八年、私はナンバーワンセールスとなってゼロックスのプレジデントクラブに迎えられた。私は一

つの目標を達成した。シャイな性格と断られる恐怖を克服し、物を売ることを学んだのだ。私は依然シャイな性格で、拒否されることへの恐れも消えていなかったが、起業家にとって一番大切なスキルを学んだ。

この年、私はゼロックスに四年間の素晴らしい真の教育に対する感謝を伝え、会社を辞めて自分のビジネスを始めることを宣言した。私は以前から空いている時間を利用して、ゼロックスの同僚と自分たちのビジネスを立ち上げていた。私の最初の会社、ナイロンとベルクロを使ったサーファー財布の会社だった。オフィスはホノルルのダウンタウン、ゼロックスのビルの向かいだった。

ナイロン製財布の最初の一〇万個が韓国からニューヨークに到着した。これからいよいよ販売だ。私と友人は興奮したが、怖くもあった。一か八かの賭けだった。私がゼロックスを去る時、受付のアイリーンは微笑しながら言った。「あなたは失敗して、また戻って来るわよ」

アイリーンは、数多くのやり手のセールスマンが会社を辞めてビジネスを始め、うまくいかずに舞い戻ってくるのを何年間も見てきたのだった。私のセールスマネージャーの一人もそうした「やり手」の一人だった。

現在も親友であるその友人と私は、幸い成功を収めた。それも夢見ていた以上の成功だった。ナイロン財

⑦⑦タカはどのようにお金を使うのか

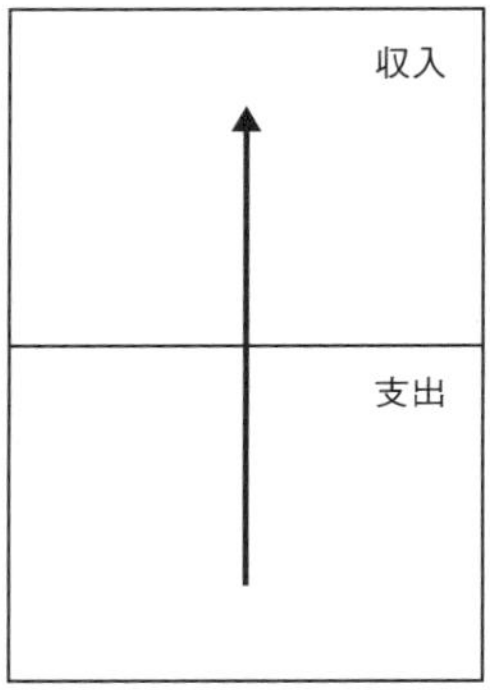


⑦⑧ニワトリはどのようにお金を使うのか

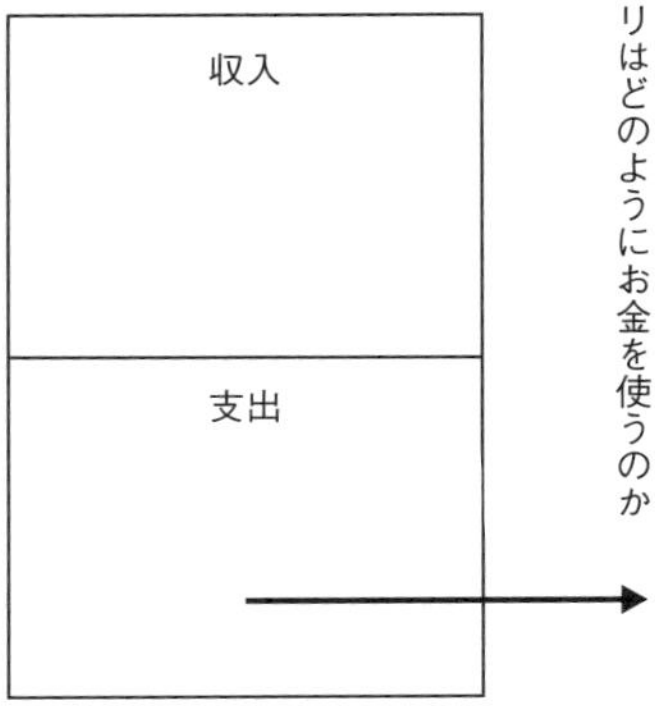

布が世界的にヒットしたのだ。スポーツ用品の専門誌やランニング、サーフィンの雑誌に掲載され、「プレイボーイ」にまで記事が載った。大金が転がり込んできた。アメリカンドリームが実現したのだ。私たちは億万長者になった。

そして崩壊がやってきた。私たちはすべてを失った。投資家に借金を返すのに八年かかった。その一人は貧乏父さんだった。それは素晴らしい経験であり、真の教育だった。ゼロックスを去った日の、アイリーンに対する私の返答は「失敗するかもね。でも絶対戻って来ないよ」だった。そして本当に戻らなかった。私は成功したり失敗したりを続けた。どんなに成功し富裕になっても、今後も成功と失敗を繰り返していくだろう。

これこそが、ナシーム・タレブの言う「反脆弱性」というものだ。私たちの体は強靭さを保つために、挑戦、ストレス、困難を必要とするが、人間の魂も同じなのだ。そして魂は心の中にある。

タカもこうして空を飛ぶことを学ぶ。私たちは皆タカだ。私たちには翼がある。神が与えたもうた飛ぶことを学ぶ魂がある。問題は、それを実践する勇気があるか否かだ。

## ●さらなる英知の言葉

こんな言葉を聞いたことがある。「神は最初に愚か者を作った。だがそれはあくまで練習であった。そして神は教育委員会を作った」（マーク・トウェイン）

お金に関して、教育委員会は賢い人間を生み出しているだろうか？　それとも彼らが作り出すのは盲目のネズミだろうか？　金持ち父さんはよく言っていた。

「愚か者でもお金は使える。お金を使うのに特別な才能も教育もいらない。だがお金を生みだし、それを保持し、そして一番大事なことに、愚か者をお金に近づけないようにするには賢い人間でなければならない」

私はマーク・トウェインの言葉を思い出し、自問してみた。学校でお金についての教育をしない理由はこれなのか？　私は自分なりに答えを出した。あなたはどんな答えを出すだろうか？

「教育とは学校で教わったことをすべて忘れた後に残っているものをいう」（アインシュタイン）

ほとんどの人がお金について学校で教わらないのに、何を忘れることができるのだろうか？

アインシュタインはこうも言った。「想像力は知識よりも大切だ」

金持ち父さんはこの言葉に同意し、こう付け加えた。

「想像力は知識よりも大切だ。だがアインシュタインは知識は重要ではないと言ったわけではない。知識はとても重要だ。知識が人間の想像力を高めるのだ」

金持ち父さんはさらに言った。「誰もが百万ドルの価値があるアイディアを持っている。だがお金の知識なしには、アイディアはアイディアのまま、希望は希望のまま、夢は夢のままだ」

「最悪なのは、多くの世界を変えるアイディア、生活を豊かにする発明、武器ではなく平和をもたらす製品などが、お金の知識がないせいで個人の想像の段階に留まっていることだ」

「知識がなければ情報を活かせない。知識がない人々は、百万ドルのチャンスに気づかずに日々を送る」

ＲＯＩ（情報利益率）は知識があって初めて実現できる。知識がなければ情報は意味を持たない。そしてお金の教育がなければ情報を富に換えることはできない。バックミンスター・フラーは言った。

「あなたに一個人として考えて欲しいことがある。人々は私に問う。『私に何ができる？　私にどんなことができる？　私はただのちっぽけな人間だ』

「あなたにできることを教えよう。前にも言ったが、私たちは最後の試験を受けている最中なのだ。私は昨晩言った。私たちは宇宙の一つの機能なのだと。私たちは宇宙の一地域の情報収集のためにここにいるのだ。無限に再生を繰り返す宇宙のインテグリティー（完全性、誠実さ）の一助となるために、この地域の問題を解決すべく存在しているのだ。完全性こそが重要なのだ。見えない世界では、目に見える美というものは存在しない。見えない世界の唯一の美は完全性なのだ。特に我々がこれから経験するコンピュータの世界では」

## ●フラー博士から学んだこと

ハワイの友人、ランドルフ・クラフトには深く感謝したい。彼は一九八一年、レイク・タホにほど近いカリフォルニアのカークウッドでのイベントに私を招いてくれた。ランドルフは私に、フラー博士のイベント「ビジネスの未来」に参加するよう勧めてくれた。当時の私にとってフラー博士の講演を聞くことは苦痛なほどの退屈だった。会議の小集会は朝から夜遅くまで続いた。

私は居眠りし通しだった。ランドルフはその度に私を揺り起こし、お陰で私は五日間のイベント中、学生時代のように眠りこけずに済んだ。私に居眠りをさせまいと、ランドルフはイベントのビデオ撮影チームに入れてくれた。こうして私は人生で最も重要な出来事の間、起きていることができた。それは私の人生の方向性を変えるものだった。バッキー・フラー博士が「情報時代は見えない時代で、見えない時代はインテグリティー(完全性、誠実さ)の時代だ」と言った時、私は飛び起きた。

当時の私は失敗のどん底にいた。ビジネスも人生もうまくいかなかった。フラー博士の言葉は私にとって目覚ましになった。彼の言葉で私は人生を見つめ直し、自分が誠実さとは程遠いことに気づいた。例を数え上げればきりがなかった。一九八一年以降、あらゆる面で自分に誠実さが足りないことに気づいた私は、行いを改めることにした。

フラー博士と共に学んだ最初のセミナー、そしてその後の二回の夏のセミナーで、彼は常に繰り返した。

「インテグリティー(完全性、誠実さ)はすべての成功の本質なのだ」

私の心に残ったのはフラー博士の完全性についての言葉だった。もう一度繰り返そう。

「あなたに一個人として考えて欲しいことがある。人々は私に問う。「私に何ができる? 私にどんなことができる? 私はただのちっぽけな人間だ」

「あなたにできることを教えよう。前にも言ったが、私たちは最後の試験を受けている最中なのだ。私は昨晩言った。私たちは宇宙の一つの機能なのだ。私たちは宇宙の一地域の情報収集のためにここにいるのだ。無限に再生を繰り返す宇宙の完全性の一助となるために、この地域の問題を解決すべく存在しているのだ。

フラー博士は一九八三年七月一日に、この世を去った。私が最後に彼と過ごした約一カ月後のことだ」

訃報を聞いた時、私はホノルルのハイウエイ一号線を走っていた。私は車を停め、泣いた。私はフラー博士が常に我々と共にいて、人類をこの混沌から救い出してくれるものと思っていた。だが彼は行ってしまった。彼の言葉が頭の中で鳴り響いていた。「私に何ができる？　私はただのちっぽけな人間だ」

数カ月後、私はフラー博士の本『グランチ・オブ・ジャイアンツ』を読んだ。

読みながら、今まで学んだ様々なことを思い出した。子供の頃のレッスン、金持ち父さんと貧乏父さんからの教え、ベトナムでの墜落、金の安売りを拒んだベトナム人の女性、ハワイに戻って、貧乏父さんが米国で最も腐敗した州政府に反旗を翻し、その結果失業したのを知ったこと。様々な意見、考え方があった。貧乏父さんは私に修士号を取るように言い、金持ち父さんは借金と税金について学ぶように言った。

一九八三年当時、私は相変わらず無力な人間だった。だが何をすればよいかはわかっていた。当時の私はロックンロール・ビジネスに浸っていた。それは楽しかったが人生の目的ではなかった。私はビジネス上の自分の権利をパートナーに譲り渡した。彼には何一つ要求しなかった。私は卒業したのだ。

フラーはよく言っていた。「学者を自由にしてやれ。そうすれば彼は自分の研究ができる」

一九八三年、私は人生で初めて学ぼうという気になった。そして人生で初めて完全、完璧になった。私は学問に対して誠実になった。もはやフェイク学生ではなく、本物の学生だった。私はグランチを研究する学生になったのだ。

一九八四年、ハワイを去る準備をしていた私は、今までの人生で最も美しい女性、キムと出会い、人生の目的について語り合い、恋に落ちた。私には職がなく、お金もなく、未来の見通しもなかった。キムと私は手を取り合い、思い切ってハワイを離れカリフォルニアに行った。しばらくの間ホームレスとなり、最高も最低も体験した。だが過去を振り返ることはしなかった。二人とも、相手に対する誠実さを持ち、人生の使命も目的も明確だった。人生が厳しくなるほど私たちの反脆弱性も強まった。私たちを押しとどめるものは何もなかった。

フラーの言葉「インテグリティー（完全性、誠実さ）はすべての成功の本質なのだ」は当時も今も私たちと共にある。今、テクノロジーや変化、そしてお金が不可視になった時代のさなかで、私たちはこの言葉の更なる意味に気づいた。

最後に、仕事もお金もない時代の私とキムを勇気づけてくれたバッキー・フラー博士の言葉を記しておく。「この星と人類の成功と失敗が、私がどう生きるか、何をするかにかかっているとしたら、私は何になればよいか？」

「私は何をすればよいか？」

**●あなたの質問　キヨサキの答え**

Q　金や銀などの貴金属の偽物にはどのように気をつければよいだろうか？（ショーン・T、カナダ）

A　偽物、偽造品がかなり出回っているので注意しよう。名のある金・銀のディーラーで取引することだ。

Q　金に投資しない方がよい時はあるか？（アレクサンドラ・B、米国）

A　ある。あなたが欲をかいている時だ。

Q　私は金・銀への投資に懐疑的だ。政府がそれを没収してしまうかもしれないからだ。これが二〇一九年中に起こる可能性はあるか？（リュー・X、中国）

A　どんな事態も可能性としては存在する。だが米国政府が金を没収することは考えにくい。だが先のことはわからない。だから私は常に代替案を用意している。

Q　フラー博士が今日も生きていたら、あなたの成功と、人々にお金と投資について教えるキャッシュフローゲームの制作について何と言ったと思うか？（イル・L、アルゼンチン）

A　私が『グランチ・オブ・ジャイアンツ』を読み、行動を起こしたことを喜んでくれるのではないだろうか？

**●最後に一言**

今日ほど教育が重要な時代はない。教育には驚異的な力がある。あなたに質問したい。教師を選ぶにあたり、あなたは三人の賢者のように振舞うか、それとも盲目のネズミのように振舞うか？

私たちは皆タカだ。大きな翼を持っている。そして神が与えたもうた飛ぶことを学ぶ魂も持っている。

私たちには選択する力がある。問題は、そうする勇気があるかどうかだ。

本書を読んでくれた人々に感謝する。

ロバート・キヨサキ

# 著者・訳者紹介

## ロバート・キヨサキ

Robert T. Kiyosaki

個人ファイナンス関連書籍で前代未聞のベストセラーとなった『金持ち父さん　貧乏父さん』の著者ロバート・キヨサキは、世界中の人々のお金に対する考え方に疑問を投げかけ、その考え方を変えてきた。企業家、教育者、投資家である彼は、世界には雇用を創出する起業家がもっと必要だと信じている。

お金と投資に関する彼の考え方は社会通念と対立することも多い。キヨサキは歯に衣を着せず、時として大胆で勇気ある発言をするとの定評を得ており、ファイナンシャル教育の大切さを臆することなく語る唱道者の一人だ。

キヨサキとキム夫妻はファイナンシャル教育を提唱するリッチダッド・カンパニーの創設者であり、ゲーム「キャッシュフロー」の考案者だ。二〇一四年、このゲームの世界的な成功を糧に、新たに斬新なゲームのモバイル版とオンライン版を発表した。

キヨサキはお金、投資、金融、経済に関する複雑なコンセプトをわかりやすく語る才能を持ったビジョナリー（未来を見すえる人）として広く受け入れられており、自身が経済的自由を得るまでの道のりを、あらゆる年齢層や経歴の聴衆の心に響く形で公開している。「持ち家は資産ではない」「キャッシュフローのために投資せよ」「預金者は負け組」といった彼の考え方の中心的原理やメッセージは批判を浴び嘲笑された。だが彼の教えや哲学は、過去二〇年の間の世界の展開を正確に予言し、人々を動揺させてきた。

「大学へ行っていい仕事に就き、貯金をし、借金を返し、長期の分散投資をせよ」という「旧来の」アドバイスは、変化の激しい今日の情報社会では完全に時代遅れだというのがキヨサキの主張だ。金持ち父さんの考え方やメッセージは現状に挑戦するものだ。その教えは人々に、ファイナンシャル教育を受け、将来に向けて積極的に投資を行うよう勧める。

国際的なベストセラーとなった『金持ち父さん　貧乏父さん』をはじめ、キヨサキの著作はこれまでに二五冊を数える。

世界中のメディアへの出演も多く、CNN、BBC、フォックスニュース、アルジャジーラ、GBTV、PBS、ラリー・キング・ライブ、オプラなどに出演し、ピープル、インベスターズ・ビジネス・デイリー、シドニー・モーニングヘラルド、ザ・ドクターズ、ストレーツ・タイムズ、ブルームバーグ、NPR、USAトゥデイ他、多数のメディアに登場している。

キヨサキの著作は二〇年にわたり国際的なベストセラーリストにランクされている。彼は現在も世界中の聴衆に向けて教えを説き、人々を鼓舞し続けている。

より詳しく学びたい人は、ぜひRichDad.comを訪れてほしい。

## 岩下慶一
Iwashita Keiichi

ジャーナリスト・翻訳家。ワシントン大学コミュニケーション学部修士課程修了。主に米国の文化・社会をテーマに執筆を行っている。翻訳書に『みんな集まれ！　ネットワークが世界を動かす』『幸福になりたいなら幸福になろうとしてはいけない』『金持ち父さんのセカンドチャンス』『タフな米国を取り戻せ——アメリカを再び偉大な国家にするために』（以上、筑摩書房）、『マインドフル・ワーク』（ＮＨＫ出版）、『THE TRUMP　傷ついたアメリカ、最強の切り札』（ワニブックス）などがある。

## 金持ち父さんシリーズ

● 『改訂版　金持ち父さん　貧乏父さん——アメリカの金持ちが教えてくれるお金の哲学』
● 『改訂版　金持ち父さんのキャッシュフロー・クワドラント——経済的自由があなたのものになる』
● 『改訂版　金持ち父さんの投資ガイド　入門編——投資力をつける16のレッスン』『改訂版　金持ち父さんの投資ガイド　上級編——起業家精神から富が生まれる』
● 『改訂版　金持ち父さんの子供はみんな天才——親だからできるお金の教育』
● 『改訂版　金持ち父さんの若くして豊かに引退する方法』
● 『改訂版　金持ち父さんの起業する前に読む本——ビッグビジネスで成功するための10のレッスン』
● 『金持ち父さんの予言——嵐の時代を乗り切るための方舟の造り方』
● 『金持ち父さんの金持ちになるガイドブック——悪い借金を良い借金に変えよう』
● 『金持ち父さんのパワー投資術——お金を加速させて金持ちになる』
● 『金持ち父さんの学校では教えてくれないお金の秘密』
● 『金持ち父さんのファイナンシャルＩＱ——金持ちになるための5つの知性』
● 『金持ち父さんのアンフェア・アドバンテージ——知っている人だけが得をするお金の真実』

以上すべてロバート・キヨサキ著／白根美保子訳／筑摩書房

● 『金持ち父さんのサクセス・ストーリーズ——金持ち父さんに学んだ25人の成功者たち』ロバート・キヨサキ著／春日井晶子訳／筑摩書房
● 『金持ち父さんの金持ちがますます金持ちになる理由』ロバート・キヨサキ著／井上純子訳／筑摩書房
● 『金持ち父さんの21世紀のビジネス』ロバート・キヨサキ、キム・キヨサキ、ジョン・フレミング著／白根美保子訳／筑摩書房
● 『金持ち父さんの「大金持ちの陰謀」——お金についての8つの新ルールを学ぼう』ロバート・キヨサキ著／井上純子訳／筑摩書房
● 『金持ち父さんのセカンドチャンス——お金と人生と世界の再生のために』ロバート・キヨサキ著／岩下慶一訳／筑摩書房
● 『金持ち父さんのこうして金持ちはもっと金持ちになる』ロバート・キヨサキ著／岩下慶一訳／筑摩書房
● 『金持ち父さんの「これがフェイクだ！」——格差社会を生き抜くために知っておきたいお金の真実』ロバート・キヨサキ著／岩下慶一訳
● 『金持ち父さんの新提言　お金がお金を生むしくみの作り方』
● 『金持ち父さんのお金を自分のために働かせる方法』

以上二点はロバート・キヨサキ著／井上純子訳／青春出版社

- 『人助けが好きなあなたに贈る金持ち父さんのビジネススクール　セカンドエディション』ロバート・キヨサキ著／マイクロマガジン社
- "Rich Dad's Escape the Rat Race"
- "The Real Book of Real Estate"
- "Why "A" Students Work for "C" Students"
- "8 Lessons in Military Leadership for Entrepreneurs"
- "More Important Than Money"

## ドナルド・トランプとの共著

- 『あなたに金持ちになってほしい』ドナルド・トランプ、ロバート・キヨサキほか著／白根美保子、井上純子訳／筑摩書房
- 『黄金を生み出すミダスタッチ――成功する起業家になるための5つの教え』ドナルド・トランプ、ロバート・キヨサキ著／白根美保子訳／筑摩書房

## キム・キヨサキの本

- 『リッチウーマン――人からああしろこうしろと言われるのが大嫌い！という女性のための投資入門』キム・キヨサキ著／白根美保子訳／筑摩書房
- "It's Rising Time―A Call for Women: What It Really Talks for the Reward of Financial Freedom"

## エミ・キヨサキとの共著

- 『リッチブラザー　リッチシスター――神・お金・幸福を求めて二人が歩んだそれぞれの道』ロバート・キヨサキ、エミ・キヨサキ著／白根美保子訳／筑摩書房

## 金持ち父さんのアドバイザーシリーズ

- 『セールスドッグ――「攻撃型」営業マンでなくても成功できる！』ブレア・シンガー著／春日井晶子訳／筑摩書房
- 『勝てるビジネスチームの作り方』ブレア・シンガー著／春日井晶子訳／筑摩書房
- 『不動産投資のABC――物件管理が新たな利益を作り出す』ケン・マクロイ著／井上純子訳／筑摩書房
- 『資産はタックスフリーで作る――恒久的に税金を減らして大きな富を築く方法』トム・ホイールライト著／白根美保子、シュレーゲル京希伊子訳／筑摩書房
- "The ABCs of Property Management" Ken McElroy
- "Advanced Guide to Real Estate Investing", Ken McElroy
- "Start Your Own Corporation", Garrett Sutton
- "Run Your Own Corporation", Garrett Sutton
- "How to Use LLCs and LPs", Garrett Sutton
- "Writing Winning Business Plans", Garrett Sutton
- "Buying and Selling a Business", Garrett Sutton
- "The ABCs of Getting Out of Debt", Garrett Sutton
- "Loopholes of Real Estate", Garrett Sutton
- "Stock Market Cash Flow", Andy Tanner
- "The Social Capitalist", Josh and Lisa Lannon

## 金持ち父さんのオーディオビジュアル

- 『ロバート・キヨサキのファイナンシャル・インテリジェンス』タイムライフ（CDセット）
- 『ロバート・キヨサキ　ライブトーク・イン・ジャパン』ソフトバンクパブリッシング（DVD）
- 『金持ち父さんのパーフェクトビジネス』マイクロマガジン社
- 『金持ちになる教えのすべて』（DVD3枚付）マイクロマガジン社
- 『プロが明かす 不動産投資を成功させる物件

管理の秘密』（CD4枚付）マイクロマガジン社

## 本文中で紹介された本

●『いますぐ金（ゴールド）を買いなさい』ジェームズ・リカーズ著／藤井清美訳／朝日新聞出版

●『通貨戦争――崩壊への最悪シナリオが動き出した！』ジェームズ・リカーズ著／藤井清美訳／朝日新聞出版

●『パラノイアだけが生き残る 時代の転換点をきみはどう見極め、乗り切るのか』アンドリュー・S・グローブ著／佐々木かをり訳／日経BP

●『大学なんか行っても意味はない？――教育反対の経済学』ブライアン・カプラン著／月谷真紀訳／みすず書房

●『天才！――成功する人々の法則』マルコム・グラッドウェル著／勝間和代訳／講談社

●『クリティカル・パス』バックミンスター・フラー著／梶川泰司訳／白揚社

●『潜在能力を最高に引き出す法 ビッグ・ポテンシャル――人を成功させ、自分の利益も最大にする5つの種』ショーン・エイカー著／高橋由紀子訳／徳間書店

●『朝時間が自分に革命をおこす――人生を変えるモーニングメソッド』ハル・エルロッド著／鹿田昌美訳／大和書房

●『いま、目覚めゆくあなたへ――本当の自分本当の幸せに出会うとき』マイケル・A・シンガー著／菅靖彦訳／風雲舎

●『さとりをひらくと人生はシンプルで楽になる』エックハルト・トール著／あさりみちこ訳／徳間書店

●『マネーを生みだす怪物――連邦準備制度という壮大な詐欺システム』エドワード・グリフィン著／吉田利子訳／草思社

●『ドル暴落から、世界不況が始まる』リチャード・ダンカン著／徳川家広訳／日本経済新聞社

●『中央銀行の罪――市場を操るペテンの内幕』ノミ・プリンス著／藤井清美訳／早川書房

●『肩をすくめるアトラス』第一部～第三部／アイン・ランド著／脇坂あゆみ訳／アトランティス

●『猫のゆりかご』カート・ヴォネガット・ジュニア著／伊藤典夫訳／早川書房

●『ニュー・アース――意識が変わる 世界が変わる』エックハルト・トール著／吉田利子訳／サンマーク出版

●『苦境（ピンチ）を好機（チャンス）にかえる法則』ライアン・ホリデイ著／金井啓太訳／パンローリング

●『ブラック・スワン――不確実性とリスクの本質』上・下 ナシーム・ニコラス・タレブ著／望月衛監訳、千葉敏生訳、ダイヤモンド社

●『反脆弱性――不確実な世界を生き延びる唯一の考え方』上・下 ナシーム・ニコラス・タレブ著／望月衛訳／ダイヤモンド社

●“Grunch of Giants”, R. Buckminster Fuller

●“Tailspin”, Steven Brill

●“Maker and Takers: The Rise of Finance and the Fall of American Business”, Rana Foroohar

●“The Road to Ruin”, James Rickards

●“Squeezed: Why Our Families Can't Afford America”, Alissa Quart

●“Sunny Skies, Shady Characters: Cops, Killers, and Corruption in the Aloha State”, James Dooley

●“Mistake Mystique”, R. Buckminster Fuller

●“Intuition”, R. Buckminster Fuller

●“Zucked”, Roger McNamee

●“Rules for a Knight”, Ethan Hawke

●“Awareness”, Anthony de Mello

●“The Top 10 Reasons the Rich Go Broke”, John MacGregor

●“Cat's Cradle”, Kurt Vonnegut

●“Second Opinion”, Radha Gopalan

●“The Coddling of the American Mind”, Greg Lukianoff, Jonathan Haidt

本文中で紹介されたその他のコンテンツ

- Rich Dad Radio Inteview with Rana Foroohar, G. Edward Griffin, Richard Duncan, Nomi Prins, Bert Dohmen, James Rickards, Donald Trump, David Stockman, Ken Langone, Mohamed El-Erian at RichDad.com.
- Tom Wheelwright and Robert Kiyosaki, "Infinite ROI: Return on Information".

# 金持《かねも》ち父《とう》さんの「これがフェイクだ！」

## 格差《かくさ》社会《しゃかい》を生《い》き抜《ぬ》くために知《し》っておきたいお金《かね》の真実《しんじつ》

二〇一九年一〇月三〇日　初版第一刷発行

著者　ロバート・キヨサキ
訳者　岩下慶一（いわした・けいいち）
発行者　喜入冬子
発行所　株式会社　筑摩書房
東京都台東区蔵前二－五－三　〒一一一－八七五五
電話番号〇三－五六八七－二六〇一（代表）
装幀　井上則人・入倉直幹（井上則人デザイン事務所）
印刷・製本　中央精版印刷株式会社

ISBN978-4-480-86468-0 C0033 

# 『キャッシュフロー101』で
# ファイナンシャル・インテリジェンスを高めよう!

読者のみなさん

『金持ち父さんシリーズ』を読んでくださってありがとうございました。お金についてためになることをきっと学ぶことができたと思います。大事なのは、あなたが自分のファイナンシャル教育のために投資したことです。

私は皆さんが金持ちになれるように願っていますし、金持ち父さんが私に教えてくれたのと同じことを身につけてほしいと思っています。金持ち父さんの教えを生かせば、たとえどんなささやかなところから始めたとしても、驚くほど幸先のいいスタートを切ることができるでしょう。だからこそ、私はこのゲームを開発したのです。これは金持ち父さんが私に教えてくれたお金に関する技術を学ぶためのゲームです。楽しみながら、しっかりした知識が身につくようになっています。

このゲームは、楽しむこと、繰り返すこと、行動すること——この三つの方法を使ってあなたにお金に関する技術を教えてくれます。『キャッシュフロー』はおもちゃではありません。単なるゲームでもありません。特許権を得ているのは、このようなユニークさによるものです。

このゲームはあなたに大きな刺激を与え、たくさんのことを教えてくれるでしょう。金持ちと同じような考え方をしなくては、このゲームには勝てません。ゲームをするたびにあなたはより多くの技術を獲得していきます。ゲームの展開は毎回違います。あなたは新しく身に着けた技術を使って、さまざまな状況を乗り越えていくことになるでしょう。そうしていくうちに、お金に関する技術が高まると同時に、自信もついてきます。

このゲームを通して学べるような、お金に関する教えを実社会で学ぼうとしたら、ずいぶん高いものにつくこともあります。『キャッシュフロー』のいいところは、おもちゃのお金を使ってファイナンシャル・インテリジェンスを身につけることができる点です。

はじめて『キャッシュフロー』をするときは、むずかしく感じるかもしれません。でも、繰り返しゲームをするうちに、あなたのファイナンシャル・インテリジェンスが養われていき、ずっと簡単に感じられるようになります。

このゲームが教えてくれるお金に関する技術を身につけるためには、まず少なくても六回はゲームをやってみてください。何度も繰り返すことでその内容が理解できるようになります。『キャッシュフロー』で学びながら『金持ち父さんシリーズ』やそのほかの本で勉強を続ければ、あなたはこれから先の自分の経済状況を自分の手で変えていく力がつきます。ゲームに慣れたら、次はバンカー役を引き受けたりして、他の人がプレーするのを手助けしましょう。人に教えることで、その内容をより深く理解し、新たな視点からゲームを見ることができるようになります。

子どもたちのためには、六歳から楽しく学べる『キャッシュフロー・フォー・キッズ』があります。

『キャッシュフロー』ゲームの考案者
ロバート・キヨサキ